Great Britain 英國

no.57

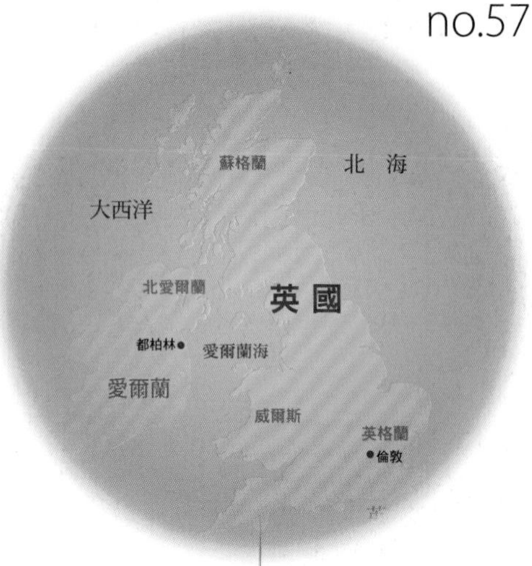

蘇格蘭　　北　海

大西洋

北愛爾蘭　　英國

都柏林●　愛爾蘭海

愛爾蘭　　威爾斯

英格蘭
●倫敦

MOOK NEWAction

英國 Great Britain

MOOK NEWAction no.57

P.6　**歡迎來到英國**
Welcome to the United Kingdom

P.9　**旅行計畫Plan Your Trip**
P.10　英國之最
　　　Top Highlights of the United Kingdom
P.18　英國精選行程
　　　Top Itineraries of the United Kingdom
P.20　最佳旅行時刻When to go
P.23　英國交通攻略
　　　Transportation the United Kingdom

P.29　**英國百科The United Kingdom**
　　　Encyclopedia
P.30　英國歷史History of the United Kingdom
P.32　英國世界遺產
　　　World Heritage of the United Kingdom
P.41　英國好味
　　　Best Taste in the United Kingdom
P.45　英國好買
　　　Best Buy in the United Kingdom

P.49　**分區導覽Area Guide**
P.50　**倫敦及其周邊London & Around Area**

P.54　如何玩倫敦及其周邊
　　　How to Explore London & Around Area
P.64　**西敏寺區Westminster**
　　　國家藝廊・白金漢宮・女王藝廊・聖詹姆斯公園・國宴
　　　廳・西敏寺・國會大廈和大鵬鐘・特拉法加廣場・泰特英
　　　國美術館・邱吉爾戰爭室
P.77　**蘇活區和肯頓區Soho & Camden**
　　　皮卡地里圓環・柯芬園廣場・大英博物館・萊斯特廣場・
　　　中國城・科陶德藝廊・聖殿教堂・國王十字車站・狄更斯
　　　故居博物館
P.93　**西堤區和東區The City & East End**
　　　聖保羅大教堂・紅磚巷・倫敦塔・倫敦塔橋・Sky Garden・
　　　倫敦博物館
P.104　**南岸區The South Bank**
　　　千禧橋・夏德塔・倫敦眼・泰特現代美術館・莎士比亞環
　　　球劇場・波若市集
P.111　**騎士橋區和肯辛頓區**
　　　Knightsbridge & Kensington
　　　肯辛頓宮・自然史博物館・科學博物館・維多利亞與亞伯
　　　特博物館
P.119　**馬里波恩區Marylebone**
　　　福爾摩斯博物館・杜莎夫人蠟像館・華萊士博物館
P.124　**倫敦近郊London Suburbs**
　　　O2體育館・格林威治・里茲城堡・裘園・溫莎城堡・漢普
　　　頓宮・伊頓學院・金絲雀碼頭
P.141　**吃在倫敦Where to Eat in London**

勁情享受您的旅程
ENJOY YOUR JOURNEY,
ENJOY YOUR JING.

天空島-蒼涼、寒冷、孤傲，
卻異常美麗。

英國13日	漫步英倫原野・捕捉英國天空
蘇愛12日	天涯海角・天空島・權力遊戲影城
英國11日	翻玩經典・漫話英倫

P.146 **買在倫敦** Where to Buy in London
P.154 **住在倫敦** Where to Stay in London

P.158 **英格蘭南部 South England**
P.160 如何玩英格蘭南部
How to Explore South England
P.162 **牛津 Oxford**
牛津大學・三一學院・基督聖體學院・摩頓學院・瓦德漢學院・基督教會學院・愛麗絲的店・卡法斯塔・阿須摩林博物館・聖瑪麗教堂・牛津城堡不設防・科茲窩英格蘭鄉村一日遊
P.172 **劍橋 Cambridge**
劍橋大學・彼得學院・國王學院・劍橋大學出版社・皇后學院・三一學院・聖約翰學院・大聖瑪麗教堂・康河撐篙
P.179 **史特拉福 Straford-Upon-Avon**
新居與納許之屋・莎士比亞出生地・在莎翁故鄉看戲劇表演・聖三一教堂・安哈瑟威的小屋・高爾紀念園
P.184 **巴斯 Bath**
巴斯修道院・羅馬浴池・幫浦室・皇家新月樓・普特尼橋・維多利亞藝廊・莎莉露之屋・時尚博物館和集會廳
P.191 **沙里斯貝利 Salisbury**
史前巨石陣・沙里斯貝利暨南威爾特郡博物館・古市鎮・沙里斯貝利大教堂
P.195 **肯特伯里 Canterbury**
肯特伯里堡・肯特伯里大教堂
P.199 **多佛 Dover**
多佛城堡・多佛白崖
P.202 **布萊頓 Brighton**
皇家行宮・巷道區・布萊頓碼頭・七姐妹斷崖
P.205 **溫徹斯特 Winchester**
大會堂・高街和聖龕・城市博物館・溫徹斯特大教堂・珍奧斯汀之家博物館
P.210 **南安普敦 Southampton**
舊城・海洋城市博物館
P.212 **彭贊斯 Penzance**
聖麥可山・聖艾夫斯・海角・土耳其頭酒吧

P.216 **英格蘭中北部 Central & North England**
P.218 如何玩英格蘭中北部
How to Explore Central & North England
P.220 **諾丁漢 Nottingham**
耶路撒冷之旅餐廳・諾丁漢城堡・諾丁漢洞穴・酒壺與鋼琴・Paul Smith創始店
P.225 **林肯 Lincoln**
林肯大教堂・林肯城堡・市政廳和石拱廊・布朗的派
P.230 **約克 York**
鬼魅之旅・約克大教堂・約克古城牆・石頭街・約克郡博物館・約克市立藝廊・貝蒂茶屋・商人探險者會所・約維克維京中心・肉鋪街・約克城堡博物館・國家鐵道博物館
P.240 **曼徹斯特 Manchester**
亞伯特廣場・人民歷史博物館・John Rylands研究所圖書館・科學與工業博物館・阿戴爾購物中心・洛利藝術中心・老特拉福球場

P.246 **利物浦 Liverpool**
莫西德賽海事博物館・亞伯特碼頭・利物浦大教堂・Liverpool ONE購物中心・利物浦世界博物館・大都會教堂・披頭四故事館・洞穴俱樂部・梅素街
P.254 **徹斯特 Chester**
徹斯特大教堂・東門大鐘
P.257 **湖區 Lake District**
溫德米爾和波納思・溫德米爾遊輪・畢翠斯波特的世界・丘頂・畢翠斯波特藝廊・鷹岬文法學校・聖米迦勒天使教堂・萊德山莊・安伯賽德・鴿屋暨華滋華斯博物館

P.265 **蘇格蘭 Scotland**
P.266 如何玩蘇格蘭
How to Explore Scotland
P.267 **愛丁堡 Edinburgh**
愛丁堡城堡・愛丁堡藝術節・聖蓋爾教堂・皇家哩大道・蘇格蘭國家博物館・蘇格蘭威士忌中心・格子呢編織工廠・格雷史東之屋・愛丁堡博物館・荷里路德宮・女王藝廊・史考特紀念碑・蘇格蘭國家畫廊・卡爾頓丘・愛丁堡皇家植物園・皇家遊艇
P.285 **吃在愛丁堡** Where to Eat in Edinburgh
P.286 **買在愛丁堡** Where to Buy in Edinburgh
P.288 **住在愛丁堡** Where to Stay in Edinburgh
P.289 **格拉斯哥 Glasgow**
凱爾文格拉弗博物館・布萊爾博物館・麥肯塔之屋和格拉斯哥大學・皇后車站商業步行街・喬治廣場・聖蒙格宗教生活和藝術博物館・現代美術館・格拉斯哥大教堂
P.296 **史特林 Stiling**
史特林城堡・史特林史密斯美術館＆博物館・馬爾的牆・華萊士紀念塔・史特林橋
P.302 **高地 High Land**
巴洛赫・威廉堡・瑪雷格・斯開島・奧班

P.311 **北威爾斯 North Wales**
P.312 **北威爾斯 North Wales**
班哥・康威城堡・英國最小的房子・科那芬城堡・雪墩國家公園・雪墩登山火車

P.318 **聰明旅行家 The Savvy Traveler**

本書所提供的各項可能變動性資訊，如交通、時間、價格(含票價)、地址、電話、網址，係以2022年10月所收集的為準；特別提醒的是，COVID-19疫情期間這類資訊的變動幅度較大，正確內容請以當地即時標示的資訊為主。
如果你在旅行中發現資訊已更動，或是有任何內文或地圖需要修正的地方，歡迎隨時指正和批評。你可以透過下列方式告訴我們：
寫信：台北市104中山區民生東路二段141號9樓MOOK編輯部收
傳真：02-25007796
E-mail：mook_service@hmg.com.tw
FB粉絲團：「MOOK墨刻出版」www.facebook.com/travelmook

符號說明

📞 電話	休 休日	❗ 注意事項	⏱ 所需時間	ℹ 旅遊諮詢
🏠 地址	💲 價格	🎯 營業項目	🚗 如何前往	Ⓗ 住宿
⏰ 時間	🌐 網址	✹ 特色	🚊 市區交通

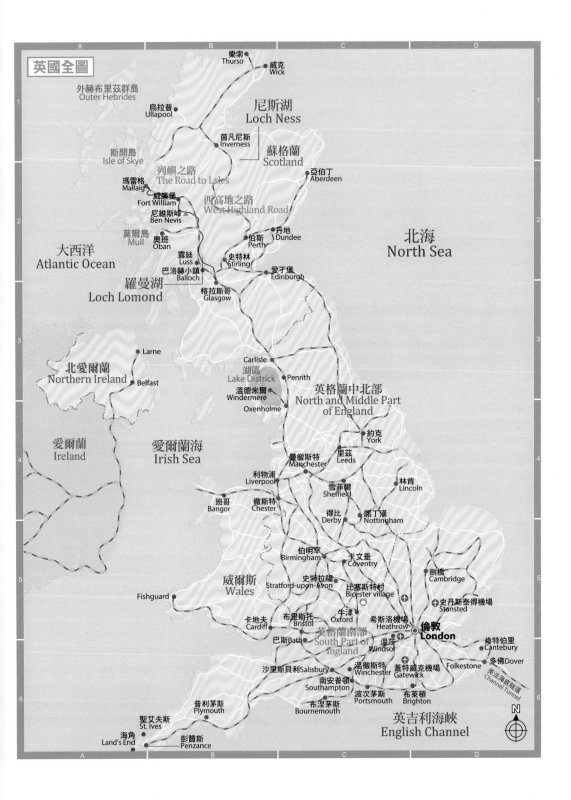

英國全圖

樂索 Thurso
威克 Wick
外赫布里茲群島 Outer Hebrides
尼斯湖 Loch Ness
烏拉普 Ullapool
茵凡尼斯 Inverness
蘇格蘭 Scotland
斯開島 Isle of Skye
亞伯丁 Aberdeen
列嶼之路 The Road to Lsles
瑪雷格 Mallaig
威廉堡 Fort William
尼維斯峰 Ben Nevis
西高地之路 West-Highland Road
舟地 Dundee
伯斯 Perth
莫爾島 Mull
奧班 Oban
史特林 Stirling
大西洋 Atlantic Ocean
露絲 Luss
巴洛赫小鎮 Balloch
羅曼湖 Loch Lomond
格拉斯哥 Glasgow
愛于堡 Edinburgh
北海 North Sea
Larne
北愛爾蘭 Northern Ireland
Belfast
Carlisle
湖區 Lake District
Penrith
英格蘭中北部 North and Middle Part of England
溫德米爾 Windermere
Oxenholme
愛爾蘭 Ireland
愛爾蘭海 Irish Sea
約克 York
曼徹斯特 Manchester
里茲 Leeds
利物浦 Liverpool
雪菲爾 Sheffield
林肯 Lincoln
班哥 Bangor
徹斯特 Chester
得比 Derby
諾丁漢 Nottingham
伯明罕 Birmingham
卡文垂 Coventry
威爾斯 Wales
史特拉福 Stratford-upon-Avon
比塞斯特村 Bicester village
劍橋 Cambridge
Fishguard
史丹斯泰得機場 Stansted
卡地夫 Cardiff
布里斯托 Bristol
牛津 Oxford
希斯洛機場 Heathrow
倫敦 London
巴斯 Bath
英格蘭南部 South Part of England
溫莎 Windsor
肯特伯里 Cantebury
沙里斯貝利 Salisbury
溫徹斯特 Winchester
蓋特威克機場 Gatewick
多佛 Dover
Folkestone
南安普頓 Southampton
波次茅斯 Portsmouth
布萊頓 Brighton
英法海底隧道 Channel Tunnel
普利茅斯 Plymouth
布涅茅斯 Bournemouth
聖艾夫斯 St. Ives
海角 Land's End
彭贊斯 Penzance
英吉利海峽 English Channel
N

5

Welcome to the United Kingdom

歡迎來到英國

雖然離歐陸不遠，但英國不管是在人文歷史或名勝風貌，都展現它獨樹一幟的風采；特別是提到經常占據媒體版面的英國皇室成員、經典時尚的代名詞Burberry、哈利波特的神秘魔法、莊重優美的英式口音，在在都構築了眾人對英國這個國度的美好印象，加上英國早已對台灣開放免簽優惠，同時也大開打工遊學之門，英國絕對是遊客此生必訪的重要國度。

英國人的優雅來自日常生活之中，走在倫敦，你自然能體會這個充滿時尚感的都會，不僅以新穎巧妙的建築設計、兼具實用與美感的流行品牌，吸引了眾人的目光，引領了世界的潮流，無數優美雋永的經典景致、典雅尊貴的皇室名勝，也支撐它豐厚實在的內涵，讓這個城市無處不充滿迷人的氛圍，連人也彷彿成為風景的一部分。

離開倫敦來到英格蘭的北、中和南部，則可以感受截然不同的氣氛——南部濱海的度假氣

息、中部中古世紀的古典風貌、北部寧靜的湖光山色，無與倫比的自然景色和人文氣息同樣令人心醉。而位於北邊的蘇格蘭，有著名的愛丁堡藝術節，也有西高地壯闊的湖水峽谷景色，集結了藝文和自然風光的優勢，也同樣吸引遊客造訪。同樣在大不列顛島的威爾斯，雖然屬於同一個國家，卻保有自己的語言文化，本書帶你造訪這裡的古城、感受國家公園之美，並搭上登山小火車，征服威爾斯最高峰。

在這本《英國New Action》當中，首先藉著精選行程、最佳旅行時刻、美食、購物、地理氣候、世界遺產、歷史等主題，讓大家對這個國家有概略的認識，並詳細介紹可以串連整個國家的交通系統，讓你能輕鬆暢遊英國；然後再依地理位置逐區詳細介紹大不列顛各個角落的自然與文化特色，內容規畫完善，呈現最完整、最豐富的英國之旅，有助讀者融會貫通，輕易規畫一趟最適合自己的英國之旅。

必去英國理由

豐富的世界遺產

英國的歷史悠久，曾經有「日不落帝國」的美稱，留下了許多舉世聞名的雄偉建築，如西敏寺、倫敦塔橋、白金漢宮、愛丁堡城堡、諾丁漢大教堂等，這些建築見證了帝國的輝煌，壯麗的外觀下承載了英國珍貴的歷史和文化！

流行文化發源地

「披頭四」是史上最偉大的搖滾樂團，他們發跡的利物浦成了樂迷的聖地；「英超聯賽」是世界最頂級的足球聯賽，一定要來此感染激情足球文化及熱烈的現場比賽；英國更是許多知名電影的主要拍攝場景，許多經典的畫面和場所讓影迷們能從電影延伸到現實世界，親眼見證！

濃郁的學術文學風

無論是莎士比亞、珍·奧斯汀或是喬伊斯，這些英國大文豪的作品至今仍為人津津樂道。除文學外，英國在物理學也占有一席之地，這一切都和它優異的教育體系有著密切關係，因此，別忘了造訪英國最知名的牛津和劍橋兩所大學城！

經典博物館深度之旅

倫敦擁有大量引人注目的博物館，無論是可窺知大英帝國殖民地時期豐功偉績的大英博物館，或是橫跨三千多年典藏工藝的維多利亞與亞伯特博物館，甚至因動植物標本而讓人大開眼界的自然史博物館，都是倫敦不可錯過的必訪景點！

令人驚豔的自然美景

從史前巨石陣、多佛白崖、彭贊斯聖麥可山、海角，到高地斯開島、北威爾斯雪墩，奇特壯觀的自然美景奇景，在在令人驚豔讚嘆不已！

時尚享樂之都

倫敦是國際一流時尚之都，可盡情購買Burberry、Vivienne Westwood、Alfred Dunhill、Paul Smith眾多名牌精品，以及由皇家保證的御用商品，還可優雅地享受正統下午茶，入夜則可找間英式小酒館感受迷人的夜生活情調。

旅行計畫
Plan Your Trip

P.10　英國之最
Top Highlights of the United Kingdom

P.18　英國精選行程
Top Itineraries of the United Kingdom

P.20　最佳旅行時刻
When to go

P.23　英國交通攻略
Transportation the United Kingdom

Top Highlights of the United Kingdom
英國之最

探索大英博物館
Discover The British Museum

　　從大英博物館豐富珍貴的收藏就可窺知大英帝國在殖民地時代的豐功偉績。這是世界上最早開放的國家博物館，建於1753年，6年後於1759年正式開放，館藏包括各大古文明遺跡，展廳超過一百間，劃分為埃及、西亞、希臘和羅馬、日本、東方、中世紀和近代等多個展廳，特別是西亞和古地中海一帶的早期文化藝術，各項珍貴收藏與精彩陳列堪稱英國之最。2000年完工的前庭天棚，連結博物館與圖書館，不僅維護博物館的古建築不受破壞，又能開創設計新局，不但為大英博物館增添了新的景點，更成為倫敦當代建築代表之一。(P.80)

最美皇宮與城堡
The Most Beautiful Palaces & Castles

白金漢宮 / 倫敦
Buckingham Palace / London(P.66)

肯辛頓宮 / 倫敦
Kensington Palace / London(P.112)

觀賞白金漢宮衛兵交接儀式
Watch The Changing of the Guard in Buckingham Palace

　　每天上午舉行的衛兵交接儀式是旅遊倫敦的重頭戲。頭戴黑色氈帽、身穿深紅亮黑制服的白金漢宮禁衛軍已成為英國的傳統象徵之一。要觀賞儀式，記得要及早抵達才能搶到好位置，如果來不及早到的話，可以到林蔭大道(The Mall)上的聖詹姆士宮(St. James's Palace)等待準備出發的隊伍。(P.67)

漢普頓宮 / 倫敦近郊
Hampton Court Palace /
London Suburbs(P.134)

溫莎城堡 / 倫敦近郊
Windsor Castle /
London Suburbs(P.132)

愛丁堡城堡 / 愛丁堡
Edinburgh Castle /
Edinburgh(P.272)

看盡皇室城堡興衰歷史
Explore History in Royal Castle

　　英國的城堡在悠久的歷史中，不僅作為皇室生活起居的宮殿，也往往身負軍事防衛的重責大任，因此，大多的英國城堡不似歐洲大陸的城堡有著裝飾繁複的華麗外觀。英國的城堡宛如一本活生生的歷史教材，高聳的石砌城牆與堅固的高塔，記錄了英國皇室更迭的心酸歷史，充斥著無奈的政治婚姻、爭奪權力的血腥謀殺、連年不斷的戰爭，以及皇室家族的愛情、奢華與榮耀故事，令人唏噓不已。

最佳博物館和美術館
**The Best Museums
& Art Galleries**

大英博物館 / 倫敦
British Museum /
London(P.80)

維多利亞與亞伯特博物館 /
倫敦
Victoria & Albert Museum
/ London(P.118)

湖區健行散步
Hiking in Lake District

「湖區」被譽為英格蘭最美麗的國家公園，此地是浪漫詩人威廉．華滋華斯(William Wordsworth)筆下「世界上最美好的地方」，也是童話中彼得兔的家鄉，區內遍佈湖泊、高山、深谷，一年四季不斷幻化著光影水色，穿上一雙舒適防滑的鞋子漫步其間，就是感受湖區純淨與靜謐最佳的方式。湖區的旅遊服務中心提供詳細的健行步道資訊及行程，旅人可選擇以湖畔小鎮為出發點的環湖步道輕鬆散步，呼吸鄉野甜美的青草芳香，也可流點汗登高飽覽湖區景觀，腳力好的旅人則可選擇凱茲克(Keswick)及巴特米爾(Buttermere)附近山區的步道，滿足自我挑戰！(P.257)

空中花園俯瞰倫敦夜景
Night View of London from Sky Garden

空中花園位於泰晤士河北岸的商業辦公大樓20 Fenchurch Street的頂樓，樓高38層，視野極佳，加上別出心裁的設計，挑高3層的玻璃穹頂和從南到北步步升高的觀景花園，可以享受無死角的倫敦景致，往東望去是倫敦塔橋和倫敦塔，往西可見聖保羅大教堂的圓頂和西敏寺，身處於金融區的東倫敦市中心，更可感受和西倫敦的古典悠閒截然不同的風情。此外，還設有餐廳和酒吧，2014年開幕至今已經成為時下倫敦最受歡迎的景點了。(P.103)

自然史博物館 / 倫敦
Natural History Museum / London(P.114)

國家藝廊 / 倫敦
National Gallery / London(P.65)

泰特英國美術館 / 倫敦
Tate Britain / London(P.74)

看一場經典音樂劇
Enjoy a Classical Musical

　　雖然許多大型音樂劇都不斷受邀來台演出，但來到音樂劇大本營的倫敦，怎麼可能錯過最原汁原味的演出！

　　倫敦西區劇院的表演主要以音樂劇和商業電影為主，另外還有傳統的莎士比亞劇碼、實驗劇場等多元化選擇。音樂劇可說是這些劇碼中最容易入門的一種，觀眾可透過舞台的整體呈現了解劇情，就算是偶爾聽不懂英國腔的英文台詞，仍可從音樂和舞蹈感染舞台魅力，沈浸在劇情發展中。最受歡迎的戲碼是安德洛伊韋伯編曲的《歌劇魅影》(Phantom of The Opera)，還有《悲慘世界》(Les Miserables)、《獅子王》(Lion King)、《芝加哥》(Chicago)和《媽媽咪呀》(Mamma Mia！)等劇碼，加上推陳出新的音樂劇，將倫敦西區夜晚妝點得華麗絢爛。(P.89)

最佳地標
The Best Landmark

國會大廈與大鵬鐘 / 倫敦
House of Parliament &
Big Ben / London(P.72)

西敏寺 / 倫敦
Westminster Abbey /
London(P.70)

神祕的史前巨石陣
Mysterious Stonehenge

存在超過四千年的史前巨石陣，位於離沙里斯貝利約半小時車程的郊區，一直是英國最知名的景點之一，儘管關於巨石陣的研究已經持續了幾百年，但到底是誰蓋的？為了什麼目的而蓋？當時的人如何擁有這種建築技術？仍有許多謎團未解開，多年來關於巨石陣的傳說多不勝數，替這個史前遺跡蒙上了神祕的面紗，也不斷吸引人們前來朝聖。(P.192)

康河悠閒撐篙
Punting on River Cam

來到劍橋，不到康河體驗一下撐篙遊河樂趣將會遺憾終身。撐篙是劍橋學生課後的休閒活動之一，用一根長杆控制平底船行進其實並不難，但當遊船眾多時，新手仍有翻船的可能。想要優雅的在康河上晃蕩，遙想徐志摩的浪漫情懷，有更簡單的方法，Bridge Street的碼頭邊有專人撐篙的遊船，撐篙者多半操著優美的道地英國口音，沿途介紹劍橋康河的歷史美景，即使不是劍橋的學生，也可以度過很「劍橋」的一天。(P.178)

| 倫敦眼 / 倫敦 London Eye / London(P.106) | 倫敦塔橋 / 倫敦 Tower Bridge / London(P.102) | 特拉法加廣場 / 倫敦 Trafalgar Square / London(P.73) |

夢劇場欣賞英超聯賽
Watch a Premiere League Game in Theatre of Dream

英格蘭超級足球聯賽是世界上最受歡迎的足球聯賽之一，來到英國才會發現英國人對於足球有多狂熱！每到週末的比賽日，大街小巷都可看到穿著球衣的球迷，有的全家老少一起到現場替主隊加油，有的結伴在酒吧看轉播，炙熱的氣氛隨處都可感受得到。其中曼聯是最成功的一支球隊，有著輝煌的歷史，在全球擁有最多的球迷，其主場老特拉福球場也因此為大家所熟知，更被取了一個威風凜凜的綽號「夢劇場」。這裡是英超氣氛最熱烈的球場，是體驗英超聯賽最好的選擇。此外，球場也設有博物館，展出曼聯百年來的歷史，非比賽日也可來參觀，並參加導覽行程，可一探球員更衣室和整座球場。(P.245)

最佳市集
The Best Markets

波特貝羅市集 / 倫敦
Portobello Market / London(P.153)

紅磚巷 / 倫敦
Brick Lane / London
(P.95)

朝聖披頭四故事館
Visit The Beatles Story

提到利物浦這座城市，很多人會馬上聯想到「披頭四」(The Beatles)，對於一般人來說，「披頭四」就代表了搖滾樂，幾十年過去了，披頭四在全球樂壇的地位依然至高無上，他們留下了許多膾炙人口的經典歌曲，影響了無數個世代。這間披頭四故事館展示他們從組成到解散之間的所有故事，完整地還原了那個黃金年代，還收藏了許多團員的私人物品，可說是搖滾樂的聖地，對於一般的觀光客，這也是認識搖滾樂和披頭四最好的機會。(P.251)

搭火車深入蘇格蘭高地
Take The West Highland Railway

蘇格蘭高地得天獨厚的遼闊美景，每年總吸引無數健行愛好者前往拜訪，全程245公里的西高地之路，可以欣賞境內連綿不絕的崎嶇山勢、湖泊與峽灣。不想這麼勞累的旅客，不妨搭上英國最美的火車旅程，舒舒服服坐在車廂中穿越湖泊、高山，窗外如風景明信片般的壯麗風景，會讓你一刻都不想眨眼！(P.302)

史派特市集 / 倫敦
Spitalfield Market /
London(P.151)

波若市集 / 倫敦
Borough Market /
London(P.110)

格林威治市集 /倫敦近郊
Greenwich Market /
London Suburbs(P.126)

Top Itineraries of the United Kingdom
英國精選行程 文●墨刻編輯部

英格蘭南部11天

●行程特色

　　本行程以遊覽重心為以倫敦為核心的英格蘭南部。先在倫敦停留，接著拜訪附近的知名城鎮，這幾處地方包括充滿學院風情的大學城、孕育世界知名文學家及詩人的搖籃；另外，也有不少引人入勝的文化古蹟和自然景致。接下來造訪古城巴斯和沙里斯貝利，巴斯以古羅馬浴場聞名，沙里斯貝利的郊區有大名鼎鼎的史前巨石陣，再往南來到濱海城市南安普頓和布萊頓，見證帝國以海上霸權起家的過往。

●行程內容

Day 1：倫敦London	**Day 7**：南安普敦
Day 2：倫敦London	Southampton
Day 3：劍橋Cambridge	**Day 8**：溫徹斯特Winchester
Day 4：牛津Oxford	**Day 9**：布萊頓Brighton
Day 5：巴斯Bath	**Day 10**：溫莎城堡
Day 6：沙里斯貝利Salisbury	Windsor Castle
（史前巨石陣Stonehenge）	**Day 11**：倫敦London

英格蘭中北部和蘇格蘭12天

●行程特色

　　這個行程從倫敦出發，逆時針繞一圈，造訪英格蘭中北部和蘇格蘭的重要景點。首先是中部的歷史古城約克，這是觀光客人數僅次於倫敦的城市。接著來到蘇格蘭人文風情濃厚的愛丁堡和格拉斯哥，再體驗高地和湖區的獨特風光，最後回到中部的利物浦和曼徹斯特，細細品味這兩處在工業革命中扮演重要角色的大城市。

●行程內容

Day 1：倫敦London	**Day 8**：格拉斯哥Glasgow
Day 2：倫敦London	**Day 9**：湖區Lake District
Day 3：約克York	**Day 10**：湖區Lake District
Day 4：愛丁堡Edinburgh	**Day 11**：利物浦Liverpool
Day 5：愛丁堡Edinburgh	**Day 12**：曼徹斯特
Day 6：高地High Land	Manchester
Day 7：高地High Land	

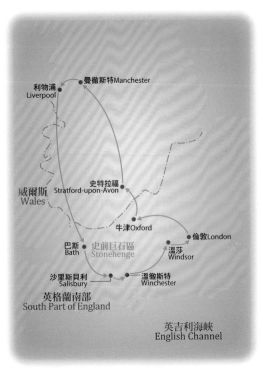

英格蘭中北部、南部10天

●行程特色

　　這個行程涵蓋了英格蘭中北部和南部,從倫敦開始,首先拜訪氣派、學院風情濃厚的牛津,再前往和牛津大不相同的史特拉福,這裡是個與世無爭的小城市,保留了英式古典的風貌,小橋流水、環境清幽,接著依序造訪曼徹斯特、利物浦、巴斯、沙里斯貝利和溫徹斯特,最後經由溫莎城堡再回到倫敦。

●行程內容

Day 1:倫敦London

Day 2:倫敦London

Day 3:牛津Oxford

Day 4:史特拉福
Straford-Upon-Avon

Day 5:曼徹斯特Manchester

Day 6:利物浦Liverpool

Day 7:巴斯Bath

Day 8:沙里斯貝利Salisbury
(史前巨石陣Stonehenge)

Day 9:溫莎城堡
Windsor Castle

Day 10:倫敦London

英國縱橫16天

●行程特色

　　自位於英格蘭南部的倫敦出發,向北穿過英格蘭中北部的中世紀古城,來到北方豪邁粗獷的蘇格蘭,欣賞愛丁堡和格拉斯哥的人文風情,以及高地的自然風光,然後反轉向下,經過湖區再到中部的利物浦和曼徹斯特,最後回到英格蘭南部,把整個大英倫地區走完大半圈。英國各地充滿戲劇性的對比,風情小鎮、歷史古城不少,這條路線是集全英國精華城鎮之大成,如果時間或預算有限,可嘗試以16天完成此一基本全覽行程。

●行程內容

Day 1:倫敦London

Day 2:倫敦London

Day 3:倫敦London

Day 4:劍橋Cambridge

Day 5:約克York

Day 6:愛丁堡Edinburgh

Day 7:愛丁堡Edinburgh

Day 8:格拉斯哥Glasgow

Day 9:高地High Land

Day 10:高地High Land

Day 11:湖區Lake District

Day 12:湖區Lake District

Day 13:利物浦Liverpool

Day 14:曼徹斯特Manchester

Day 15:牛津Oxford

Day 16:倫敦London

When to go
最佳旅行時刻

文●墨刻編輯部　攝影●墨刻攝影組

英國位於北大西洋、北海、愛爾蘭海及英吉利海峽之間，屬於溫帶海洋性氣候，受到洋流及西風影響，溫和濕潤，夏季平均溫度約15~30℃，冬季均溫為1~5℃。地處高緯區，日夜溫差大，天氣變化萬千，一日之中就能領略四季冷熱、陰晴雨霧的變化。因為天氣難以捉摸，所以英國的天氣預報詳細到以每小時為單位呢！

7~8月是英國旅遊旺季，日照長、活動多，但機票和住宿的價格偏高，且白天較熱。耶誕跨年假期對英國人而言是家庭聚會時間，街上冷冷清清。最推薦5~6月前往，氣候舒適，百花爭艷，且日照時間變長，相當適合出遊。

蘇格蘭 Scotland

位於大不列顛島北方，包含近海眾多島嶼。地勢變化較大，首府愛丁堡及其他主要城市皆在南部平原，北部則為冰河時期形成的遼闊高地，遍佈高原、湖泊、峽谷與峽灣。

整體氣溫偏冷，年平均溫度為9.3℃，夏季均溫也只有16.7℃，日夜溫差大，冬季寒冷潮濕，少見陽光。東面受北海寒流影響較乾冷，西面受墨西哥灣暖流影響較為溫暖多雨。

北愛爾蘭 Northern Ireland

北愛爾蘭位於愛爾蘭島的東北方，河流經過的平原帶來豐饒物產，丘陵綠地則適合畜牧業，北部海岸線受火山活動的影響有特殊的玄武岩景觀。

這裡屬於溫帶海洋性氣候，因墨西哥灣暖流通過，帶來溫和舒適的氣候，夏季約18~25℃，冬季約2~5℃，雨量適中，冬季少雪，一天中氣候變化無常。

英格蘭西北 North West

曼徹斯特是北部最重要的交通樞紐與經濟重心，由此往北的湖區是英格蘭最美麗多變的地形景觀，受冰河侵蝕的地貌，遍佈山巒、湖泊、峽谷、瀑布與激流。

墨西哥灣暖流帶來溫暖多雨的氣候，湖區降雨量特別高，夏季常有洪水的問題。曼徹斯特一帶冬季嚴寒，常有暴風雪。

英格蘭西中部 West Midlands

除了伯明罕和周圍城市構成的大型都會區以外，西中部就是一幅美麗的田園畫，平坦丘陵披上綠衣，蜿蜒的運河上船隻點點，是最經典的英式鄉村景觀。

氣候與東中部相似，但離北大西洋較近，西風較為強勁。西邊受到威爾斯高山阻擋水氣的影響，降雨量少。

威爾斯 Wales

位於大不列顛島的西南方，由三面臨海的半島和鄰近島嶼組成，東部與英格蘭相連。海岸線超過1200公里，地勢多山崎嶇，三座國家公園占據大部分面積，首府卡地夫及大城市都在南部近海區域。

威爾斯臨海地區無陸地阻隔，全年皆有強風，天氣變化迅速，雨水相當充沛，雨季為10月至翌年1月。

英格蘭東中部 East Midlands

英格蘭地理上的中心，被稱為「英國的心臟」。北部的山峰區(Peak District)有英格蘭少見的高山地形，南部靠近諾丁漢則是大片的森林。由於位處內陸，不像其他地區有海洋調節溫度，所以四季溫度變化非常明顯，冬季霜凍且常有0℃以下低溫，夏季酷熱有時高達30℃，且時有暴雨。

英格蘭東北 North East

東面Northumberland國家公園海岸線的自然景觀優美，內陸是由丘陵與小山構成的荒原景觀。除了新堡(Newcastel)以外，其他都是較小型的城市，包含約克(York)和達拉謨(Durham)。

此區氣候受西邊Pennines山脈的影響，降雨量較少，但海拔較高的山區溫度及濕度較高。東海岸因北海的溫度調節，夏季相對涼爽。

東英格蘭 East of England

地形最平坦的區域之一，劍橋郡(Cambridgeshire)一帶有大片沼澤區，英國最低地Holme Fen的高度為海平面下三公尺。由於大西洋吹來的水氣受陸地阻擋，此區較為乾燥，平均降雨量約450mm~750mm。冬季從歐洲大陸吹來的東風有時會帶來大雪，春季氣候多變，時有陣雨，夏季則溫和舒適。

英格蘭西南 South West

風景優美的西南區內有英格蘭最長的海岸線，奇岩怪石遍布的侏羅紀海岸（Jurassic Coast）更被列為世界遺產保護區。岩石與高沼地構成Dartmoor和Exmoor國家公園地貌，東邊則是綿延開闊的丘陵地。這一帶是典型的溫帶海洋性氣候，冬季溫暖(1~4℃)、夏季涼爽(18~22℃)，冬季降雨多於夏季，是多風的地區。

英格蘭東南 South East

地形平緩的東南部是英格蘭精華地帶，除了坐擁繁華的首都倫敦，肯特郡(Kent)寧靜的田園與村莊有「英格蘭的花園」之稱，南部海岸線有沙灘度假勝地及壯觀的海岸斷崖，隔著英吉利海峽與法國相望。

這裡是全英國氣候最佳、最溫暖的區域。每年6月開始進入最佳旅遊季節，天氣晴朗、陽光溫和，夏季平均溫度約22℃，冬季均溫也在4℃以上，少結冰降雪，雨量也較其他區域少。

英國旅行日曆

英國每年有日期不定的國定假日(Bank Holiday)，早期都是與宗教相關的節日，現在許多商店也會在這一天休息。逢耶誕節及新年(12/24~26、1/1)，幾乎所有的公家機關、銀行、商店、景點都會休息，甚至大眾交通工具也會暫停營業或減少班次。這點在本書的景點資訊內不再特別提及，如碰到此時前往旅行，安排行程時須格外留意。

日期	假期名稱	說明
1/1	新年New Year's Day	
1/2	Bank Holiday	只有蘇格蘭放假
春分月圓後的第一個週末	復活節Easter Monday	復活節前的週五為「耶穌受難日Good Friday」，從這一天開始連放4天，到隔週週一結束
5月第一個週一	Early May Bank Holiday	
5月最後一個週一	Spring Bank Holiday	
8月	愛丁堡藝術節 Edinburgh International Festival	
8月第一個週一	Summer Bank Holiday	只有蘇格蘭放假
8月最後一個週一	Summer Bank Holiday	蘇格蘭不放假
8月底	諾丁丘嘉年華Notting Hill Carnival	英國倫敦當地的著名嘉年華會
10月中~11月初	肯特伯里藝術節Canterbury Festival	
11月5日	英國煙火節Guy Fawkes Night	
12月25日	耶誕節Christmas Day	
12月26日	耶誕節翌日Boxing Day	
12月26日	耶誕節翌日Boxing Day	

Transportation the United Kingdom
英國交通攻略

文●墨刻編輯部　攝影●墨刻攝影組

國內航空Domestic Flight

英國是狹長型島嶼，從南部倫敦到北部蘇格蘭的愛丁堡，就算搭乘直達高速火車，車程也要將近5小時，時間有限的短程旅人，選擇搭乘國內班機可節省不少交通時間，而廉價航空的早鳥優惠，票價和火車差不多，更是物超所值！

傳統航空

英國航空公司(British Airline)同時提供國際/國內線航班，服務品質及飛機等級都有一定的水準，從倫敦出發的飛機同樣在希斯洛機場起降。搭乘英航的班機從台灣出發，可與旅行社洽詢是否有延伸機票的折扣優惠，如果到了當地才想買機票，可上英航的官網訂購或是透過當地旅行社購票。唯因疫情期間，各家航空公司班次和班表變動幅度較大，相關資訊請洽各大航空公司或上網查詢。
British Airline：www.britishairways.com

廉價航空

廉價航空(Budget Airline/ Low Cost Flight)的出現，讓搭飛機遊歐洲不再是高不可攀的價昂行為，只要提早訂票，即可購入平價機票，經濟實惠且方便快速。當然，一分錢一分貨是不變的道理，廉價航空之所以能打破市場行情價，在於在各方面極力壓低成本，因而在服務上自然會打折扣，例如：只接受網路訂票、只用電子機票(e-ticket)、機場櫃檯人員縮減只能利用機器自助check-in、飛機上的餐飲和書報雜誌均須另外購買等，原則上，只要是基本需求以外的附加服務都要加價，不過只要轉換心態，還是能開心享受低價快感。

為了節省成本，廉價航空通常停降在離市區較遠的小型機場，所以千萬別只考量廉價機票，買票時要一併考慮市區往返機場的交通費及時間。唯因疫情期間，各家航空公司班次和班表變動幅度較大，相關資訊請洽各大航空公司或上網查詢。

◎搭機小提醒

・**沒有畫位**：通過安檢後，就到處亂逛了！廉價航空一律採取先登機先選位的方式，如果想要保證優先登機也很簡單，花點錢就能當VIP啦！
・**行李限額**：行李重量管制嚴格，超重行李會收取高額費用，買票時要看清楚各項限制，例如：隨身只能攜帶一件登機行李(Hand Bag)，任何大型託運行李皆須加價。
・**自備飲料食物**：不想購買機上偏貴的飲料食物，就自己準備吧！
・**攜帶個人證件**：雖然是國內線飛機，外國旅客搭乘時還是要檢查有效護照。
・**更改及賠償**：若有需要更改日期、時間或目的地，每更動一次都要收取手續費。此外，若遇班機誤點或臨時取消，也無法協助安排轉搭其他航班，也不太會提供食宿補償，對旅客比較沒保障。

◎怎麼買票最便宜

廉價航空採用浮動票價，也就是票價高低會根據市場需求而調整，原則上越早買票越便宜，但若逢熱門旅遊季節，就很少出現令人心動的好價格。網路上有不少好用的比價網站，可省去到處比價的時間。

廉價航空比價網站推薦
Cheap flights：www.cheapflights.co.uk
Skyscanner：www.skyscanner.com.tw
主要廉價航空公司網站
EasyJet：www.easyjet.com
Flybe：www.flybe.com
Jet2：www.jet2.com
Ryanair：www.ryanair.com

鐵路系統Railway

英國境內的鐵路網絡是由二十多家民營鐵路公司共同經營，從A地到B地，有時就須在2處轉乘點改換2家以上不同公司的列車，感覺上有點複雜，不過旅客不需太擔心，所有鐵路公司皆有聯營，購票時只要知道起迄站，系統自然會排好各段銜接行程。由於是不同的民營公司，列車車種、規格自然有差異，同一條路線甚至會有兩家公司於類似時段提供服務，嘗試不同鐵路公司的服務也是旅程中的樂趣。

很多台灣旅客對英國的點對點彈性票價感到陌生而頭痛，火車票價除了受到實際距離和艙等的影響，購買時間點、票種限制、搭乘時段也會影響價格，基本上提早訂票、固定行程一定能保住荷包。如果懶得研究複雜的鐵路系統和票價，不妨購買火車通行證，行程彈性又不怕錯過火車，可省卻不少煩惱。

火車票
◎英國鐵路通行證BritRail Pass

海外遊客其實不必太擔心英鐵複雜的票種問題，火車通行證能將問題單純化，針對想要旅遊的地點與時間，選擇全區或分區的通行證，一票在手，遍行英國，最適合多點移動的旅客。

涵蓋區域

根據可使用的區域不同，分為以下數種，涵蓋地區越廣，票價自然越高，可依行程需求選擇。

・**英國全區火車通行證(BritRail Pass)**：適用於大不列顛本島，包含英格蘭、蘇格蘭、威爾斯所有火車(不含北愛爾蘭)，並可搭乘希斯洛特快車(Heathrow Express)、Gatwick Express和Stansted Express等機場快捷列車，但需佔旅遊天數。

・**英格蘭火車通行證(BritRail England Pass)**：適用於英格蘭全區，並可搭乘希斯洛特快車(Heathrow Express)、Gatwick Express和Stansted Express等機場快捷列車。

・**英國東南區火車通行證(BritRail London Plus Pass)**：適用於倫敦近郊的聯營火車，如至巴斯、沙里斯貝利、史特拉福、布里斯托等，並可搭乘希斯洛特快車(Heathrow Express)、Gatwick Express和Stansted Express等機場快捷列車。

・**英國西南區火車通行證(BritRail South West Pass)**：適用於英格蘭和威爾斯，亦可搭乘希斯洛特快車(Heathrow Express)。

・**蘇格蘭中心漫遊通行證(Central Scotland Pass)**：適

用於蘇格蘭中心區，如愛丁堡、史特林及格拉斯哥範圍內的大小城鎮，並可搭乘格拉斯哥地鐵，但不適用於往來格拉斯哥中央車站和愛丁堡Waverlery車站的火車。

· **蘇格蘭自由行通行證(Scottish Freedom Pass)**：適用於蘇格蘭全區。

車票種類

· **連續票(Consecutive Pass)／彈性票(Flexi Pass)**：依使用時間畫分。連續票可於有效天數內不限次數、里程搭乘；彈性票為兩個月內任選數天搭乘，使用者自行寫上搭乘日期後，可於當日不限次數、里程搭乘。兩種票提供的天數選擇均為3天、4天、8天、15天，連續票並提供22天及1個月效期。同樣可搭乘的天數內，彈性票價格較高。

· **頭等艙(First Class)／普通艙(Standard Class)**：根據車廂等級畫分。頭等艙的座位較寬敞，乘客少，所以即使假日沒事先訂位，也能找到座位，並供應免費的茶或咖啡，有些還會附上麵包點心，舒適的服務當然會反應在票價上。

· **一般票和優惠票**：根據使用者年齡的不同，可選擇青年(16歲~25歲)、老人票(60歲以上)，此外，也有3~9人的團體同行票可供選擇。需注意的是，同行票為團體使用同一張票，所以不可分開使用，且第一次蓋章生效時需所有人皆在場。若使用青年票，第一次蓋章生效時須小於26歲才有效。

如何買票

由於火車通行證只適用於外籍人士，所以只在英國境外發售，有需要的旅客可於BritRail網站上購買，並寄送至指定地址，但考慮到英鎊匯差及額外寄送費用的問題，也可在台灣直接向票務代理旅行社購買，更詳細的票務規則及票價也可上飛達旅遊網站查詢。

使用方式

通行證需於開票後11個月內啟用，第一次使用前需持火車通行證及護照至任一火車站售票櫃台，由站務人員蓋章並填上使用者護照號碼始生效。使用彈性票的旅客，只要在乘車前填上搭車日期，即可直接上車。持通行證進入月台，無法通過自動票夾，要出示已填上日期的通行證，請站務人員協助開啟閘門。

一般而言不須訂位，但若搭乘時間為上班尖峰時段、連續假日、3小時以上長途車或臥鋪，建議先訂位，通行票不含訂位及臥鋪費用，需額外付費。搭乘晚上19:00後出發，隔日凌晨04:00後抵達目的地之夜車，在通行證上填寫的日期為抵達日期。舉例來說，若搭乘4月25日晚上21:00自倫敦出發，4月26日早上6:00後抵達愛丁堡的隔夜車，通行證上填寫的日期為4月26日，所以若4月26日當天還要繼續搭火車前往其他城市，那就等於節省了一晚旅館費用和一

次火車費。

其他優惠

英鐵通行證還有許多額外的優惠，例如同行(不占位)的5歲以下幼童免費、5歲至未滿16歲的兒童第1位免費、其餘兒童享折扣優惠。此外，部分通行證提供持票者免費搭乘倫敦主要機場至市區的快捷列車，如Heathrow Express、Gatwick Express、Stansted Express等。

◎**飛達旅遊**
📞02-8161-3456
🚆www.gobytrain.com.tw
官方LINE客服：搜尋@gobytrain

◎**英國國鐵**
🚆www.nationalrail.co.uk

◎**區域漫遊票Rangers and Rovers**

如果出國前來不及買火車通行證，或是計畫的旅程以區域短線、小城為多的人，不妨考慮由英國各個私鐵公司所發行的小區域漫遊票，在英國境內任一火車站皆可購票，一樣可以遨遊短距離的鄉間小鎮，通常都包含該區域內的公車，也許還更為划算！

各種漫遊票詳細資訊可於英國國鐵網站上取得：www.nationalrail.co.uk

◎點對點火車票

點對點火車票就是指一般單獨購買某段行程的車票。精打細算的旅客，若早一點計畫好行程，且確定不會改變，提早於網路購買，有可能比火車通行證更划算！

車票種類

除了有頭等艙(First Class)和普通艙(Standard Class)的差別之外，還會因購買時間、有效使用期間而有價格上的差異，主要分別如下：

·預售票(Advance)：價格最優惠。類似台灣高鐵推出的早鳥優惠，車票從出發日12週以前開始預售，一定要提早購買，能省下2/3以上的火車票價，只販售單程票，但因為折扣高，即使買兩段單程也比一般的來回票便宜。缺點是限制較多，只能搭乘票面上指定日期、指定時間的班次，且無法退票(non-refundable)。在火車出發前可換票，但若錯過火車，那張票就形同作廢了。

·離峰票(Off-Peak)：如果出發當日才購票或優惠預售已銷售完，購買Off-Peak票也能省下不少錢。這種票在票面上指定日期的當天可自由搭乘所有離峰班次，也就是除了不能搭乘尖峰時間的火車以外，其餘班次皆可搭乘，不會有錯過火車的困擾，所謂「離峰時段」，每家鐵路公司的規定略有差異，但大致上是週一到週五上午0900~09:30之後，以及週末、假

日全天。乘客若退票須酌收手續費。

·不限時段票(Anytime)：當天任何火車班次皆可搭乘，沒有任何限制，可全額退票，也可分段搭乘，例如，從倫敦至愛丁堡途中，可以在約克(York)下車玩個半天，再用同一張票搭乘傍晚的火車前往愛丁堡，最適合想保留行程高度彈性的旅客。不過，高度的自由是要用高昂的票價來交換喔！

·來回票(Return)：來回票只要出發當天購買即可，只有Off-Peak和Anytime的票種推出優惠價格的來回票，又分為當天來回(Day Return)，以及回程不指定時間(Open Return)。Day Return須於票面上指定日期搭乘，Anytime Return的回程則為1個月內搭乘皆有效。

原則上越早購票越便宜，限制越多的票也越便宜，若安排1日遊，現場購買當天來回票也比較便宜。若是直接到火車站櫃台購票，售票人員通常會根據你的條件和搭乘時間，透過電腦幫你選擇同時段最便宜的票種。

如何買票

購票可透過火車站售票窗口或使用站內自助售票機，英國境內任一火車站都能購買當日及預售全區的車票。更簡單的方法是透過網站事先購票，有時還會買到意想不到的優惠票價。

長途巴士Coach

英國的公路網相當完善，且和火車相較之下，能省下可觀的交通費，但是花費時間較長，適合近距離城市間的往來，或前往火車到不了的地方。

巴士公司

◎National Express

在英國，行駛市區及週邊短距行程的巴士稱為Bus，長距離則稱之為Coach。規模最大的長途巴士公司是National Express，服務網絡幾乎遍及全英格蘭、蘇格蘭和威爾斯的大城小鎮及所有機場往來城市的交通，甚至還有到歐洲各主要城市的路線，涵蓋面積遠遠大於火車，雖然行程時間較長，但班次頻繁，票價只要火車的一半，提早買票還有£6起跳的超級低價優惠，非常受精打細算背包客的歡迎。

National Express的巴士站通常位於火車站的旁邊，沒有火車站的小鎮則會設立在小鎮中心，非常好找，倫敦的維多利亞巴士站(Victoria Coach Station)就是National Express的大本營，每天都有絡繹不絕的旅客進出。

◎其他巴士選擇

Megabus

£1巴士的促銷始祖，以低價競爭興起的長途巴士公司。巴士路線遍佈英國全境，但以大城市之間的交通往來為主，接受上網訂票或透過票務代理購票，越早買票越能撿便宜，缺點是服務品質沒有National Express穩定，且巴士站牌比較不好找。

Oxford Tube

專營倫敦與牛津之間路線，班次密集，24小時發車，白天最快每10分鐘就有一班，半夜也至少30~60分鐘一班。首站在維多利亞車站附近的Grosvenor Gardens，也可在地鐵站Shepherd's Bush、Marble Arch、Notting Hill Gate附近搭乘，乘客可上網訂票或直接上車購票。

Scottish Citylink

在蘇格蘭地區有相當綿密完整的網路，更甚於National Express，可深入許多火車沒到達的地方。推出蘇格蘭巴士漫遊票(Explorer Pass)，有5天內任選3天、10天內任選5天、16天內任選8天的票種，期間內無限搭乘，是蘇格蘭旅遊首選。

Info

National Express：www.nationalexpress.com
Megabus：uk.megabus.com
Oxford Tube：www.oxfordtube.com
Scottish Citylink：www.citylink.co.uk

市內公車Bus

範圍較大的城市和旅遊區，景點間的移動需要仰賴市內公車，這也是最便宜又方便的交通方式。

如何購票

旅客服務中心、路旁小雜貨店、公車總站都可以買票，也可直接上車向司機購票，大城市會在路旁設有只收硬幣的自動售票機。每個地區的票價及票種都略有差異，一般而言分為單程票(Single)、來回票(Return)、一日無限暢遊(Day Ticket/ Day Travel)、週票(Weekly)及月票(Monthly)。

公車路線及時刻表

若是在湖區、北威爾斯、蘇格蘭高地這類廣大的鄉間旅行，一天內行經某景點的公車班次較少，建議抵達時先在遊客服務中心索取公車路線及時刻表，以便於規畫每天的行程。公車站牌下方也會有各路線公車的營運時間、班次間距、行駛方向。若出發前已規劃必探訪景點，建議多利用英國官方交通網站的行程規畫功能(Plan a Journey)，輸入起點(From)、終點(To)，選擇交通工具(Choose Travel Mode)，就會告訴你詳細的公車號碼、行經路線和時刻表。
Traveline：www.traveline.info

租車Car Rental

在英國鄉村或廣大的蘇格蘭高地，有些路線公車常常一天只有兩個班次，若能克服英國右駕駛座、靠左行駛的交通方式，自己租車更能享受旅行樂趣。

在哪裡租車

機場或旅客服務中心都可以預約租車，如果已安排好行程，建議事先在網路上預約，不但可以先挑選車型、指定自排車、還能享有預約優惠價，能仔細閱讀價格計算方式及保險相關規定也比較安心。英國的租車公司非常多，大型連鎖公司如Avis、Hértz、Europcar價格較高，但能選擇A地租車、B地還車(Hire here/Leave there,簡寫H/L)，路上故障維修服務也比較方便，小型租車公司當然就有價格上的優勢。

推薦大型租車公司
Avis：www.avis.co.uk
Hertz：www.hertz.co.uk
Europcar：www.europcar.co.uk
National：www.nationalcar.co.uk

租車價格

租車價格由各公司自定，根據車種、C.C.數、租車天數而變動，可事先上網比價。需注意的是，有些便宜的優惠方案會限制每日行駛的里程數，超過里程需加收額外費用，如果知道自己的移動距離較遠，記得選擇不限里程的UM方案(Unlimited Mileage)。此外，租車時一定要購買保險，包含車輛損害賠償(LDW/CDW)、乘客傷害保險(PAI)等，若多人駕駛，要在保險簽名欄上簽下每一個人的名字才算生效。

注意事項

‧**必要證件**：租車時須準備有效護照和國際駕照，中文駕照最好也隨身攜帶以備不時之需。

‧**車子種類**：英國大部分為手排車(Manual Car)，如果要求自排車(Automatic Car)，最好先預約或選擇大型租車公司。

‧**押金**：租車時會要求使用信用卡預扣押金作為保證。

‧**確認車子性能**：領到車子後，一定要在現場先檢查車子各項性能是否正常，包含外觀、煞車、雨刷、車燈，並問清楚油箱位置和所加汽油種類再上路。

‧**還車**：拿到車時油箱通常是滿的，還車時也會要求加滿後還車，否則會要求收取額外的加油費和服務費。

‧**道路救援**：記得請租車公司留下24小時緊急連絡及道路救援的電話。

英國百科
The United Kingdom Encyclopedia

P.30 英國歷史
History of the United Kingdom

P.32 英國世界遺產
World Heritage of the United Kingdom

P.41 英國好味
Best Taste in the United Kingdom

P.45 英國好買
Best Buy in the United Kingdom

History of the United Kingdom
英國歷史

文●墨刻編輯部　攝影●墨刻攝影組

大不列顛及北愛爾蘭聯合王國(United Kingdom of Great Britain and Northern Ireland)一般簡稱聯合王國(United Kingdom、U.K.)或大不列顛(Great Britain)，「英國」為台灣使用的特殊稱法。聯合王國由四個王國共同組成，分別為英格蘭(England)、蘇格蘭(Scotland)、威爾斯(Wales)、北愛爾蘭(Northern Ireland)。

史前時期與塞爾特人
6000BC～55C

不列顛島在史前時代原與歐洲陸塊相連，西元前6000年冰河時期結束後，雪水融化成為現今的英吉利海峽，而當時石器時代的移民在沙里斯貝利(Salisbury)附近的石灰岩丘陵墾植，並且留下了神秘的史前巨石柱群(Stonehenge)。西元前1世紀，塞爾特人(Celtics)從中歐來到不列顛，合併原本居住在此的原住民，並帶來了蓋爾語(Gaelic)及布理索尼語(Brythonics)，這兩種語言分別演變成了今天蘇格蘭和威爾斯的方言。

羅馬統治時期
54BC～410AD

西元43年羅馬人來到不列顛，不僅隨即將不列顛併入羅馬帝國版圖，更征服了威爾斯和英格蘭北部，西元120年，在英格蘭北部建築了長117公里的哈德連長城(Hadrian's Wall)作為羅馬帝國北部疆界，阻絕了蘇格蘭人的侵略。在羅馬人三百多年的統治之下，為不列顛帶來基督教、筆直的石板路及許多公共建設，在倫敦、巴斯、約克等地都可見到羅馬遺跡，後因羅馬帝國勢力衰退，羅馬人在西元410年左右淡出不列顛。

盎格魯薩克遜王國時期及中世紀
470AD～1485AD

西元5世紀，入侵不列顛的民族為來自日耳曼的盎格魯人(Anglos)、薩克遜人(Saxons)及朱特人(Jutes)，西元9世紀中，維京人(Vikings)入侵，全英國只剩下泰晤士河南部是英格蘭人的勢力範圍，使得英格蘭人開始和維京人同化。下一個入侵的勢力是來自法國諾曼第的諾曼人(Normans)，於西元1066年帶著大軍入侵，征服者威廉(William the Conqueror)在戰役中擊敗盎格魯薩克遜，正式入主不列顛，並在西敏寺加冕。1066年至1485年間，諾曼人以武力維持他們在英國的勢力，接下來的幾個世紀，英國都在動盪不安中度過，先是英法百年戰爭，後來又爆發了「薔薇戰爭」(War of Roses)。

都鐸王朝與伊莉沙白時代
1485AD～1603AD

多年內戰之後，直到都鐸王朝(Tudor)終歸和平，英國國力也在此時迅速發展。此時英國教會與羅馬教會分裂，形成英國國教，聖經也在此時被翻譯成英文，英皇亨利八世被國會任命帶領英國國教，他也為強大的英國海軍奠定基礎。

都鐸王朝被視為英國的文藝復興時期，藝術和學術上的文藝復興運動從歐陸跨海傳來，其中，劇作家莎士比亞(1546年~1616年)貢獻最大，也是英國文學最知名代表人物。1588年，伊莉莎白一世(1533年~1603年)登基，在此之前她以叛亂罪處決蘇格蘭的瑪麗女王，而這一年，她擊潰了英國的海權勁敵西班牙無敵艦隊，大英帝國開始稱霸海上，科學、工藝技術、海外探險都有長足進步。

1600年，東印度公司成立，英國勢力進入印度，雖然此時仍歸為都鐸王朝，但一般歷史上單獨稱為「伊莉莎白時代」。

海權擴張及工業革命
1604～1700AD

伊莉莎白女王駕崩之後，英國又陷入動盪不安，皇室和國會間的權力鬥爭在17世紀中達到最高點，最後權力仍歸還給皇室。不過，海權的擴張並未受到國內的紛亂影響，英國迅速在各地征服擴展了許多殖民地。17世紀英國發生了幾件歷史上重大事件：1620年清教徒搭乘「五月花號」前往美洲；1665年黑死病爆發，奪走倫敦十萬條人命；1688年發生光榮革命。發現地心引力的牛頓則是此時期最知名的科學家。

工業革命及維多利亞女王時代
1701~1901AD

1707年蘇格蘭被併入聯合王國，英國從內戰中復原。18世紀進入喬治王統治時代，對外擴張勢力的同時，工業革命也如火如荼地進行，蒸氣動力、水力及煤礦的開採改變了交通運輸(鐵路)及製造業的動力，世界上首見的工業城市在密德蘭地區(Midlands)開始發展，帶來了人口的大量聚集。維多利亞女王在1837年掌權時，英國已經成為世界第一強權國家，人民擁有投票權，教育更為普及，生活條件也是世界數一數二。1851年倫敦舉行萬國博覽會，藉此頌揚大英帝國的工業和技術，1863年倫敦地鐵通車，而英國在世界各地的殖民地也都出現了所謂「維多利亞式」建築。

現代英國1901年以後

經過兩次世界大戰後，英國國力已大不如前，但現代發展仍持續進行中，流行文化和經濟勢力的提升，讓英國仍在世界史上佔有重要地位。英國雖自詡為民主政治的濫觴，但卻也是目前世界上少數保留君主世襲制度的國家，現任女王伊莉莎白二世堪稱為世界上最富有的女人之一，雖然日不落國的威名盛況不再，但英國女王的地位仍具有相當象徵意義。1970年代英國大多數殖民地宣佈獨立，帝國時代從此結束，1973英國加入歐洲共同市場，1994年英法海底隧道通車，英國和歐陸之間，不論心理或實質的距離都更加接近。2022年9月8日伊莉莎白女王辭世，查爾斯王子加冕為英國國王查爾斯三世（King Charles III），成為新任英國君主。

World Heritage of the United Kingdom
英國世界遺產

文●墨刻編輯部

從英國被列入世界遺產的名單來分析，不難看出泱泱大不列顛於海權殖民時代所遺留的大批豐富文化資產，包括象徵英國皇室風華的城堡花園、海權擴張扮演重要角色的港口、工業革命時期留下的工廠城市，以及海外殖民地。儘管當年的雄風不再，卻也是英國扭轉人類歷史的極佳見證。

①肯特伯里大教堂、聖奧古斯丁寺、聖馬丁教堂

Canterbury Cathedral, St Augustine's Abbey, and St Martin's Church

登錄時間：1988年 遺產類型：文化遺產

建於西元597年的肯特伯里大教堂是英國最古老的教堂之一，不過舊的教堂在西元1067年時被大火燒毀，絲毫無存，現今的教堂為西元1070年~1174年所建，最古老的部份是地窖。許多人都認為肯特伯里大教堂具有神奇的魔力，雖然它是肯特伯里最顯著的地標，但不論是亨利八世的宗教迫害或是二次大戰時希特勒的猛烈砲火，都沒有對此教堂造成巨大的傷害。同樣位於肯特伯里地區的聖奧古斯丁廢墟、聖馬丁教堂也因屬同年代教堂，被列入世界文化遺產。

②巴斯 City of Bath

登錄時間：1987年

遺產類型：文化遺產

巴斯是倫敦西方的古老城鎮，也是英國南部非常熱門的一日遊景點。相傳西元前860年左右，一位叫布拉杜德羅(Bladud)的王子因患痲瘋病被放逐至此，看到豬在熱泥中打滾治病，師法嘗試後居然將痲瘋病治好了，後來登基成為英王後興建了巴斯這個城市。西元1世紀羅馬人入侵英國，便在巴斯溫泉附近廣建浴池，以及兼具水和智慧女神的密涅瓦(Sulis Minerva)神廟，使得巴斯溫泉之鄉雛形日益成熟，18世紀安女王造訪巴斯後，逐漸成為流行的溫泉度假勝地。

北 海

大西洋
Atlantic Ocean

蘇格蘭

北愛爾蘭

愛爾蘭海

英 國

愛爾蘭

威爾斯

英格蘭

N

③格溫尼德郡的愛德華國王城堡

Castles and Town Walls of King Edward in Gwynedd

登錄時間：1986年 遺產類型：文化遺產

英國國王愛德華一世(1272-1307)征服威爾斯後，為鞏固該區域防禦，在位期間在北威爾斯所完成的一系列中小型城堡，計有Beaumaris、Caernarfon、Conwy和Harlech等，是外形壯觀並保存良好的城堡，都是由當時最了不起的軍事工程師聖喬治的詹姆斯(James of St. George)所建。Caernarfon和Conwy兩地則是有計劃的兩個保衛鎮，是中世紀軍事防禦的卓越例子。

④康沃爾與西德文郡的礦區景觀
Cornwall and West Devon Mining Landscape

登錄時間：2006年 遺產類型：文化遺產

英國最西南的康沃爾郡，由於受墨西哥灣暖流的影響氣候溫暖，被譽為英國最美的海灘，而多塞特(Dorset)及東德文海岸地理景觀十分獨特，有「侏羅紀海岸」的稱號。在地理上，德文郡和相鄰的康沃爾郡，因為康比恩錫礦斷層(Cornubian Massif)的特殊地理，形成Dartmoor及Exmoor兩個國家公園。德文郡有很多海岸度假區及歷史古城，氣候溫和。此一接壤地區是18與19世紀時的礦產技術中心，對當時的工業革命造成非常深遠的影響力。

⑤德文特河谷工業區
Derwent Valley Mills

登錄時間：2001年 遺產類型：文化遺產

德文特河谷位於英格蘭中部，坐落著一連串18、19世紀、具有歷史價值的棉花紡織工廠。最大規模的廠房是由理查•阿克萊特(Richard Arkwright)所創建的馬森工廠(Masson Mill)，至1991年停止運作，廠房現作紡織博物館與購物中心。在南面是建於1771年的克倫福特水利工廠(Cromford Mill)，是第一座採水力發動的。在斯特拉特(Strutt)的北部工廠(North Mill)現在是德文特河谷遊客中心，為一棟鐵框建築結構的建築，對全世界的高樓大廈的建築結構都產生影響。

⑥達拉謨城堡與大教堂
Durham Castle and Cathedral

登錄時間：1986年 遺產類型：文化遺產

達拉謨大教堂建於西元11世紀末到12世紀初之間，教堂內藏有兩位聖者聖骨遺物，是早期聖本篤修會的重要聖物，也是英格蘭最大、最宏偉的諾曼式建築。城堡外觀呈八角形，是古諾曼人的要塞，也是當地主教的住所，與大教堂是最早被列入世界遺產的古蹟。達拉謨城本身很小，三面被威爾河(River Wear)圍繞著。城中並有達拉謨大學，是英國除牛津、劍橋，名列第三的大學。

© 英國旅遊局

© 英國旅遊局

⑦羅馬帝國邊界
Frontiers of the Roman Empire

登錄時間：1987年 遺產類型：文化遺產

此段邊牆是羅馬帝國在上日耳曼省和雷蒂安省內修建的一段邊境防禦工事，建於西元2世紀。將羅馬帝國和未被征服的日耳曼部落分隔開來，總長550公里，包括60座堡壘和900座瞭望塔。邊牆有壁壘和溝渠，也有石造城牆，但牆本身很容易被攻破。邊牆被遺棄很久，後來考古學家在此發掘出古文物，大多收藏在薩爾堡的博物館。這是一個軍事區域組織的著名例子，說明了古老羅馬防禦技術和地緣政治的戰略。

© 英國旅遊局

© VisitBritain

⑧奧克尼新石器時代遺址
Heart of Neolithic Orkney

登錄時間：1999年
遺產類型：文化遺產

　　新石器時代的遺址，有一個大型墓室梅斯豪古墓(Maes Howe)，是歐洲規模最大與保存最完整的古代石墓，而兩處舉行儀式的廣場斯坦內斯(Stenness)與布羅德加石環(Ring of Brodgar)，以及斯卡拉布雷(Skara Brae)村落，還有大量尚未挖掘區域，也是遺址的一部份。此建築群呈現了史前文化景觀，同時也是西元5000年前北蘇格蘭群島生活栩栩如生的遺物呈現。最新的考古資料顯示，遺物分佈的年代約為新石器時代早期與晚期，以及青銅時代早期。

⑨百慕達聖喬治歷史古城與相關要塞
Historic Town of St George and Related Fortifications, Bermuda

登錄時間：2000年　**遺產類型**：文化遺產

　　百慕達群島位於北大西洋西部，由7個主島及150個小島與暗礁群組成。是大英帝國最早的英國殖民地。1957年英國軍隊最後撤出該群島，1968年百慕達群島獲得內部自治權。而聖喬治古城位於百慕達群島北部聖喬治島的南岸，始建於1612年，是該島的首府，至今仍保持著英國殖民市風貌。著名古蹟有建於17世紀初的聖彼得教堂及幾座海防要塞，是17-20世紀英國軍事防禦工程的重要指標。

⑩鐵橋峽谷
Ironbridge Gorge

登錄時間：1986年
遺產類型：文化遺產

　　鐵橋峽谷是工業革命的象徵，在鐵橋峽谷附近，有個建於1708年，紀錄了挖掘焦炭的庫爾布魯克戴爾(Coalbrookdale)熔爐。1777年~1779年時，英國在此修建世界第一座以鋼鐵鑄造的橋，從此結束了只能用木石材料建橋的時代，橋身橫跨塞文河(Severn River)，外觀為半圓形拱，跨度30.6公尺(100.5呎)，拱肋共5根，各鑄成兩半扣。這座橋在鋼鐵建築技術的發展上，有不容忽視的影響。

© 英國旅遊局

⑪歐洲溫泉勝地
The Great Spa Towns of Europe

登錄時間：2021年
遺產類型：文化遺產

　　這項世界遺產涵蓋了7個歐洲國家中11處溫泉城鎮，英國由巴斯獲得。這些城鎮都是環繞著天然礦泉水開發，它們見證了從1700年到1930年代發展起來的歐洲浴療、醫學與休閒文化，並催生出大型的溫泉度假村。各溫泉鎮致力於利用水資源發展浴療和飲用，水療建築群包括泵房、飲水廳、治療設施和柱廊，這些都融入了整體城市環境，達到了讓來客放鬆和享受的目的。

⑫海權時代的格林威治
Maritime Greenwich

登錄時間：1997年
遺產類型：**文化遺產**

　　格林威治在1997年以「航海主題」(Maritime Greenwich)被納入世界遺產。海權時代縱橫全球的大英帝國皇家海軍，必以這個位在倫敦泰晤士河東方的門戶為啟航點，也因此造就了格林威治珍貴的航海相關資產。整個世界遺產以格林威治公園為主體，包含舊皇家海軍學院(Old Royal Naval College)、舊皇家天文台(Old Royal Observatory)、國家海事博物館(National Maritime Museum)、皇后之屋(Queen's House)、格林威治碼頭(Greenwich Pie)在內，具體而微地展現了大英帝國17、18世紀在藝術和科學上的成就。

　　打造格林威治宏偉建築景觀的都是英國歷史上最著名的建築師，包括設計皇后之屋的瓊斯(Inigo Jones)，以及皇家海軍學院及皇家天文台的列恩(Christopher Wren)，他也就是倫敦聖保羅大教堂的設計者。

⑬愛丁堡新舊城
Old and New Towns of Edinburgh

登錄時間：1995年
遺產類型：**文化遺產**

　　愛丁堡新舊城以王子街(Princes St.)為劃分點，往北是以喬治王時期建築聞名的新城，往南爬上丘則是自中古世紀遺留下來的舊鎮。老城最著名的就是古堡，而建於18世紀的新城以完整的都市規劃與設計影響近代歐洲甚鉅，新舊交融，形成獨特的文化景觀。

　　愛丁堡城堡位於死火山的花崗岩頂上，在6世紀時成為皇室堡壘，1093年瑪格麗特女王逝於此地，此後這裡成為重要的皇家住所和國家行政中心。這項傳統延續至中古世紀，一直到16世紀初荷里路德宮(Palace of Holyroodhouse)落成，取代愛丁堡城堡成為皇室的主要住所，不過愛丁堡城堡依然是蘇格蘭的重要象徵。

⑭皇家植物園，裘園
Royal Botanic Gardens, Kew

登錄時間：2003年
遺產類型：**文化遺產**

　　位於倫敦西南郊的裘園，2003年以一座植物園的身份入選為世界遺產，其魅力在於這座創建於1759年的歷史性植物園，代表著18世紀到20世紀間英國庭園造景藝術的典範，而園內各個溫室所栽植的植物原生種遍及全球五大洲，象徵大英帝國在海權顛峰時代的榮光。裘園占地121公頃，坐落在泰晤士河南岸，園內數量龐大及多樣性的植物，意味著裘園在不同季節展現不同的風貌。裘園裡的建築不下37座，其中最具地標性、一定得參觀的有棕櫚屋、大溫室、威爾斯公主溫室，其它還有10層樓高、8角形結構的中國寶塔(The Pagoda)、日本庭園、裘宮(Kew Palace)等。

©英國旅遊局

⑮新拉納克村
New Lanark

登錄時間：2001年　遺產類型：**文化遺產**

　　山中的烏托邦，新拉納克村是保存最完好的英國18世紀村落，位於蘇格蘭，除保留了舊棉織工廠外，新拉納克的工廠一直營運至1968年，後被列為保護區，由基金會管理。新拉納克村保留整個社區舊面貌，並發展為旅遊景點，增設酒店，並以活潑方式呈現當時的社區、工廠和學校。在19世紀初，社會主義理想者羅伯特．歐文(Robert Owen)以此為基地，創造出工業社會的理想，對當時與現在的社會有很深的影響。

⑯索爾泰爾城鎮
Saltaire

登錄時間：2001年 遺產類型：文化遺產

英格蘭西約克夏郡早期工業時期居民的立足點，建於1853年，由實業家索爾泰爾所創建，為保留完好的19世紀下半期工業城鎮。紡織廠、公共建築和工人住宅，建築品質高超，完整地保留著其原始風貌，重現維多利亞時代的風範。1851年-1876年，索爾泰爾在此創建了一個擁有22條街道、77所房舍和45所救濟院的典範城鎮，1853年又建成一個大紡織廠，被認為是當地的烏托邦。

©VisitBritain

⑰史前巨石群
Stonehenge, Avebury and Associated Sites

登錄時間：1986年 遺產類型：文化遺產

關於史前巨石群的存在，原因眾說紛紜，包括外星人入侵、魔法師梅林使用魔法從愛爾蘭將巨石運來、以及信奉特魯伊教(Druid)的塞爾特人(Celts)所建立的神殿等等，而據考古隊研究推論，巨石陣的最早用途不是天文觀測工具、不是宗教祭祀場所，而是一處墓地。一般估計史前巨石群大約於四千多年前出現，而有些直立石頭上還平放另一塊石頭，令人好奇到底何意？如何辦到？這都是有待科學家們研究的課題。

⑱斯托德利皇家公園和噴泉修道院遺址
Studley Royal Park including the Ruins of Fountains Abbey

登錄時間：1986年 遺產類型：文化遺產

位於英國約克夏郡北部，建於西元1716年到1781年。斯托德利皇家公園是維護原建築風格良好的園林建築，也是英國西多會教團的古建築之一。人造湖、水塘、雕塑、塔、寺廟、新哥德式風格的皇宮等，並有一處全英國景觀最美的喬治時代風格的水花園。噴泉修道院於1132年由13名僧侶建立，面積廣大，環境自然，整體環繞在綠色的公園之中，每年都吸引許多遊客前來參觀。

⑲西敏宮、西敏寺和聖馬格麗特教堂
Westminster Palace, Westminster Abbey and Saint Margaret's Church

登錄時間：1987年 遺產類型：文化遺產

西敏宮就是英國的國會大廈(House of Parliament)，而英國皇室的重要典禮幾乎都在西敏寺舉行，其中最重要的當然是英皇登基大典，從1066年迄今，除了兩次例外，英國所有國王和女王都是在此地加冕，死後也多半長眠於此，西敏寺忠實地記錄了英國皇族每一頁興衰起落歷史，寺內除有皇室陵墓，著名的「詩人之角」(Poet's Corner)留有許多文學偉人的紀念碑與紀念文物，如莎士比亞、狄更斯等人。

在西敏寺入口處左側的白色哥德教堂就是聖瑪格麗特教堂Saint Margaret's Church，是英國貴族加冕之處，現在則是倫敦上流社會熱門的結婚場所。

⑳倫敦塔
Tower of London

登錄時間：1988年 遺產類型：文化遺產

　　倫敦塔內的每個塔有不同藏物和典故，其中歷史最悠久的白塔於11世紀末完工，典藏了許多皇室兵器，目前是英國國家兵工廠和倫敦塔博物館，數百年來各種武器演進在此一覽無遺。珠寶屋(Jewel House)最著名的是英國王室的珍貴王冠，包括女王在上議會開議時，所佩戴嵌有317克拉鑽石的帝國皇冠(Imperial State Crown)，以及鑲有世界最大530克拉鑽石「非洲之星」的十字權杖。

㉑多塞特和東德文海岸的峭壁地形
Dorset and East Devon Coast

登錄時間：2001年 遺產類型：自然遺產

　　此區的峭壁地形乃中生代岩石構造地形，展現1.85億年地球的地質學歷史。這地區是極為重要的化石區域，沿海提供了三疊紀、侏羅紀和白堊紀年代的特有岩層，連續跨過中生代，也是世界上重要化石現場，包括脊椎動物、無脊椎動物等化石都被保存得很好，為中生時期留下不同的考古證據，為近三百年來地球科學研究提供了極為重要的貢獻。地理景觀非常獨特，優質的海岸地形特徵，有「侏羅紀海岸」的稱號。

©VisitBritain

©Tourism Ireland

㉒巨人之路與海岸堤道
Giant's Causeway and Causeway Coast

登錄時間：1986年

遺產類型：自然遺產

　　巨人之路與海岸堤道位於北愛爾蘭的安特里姆高原(Antrim Plateau)海岸邊，四萬多根六角形黑色巨大玄武岩石柱由海中凸峭，而形成了這條傳說中的巨人之路，當地的居爾特人有了特殊的靈感，認為是巨人的通道，可從海洋直通蘇格蘭的傳說。此區地質研究已經有三百多年了，對地球科學發展貢獻良多，後來並確認形成因素是由於約5至6億年前，第三紀時的火山作用而形成的。

㉓戈夫島野生動植物保護區
Gough and Inaccessible Islands

登錄時間：1995年 遺產類型：自然遺產

　　戈夫島野生動植物保護區位於南大西洋上的群島，此保護區是世界上受到最少破壞的島嶼及海洋生態系統之一，也是多種珍貴動植物的居所，並擴展至戈夫島附近的一些島嶼。

　　戈夫島是第三紀火山島，大多數海岸線為約500~1000公尺高的峭壁，沒有可庇護之處，唯一的著陸點為東海岸。多山與峭壁成為世界上最重要的海鳥棲地。有12種原生植物，而罕見人跡的諸島有兩種特有種鳥類、8種特有植物，以及10種以上原生的無椎動物。

© UNESCO/Ron Van Oers

㉔亨德森島
Henderson Island

登錄時間：1988年 遺產類型：自然遺產

　　亨德森島位於太平洋，是皮特凱恩群島中最大的島嶼，也是南太平洋中最偏遠的島嶼。皮特凱恩群島包括四個島嶼，亨德森島位於東北部，是一個地形升高的環狀珊瑚島，礁蓋狀的火山島佔有面積3,700平方公里，島嶼表面有礁石與石灰岩交錯，由於地形較高故尚未受到人類破壞，生態環境保存良好，與世隔絕的環境為環狀珊瑚島生態系統研究者提供了完美的典範。

© VisitBritain

© UNESCO/Ron Van Oers

㉕聖基爾達島
St. Kilda

登錄時間：1986年 遺產類型：綜合遺產

　　位於蘇格蘭外赫布里底群島最西岸，是大西洋北部的群島。最大島嶼是赫塔島(Hirta)，有著全英國最長的懸崖，西元1930年起成無人居住的小島。聖基爾達島有史前和歷史時期的建築特色，本島是座火山群島，包含其他4座小島，是歐洲多種珍貴瀕危雀鳥的棲息地。聖基爾達島考古保存良好，其中包括青銅時代的一些遺址，根據考證，當地最原始的文化大約持續了兩千年，是英國唯一名列自然與文化的綜合遺產。

©VisitBritain

©UNESCO/Ron Van Oers

©VisitBritain

㉖布倫漢宮
Blenheim Palace

登錄時間：1987年 遺產類型：文化遺產

布倫漢宮位於牛津附近，坐落在一座浪漫的公園裡。1704年，約翰·邱吉爾(John Churchill)對法國和巴伐利亞的戰爭贏得勝利，英格蘭封他為Marlborough地區的首任公爵，並為他蓋了布倫漢宮。整座建築從1705年開始興建，直到1722年落成，其建築樣式是18世紀英格蘭典型的王侯住宅。

㉗布拉納馮工業景觀
Blaenavon Industrial Landscape

登錄時間：2000年 遺產類型：文化遺產

布拉納馮位於英國南威爾斯地區，在19世紀，這裡是世界上最主要的煤和鐵的生產地，許多與採礦相關的一切包括煤、礦砂、採礦場、鐵路系統、熔爐、工人宿舍以及社區的公共建設等，至今仍然保留完整。

㉘朋特西斯特水道橋與運河
Pontcysyllte Aqueduct and Canal

登錄時間：2009年 遺產類型：文化遺產

英國最長、最高的水道橋朋特西斯特水道橋，位於威爾斯的東北部，出自建築師泰爾福德(Thomas Telfor)之手，落成於1805年。這一條可航行的水道橋長307公尺、寬3.4公尺，鍛鐵製造、外加強化壁板的橋拱質輕卻堅固，以每段16公尺寬的跨距跨越了各式各樣的地形，而它長達18公里的運河，甚至省略了水閘設計，各項大膽且出色的建築技巧，讓這座結合土木工程與金屬建材的建築，成為工業革命時期的民間工程學傑作，甚至影響日後全球無數的工程計畫。

㉙福斯橋
The Forth Bridge

登錄時間：2015年 **遺產類型**：文化遺產

　　跨越於蘇格蘭愛丁堡以西福斯灣上的福斯橋，完工於1890年，是當時全球跨度最長(541公尺)的單懸臂桁架橋，主要負擔鐵路運輸的重任。

　　在當時，這座橋就使用先進的工程設計原理和施工方法，不論在工業美學、建材和規模上，都具有創新的意涵，特別是當鐵道在長途運輸扮演重要角色時，福斯橋代表了一個時代重要的里程碑。

㉚湖區
The English Lake District

登錄時間：2017 **遺產類型**：自然遺產

　　湖區國家公園位於英格蘭的西北部，因為冰河作用而形成的湖泊遍佈整個國家公園，擁有英格蘭最高山峰的坎伯連山脈也位於湖區，美麗的景緻讓此地成為英國熱門的度假勝地，在2017年被列入世界自然遺產。

㉛戈勒姆岩洞
Gorham's Cave Complex

登錄時間：2016

遺產類型：文化遺產

　　戈勒姆岩洞是位於英國海外領土直不羅陀的海蝕洞，就在著名的直布羅陀巨岩東南面，20世紀這裡陸續出土了許多史前時期的文物，被認為是尼安德塔人在歐洲最後的居住區，也是已發現的居住區中年代最晚的。

㉜卓瑞爾河岸天文台
Jodrell Bank Observatory

登錄時間：2019

遺產類型：文化遺產

　　卓瑞爾河岸天文台位於英格蘭西北部的農村地區，沒有無線電干擾，是全球領先的射電天文台(Radio Astronomy Observatory)之一。1945年開始運作時，用於研究雷達回波探測到的宇宙射線。這座仍持續運行的天文台在流星和月球研究、類星體發現、量子光學等領域產生了重大的科學影響。

㉝威爾斯西北部的板岩景觀
The Slate Landscape of Northwest Wales

登錄時間：2021 **遺產類型**：文化遺產

　　威爾斯西北部的板岩景觀展示了工業板岩採石和採礦，對於Snowdon山脈和山谷的傳統鄉村環境帶來的轉變，採石場和礦山規模宏大，包括階梯式山坡作業、深坑、精巧的供水系統和一系列工業建築。到19世紀後期，此區生產的建築板岩約佔世界產量的三分之一。

Best Taste in the United Kingdom
英國好味

文●墨刻編輯部　攝影●墨刻攝影組

比起法式料理和義式料理，英國的飲食文化普遍給人單調的感覺，大部分人想到英國食物的第一個印象就是炸魚薯條，其實這些是過時的刻板印象。雖然相較於法國人和義大利人對美食的講究，英國人平日飲食確實相對比較隨意，但是英國人有豐富的下午茶文化、早餐文化和酒吧文化，還有許多簡單但美味的家常料理，都是很值得品嘗的。

元氣百分百的英式早餐

早餐能被列為必嘗的經典美食，大概只有英式早餐了，也只有英國人會把早餐視為一種「料理」，在咖啡館、Pub、餐廳裡全天供應(All Day Breakfast)，甚至掛在門口當招牌。當那盛裝滿滿食物的大盤子端上桌時，在視覺上馬上就能得到滿足，充滿了一大早就接受熱情款待的幸福感。

標準的英式早餐在大盤子裝滿了煎過略帶焦香酥脆的培根、半熟荷包蛋或炒蛋、肉汁四溢的香腸(通常是德式香腸)、香料調味再烤過的半顆番茄、炒蘑菇、金黃色的炸麵包片(有時用薯餅替代)、鬆軟綿密的茄汁燉豆子，在英國北部還會加上黑布丁。而除了這一大盤食物，還有烤土司和一杯熱騰騰的早餐茶，一頓完整的英式早餐吃下來，保證能量十足、元氣滿分。

茄汁燉豆子Baked Beans

茄汁燉豆子對英國人的重要性，幾乎等同Cheese之於法國、啤酒之於德國，是三餐必備的食物，會出現在各種餐點的配菜中。不過由於熬煮費時，所以現在多由罐裝燉豆代替，也發展出了各種不同口味的燉豆。

黑布丁Black Pudding

黑布丁是豬血混合穀麥、豬肝及內臟剁碎後做成餡料，再灌入豬腸腸衣中，做成香腸的樣子，其實就是英式豬血糕，口感比台式豬血糕更軟爛，而內餡已經經過調味，所以直接吃就很夠味了。

41

英式下午茶

英式下午茶可選擇的茶種大致分為純紅茶和加味茶，常見的純紅茶品種有印度的大吉嶺(Darjeeling)、阿薩姆(Assam)、斯里蘭卡的烏瓦(Uva)、印尼的爪哇(Java)、東非的肯亞(Kenya)，和最早供應英國上流社會的中國祈門紅茶(Keemun)等等。純紅茶的特點是口味厚重、茶香濃烈，搭配香甜的果醬和蛋糕，能神奇地讓人同時品嚐茶香和甜點原味，苦中帶甘、甘中帶香，是下午茶最原味的選擇。

而果味和花味縈繞的加味茶也愈來愈受歡迎，例如伯爵茶、水果茶、玫瑰茶、茉莉花茶等，配上水果味的甜點，能讓整個下午充滿香氛記憶。

除了茶水之外，英式下午茶最迷人的就是那神奇的三層點心塔。較講究的三層點心塔，最下面一層會放置數種鹹味三明治，內餡夾著火腿、起司、醃牛肉、醃鮭魚和生黃瓜、美乃滋等；中間一層則是數個英式鬆餅「司康」；最上面一層則放著一口小蛋糕、草莓水果塔、泡芙或小餅乾等。品嚐點心時，最佳的食用順序應從三層塔的下方往上拿取，先鹹後甜、先淡後濃。以淡淡鹹味的三明治稍微果腹、開胃，再接著享用濃香淡雅兼具的司康，最後再以濃烈甜果味的蛋糕、水果塔做結束，來個滿足的結尾。

司康Scone

司康是英國最常見的一種點心，口感介於蛋糕和麵包之間，較蛋糕紮實，又比麵包鬆軟，吃的時候通常會搭配果醬和奶油，是英式下午茶中不可或缺的角色。現在的吃法越來越多樣，許多店家推出了各種不同口味或內餡的司康。

原汁原味的小酒館與傳統料理

英國大小城鎮都有Pub，每到晚上就聚集一群忠實顧客，遇到足球賽轉播時，氣氛更是高亢，想要融入英國人生活，到Pub喝一杯絕對是首選。

Pub最受歡迎的飲料首推啤酒，此外如威士忌、葡萄酒或雞尾酒都是不錯的選擇。啤酒的種類有很多種，從吧台的現壓啤酒把手上就能看出供應哪些品牌，主要分為淡啤酒(Lager)、苦啤酒(Bitter)、褐麥啤酒(Ale)、愛爾蘭黑麥啤酒(Gunnies)、加了果汁的Cider。啤酒份量可點大杯的One Pint(568ml)或是小杯的Half a Pint，威士忌通常以單份的Single或雙份Single計算。

大部分的酒館都會供應簡單的食物，如洋芋泥派、炸魚薯條等，但現在有一些比較講究的英倫美食酒吧(Grastropub)，不但可以吃到現作的傳統料理，而且品質與高級餐廳相比毫不遜色，氣氛輕鬆，價格又實在，每到用餐時段往往一位難求。

燉牛肉 Braised Beef

和烤牛肉一樣，是英國人最愛的家常料理之一，以馬鈴薯和高湯慢慢熬煮，加入洋蔥和香草所調成的醬汁，這份醬汁尤其重要，幾乎決定了牛肉料理的成敗。通常還會配上入口綿密的馬鈴薯泥(Mash)，調和牛肉醬汁的鹹味。

英式烤牛肉 Roast Beef

英式烤牛肉是許多英國人心中的假日美食首選！選擇肉質柔軟的沙朗牛肉塊，用粗棉繩一圈一圈的纏繞，送入烤箱燜烤至5~6分熟，再切片上桌。牛肉厚片層層堆疊，粉紅色的切面有著肉汁光澤，淋上香濃的肉汁(Gravy Sauce)，將燒烤牛肉流出的肉汁濃縮調味作成蘸醬)，令人食指大動。佐餐的唯一選擇當然是約克夏布丁(Yorkshire Pudding)，這種杯子大小、口感像泡芙一樣鬆軟的鹹布丁，深受英國人喜愛。

炸魚薯條Fish& Chips

對很多遊客來說，炸魚薯條幾乎是英國食物的代名詞。事實上也沒什麼大學問，簡單把鱈魚裹上麵粉和蛋以高溫油炸熟，配上半盤薯條，再滴幾滴檸檬就大功告成。大部分使用圓鱈(Cod)或黑線鱈(Hoddock)，沿海城市的選擇比較多，而且鱈魚大塊新鮮，趁熱吃就很美味，算是平易近人的飽足料理。另一道英國人常吃的魚類料理是「多佛鰈魚」(Dover Sole)，屬於比目魚的一種，因為魚肉本身鮮美，所以只簡單以奶油香煎，再加檸檬汁和香菜調味。

英國Pub文化

提到「Pub」，不能不知道它源自英國，Pub意指「Public House」，原先是私人房舍，店主人自行釀酒，在家門口或客廳的桌子上販賣。自羅馬時代起，就有自釀麥酒，中世紀的酒店、客棧也加入釀酒行列，一直到18、19世紀，馬車客棧和鐵路客棧蓬勃興盛，從以往驛站的角色，逐漸轉換為更具格調的社交場所。

Pub最先引人注意的就是那饒富特色的招牌，過去的農夫大都為文盲，為了讓他們知道這裡賣酒，店主就在門口掛出一個牌子，當然不是光明正大的寫著此處有酒賣，而是掛上一枝冬青樹枝作為標記，後來為了吸引更多顧客，逐漸以各種不同圖案代替，像是以戰役英雄、皇室成員或運動人物作為招牌主題，藉以吸引志同道合的顧客，現在每家Pub仍保有多樣的招牌。

填充烤雞Roasted Stuffed Chicken

典型的英式烤箱菜，雞肉去除內臟後塞入洋蔥和香草，雞皮抹上奶油、鹽，加幾片培根一起燒烤，香味四溢，廣受歡迎，講究一點的餐廳，還會利用雞本身的雞汁加入乳酪做成醬汁，搭配酸菜令人讚不絕口。

牛肉腰子派Steak and Kidney Pie

這種家常食物是牛肉、牛內臟和洋蔥一起炒後用酥皮包裹再去烤，為了去除內臟的腥味，醬汁口味通常會稍重。還有不同的吃法，像是加入蘑菇、起司等配料，或是以羊肉做為內餡。最好趁熱吃，因為冷了腥味會比較明顯。

羊肉雜碎布丁Haggis

這是蘇格蘭最出名的傳統料理，不可不嘗。正宗的羊肉雜碎布丁是用羊的碎內臟、燕麥、洋蔥、香辛料等做內餡，包入羊的胃袋中蒸煮而成，吃時以一把小尖刀劃破羊胃，餡料隨著汁液破皮而出。大部分酒吧供應簡單的羊肉雜碎布丁，做法大致相同，只是沒包入羊胃裡蒸熟，吃起來頗像糯米腸。若覺得太腥，也可加點肉汁(Gravy Sauce)調味。

**糕點必備卡士達醬
Tart with Custard**

對英國人而言，在各種蛋糕和甜派淋上卡士達醬，和美國人吃漢堡薯條一定要加番茄醬一樣自然，幾乎是家庭必備佐醬。卡士達醬是用牛奶、蛋黃、糖、玉米粉或麵粉隔水加熱煮成，味道有點像奶油車輪餅中的餡料，但沒那麼濃郁。甜甜的奶蛋香味，淋在藍莓或紅莓派上，像酸酸甜甜的戀愛滋味，廣受英國女性歡迎。

Best Buy in the United Kingdom
英國好買

文●墨刻編輯部 攝影●墨刻攝影組

來到英國,除了送禮自用皆適用的伴手禮,許多時尚奢華的英國品牌,也是不少人來到此地的血拚重點,另外,受到皇家保證的商店商品也受人青睞。

人氣時尚品牌

做為一個文化輸出大國,英國的時尚也引領著世界的潮流,各式各樣的英國品牌在生活中隨處可見。提供男性生活全方位需求的品味品牌的Dunhill、以條紋設計見長的頂尖時尚品牌Paul Smith、龐克教母Vivienne Westwood創立的同名品牌、充滿英倫優雅風情的Ted Baker、國際高級香水和香氛品牌Jo Malone、大受年輕時尚族群歡迎的Superdry、英國潮男潮女平價品牌首選的All Saints、提供時髦男女服飾的年輕牌子FCUK(French Connection United Kingdom)和Oasis、Miss Selfridge、提供派對名媛服飾選擇的Karen Millen、崇尚簡潔與都會設計感的Monsoon、以快速時尚走紅的休閒平價品牌TOPSHOP和男裝TOPMAN、舒適實穿的御用品牌Clarks、擄獲無數少女心的繽紛服飾品牌Cath Kidston、流行於時尚和演藝圈的手工皮革劍橋包Cambridge Satchel、或是以環保包、貼紙包掀起話題的Anya Hindmarch 等等,這些擁有英國血統的大小時尚品牌,在英國購買絕對划算。

Burberry

提到英國時尚品牌,一定首推Burberry,Burberry有著上百年的歷史,靠著濃郁的英倫紳士風讓品牌一直走在行業的頂端,這個獲得英國皇室授與認證的國際名牌,絕對堪稱是頂級時尚的代名詞,經典的格紋和風衣是Burberry最為人所熟悉的元素。

Dr.Martens

Dr.Martens源自於二戰後,來自德國的馬丁醫生覺得市面上的靴子都沒辦法保護腳,路走多了腳會不舒服,於是他動手改良自己的軍靴,沒想到大受歡迎。到了60年代馬丁的靴子逐漸受到搖滾、龐克族群的喜愛,融入了街頭文化。尤其是經典的8孔靴數十年來不退流行。在英國可以買到台灣價格的7~8折,甚至更便宜喔!

英國茶

來到以喝下午茶聞名的國度，怎麼能不帶一些英國茶回家！頗富盛名的百貨公司和茶店，都有推出精心調配的純紅茶或是加味紅茶，並有各式禮盒和茶具、方糖、蜂蜜等等可供選擇。

Fortnum & Mason

創立於1707年的Fortnum & Mason是英國倫敦著名的食品百貨公司，專賣高級食品和雜貨，曾受皇室認證，其中最有名的便是各種茶款，從招牌的「Royal Blend皇家特調」、「Earl Grey Classic經典伯爵」、「Breakfast Blend早餐茶」，到吸引年輕族群的「Wild Strawberry野草莓果茶」、符合健康原則的有機茶，種類繁多，常常讓顧客一進門就迷失在「茶」海之中。

Whittard

Whittard以「Instant Tea」系列廣受歡迎，另外「1886 Blend」、「Earl Grey伯爵茶」、「Afternoon Tea下午茶」、「English Breakfast早餐茶」也廣受喜歡，另可選購精美的下午茶周邊配備及禮盒組自用或送禮。

Harrod's

Harrod's百貨有兩百年的歷史，是世界上最知名的高檔百貨之一，它一開始是經營紅茶貿易起家的，自家的紅茶品牌歷史悠久，一直都很受歡迎，不但品質有保證，包裝更是精美，非常適合選購送禮。

倫敦及英國國旗系列

禁衛軍小人偶、彩繪英國國旗的Mini Cooper、大鵬鐘茶壺、雙層巴士鑰匙圈,舉凡日常生活中用的、穿的、吃的、玩的或單純裝飾的,只要商品設計加上倫敦地標或英國國旗圖樣,就是最夯的旅遊紀念品。若煩惱著不知該帶什麼回家,走一趟大型紀念品百貨Cool Britannia,一定能滿足你。

皇室肖像

雖然英國皇室熱在黛安娜王妃離世後退燒了好一段時間,但威廉王子與凱特王妃的婚禮,又悄悄讓紀念品市場中的皇室肖像商品升溫。不管是官方發行的婚禮紀念瓷盤,還是印有兩人肖像的T-shirt、鑰匙圈、別針、馬克杯,都是英國人和遊客愛蒐集的商品。

牛油酥餅Shortbreads

除了茶,最受歡迎的就是蘇格蘭牛油酥餅和燕麥餅。蘇格蘭牛油酥餅發跡於Spay河邊,和著名的頂級威士忌發源於同一河谷,有個James Walker家族依其祖父的祕方開發出牛油酥餅,進而銷售到全世界三十多個國家,這種餅在各大超市和機場都買得到。

骨董商品

週末的波多貝羅路(Portobello Road)是倫敦最大的骨董市集。整條路上有上千個小攤販和店面,可以找到各式各樣經過認證的骨董家具、鐘錶,以及來路不明的古錢幣和銀器、散發歷史氣味的深褐色木箱、舊式的打字機、機械式骨董相機、鐵製的糖罐鹽罐,在街邊吸引著路人的目光,牽引你回到上一個世紀的美好年代。

英式鄉村風雜貨

走進Cath Kidston會以為自己不小心誤闖電影中的英國老奶奶家,打著「復古風格」(Vintage Style)旗幟,擁有全系列居家與女性用品,小碎花、玫瑰花、圓點、直線條、田園風景畫是主要的手繪圖案架構,搭配粉嫩色系,如純白、水藍、粉紅、桃紅、草綠,色調明亮,散發濃濃的鄉村懷舊氣息。

自然風保養品

早在1980年代，倫敦就是自然風保養品的領導先驅，訴求產品皆萃取自天然植物、不使用人造香精等。在台灣很受歡迎的美體小舖(The Body Shop)及瑰柏翠(Crabtree& Evelyn)，在英國購買比台灣便宜許多，換季折扣時，常有低於5折的優惠價；而也深受國人喜愛的天然手工沐浴香氛、香皂品牌LUSH，在英國街頭也經常看到，價格自然也讓人驚喜。

想和王室成員散發同樣的香味，不如試試得獎無數的有機護膚商品Neal's Yard Remedies，被認可為「皇家御用產品」就是品質的最佳保證。另在車站、商場到處都看得到的Boots，則可以買到不少開架式平價保養品、化妝品，也常讓人買到滿載而歸。

湯馬士小火車與泰迪熊

英國人熱愛熊玩偶，不管是泰迪熊(Teddy Bear)、帕丁頓熊(Paddington Bear)，還是哈洛斯百貨每年限量推出的小熊，滿櫥窗的可愛小熊打扮成英國名人、禁衛軍或穿上傳統服裝，腳上繡著英國國旗或城市名，可愛又有紀念價值。另可選購來自英國的湯馬士小火車系列玩具，最適合帶回台灣贈送小孩。

皇家御用品牌

皇室成員頒發皇家保證(Royal Warrant)的歷史由來以久，若要追本溯源，要從12世紀說起，那時的皇室成員習慣獎勵提供服務或商品的人員及店家，不過正式榮譽勳章的頒發則是從15世紀開始。曾得過榮譽的店家種類五花八門，例如在1684年的皇家御用店名單中，就有動牙齒手術的專業人員、鑄劍的師傅；1789年則有製作胸章及卡片的師傅被列入。

直迄今天，從製作皇冠的工匠，到修補籬笆的師傅，也都在皇家保證的名單之中，種類繁多，像是於1730年到倫敦闖天下，以製作梳具與理髮業起家，後來進入香水製作行業的Floris；從19世紀創立初期就為顧客提供量身訂作的Asprey，產品從服飾、珠寶、餐具、家飾到書籍應有盡有，被視為流行品味的代名詞。

而Thomas Goode的商品更是頂級瓷器的象徵，店內的小型博物館記錄著一百七十多年來Thomas Goode製瓷師傅巧手的心血，每個餐盤上不同的圖案訴說著各個年代的歷史故事，從古典到現代、從優雅到時髦，Thomas Goode的價值也隨著時間緩緩遞嬗。

老字號的Charbonnel et Walker則以甜滋滋的巧克力擄獲人心，一顆顆包裝精美的巧克力，讓客人從眼裡甜進心裡。

www.royalwarrant.org

分區導覽
Area Guide

P.50 倫敦及其周邊
London & Around Area

P.158 英格蘭南部
South England

P.216 英格蘭中北部
Central & North England

P.265 蘇格蘭
Scotland

P.311 北威爾斯
North Wales

倫敦及其周邊

倫敦及其周邊

London & Around Area

P.64　西敏寺區Westminster

P.77　蘇活區和肯頓區 Soho & Camden

P.93　西堤區和東區 The City & East End

P.104　南岸區The South Bank

P.111　騎士橋區和肯辛頓區
Knightsbridge & Kensington

P.119　馬里波恩Marylebone

P.124　倫敦近郊London Suburbs

P.141　吃在倫敦Where to Eat in London

P.146　買在倫敦Where to Buy in London

P.154　住在倫敦Where to Stay in London

傳統印象裡的倫敦，是大鵬鐘；是國會大廈；是古老的西敏寺與白金漢宮，但現在的倫敦已換上另一番城市面貌，玻璃帷幕建構的螺型市政廳屹立在泰晤士河畔；金屬鋼圈打造的羅意德保險協會大樓；刀刃造型的千禧橋；歐洲最高摩天樓夏德塔……這些都將倫敦帶入新的世代。

老倫敦之所以能夠脫胎換骨，其實是托了1980年代擔任英國首相的柴契爾夫人的福。柴契爾著手解除國家基礎建設的管制規定，之後的20年間，整個城市風貌活化了起來；而為迎

接千禧年到來，泰晤士河邊的倫敦眼、大英博物館新開張的玻璃天棚為老城市注入新活力，2012年，歐盟最高建築夏德塔的出現，更成為倫敦新地標。

稍微遠離倫敦市中心，還有格林威治、裘園、漢普頓宮、里茲城堡等不同型態的旅遊勝地，等你伸出觸角進一步發掘。

倫敦之最 Top Highlights of London

白金漢宮Buckingham Palace
白金漢宮為英國皇室的居所，集合了辦公與居家功能，目前有部分廳廊開放參觀；中午廣場舉行的衛兵交接儀式，則是旅遊倫敦的觀賞焦點。（P.66）

西敏寺
Westminster Abbey
英國皇室的重要正式場合幾乎都在西敏寺舉行，包括英皇登基大典、皇室婚禮和葬禮等等，忠實記錄英國皇族每一頁興衰起落與悲歡離合。（P.70）

大英博物館
British Museum
世界三大博物館之一的大英博物館，館藏包括各大古文明遺跡，特別是西亞和古地中海一帶的早期文化藝術，各種珍貴收藏與精采陳列堪稱英國之最。（P.80）

國會大廈和大鵬鐘
House of Parliament & Big Ben
仿哥德式雄偉建築的國會大廈是大不列顛民主的象徵，位於高塔上的大鵬鐘迄今仍每天提供精準的報時。（P.72）

倫敦眼London Eye
號稱全世界最巨大的觀景輪，可以在高空眺望倫敦美景，是倫敦最叫人驚豔的千禧地標。（P.106）

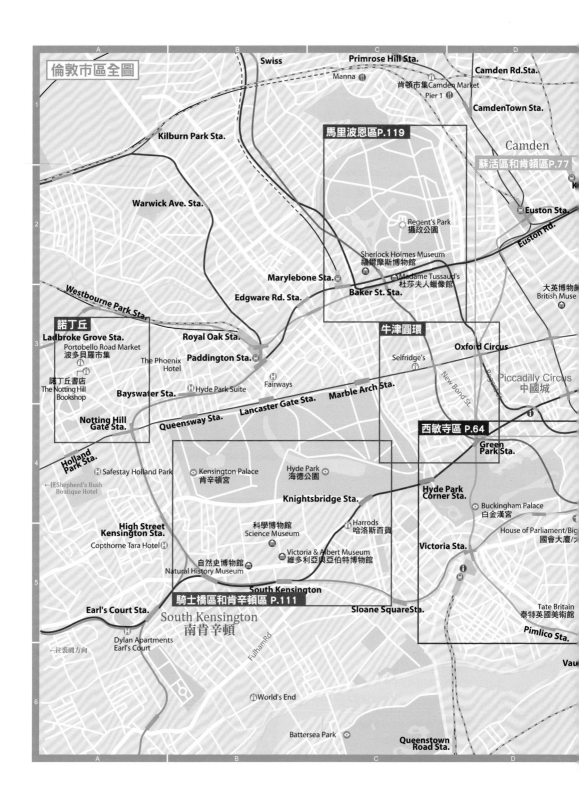

倫敦市區全圖

Swiss
Primrose Hill Sta.
Manna
Camden Rd.Sta.
肯頓市集Camden Market
Pier 1
CamdenTown Sta.
馬里波恩區P.119
Camden
蘇活區和肯頓區P.77
Kilburn Park Sta.
K
Warwick Ave. Sta.
Regent's Park
攝政公園
Euston Sta.
Euston Rd.
Sherlock Holmes Museum
福爾摩斯博物館
Madame Tussaud's
杜莎夫人蠟像館
大英博物
British Muse
Westbourne Park Sta.
Marylebone Sta.
Baker St. Sta.
牛津圓環
諾丁丘
Ladbroke Grove Sta.
Portobello Road Market
波多貝羅市集
Royal Oak Sta.
Oxford Circus
The Phoenix Hotel
Paddington Sta.
Selfridge's
Piccadilly Circus
中國城
諾丁丘書店
The Notting Hill Bookshop
Bayswater Sta.
Fairways
Hyde Park Suite
New Bond St.
西敏寺區 P.64
Notting Hill Gate Sta.
Queensway Sta.
Lancaster Gate Sta.
Marble Arch Sta.
Green Park Sta.
Holland Park Sta.
Safestay Holland Park
Kensington Palace
肯辛頓宮
Hyde Park
海德公園
Hyde Park Corner Sta.
←往Shepherd's Bush
Boutique Hotel
Knightsbridge Sta.
Buckingham Palace
白金漢宮
High Street Kensington Sta.
Copthorne Tara Hotel
科學博物館
Science Museum
Harrods
哈洛斯百貨
House of Parliament/Big
國會大廈/大
Victoria Sta.
自然史博物館
Natural History Museum
Victoria & Albert Museum
維多利亞與亞伯特博物館
Earl's Court Sta.
South Kensington
騎士橋區和肯辛頓區 P.111
Tate Britain
泰特英國美術館
South Kensington
南肯辛頓
Sloane SquareSta.
Dylan Apartments
Earl's Court
←往裘園方向
Pimlico Sta.
Vau
FulhamRd.
World's End
Battersea Park
Queenstown Road Sta.

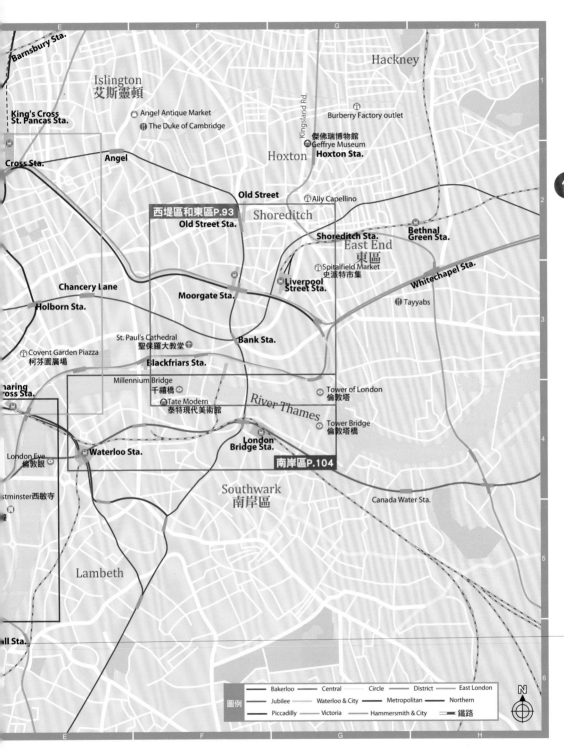

Barnsbury Sta.

Islington
艾斯靈頓

King's Cross
St. Pancas Sta.

Cross Sta.

Angel

Angel Antique Market

The Duke of Cambridge

Hackney

Kingsland Rd.

Burberry Factory outlet

傑佛瑞博物館
Geffrye Museum

Hoxton Sta.

Hoxton

西堤區和東區P.93
Old Street Sta.

Old Street

Shoreditch

Ally Capellino

Shoreditch Sta.

Bethnal
Green Sta.

East End
東區

Spitalfield Market
史派特市集

Liverpool
Street Sta.

Whitechapel Sta.

Chancery Lane

Holborn Sta.

Moorgate Sta.

Bank Sta.

Tayyabs

St. Paul's Cathedral
聖保羅大教堂

Covent Garden Piazza
柯芬園廣場

Blackfriars Sta.

Millennium Bridge
千禧橋

Tate Modern
泰特現代美術館

River Thames

Tower of London
倫敦塔

Tower Bridge
倫敦塔橋

haring
oss Sta.

Waterloo Sta.

London
Bridge Sta.

南岸區P.104

London Eye
倫敦眼

stminster西敏寺

Southwark
南岸區

Canada Water Sta.

Lambeth

ll Sta.

圖例

Bakerloo   Central   Circle   District   East London
Jubilee   Waterloo & City   Metropolitan   Northern
Piccadilly   Victoria   Hammersmith & City   鐵路

N

倫
敦及其周邊 London & Around Area

53

How to Explore London & Around Area
如何玩倫敦及其周邊

馬里波恩區

　　馬里波恩區的重要景點是福爾摩斯博物館、杜莎夫人蠟像館，以及華萊士博物館這三處都相當有趣，值得細細參觀。

騎士橋區和肯辛頓區

　　騎士橋區是倫敦逛街購物的好去處，Harrods和Harvey Nicholas兩大百貨公司都座落在這一區，各大品牌店家林立。而肯辛頓區則充滿了文藝氣息，典雅的肯辛頓宮是這一區的參觀重點，展件豐富的維多利亞與亞伯特博物館也在此區。

馬里
波恩區

騎士橋區和
肯辛頓區

西敏

西敏寺區

　　西敏寺區是倫敦的政治中心，這一區非常適合步行，從白金漢宮沿著聖詹姆斯公園走即可抵達國會大廈和西敏寺，再沿著泰晤士河一邊欣賞河景、一邊散步即可抵達泰特美術館。

蘇活區和肯頓區

柯芬園、皮卡地里圓環、萊斯特廣場和牛津圓環都在這一區，這裡可以說是倫敦最熱鬧的地方了，吃喝玩樂在這裡都能滿足，滿街的店家和餐廳，入了夜還有很多的酒吧。此外也有重要的景點，大名鼎鼎的大英博物館就在這一區。

西堤區和東區

西堤區是倫敦的金融中心，有許多造型獨特的商業大樓，而東區是最受年輕人歡迎的地區，紅磚巷滿滿的塗鴉和店家充滿了活力和創意，可逛上一整天！

南岸區

南岸區有著倫敦的新地標倫敦眼，還有千禧橋，此外還有莎士比亞環球劇場、泰特現代美術館、夏德塔等值得參觀的地方，沿著泰晤士河岸步行參觀這一區是最佳選擇。

倫敦近郊

位於倫敦郊區的格林威治、O2體育館、伊莉莎白女王奧林匹克公園和裘園，都是搭地鐵或輕軌即可抵達的景點，非常方便，可安排半日遊。此外，還有漢普頓宮、溫莎城堡、伊頓學院等，這些地方搭乘火車也都在1小時車程內，適合安排1日遊。

INFO

基本資訊
人口：約880萬
大倫敦面積：約1,572 平方公里
區域號碼：20

如何前往
◎航空
倫敦周邊共有5個國際機場，位於倫敦西郊25公里的希斯洛機場(Heathrow)為最主要國際機場，英國航空(British Airways)及自台灣飛往倫敦的航班大多都在希斯洛機場及位於南郊的蓋威克機場(Gatwick)起降。請見書末「聰明旅行家」。
希斯洛機場 www.heathrowairport.com
蓋威克機場 www.gatwickairport.com/
◎鐵路
不同於歐洲部份城市有所謂的中央車站，倫敦擁有十幾個火車站，常令遊客感到困惑。

這些車站各自前往不同的目的地，位於市中心的主要火車站由北到南分別為：前往中部和北部的國王十字車站(King's Cross)、前往東北邊的利物浦街車站(Liverpool St.)、前往中部和西南方向的帕丁頓車站(Paddington)、前往中部和北部及北威爾斯的尤斯頓車站(Euston)、往東南邊的查令十字車站(Charing Cross)和維多利亞車站(Victoria)，以及往南邊的滑鐵盧車站(Waterloo)等等。

至於跨國的火車，如往來於巴黎、里爾或布魯塞爾和倫敦之間的歐洲之星，停靠在聖潘克拉斯車站(St. Pancras)，也就是如果從法國或比利時前往英國，便以聖潘克拉斯車站為出入口。

這些火車站都與地鐵交會，交通相當方便。詳細火

車時刻表及票價可從英國國鐵網站或至火車站查詢，購票除可至當地火車站櫃台購買外，也可以事先在台灣向飛達旅遊購買歐鐵票。
飛達旅遊
 02-8161-3456
 www.gobytrain.com.tw
官方LINE客服：搜尋@gobytrain
英國國鐵
 www.nationalrail.co.uk

希斯洛機場至市區交通
希斯洛機場進入市區的各種交通設施十分完備，路線也標示得很清楚，可根據自己的飯店或目的地位於哪一區，選擇最方便、最符合預算的交通方式。提醒你，機場週圍容易塞車，有時間考量的旅客，建議選擇班次固定的火車或地鐵。
◎希斯洛快車Heathrow Express
乘車地點：可於希斯洛機場中央航廈(Heathrow Central，即Terminal2、Terminal3)及Terminal 5上車；於Terminal 4入境的旅客需搭乘由Heathrow Express提供服務的免費接駁列車至Terminal 2、Terminal 3轉乘。

停靠站和車程：離開機場後直達倫敦帕丁頓火車站，車程約15分鐘，若從第5航廈出發，車程約21分鐘。回程時可直接在帕丁頓火車站使用機器辦理自助Check-in，省去在機場櫃台排隊的時間。

營運時間和班次：前往倫敦市區的營運時間為週一～週六05:12~23:57、週日05:12~23:12，每隔15分鐘由第5航廈發車，而後途經中央航廈，開往倫敦帕丁頓火車站。從市區前往機場的班次為05:10~23:25，每15分鐘由帕丁頓火車站發車。

票價：

艙等	單程票(Single)	1個月效期來回票(Return)
頭等艙First Class	£ 32	£ 55
普通艙Express Class	£ 25	£ 37

持有ISIC國際學生證購票，可享7.5折優惠，持有英國青年火車卡(16-25 Railcards)可享普通艙6.6折優惠票價，優待票請持卡至人工售票櫃台購買，或於線上購票。此外，持英國鐵路通行證(Brit Rail Passes)，只要在有效期內且由火車站售票人員蓋章核可生效，即可免費搭乘希斯洛特快車。

如何買票：可選擇網站預先購票、人工售票櫃台購票、自動售票機或直接上車購票。使用網路購票，信用卡線上付款成功後，Email信箱會收到確認信，列印下來於上車時出示即可。若手機支援上網功能，也

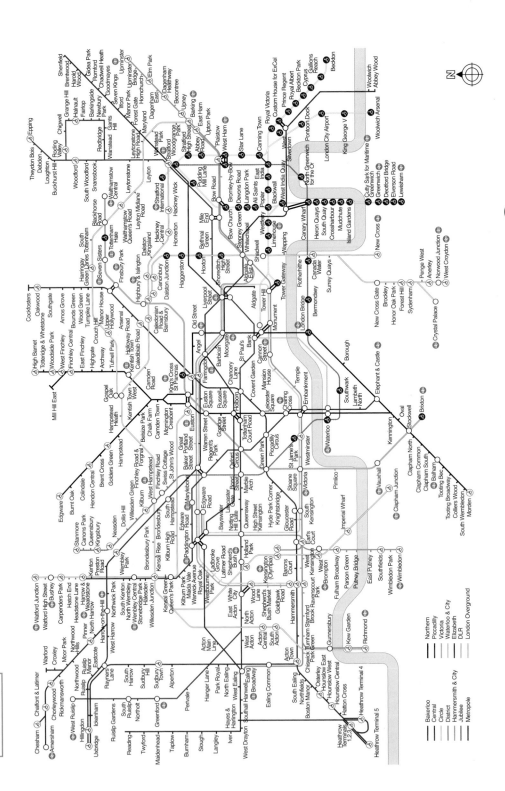

57

可選擇「Mobile Ticket」，系統會以簡訊方式寄送連結，點選連結後可下載專屬條碼，乘車時需出示條碼供服務人員掃描確認。

🌐www.heathrowexpress.com

◎伊莉莎白線Elizabeth line

耗資近190億英鎊，費時13年建造的英國橫貫鐵路(Crossrail)，終於在女王伊莉莎白二世(Elizabeth II)登基70週年之際順利通車，2022年5月首班伊莉莎白線列車開出，國際旅客往返希斯羅機場及倫敦市中心，自此多了一項新選擇。

乘車地點：希斯洛機場中央航廈（即Terminal 2、Terminal 3）及Terminal 4、Terminal 5。

停靠站和車程：列車西行可至Reading，東行分別至Shenfield、Abbey Wood。由機場航廈發車後，沿途停靠Hayes & Harlington、Southall、Hanwell、West Ealing、Ealing Broadway、Acton Main Line後抵達倫敦帕丁火車站，車程約30分鐘。

營運時間和班次：機場航廈至倫敦帕丁火車站週一～週五05:16~00:13、週六05:22~00:20、週日06:03~00:13約每30分鐘1班。為防時刻表變更及週末、假日施行工程，請於乘車前確認。

票價：自希斯洛機場至倫敦帕丁火車站高峰單程票價為£11.5、離峰單程票價為£10.8。請注意Reading和Iver之間的車站不接受Oyster Card。

🌐tfl.gov.uk/modes/elizabeth-line/

◎地鐵 London Underground

地鐵雖然比較慢，但最便宜、班次也最頻繁。皮卡地里線(Piccadilly Line)連接希斯洛機場與倫敦市中心，貫穿倫敦最熱鬧的觀光區，雖然停靠站多、所需時間長，但的確是最經濟的選擇。

乘車地點：希斯洛機場內共有3處地鐵站，分別是位於中央航廈(即Terminal 2、Terminal 3)及Terminal 4、Terminal 5，3處地鐵站都在第6區(Zone 6)，抵達入境大廳後順著指標就能找到搭車處。

停靠站和車程：前往市中心皮卡地里圓環(Piccadilly Circus)約50分鐘。熱門的地鐵站還有南肯辛頓(South Kensington)、騎士橋(Knightsbridge)、萊斯特廣場(Leister Square)等飯店及觀光景點聚集地。

營運時間和班次：機場往皮卡地里圓環站週一～週四05:02~23:42、週五05:02~00:17、週末05:44~23:55、週日05:44~23:55(約5~10分鐘1班)。從皮卡地里圓環站往機場週一～週四05:47~0:32、週五05:47~00:32、週末04:38~23:38、週日04:38~23:38。

價格：前往倫敦市中心的單程票為£6.3起。若抵達時間早，當天有計畫於市區遊覽，可以購買一日旅遊卡，1~6區的一般票價為£20.3、離峰票價為£14.4，可於當日無限次數使用地鐵及巴士。若打算在倫敦停留數天，且準備以地鐵作為主要交通工具，非常建議就直接在機場櫃檯購買儲值卡Oyster Card，票價較一般票券便宜，可以省下不少交通費。

如何買票：購票可透過人工售票櫃檯，或自動售票機。購票前先仔細看看倫敦地鐵圖，確認自己要去的車站位於哪一區，希斯洛機場位在第6區(Zone 6)，倫敦市中心是第1區(Zone 1)，所以前往倫敦市中心要選擇前往1區的單程票(Single to Zone 1)。

🌐tfl.gov.uk/modes/tube/

◎英國快速巴士National Express Coach

乘車地點：入境後跟隨指標前往Terminal 2、Terminal 3間的中央巴士站(Central Bus Station)。

停靠站和車程：中央巴士站出發，途經Terminal 4、Terminal 5，抵達維多利亞巴士總站(Victoria Coach Station)，車程約40~60分鐘，中途停靠Earl's Court。

營運時間和班次：最早班次01:05，最末班為23:30，每日共48班次。

價格：單程票價£6，3個月內有效的來回票價£11。

如何買票：可選擇網路預約訂票、於中央巴士站、Terminal 4、Terminal 5的自動售票機購票。

🌐www.nationalexpress.com

◎計程車 Taxi

各航廈入境大廳的出口都可搭乘排班計程車，如果行李多、經濟寬裕可以試試非常有倫敦特色的黑頭計程車，採跳表計費，前往倫敦市中心的車費依據行車時段、距離、交通情況而有不同，車程約50分鐘至1小時，約£70~£100，要注意的是，自機場搭車須加收£2的機場運費，而於機場航站的下客區下車須加收£5.2的額外費用。另有類似私人包車的minicab，價格固定，可事先於網站或電話預約。

🌐www.addisonlee.com/quickbooker/heathrow

市區交通

◎地鐵 Underground

因為地鐵隧道的拱頂式設計，所以倫敦地鐵又被暱稱為「Tube」(管子)。1863年開始運行，是全世界最古老的地鐵系統，11條路線貫穿大倫敦區，每條路線都有自己的代表色，不管是地鐵圖、站內指引、列車辨認，只要看顏色就一目了然。以同心圓方式畫分為9區，最中心為1區(Zone 1)，大部分觀光景點多集中在此。

營運時間和班次：每條地鐵線略有差異，約為週一～週六5:00~00:30、週日7:30~23:30，各站入口都會標明詳細的列車行駛時間。列車等候時間約為

5~10分鐘，但週日的班次會減少。由於設備老舊，常常不定期維修，建議進入地鐵站前先看看入口處的即時顯示看板，確認各線狀況再搭乘。

倫敦地鐵計畫開通24小時的營運服務，目前「Night Tube」服務在週五、週六在中央線、朱柏利線、北線、維多利亞線及皮卡地里線實施。

價格：根據可通行的區域、尖離峰及使用天數而不同。若移動的景點多、使用天數長，建議購買Oyster Card或旅遊卡較划算。使用Oyster Card的儲值功能，尖峰時段(Peak time)為週一～週五06:30~09:30和16:00~19:00，其餘皆為離峰時間(Off-Peak)；若使用旅遊卡，尖峰時段為週一～週五04:30~09:30。

單程車票Single Cash Fare

如果停留倫敦期間只是搭乘1~2趟地鐵，可以購買一般的單程票，這種單程票為紙本票券，比起儲值卡的扣款金額貴上許多，因此除非特殊狀況，否則一般很少人購買單程票。

1日旅遊卡One Day Travelcard

倫敦的旅遊卡分為1日全時段(One Day Anytime)、1日離峰時段(One Day Off-peak)、1週(7 Day)、1月(Monthly)及1年(Annual)4種，不過只有1日旅遊卡屬於紙本票券，1週以上的旅遊卡就必須使用儲值卡Oyster Card。旅遊卡適合常需要搭乘大眾運輸工具的旅客，可於效期內不限次數搭乘倫敦地區地鐵、巴

士、船塢輕軌鐵路及當地火車。根據不同的通行區域有不同的價格，1日旅遊卡有全時段與離峰時段的價格差別，不過在一般遊客最常用到的1~2區票價均為£14.4，從1~5區票價才開始有顯著差異。

儲值卡Oyster Card

類似台灣台北捷運的悠遊卡或高雄捷運的一卡通，可搭乘地鐵、巴士、輕軌(DLR)、渡輪、倫敦境內火車，價格比用現金買單程票便宜許多。第一次購買時，需給付保證金£5(退卡時償還)。使用方式非常簡單，出入閘門時在黃色感應區觸碰一下即可。

若Oyster Card的儲值金用完，可於地鐵站人工售票口加值，只要告訴服務人員「Top up five pound」(加值5英鎊)，並感應一下卡片即可。也可利用觸控式自動售票機，先將卡片放在黃色圓盤前感應一下，選擇加值功能(Top up pay as you go)，再選擇加值金額後付款，付款後一定要再感應一次卡片才算成功。現在也有簡體中文的介面，更方便旅客操作。

另有觀光客專用的Visitor Oyster Card，只有儲值金功能，不能儲值旅遊卡。不需保證金，價格為卡片設定費£5加上儲值金額，退卡時僅退回剩餘的儲值金額，好處是出發前可在或倫敦大眾交通官網上購買，並寄送至通訊地址。

Oyster Card具以下兩種儲值功能：

・**儲值金(Pay as you go)**：依單次旅程扣款，可隨時加值，無使用期限限制，適合短期或不定期前往倫敦的旅客。有每日交通費上限的機制(Daily Price Capping)，使用時自動累計當日金額，若超過上限金額，之後的旅程就不會再扣款，惟需注意尖峰及離峰時段的扣款上限不同。

・**7日以上旅遊卡**：使用範圍與1日旅遊卡相同，只是儲值於Oyster Card中，費用相對的也便宜許多，票價同樣因分區而異，以遊客常用的7日旅遊卡的1~2區票價為例，只需£38.4，每天平均約近£5.5。值得注意的是，旅客拿到卡片後，若在倫敦交通官方網站中填入卡號及個人資料並註冊，卡片遺失時，可以馬上向地鐵站申請止付，並取得一張新卡。

◎各種票價比較

| Zone | 單程票 | Oyster Card儲值金 | | | | 旅遊卡Travelcard | | | |
		單程(尖峰)	單程(離峰)	1日上限(全時段)	1日上限(離峰)	1日(全時段)	1日(離峰)	1週	1月
Zone 1	£6.3	£2.5	£2.5	£7.7	£7.7	£14.4	£14.4	£38.4	£147.5
Zone 1-2	£6.3	£3.2	£2.6	£7.7	£7.7	£14.4	£14.4	£38.4	£147.5
Zone 1-3	£6.3	£3.6	£2.9	£9.0	£9.0	£14.4	£14.4	£45.2	£173.6
Zone 1-6	£6.3	£5.5	£3.5	£14.1	£14.1	£20.3	£14.4	£70.3	£270

※票價時有更動，出發前請再次確認

www.tfl.gov.uk

◎船塢輕軌鐵路Docklands Light Railway

　　船塢輕軌鐵路(簡稱DLR)行駛於倫敦東邊1~3區之間，是前往東邊新興的船務區、商業區及格林威治主要的交通方式。採取無人駕駛，且月台無閘門的設計，搭車方式、購票方式、票價都和倫敦地鐵類似，也可使用Oyster Card或旅遊卡。雖然沒有驗票閘門，但一定要買票，若使用Oyster Card也記得進出站時都要感應扣款，電車上常有站務人員查票，若被查到沒買車票罰款可不便宜。

◎倫敦路面鐵路London Overground

　　若說地鐵(Underground)是行走在倫敦地底，顧名思義Overground就是在地面行駛的列車。主要行駛於第2~3區之間，在市中心外圍橫貫各地鐵線，將地鐵的外圍網絡聯接起來，搭車、購票及票價都和倫敦地鐵類似，也可使用Oyster Card或旅遊卡。雖然和DLR一樣採無閘門方式，但記得要買票，全線常有不定點查票。

◎巴士Bus

　　紅色雙層巴士是旅客對倫敦的經典印象之一，如果不趕時間的話，搭上可以遍覽街頭風光的雙層巴士，也是遊覽倫敦最好的方式之一。幾乎每個地鐵站和重要景點附近都有巴士停靠，在地鐵站出口的地圖上，可找到轉乘巴士的路線及搭車地點圖。

　　特別說明的是，倫敦亦提供在24:00到04:30行駛的夜間巴士(Night Buses)服務，會在公車號碼前加上「N」，站牌也會有「24hr Service」的標示。

價格：使用Oyster Card儲值金扣款，單程£1.65，每日扣款上限為£4.95。也可將巴士和輕軌電車的聯票(Bus& Tram Passes)儲值於Oyster Card，1日聯票£5.2、7日聯票£23.3。若購買地鐵的旅遊卡，搭乘市區巴士不需再另外付費。

購票方式：由於目前倫敦巴士不再收現金零錢，乘客須事先準備好Oyster Card或其他接觸式支付票卡，也可使用1日旅遊卡，上車時對司機出示即可。

◎計程車Taxi

　　名為「黑頂」(Black Cab)的古典型計程車，和紅色巴士並列為倫敦的活動地標，現在也有越來越多計程車會在車身上彩繪或出租廣告。它的車身相當寬闊，可放置大型行李，起跳車資為£3.8，依距離跳表計費，深夜或節日搭乘需加價，可視情況另付給司機10~15%的小費。只要車頂的「TAXI」燈或「FOR HIRE」燈亮起就代表是空車，一般而言，在街上看到空車，都是隨招即停，也可使用電話叫車，但會多收£2叫車費。另有類似私人包車的Mini Cab，需要打電話或上網預約。

電話和網址：
・Taxi One-Number(Black Cab)：0871-871-

8710
・Computer Cab：020-7908-0207
・Radio Taxis：020-7272-0272
・倫敦計程車資訊：tfl.gov.uk/modes/taxis-and-minicabs/

◎泰晤士河遊船Thames River Cruise

　　泰晤士河航運包含通勤渡輪及觀光遊輪兩種，精華區段是從西敏寺碼頭(Westminster Pier)至倫敦塔碼頭(Tower Pier)之間，也可一路航行至格林威治(Greenwich)。通勤渡輪票價較便宜，觀光遊輪則較舒適，沿途有導覽解說。不少公司都提供Hop on/Hop off的專案，可於購票當日無限次搭乘該航線。

　　泰晤士河遊船由多家航運公司經營，票價根據航行路線、停靠站及提供服務而不同，使用Oyster儲值金直接扣款，享有9折優惠，購票時出示旅遊卡(Travelcard)可享7折優惠，網路購票也享有優惠。時間表及票價可於網站上查詢，或於遊客中心索取London River Service介紹手冊。

網址：
・Uber Boat by Thames Clippers (通勤渡輪)：thamesclippers.com
・Crown River Cruises(觀光遊輪)：crownriver.com
・City Cruises (觀光遊輪)：citycruises.com
・Bateaux London (含午餐或晚餐的觀光遊輪)：www.bateauxlondon.com

◎觀光巴士Sightseeing Bus

　　如果時間有限，又想輕鬆遊覽倫敦各大景點，不妨搭上開頂的雙層觀光巴士，聽著生動有趣的導覽，還可以在24小時內無限次數上下車，遊覽有興趣的景點。Tootbus London和Big Bus Tours都提供多條主題路線的無限暢遊，並可免費參加步行導覽及City Cruise的泰晤士河遊河行程。兩家公司的路線及發車

點略有不同，但都會行經所有知名景點。購票可透過網路、遊客服務中心，或直接於上車時購買。網路購票另有優惠。

網址：
- Tootbus London：www.tootbus.com/en
- Big Bus Tours：www.bigbustours.com

優惠票卡

◎倫敦卡 The London Pass

使用倫敦通行證可免費參觀八十多處倫敦受歡迎的景點及旅遊行程，包括許多著名的古蹟、博物館、美術館等，例如倫敦塔、倫敦塔橋、西敏寺、肯辛頓宮以及泰晤士河遊船等，部分地點還提供持卡者特別的進場通道，不須排隊即可入場。此外，此卡還提供多家餐廳、市區觀光巴士的折扣價格，以及舞台劇購票優惠。倫敦通行證分1日、2日、3日、4日、5日、6日、7日、10日等8種通票，可於遊客服務中心或旅遊服務中心購買，網路上購買另有優惠價格。

倫敦通行證價格：

對象	1日	2日	3日	6日	7日	10日
成人	£84	£110	£130	£168	£173	£190
15歲以下兒童	£53	£71	£84	£109	£116	£123

🌐www.londonpass.com

旅遊諮詢

行前可以至英國或倫敦的官方旅遊網站查詢資料，到了當地，如果對自己的英文稍有信心，則可以將各地旅遊服務中心當作旅程的第一站，蒐集各種資料及優惠訊息。

倫敦市區的遊客服務中心(Tourist Information Centre，簡稱TIC)為觀光局所設，通常規模較大，提供旅遊景點建議、免費地圖、訂房、訂票、交通方式、購買Oyster Card、匯兌等各項服務。至於交通局設立的旅遊服務中心(Travel Information Centre)則都設在交通樞紐，主要提供詳細、即時更新的交通資訊及購票服務，也有部分免費旅遊手冊可索取。

英國旅遊局Official Tourist Board of Great Britain-VisitBritain
☎020-7578-1000
🌐www.visitbritain.com

倫敦旅遊官方網站
🌐www.visitlondon.com

維多利亞車站遊客服務中心Victoria Visitor Centre
📍Victoria Rail station, opposite platform 8
🕐週三～週六09:30~16:45

皮卡地里圓環遊客服務中心Piccadilly Circus Visitor Centre
📍Piccadilly Circus Underground Station
🕐週四～週六09:30~16:45

國王十字車站和聖潘克拉斯國際遊客服務中心King's Cross and St Pancras International Visitor Centre
📍LUL Western Ticket Hall (through brick arches at St Pancras to LUL), Euston Road
🕐週四～週日09:30~16:45

西堤區遊客服務中心City of London Information Centre
📍St. Pauls Churchyard, City of London
☎020-7332-1456
🕐週五～週六10:00~16:00(時有更新，請上網確認)
🌐www.visitthecity.co.uk

格林威治遊客服務中心Greenwich Tourist Information Centre
📍2 Cutty Sark Gardens, Greenwich
☎0870-608-2000
🕐週五～週日10:00~17:00

城市概略

　　本書首先介紹西敏寺區(Westminster)，此區為倫敦的政治中心，西敏寺、大鵬鐘、國會大廈及白金漢宮均位於此區。

　　蘇活區和肯頓區(Soho& Camden)則被譽為倫敦的心臟，許多精采的購物、娛樂、餐廳、文化藝術和觀光景點，都集中在這兩個相鄰的區域中，皮卡地里圓環、中國城、柯芬園、大英博物館也都位在此區。

　　西堤區和東區(The City & East End)是倫敦的商業經濟中心，聖保羅大教堂、倫敦塔、倫敦塔橋是主要景點。

　　來到南岸區(Southwark)，這裡是新興的文化創意聚集地，有許多當代藝術展覽及表演在此舉行，重要景點包含泰特現代美術館、莎士比亞環球劇場、千禧橋，而泰晤士河畔的倫敦眼可帶你從空中欣賞倫敦

　　騎士橋和肯辛頓(Knightsbridge& Kensington)兩區是精品及高級百貨的集中區，Harrods就在這裡坐鎮；肯辛頓另外也是博物館林立的區域，自然歷史博物館、V&A博物館和科學博物館都集中在此。

　　因小說中福爾摩斯居住的貝克街和杜莎夫人蠟像館而出名的馬里波恩區(Marylebone)，也是華萊士博物館的所在地。

　　來到讓女人為之瘋狂的牛津圓環購物區(Oxford Circus)，攝政街、牛津街、新舊龐德街上，聚集無數百貨公司及世界知名品牌，也是倫敦的時尚中心。

　　離市區稍遠一些的諾丁丘(Notting Hill)則是波特貝羅骨董市集的所在地，每到週六，整條街上充滿來看熱鬧和尋寶的觀光客，相當熱鬧。

倫敦行程建議

如果你有3天

　　坦白說，3天玩倫敦一定不夠，如果真的時間有限，那麼就接受行程緊湊和走馬看花。

　　第1天以引領英國皇室風情為主，首先到白金漢宮觀賞衛兵交接儀式，建議提早前往，以占得較佳觀賞位置；而後步行至記錄皇室興衰歷史的西敏寺，附近還有倫敦知名地標國會大廈和大鵬鐘。稍晚至舉辦皇室婚禮的聖保羅大教堂，並造訪市政廳和倫敦塔。

　　第2天則是安排藝文知性之旅，白天先造訪大英博物館、泰特美術館、國家藝廊，和騎士橋博物館區內的幾座博物館，稍晚至劇院和電影院的大本營萊斯特廣場，並欣賞一場精采的音樂劇。

　　第3天放輕鬆，到蘇活區和肯頓區的牛津圓環與牛津街、攝政街一帶，好好享受血拚樂趣，稍晚散步於泰晤士河南岸，並搭乘倫敦眼以360°全景飽覽倫敦風光。

如果你有5~7天

　　有多點時間，一定要到近郊走走，格林威治、O2體育館、裘園、漢普頓宮和溫莎城堡都在口袋名單之內；時間更充裕，將觸角伸及周邊小鎮，如巴斯、牛津和劍橋、史特拉福等都是不錯的選擇，讓遊客在視野和藝文素養上都能得到相當斬獲。

倫敦散步路線

　　若是初次拜訪倫敦或是待在倫敦時間不長，建議先遊賞這條精華路線，若是走馬看花，約1小時就走完，如果沿途經過的景點想入內參觀，並見識白金漢宮衛兵交接儀式，就預計將花上半天到1天的時間。

　　一出Westminster地鐵站，就能看到仿哥德式雄偉建築的①國會大廈和大鵬鐘，它是最明顯的地標，象徵著大不列顛的民主；不遠處的②西敏寺則是英皇登基大典等皇室重要活動的舉辦場合。

　　離開西敏寺往北走，坐落於財政部底下的③邱吉爾戰爭室是二次大戰期間，邱吉爾和幕僚密謀戰略的地下基地。

　　④國宴廳和⑤皇家騎兵衛隊隔著馬路對望，前者是昔日白廳宮唯一逃出火劫的建築，天花板上裝飾著魯本斯的壁畫；後者可以近距離欣賞衛兵交接儀式。

　　繼續往北走是倫敦遊行示威和慶祝新年的主要場所

倫敦散步路線地圖

之一的⑥特拉法加廣場，⑦國家藝廊位於廣場後方，有「全球最佳繪畫美術館」之的美譽。

　　沿著寬敞的林蔭大道漫行，途經的⑧聖詹姆斯公園是倫敦首座皇室公園，中央長形水池聚集了各種大小顏色鴨類和鳥類，非常熱鬧；此行終點站⑨白金漢宮，目前有部分廳廊開放參觀，是一窺皇室生活的最佳去處。

距離：約3公里

西敏寺區
Westminster

從國家藝廊所在的特拉法加廣場一路南下到國會大廈的這段路稱為「Whitehall」，是英國的政權中心，包含禁衛騎兵衛隊、國宴廳、首相官邸唐寧街10號、財政部長官邸都坐落於此，國會大廈、白金漢宮也都在此，散發皇室貴族氣息，尊貴非凡。

倫敦及其周邊…**西**敏寺區 Westminster

MAP ▶ P.64C1

國家藝廊
National Gallery

享譽國際重量級美術館

掃地圖

🖥 搭地鐵Northern、Bakerloo線於Charing Cross站下，步行約1~2分鐘。 🏠 Trafalgar Square, London 📞020-7747-2885 🕐週六～週四10:00~18:00、週五10:00~21:00。 💲免費，特展視展覽而異。 🌐 www.nationalgallery.org.uk

　館藏豐富的國家藝廊是全球最佳繪畫美術館之一，在1824年時僅有38幅畫作，陸續拓展為現在以繪畫收藏為主的國家級美術館，已有兩千三百幅館藏，1997年時與泰特美術館交換60幅作品，使國家藝廊的畫藏以1260年~1900年間的作品為主。

　國家藝廊分為四個側翼，所有作品按照年代順序展出，1991年增建的Sainsbury Wing收藏1250年~1500年間早期文藝復興藝術，最著名的作品包括達文西的《The Virgin and Child with Saint Anne and Saint John the Baptist》炭筆素描。

　西翼(West Wing)貢獻給1500年~1600年代的文藝復興全盛時期、義大利和日耳曼繪畫，許多巨幅繪畫都在此絕妙呈現。

　1600年~1700年繪畫收藏於北翼(North Wing)，有荷蘭、義大利、法國和西班牙的繪畫，其中有兩間林布蘭專屬展室，以及委拉斯蓋茲(Diego Velazquez)的維納斯油畫《The Toilet of Venus》。

　東翼(East Wing)的1700年~1900年代繪畫，包含了18世紀～20世紀初的威尼斯、法國和英國繪畫，風景畫是一大特色，也有浪漫派和印象派等許多佳作。

MAP ▶ P.64B2

白金漢宮
Buckingham Palace

MOOK Choice

英國皇室的權力中心

掃地圖

🚇搭地鐵District、Circle、Victoria線於Victoria站下，或地鐵Circle、District線於St. James Park站下，或地鐵Jubilee、Piccadilly、Victoria線於Green Park站下，或地鐵Piccadilly線於Hyde Park Corner站下，皆步行約10~15分鐘。 🏠The Official Residences of The Queen 🕐每年7月至10月及冬季、春季的特定日期，會對外開放約10週，每年開放時間會變動，請上網查詢。國事廳於週二及週三不開放。 💲全票£30、優待票£16.5~19.5，白金漢宮國事廳與皇家馬廄、女王藝廊共用通行券(Royal Day Out)全票£55、優待票£30~36。 🌐www.royalcollection.org.uk ❗白金漢宮採定時入場制，請依門票時間提前10分鐘到達等候進場，以免逾時無法入場。

建於1703年，前身為白金漢屋(Buckingham House)的白金漢宮，是白金漢公爵的私人宅邸。1837年維多利亞女王遷居於此，自此白金漢宮就成為英國皇室的居所，集合辦公與居家功能，也是知名建築師納許(Nash)花費鉅資改建而成的宏偉建築。昔日居住在內的王室成員為伊利莎白女王及五十名左右的王室職員，2022年9月8日伊莉莎白女王辭世，靈柩自蘇格蘭移靈至倫敦時，先於白金漢宮停靈一夜，隔日舉行國葬。

白金漢宮最早並不對外開放，自從溫莎古堡在

1992年11月發生祝融之災後，白金漢宮終於敞開大門，想藉由門票收入來整修溫莎城堡，即使城堡後來修復完成，但每年當女王於8~9月造訪蘇格蘭之際，仍會將白金漢宮內的19間國事廳(The State Rooms)對外開放；遊客同時也能參觀女王藝廊(The Queen's Gallery)、皇家馬廄(The Royal Mews)和花園(Garden Highlights Tour)，並預約專門導覽(Exclusive Guided Tour)，只是門票經常一票難求，想參觀者最好先用電話或至網站申請預約。此外，衛兵交接儀式後會特別擁擠，建議避開這個時段。

編輯筆記 ✏

當國王就是狂！英國國王有哪些特權？

· 國王是14個大英國協成員國的元首，也就是英國國王是澳洲、加拿大、紐西蘭名義上的國家元首。
· 國王每天都會收到政府送達的公文，包括重要會議前的簡報及需要簽名的文件。首相每周亦會到白金漢宮覲見國王，陳述政府事務。
· 擁有任命英國首相、解散國會的權力。
· 開車不用駕照。
· 出國不用護照。
· 英國泰晤士河開放水域中的天鵝全歸王室所有，這項傳統權利從12世紀起維持至今。

衛兵交接儀式 Changing of the Guard

儀式時間與隊伍

白金漢宮的衛兵換崗並非每天都會舉行，舉行的時間也可能是11:00或11:30，時間易有變動，若遇上天候不佳或皇家節慶也可能停止舉行，出發前務必上網查詢正確的舉行日期與時間。 020-7766-7300 changing-guard.com/dates-buckingham-palace.html

白金漢宮舉行的衛兵交接儀式，無疑是旅遊倫敦的重頭戲，頭戴黑色氈帽、身穿深紅亮黑制服的白金漢宮禁衛軍(Queen's Guard)，幾乎已成為英國的傳統象徵。要觀賞儀式，最好及早抵達才能搶到好位置；如果來不及的話，也可以到林蔭大道(The Mall)上的聖詹姆士宮(St. James's Palace)等待準備出發的隊伍。

樂隊

樂隊包括管樂隊及鼓笛樂隊，他們帶領遊行隊伍。

步兵隊

服飾及帽子裝飾因為連隊而有差異，夏季著紅衣黑褲，冬季則著深灰色大衣。

騎兵隊

皇家近衛騎兵分為：近衛騎兵團及藍軍皇家騎兵團。近衛騎兵團的制服為紅色外衣，頭盔上有白色裝飾；藍軍皇家騎兵團則著深藍色外衣，頭盔上為紅色裝飾。

觀賞儀式的好位置

1.白金漢宮的圍欄前：靠近大門的圍欄前是最佳的參觀位置，也最搶手，在這裡可以看見儀式進行細節。

2.維多利亞女王紀念碑附近：也可以選擇在廣場上的維多利亞女王紀念碑附近（站在面對白金漢宮的左手邊），觀看樂隊及衛兵的進場過程。缺點就是看不到白金漢宮前的儀式細節。

制服超經典！衛兵這樣穿

帽子：衛兵戴的黑色熊皮帽(Bearskin)絕對是視覺焦點。熊皮帽最初是拿破崙軍隊的標誌，而由威靈頓公爵領軍的英軍在1815年滑鐵盧戰役取得勝利之後，為了彰顯軍力，英軍戴起了熊皮帽，從此也成為衛兵的傳統。傳統的熊皮帽長約45.72公分、重量約0.7公斤，約1頭成年加拿大棕熊的皮毛染色後才能做一頂，不過因為近年動保團體抗議，已逐漸改用人工皮草。

夏季制服：紅衣、黑褲。依照軍團不同，制服也有差異。

冬季制服：深灰色大衣、黑褲。

MAP ▶ P.64B2

女王藝廊
The Queen's Gallery
皇室收藏的主題展覽館

掃地圖

🔗搭地鐵District、Circle、Victoria線於Victoria站下，或地鐵Circle、District線於St. James Park站下，或地鐵Jubilee、Piccadilly、Victoria線於Green Park站下，或地鐵Piccadilly線於Hyde Park Corner站下，皆步行約10~15分鐘。 🏠The Official Residences of The Queen ⏰夏季9:30~17:30、其餘季節10:00~17:30(售票至16:15)，週二及週三休館。每年開放日期、時間會異動，詳見網站公告 💲全票£17、優待票£9~11，5歲以下免費；白金漢宮國事廳與皇家馬廄、女王藝廊共用通行券(Royal Day Out)全票£55、優待票£30~36。 🌐www.royalcollection.org.uk

女王藝廊在白金漢宮南隅，前身為皇室禮拜堂，如今為小型藝術展示廳，展出罕見的皇室收藏(The Royal Collection)。皇室收藏主要起源自查理一世(Charles I)，他買下了拉斐爾、堤香、卡拉瓦喬等多位大師的作品，後來喬治三世(George III)發掘了大量威尼斯、文藝復興和巴洛克風格的畫作，再加上喬治四世以及維多利亞女王的收藏，使得今日的皇家收藏多如繁星。女王藝廊以特展的方式，展出獨特且精緻的主題，像是南極攝影展(The Heart of the Great Alone: Scott, Shackleton & Antarctic Photography)，以及達文西的人體研究展(Leonardo da Vinci: Anatomist)等，洋溢著「小品」風格。

MAP ▶ P.64C2

聖詹姆斯公園

St. James's Park

市中心最佳賞鳥綠地

掃地圖

🚇搭地鐵Circle、District線於St.James's Park站下，步行約3分鐘。 🏠Horse Guards Parade, St. James's 🕔5:00~24:00 💲免費 🌐www.royalparks.org.uk/parks/st-jamess-park

面對白金漢宮的聖詹姆斯公園，在1532年被英王亨利八世指定為倫敦首座皇室公園，19世紀初在英國著名建築師納許(John Nash)進一步美化下，成為倫敦市中心最美麗的公園，是市民與遊客最佳小憩休閒之地。

聖詹姆斯公園又有「鴨園」之稱，中央長形水池聚集了各種大小顏色鴨類，還有天鵝、鳥類、雉等多種保護鳥類，特別提醒的是，不要看到草坡的椅子就貿然坐下，因為聖詹姆斯公園草地上的舒適座椅，從18世紀起就以出租方式服務遊客，形成了英國公園座椅需付費的有趣現象。

MAP ▶ P.64D2

國宴廳

Banqueting House

英國首座新古典主義建築

掃地圖

🚇搭地鐵Northern、Bakerloo線於Charing Cross站下，步行約5~7分鐘。 🏠Whitehall, London 🌐www.hrp.org.uk/BanquetingHouse ⚠國宴廳目前關閉中，開放日期未定，請上網查詢最新資訊

國宴廳是昔日規模宏大的懷特霍爾宮(Palace of Whitehall)唯一保存下來的部分，懷特霍爾宮又稱白廳宮，是亨利八世將沃爾西(Wolsey)主教昔日的約克宮(York Palace)擴建而成的皇宮，這位創立英國國教的國王，希望這座新皇宮能成為基督教世界中最大的宮殿，以符合他剛塑造的新政教合一領袖的身分，不過，在當時的規劃中並沒有國宴廳的存在，它最初出現於後來的詹姆斯一世任內，然而很快便因火災而重建。

從義大利返國深受帕拉迪奧風格影響的Inigo Jones，在1619年重新設計了國宴廳，該建築並於1622年時完工，它是首座以新古典主義風格落成的英國建築，因而在英國建築史上占有一席之地。

詹姆斯一世過世後，熱愛藝術的查理一世繼位，他請來魯本斯替國宴廳畫上美麗的天花板壁畫，賦予了它美輪美奐的裝飾，然而諷刺的是，1649年時，這位國王步出了國宴廳在前方的斷頭台上被處死。

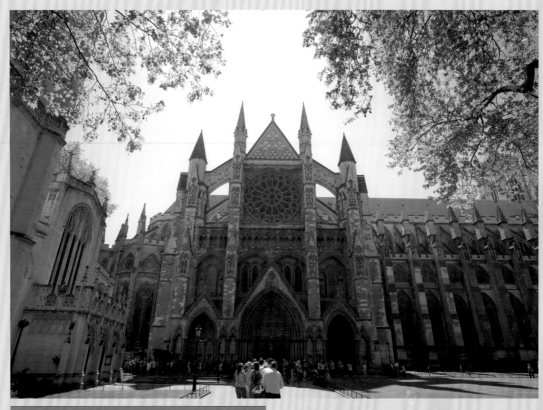

MAP ▶ P.64B2

西敏寺

MOOK Choice

Westminster Abbey

看盡英國皇室精采歷史

掃地圖

P.64C2 搭地鐵Circle、District、Jubilee線於Westminster站下,或地鐵Circle、District線於St. James Park站下,皆步行約5~8分鐘。 20 Dean's Yard, London 020-7222-5152 週一至週五9:30~15:30(週三16:30~18:00)、週六9:00~15:00,售票至關閉前1小時。每日開放時間偶有變動,請上網查詢。週日與宗教節日為禮拜時間,不開放一般遊客參觀。 全票£25、優待票£11~22 www.westminster-abbey.org 禮拜時段禁止拍照,其餘時段禁止錄影及使用閃光燈拍照

英國皇室的重要正式場合幾乎都在西敏寺舉行,包括最重要的英皇登基大典,從愛德華一世(1066年)迄今,除了兩次例外,英國所有國王和女王都是在此地加冕,死後也多半長眠於此;此外,黛安娜王妃葬禮和2011年英國威廉王子與凱

特王妃的婚禮也是在這裡舉行,2022年9月8日伊莉莎白女王辭世,靈柩在白金漢宮停靈一夜後,隔天移靈至西敏寺供民眾瞻仰送別並於此舉行國葬,西敏寺忠實地記錄了英國皇族每一頁興衰起落與悲歡離合。

西敏寺內有許多皇室陵墓,其中在主祭壇後方一座3層樓高的墓,就是愛德華一世的陵寢,往後走可以看到亨利七世的禮拜堂,曾被評為「基督教會中最美麗的禮拜堂」。一下子在狹小的空間內看到這麼多陵寢,透露出一種詭異、沈重之感。

參觀過全英格蘭最高的中殿後,不妨繼續前往Chapter House,觀賞著名的13世紀地磚,同時避開人潮,在幽靜的氣氛中好好觀賞西敏寺兼具華麗與清樸的建築特色。

另外,收藏許多文學偉人的紀念碑與紀念文物的詩人之角,也是西敏寺的一大特色。

《達文西密碼》解密
不在西敏寺？

在《達文西密碼》電影中，主
角蘭登和蘇菲來到西敏寺，找到
牛頓之墓而得以解密。不過，實
際的拍攝情況是，西敏寺當時並
未允許劇組進入取景拍片，所以
電影中看到的場景其實是林肯大
教堂。

北門

西敏寺建築兼具華麗與清樸的特色，北門為哥德式建
築。

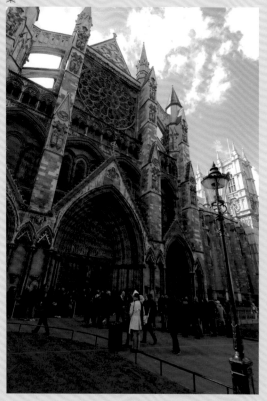

詩人之角

「詩人之角」(Poet's Corner)是西敏寺中的焦點，英國三
大詩人之一的傑弗瑞・喬叟(Geoffery Chaucer)，是首位下
葬於此的詩人，另一位約翰・彌爾頓(John Milton)和名作
家威廉・莎士比亞(William Shakespeare)雖非長眠於此，但
也設有紀念碑；此外，科學家牛頓、英國首相邱吉爾也葬
於此地。

殉道者雕像

在西敏寺西大門上方，可以看見10尊基督教殉道者雕
像，都是20世紀後的殉道者，雕像於1998年後放置。

MAP ▶ P.64D2

國會大廈和大鵬鐘
House of Parliament & Big Ben

大英民主風範指標

掃地圖

🚇搭地鐵Circle、District、Jubilee線於Westminster站下，步行約1分鐘。 🏠House of Parliament, London ☎020-7219-3000 ⏰一場導覽時間為90分鐘，每15~20分鐘一梯次。導覽開放日期時有更動，請上官網查詢即時訊息。 💲導覽全票£29、優待票£13~24.5 🌐www.parliament.uk

端踞泰晤士河畔、金碧輝煌的國會大廈與精準報時的大鵬鐘(Big Ben)，是白廳區(Whitehall)最明顯的地標，終日人潮不斷，雄偉的國會大廈原名西敏宮(Palace of Westminster)，擁有豐富的哥德式垂直窗櫺細節，正面長形外觀緊鄰泰晤士河，南端是巨大的方形維多利亞塔，中間是八角尖塔的中央塔樓，北邊則是舉世知名的大鵬鐘，三座高塔遙遙相對。整個國會大廈結構非常複雜，除了議事堂之外，還包括辦公室、大廳、圖書館、餐廳，以及委員會辦公室。

國會大廈的建築規模在當時可說是舉世無雙，光建地就有3.25公頃，因為緊鄰泰晤士河畔，蓋房子之前還必須先在河邊築堤。此外，建築的防火性、通風、照明、散熱的要求，在當時都十分新穎，時至今日，外觀維持古典，但內部已具有現代建築的架構。

伊莉莎白塔是大鵬鐘所在的鐘樓，位於國會大廈北角。樓高96公尺，是世界第3高的鐘樓，也是世界第2高的四面鐘樓。2012年，為了慶祝女王登基60周年，鐘樓更名為伊莉莎白塔。而所謂的大鵬鐘，其實指的不是那四面時鐘，而是重達14噸、每整點敲響一次的共鳴鐘，自1859年迄今每天提供精準的報時，另有4個名為「Quarter Bells」較小的鐘每隔15分鐘響一次。

上課的鐘聲出自大鵬鐘？

世界上常見的報時鈴聲，正式名稱為「西敏寺鐘聲」，台灣學校的上下課鈴聲和這鐘聲有關，日本綜藝節目《無所不教！全民大學校》曾解釋由來，表示在日本二戰後期，空襲警報和上課鐘聲都是以搖鈴通報，為了避免混淆造成恐慌，一位發明家便採用西敏寺鐘聲製作了能發出四個音的時鐘，從此成為學校上下課鐘聲，而當時作為殖民地的台灣也因而沿用。

MAP ▶ P.64C1

特拉法加廣場

Trafalgar Square

遊行和慶祝新年的主場所

🔷 搭地鐵Northern、Bakerloo線於Charing Cross站下，步行約1分鐘。

　　成百上千的鴿群是特拉法加廣場的活招牌，無論何時，這裡總是圍繞著一片黑壓壓的鴿子群，而這裡也是倫敦遊行示威和慶祝新年的主要場所之一。

　　特拉法加廣場位於國家藝廊南邊，是約翰納許在1830年代的作品，廣場中央的雕像為了紀念英國著名海軍將領尼爾森(Admiral Nelson)而設立，他在1805年對抗拿破崙的特拉法加戰役中殉國。

　　而就像紐約的洛克斐勒中心(Rockefeller Center)，每逢耶誕節，特拉法加廣場上也會立起一棵既有歷史傳統、又是全市最具象徵意義的耶誕樹，與大眾一起歡度佳節。

尼爾森紀念柱

　　廣場中央有一座高51.59公尺的紀念柱，是為了紀念英國著名海軍將領尼爾森而設立，紀念柱的材質為花崗岩，最頂端是尼爾森上將的砂岩雕像。

尼爾森紀念柱柱基

　　柱基四面各有一幅青銅浮雕，是以戰役中俘獲的法國槍械融化作為部分材料，製作而成的，四面分別描繪聖文森特角戰役、尼羅河戰役、哥本哈根戰役與特拉法加之役，周圍還有4隻銅獅圍繞紀念柱。

噴泉

　　廣場上有兩座噴泉，常有民眾和遊客駐足，在此欣賞周圍海軍總部拱門的優美建築。

耶誕樹

　　在特拉法加廣場上豎立耶誕樹的傳統起始於1947年，超過25公尺高的耶誕樹由挪威贈與，主要是挪威為了感謝二次世界大戰期間英國的協助與支持，這株耶誕樹代表了兩國溫暖的友誼。

泰特英國美術館
Tate Britain

泰特美術館的起源之地

掃地圖

🚇搭地鐵Victoria線於Pimlico站下，步行約8~10分鐘。🏠Millbank, London ☎020-7887-8888 🕐10:00~18:00(最後入場17:30)，12/24~/26休館 💰免費，特展視展而異。
🌐www.tate.org.uk

　　泰特美術館在全英國總共有4個分館，包括1897年成立於倫敦的「泰特英國美術館」(Tate Britain)、1988年成立於利物浦的「泰特利物浦美術館」(Tate Liverpool)、1993年成立於聖艾夫斯的「泰特聖艾夫斯美術館」(Tate St Ives)，以及2000年成立於倫敦的「泰特現代美術館」(Tate Modern)。

　　泰特英國美術館位於泰晤士河北岸的Millbank，該區位於西敏寺的下方，其前身為此區的監獄，當時的糖業大亨Sir Henry Tate買下了它，並委任建築師以門廊和圓頂，打造了這棟優雅的建築。同時身為哲學家的Sir Henry Tate在1897年時將它以「大英藝術國家藝廊」(National Gallery of British Art)的名稱對外開放，不過一般人還是習慣稱它為「泰特藝廊」(Tate Gallery)。

　　泰特英國美術館是倫敦最受歡迎的美術館之一，以16世紀迄今的英國繪畫和各國現代藝術著稱，最受歡迎的館藏為拉斐爾前派(Raphaelites)和英國畫家泰納(JMW Turner)的作品。

　　拉斐爾前派是復古主義和浪漫主義的合成物，三位最著名的畫家杭特(William Holman Hunt)、米勒(John Everett Millais)和羅塞蒂(Dante Gabriel Rossetti)，各自有精采的代表作在此展示，米勒從莎翁名劇中得到靈感的代表作之一《Ophelia》更可說是鎮館之寶。

　　而活躍於19世紀初期的英國風景畫家泰納，主要以油彩、水彩進行創作，他的水彩作品多充滿朦朧之美，是絕對不能錯過的畫作。此外，泰特

英國美術館也收藏了許多英國知名藝術家的重要作品，像是培根(Francis Bacon)的《以受難為題的三張習作》(Three Studies for Figures at the Base of a Crucifixion)、William Hogarth的《畫家與哈巴狗》(The Painter and his Pug)，以及Joshua Reynolds的《Three Ladies Adorning a Term of Hymen》等。

《以受難為題的三張習作》 Three Studies for Figures at the Base of a Crucifixion

泰特英國美術館也收藏了許多英國知名藝術家的重要作品，培根(Francis Bacon)的《以受難為題的三張習作》就是其中的名作。該作品於1945年4月，也就是二次世界大戰的最後幾個月首次展出，恰逢納粹集中營照片披露，對於某些人來說，培根的畫反映了大屠殺和核武發展引發的悲觀世界。

《Ophelia》

米勒(John Everett Millais)是「拉斐爾前派」最具代表性的畫家之一，他自莎士比亞名劇中得到靈感的代表作之一《Ophelia》可說是泰特英國美術館的鎮館之寶。「Ophelia」是莎士比亞的悲劇作品《哈姆雷特》(Hamlet)中的一個角色，她因為情人哈姆雷特刺死了她的父親而徹底崩潰、精神錯亂，最後失足落水溺斃。

這幅畫作，米勒分為兩個階段，首先是在埃維爾(Ewell)的霍格斯米爾河(Hogsmill River)完成河流風景部分，之後在倫敦Gower街的工作室中完成女主角的畫像。米勒畫下的Ophelia異常平靜的躺在水中，攤開的手與編織的花圈融為一體，目光望向遠方，像自悲苦的命運中解脱了。

Claude Monet Painting by the Edge of a Wood

薩金特(John Singer Sargent)於1876年首次遇見莫內(Monet)，兩人後來成為好友，這幅畫大約是繪於1885年，當時他們在巴黎附近的吉維尼(Giverny)一起作畫。薩金特欽佩莫內外出作畫的方式，他在這幅畫中以一個平凡的角度紀錄了超凡大師作畫的身影，耐心坐在身後陪伴著的是莫內的妻子。當薩金特於1885年在倫敦定居時，他最初被視為先鋒派，後來成為出眾的肖像畫家。

75

MAP ▶ P.64C2

邱吉爾戰爭室
Churchill War Rooms
地下秘密指揮總部

🚇 搭地鐵Jubilee、District或Circle線於Westminster站下，步行約6~7分鐘。🏠 Clive Steps, King Charles Street, London ⏰9:30~18:00(最後入場時間為17:00) 💲全票£26.35、優待票£13.15~23.60
www.iwm.org.uk/visits/churchill-war-rooms

在財政部的西北轉角，隱藏著一處低調的入口，通往著令人驚訝的地下世界，這裡就是二次世界大戰時當時英國首相邱吉爾的秘密指揮總部！

1939年英國向德軍宣戰後，隔年遭受德國猛烈轟炸，長達兩個多月，倫敦慘遭德國飛機空襲，邱吉爾因而和核心幕僚轉移地下，隱居於這座防彈的地下碉堡中，密謀各項戰略與對策。

二次世界大戰結束後，這座地下碉堡被完整保留下來，見證當時刻苦的歲月，經過規劃後，以博物館的形式對外開放，共區分出三個展覽區。

邱吉爾展覽室Churchill Museum

邱吉爾展覽室於2005年邱吉爾過世40週年紀念時開放，收藏了邱吉爾童年時的照片、髮束、信件和資料，以及原聲演說，還有一份長達15公尺的互動式年表，讓參觀者可更深入認識他的生平。

內閣戰爭室
Carbinet War Rooms

內閣戰爭室幾乎完整保留原貌，有邱吉爾和內閣密商的會議廳，以及邱吉爾因壓力過大在椅上留下的抓痕，還能一探邱吉爾和夫人、內閣等人狹小的地底生活空間，另有邱吉爾和羅斯福總統的越洋電話通訊室及廚房。掛滿地圖的地圖室讓人感受二次大戰的緊張氣氛，不同顏色的大頭針標示出聯軍的進展與路線，至於首相室則是邱吉爾對外發表激勵士氣廣播的地方。

邱吉爾的地下碉堡生活揭秘Undercover: Life in Churchill's Bunker

位於上述兩個展覽廳之間，採訪戰時和邱吉爾一同生活於地下碉堡的職員，透過他們的敘述還原當時的生活。

蘇活區與肯頓區

蘇活區和肯頓區
Soho & Camden

蘇活區指的是皮卡地里圓環(Piccadilly Circus)、萊斯特廣場(Leister Square)、Tottenham Court Road車站和牛津圓環(Oxford Circus)圍起來的方型區域，組成倫敦的心臟，也是觀光、娛樂、購物、戲劇中心。流行時尚的購物天堂攝政街、萊斯特廣場的戲劇院、遍布亞洲餐館的中國城、充滿街頭藝人柯芬園，還有無數的酒吧、各國美食餐廳及夜店，新鮮有趣，令人目不暇給。

與柯芬園相鄰的肯頓區則是倫敦的文化重鎮，馳名全世界的大英博物館是所有遊客必訪之地，此外，大英圖書館、狄更斯故居博物館和倫敦大學也都位於此區，而大膽新潮洋溢龐克風的肯頓市集，更是最吸睛的假日購物勝地。

Where to Explore in Soho & Camden
賞遊蘇活區和肯頓區

MAP ▶ P.78A6

皮卡地里圓環
Piccadilly Circus

MOOK Choice

倫敦的時報廣場

掃地圖

🚇 搭乘Piccadilly、Bakerloo線地鐵於Piccadilly Circus站下，出站即達。

這處被稱為「倫敦時報廣場」的圓環，四周林立著大型電子看板，由於位於交通要衝且人潮洶湧，因此租金居高不下，看哪些公司能在此打廣告，便可知他們的營運狀況和財力雄厚。

「皮卡地里」源自17世紀一位在Strand開業的裁縫師Robert Baker，由於他發明了一種稱之為Piccadil的硬衣領，在貴族圈中掀起一陣風潮，替他賺進大筆財富，於是他蓋了一棟被貴族們暱稱為「皮卡地里廳」(Piccadilly Hall)的房屋，自此便誕生了「皮卡地里」的名稱。

圓環與攝政街(Regent St.)相連，是倫敦重要購物血拚街道；往Shaftesbury Ave.方向可進入

蘇活區中心，以及美食餐廳林立的中國城；往東邊Coventry St.方向則可前往萊斯特廣場(Leister Square)。

單腳拉弓的雕像不是愛神？

圓環上最著名的就是位於噴泉上方的伊羅士(Eros)雕像，伊羅士單腳拉弓的平衡姿態相當醒目，甚至成為英國《Evening Standard》報紙的標誌，不過伊羅士在此並不是希臘的愛神，而是基督徒慈善天使，為了紀念維多利亞時期慈善家Shafesbury而建。

蘇活區和肯頓區

國王十字車站
King's Cross Station

聖潘克拉斯車站
St. Pancras Station
St. Pancras Renaissance Hotel London

King's Cross St. Pancras

大英圖書館
British Library

尤斯頓車站
Euston Station — Ⓜ Euston

Euston Square Ⓜ

Warren Street

The Lamb

狄更斯故居博物館
The Dickens House Museum

Rusell Square

SACO Holborn-Lamb's
Conduit St Apartment

Goodge Street

The Queen's Larder

大英博物館
British Museum

Lewis Leathers

倫敦瑰麗酒店
Rosewood London

Scarfes Bar

Citadines Holborn-Covent Garden

Ye Olde Mitre Tavern

Holborn

Chancery Lane

Tottenham Court Road

London Graphic Center

亨特博物館
Hunterian Museum

Ⓜ Oxford Circus

←往 Pollen Street Social

Flat Iron

Neal's Yard Diary

Covent Garden

Liberty

Sketch

The Queen's Theatre

皇家歌劇院
Royal Opera House
Paul Smith

柯芬園廣場
Covent Garden Piazza

Novello Theatre

One Aldwych

聖殿教堂
Temple Church

中國城
China Town

Leicester Square

The Lyceum Theatre

Temple

Jubilee Market

索墨塞特府和科陶德藝廊
Somerset House & Courtauld Gallery

萊斯特廣場
Leicester Square

Piccadilly Circus Ⓜ

皮卡地里圓環
Piccadilly Circus

倫敦交通博物館
London Transportation Museum

國家藝廊
National Gallery

Floris Ⓘ

Her Majesty's Theatre

Bakerloo	Central	Circle
Metropolitan	Northern	Victoria
Piccadilly	Hammersmith & City	Circle

圖例

N

MAP ▶ P.78C5

柯芬園廣場

MOOK Choice

Covent Garden Piazza

趣味滿載的購物熱點

📍P.78C5 🚇搭地鐵Piccadilly線於Covent Garden站下，步行約2~3鐘可達。 🏠Covent Garden, London ☎020-7420-5856 ⏰商店約週一至週六10:00~20:00、週日11:00~18:00(各店不一) 🌐www.coventgardenlondonuk.com

　由玻璃鋼鐵所覆蓋的柯芬園廣場青春洋溢，地下挑高中庭前後有兩個咖啡座，周圍有成排風格殊異的商店；地面樓分為北、中、南三區，除了種類更多的商店外，還有兩個市集——蘋果市集(Apple Market)和歡慶市集(Jubilee Market)，讓整座商場匯集了各種購物樂趣。此外，廣場中央的空間則是街頭藝人大顯身手的舞台，每逢11月底開始，更是擠滿了食品攤和各色小鋪的聖誕市集所在地。

　柯芬園廣場有許多特色商店，足以消磨半天的時光，像是販售各種英國茶的Whittard、以傳統玩具和劇院模型著稱的Benjamin Pollock's Toyshop、販售姆明相關商品的Moomin Shop等等；另外還有創立於1970年的Mulberry，該店以精緻的皮革製品聞名，以實用、原創與質感為特色，採用仿古而非華麗的設計。

　柯芬園至Covent Garden地鐵站附近，還有一整片的徒步購物區，Long Acre有許多潮牌名店，北邊尼爾街(Neal Street)上轉進小巷裡的Neal Yard，是一塊由彩色房子包圍的可愛購物區，附近延伸的街道裡，商店、酒吧、餐廳林立，讓人可以一路逛向蘇活區。

逛街攻略

　你可以在柯芬園廣場內的蘋果市集中，找到各式各樣的手工藝品、首飾、攝影作品、T恤、領帶等，件件都是藝術家或設計師別出心裁的作品。

　位於一旁的歡慶市集則以平價衣物、小古玩、紀念品等雜貨為主，令人眼花撩亂。週一以骨董市集為主題；週二至週五為一般市集；週六、日則為以手工藝品為主的藝術市集。

修道院花園變身活力購物區！

　柯芬園的前身是12世紀時的西敏寺果園，16世紀中葉，亨利八世在將它授予貝德福伯爵(Earl of Bedford)，第四任伯爵聘請Inigo Jones設計漂亮房舍以吸引有錢的租客，Jones大膽採用了當時倫敦從未出現過的義大利式拱廊，於是在17世紀中葉，這座漂亮的廣場旁出現了一座小型的露天蔬果市場，四周開始出現客棧、劇院和咖啡館，也吸引色情行業進駐。

　1830年時，議會決定整頓這個區域，於是在市場上興建了一座新古典主義風格的建築好加以管理。到了1960年代，壅塞的交通引發問題，昔日的市場遷到了西南方5公里遠處的新市場，原本的舊市場建築則在1980年時以商場的方式重新對外開放，使柯芬園搖身一變成為時髦的購物地點。

MAP ▶ P.78B4

大英博物館

British Museum

珍貴收藏堪稱英國之最

掃地圖

🚇搭地鐵Piccadilly線於Russell Square站下，或地鐵Central、Northern線於Tottenham Court Road站下，或地鐵Northern線於Goodge Street站下，或地鐵Central、Piccadilly線於Holborn站下，皆步行約7~10分鐘。 🏠Great Russell Street, London ☎020-7323-8000 🕐週六～週四10:00~17:00(最後入場時間16:00)、週五10:00~20:30(最後入場時間17:30)。 💲免費，特展門票視展覽而異 🌐www.thebritishmuseum.ac.uk

　　從大英博物館豐富、珍貴的收藏，便能窺知大英帝國在殖民地時代的豐功偉績。這是世界上最早開放的國家博物館，建於1753年，6年後於1759年正式開放，館藏包括各大古文明遺跡，特別是西亞和古地中海一帶的早期文化藝術，各種珍貴收藏與精采陳列堪稱英國之最。

　　大英博物館的收藏品最初是漢斯斯隆爵士(Sir Hans Sloane)所有，後來由英國國會以發行彩券的方式買下這些收藏，多年來陸續購入私人珍藏，加上各界捐獻以及考古組織在英國境內外的發掘，造就大英博物館目前的規模。目前大英博物館展廳超過100個，分為埃及、西亞、希臘和羅馬、日本、東方、中世紀和近代等多個分館，就算走馬看花也需要至少3個小時，豐富的館藏若想細看就連2天都逛不完，如果時間有限，就以古西亞、古埃及和古希臘展區為參觀重點。

　　2000年完工的前庭天棚，由負責新市政廳與千禧橋的Foster & Partners規畫。這座連結博物館與圖書館(馬克思的《資本論》即在此處完成)的透明天棚，出自便於館方取得多些收藏空間的想法，為了不破壞博物館的古老建築，又能開創設計新局，施工時不但要十分小心，建築師的創意也很重要。最後這座花費了6,000支橫樑和3,312片玻璃板(每一片形狀都獨一無二)所建成的透明天棚，不但成為倫敦當代建築代表之一，也為大英博物館增添了新的景觀。

西亞(古近東)展區
The Ancient Near East

一進入西亞展區,最引人注目的就是兩尊巨大似人與公牛的怪獸,這是亞述王宮入口的護門神獸。西亞文化覆蓋了公元前4000年至西元前331年整個美索不達米亞(即兩河流域)地區的文化,包含各個城邦、帝國的興衰和獨有文化,彼此的影響和聯繫顯而易見,各種文化珍品就完整地陳列在這個展區從地下層至樓上的18個展廳裡。

與其他展區相比,西亞展的一個特點就是許多珍貴文物都是大英博物館自己組織或參加的考古挖掘中獲得的,例如19世紀中萊雅德(Henry Layard)主持的考古發掘,地點集中在亞述王國古都尼姆魯德(Nimrud)和尼尼微(Nineveh),在王宮遺址中挖出許多精美浮雕和雕像,特別是亞述王宮的浮雕長廊,以戰爭、狩獵、宴會為主要內容,在大英博物館保存相當完整。

亞述宮廷浮雕Assyrian Palace Reliefs

材質:石膏
所屬年代:883~612BC

西元前9至7世紀,亞述帝國統治了近東、埃及和波斯灣整個地區,並建立了尼姆魯德、尼尼微等首都,都城的正中心則是皇宮所在地。其皇宮建築的最大特徵便是高大的塔門和牆上壁板的浮雕,門前守護著長著翅翼的人面公牛與獅子。大英博物館最著名的浮雕,便是亞述國王獵獅的場景。

烏爾的通俗物品Standard of Ur

尺寸:高21.7~22公分、長50.4公分、底寬11.6公分、頂寬5.6公分
材質:木、貝殼、石灰石、青金石、瀝青 所屬年代:2500BC

這只從烏爾皇家陵墓挖掘出土的盒子,材質為木頭,上面覆以貝殼、石頭和瀝青,雕組成這些精美圖案,它可能是音樂盒或樂器。

大英博物館

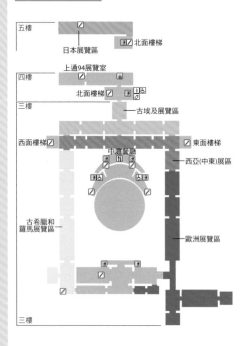

五樓 — 日本展覽區 / 北面樓梯

上通94展覽室
四樓 — 北面樓梯

三樓 — 古埃及展覽區

西面樓梯 — 東面樓梯
中庭餐廳 — 西亞(中東)展區

古希臘和羅馬展覽區 — 歐洲展覽區

三樓

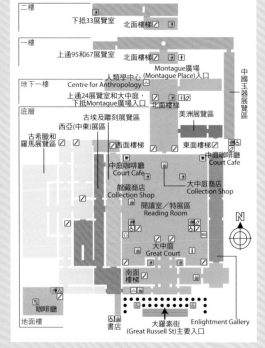

二樓
下抵33展覽室
北面樓梯

一樓
上通95和67展覽室
北面樓梯
Montague廣場 (Montague Place)入口
人類學中心
地下一樓 Centre for Anthropology
上通24展覽室和大中庭,
下抵Montague廣場入口
北面樓梯

底層 — 美洲展區
古埃及及雕刻展覽區
西亞(中東)展區

古希臘和羅馬展覽區
西面樓梯 — 東面樓梯

中庭咖啡廳 Court Cafe
中庭咖啡廳 Court Cafe
館藏商店 Collection Shop
大中庭商店 Collection Shop
閱讀室/特展區 Reading Room

中國玉器展覽區

大中庭 Great Court

南面樓梯

N

咖啡廳

地面樓
書店
大羅素街 (Great Russell St)主要入口
Enlightment Gallery

羅塞塔石碑The Rosetta Stone

尺寸：長112.3公分、寬75.7公分、厚28.4公分
材質：花崗閃長岩　所屬年代：196BC(托勒密王朝)

　　羅塞塔石碑是大英博物館最珍貴的寶藏之一。1799年7月，拿破崙的軍隊在尼羅河畔起土這件重要的埃及古物，成為解開古埃及之謎的關鍵鑰匙！碑上有3種不同文字：古埃及象形文字（Heiroglyphic，用於宗教儀式）、古埃及世俗體文字（埃及人日常用語）和古希臘文（當時的官方語言），後來，法國學者商博良(Jean-François Champollion)靠著分析這塊碑文，終於解開閱讀古埃及文的方式，從此古埃及的歷史才得以被研究出來。

　　與西亞藝術相比，兩者在觀念上的本質差異，在於西亞人表現的是現世的享樂，從裝飾華麗的宮殿即可瞧見端倪；而埃及人表現的卻是死後埋葬的極度關心，認為人的生命與宇宙萬物是永恆的，人死後只要屍體完好無損，若干年後靈魂回歸，死者便可復活。

　　埃及人對屍體保存、陵墓修建和裝飾的重視，創造了金字塔、墓室壁畫、人像雕刻和木乃伊棺具裝飾等種種藝術品，並以不同的材料和手法，表述了埃及人對死亡的複雜信仰。為了保存死者的肉體，等待靈魂歸來復活，埃及人在人死後將其內臟取出，保存在4個下葬甕內，再將屍體泡鹼脫水，最後用繃帶將屍體裹好放在棺材內，這就是所謂的木乃伊。

　　古埃及崇拜太陽神、水神等眾神，相信法老是神的化身，生前死後都享有神的特權，據此不難想見陳列在大英博物館的大型石雕人像中，大多是歷代君王法老的形象。最引人注目的有阿米諾菲斯三世(Amenophis Ⅲ)巨型紅花崗岩半身像。人物雕像之外，館內還可看到許多動物的石雕和青銅作品，都是受人膜拜的偶像。在古埃及的宗教信仰裏，神往往和動物重合，以鳥獸的形象出現，從甲蟲到獅子，從老鷹到河馬，但其中最特別、最突出的要以貓居首。

貓木乃伊Mummy of the Cats

所屬年代：30BC(羅馬統治時期)

　　以農業經濟為主的埃及信仰體系裡，其崇拜與祭祀根植於自然界的循環。這些貓木乃伊很明顯是埃及晚期王朝的證明，出土於亞比多斯(Abydos)，當時已是羅馬統治時期。

阿曼諾菲斯三世半身像Amenophis Ⅲ

尺寸：高290公分、重3600公斤　材質：紅色花崗岩　所屬年代：1370BC(埃及第18王朝)

　　這尊紅色花崗岩雕成的埃及第18王朝國王阿曼諾菲斯三世半身像，是大英博物館裡最著名的埃及雕像之一，光是戴著王冠的頭部就將近3公尺高。

貝斯神 Bes

尺寸：高28公分
材質：木
所屬年代：1300BC(埃及第18王朝)

　　這尊正在擊手鼓的貝斯神像，是埃及新王國時期(第18王朝)的作品，面貌兇惡的貝斯神據說能驅除家中的惡靈。

拉美西斯二世半身像
Ramesses II

尺寸：高266.8公分、寬203.3公分
材質：花崗閃長岩、紅色花崗岩
所屬年代：1250BC(埃及第19王朝)

　　在埃及，許多神殿古蹟都能看得到第19王朝國王拉美西斯二世的人像，這座巨石頭像也是從新王國時期首都底比斯(Thebes)的神殿搬移過來的。

美洲展區 Mesoamerica, Central & South America

　　古代美洲展區則以中美洲的奧爾梅克文明(Olmec)、馬雅文明(Maya)、阿茲特克(Aztec)和南美洲的查文文明(Chavin)、莫開文明(Moché)、納茲卡(Nasca)和印加文明(Inca)為主。前者領域涵蓋了今天的墨西哥、瓜地馬拉、貝里斯、薩爾瓦多、宏都拉斯、尼加拉瓜等國，玉器為主要文明象徵，其中奧爾梅克的玉斧、馬雅的石雕、阿茲特克的雙頭蛇馬賽克都是不能錯過的展品。後者領域涵蓋今天的秘魯、波利維亞、厄瓜多、哥倫比亞等國，黃金、銀器、銅器都是常見的文物代表。

阿茲特克的女神雕像 Sculpture of a Huastec goddess

阿茲特克的雙頭蛇馬賽克 Double-headed serpent turquoise mosaic

阿茲特克的馬賽克面具 The turquoise mosaics

奧爾梅克的玉斧 Jade votive axe

古希臘展區The Greek World

古希臘世界疆土涵蓋了地中海東部的大片土地，大英博物館的古希臘展區裡，從愛琴海文明時期、古典希臘時期到亞歷山大大帝之後的希臘化時期都有。其中最知名的便是巴特農神殿、莫索洛斯陵墓等歷史上的偉大建築。

帕德嫩神廟Parthenon Temple

材質：大理石
所屬年代：447~438BC

帕德嫩神廟是供奉雅典女神雅典娜的神殿，也是古雅典的主神廟。目前收藏於大英博物館的帕德嫩神廟雕刻，於19世紀時由厄金(Elgin)運送到英國，因此又有厄金大理石雕刻之稱，估算應是西元前5世紀由Ictinus和Callicrates所建，雕刻裝飾則是由Pheidias監督完成。帕德嫩神廟雕像包括一些不完整的山形牆雕像，特別是神廟南牆的三槽間雕板甚受注目，另有多塊環繞神廟的環帶板，環帶上的故事表現漫長的騎手和禮拜者隊伍，應該是每4年一次，在雅典娜生日當天舉行的慶典活動情景。

莫索洛斯陵墓
Mausoleum of Halicarnassus

所屬年代：350BC

古希臘展區裡以一整個展覽室陳列了從土耳其搬運過來、名列古代七大奇蹟之一的莫索洛斯陵墓所殘留的雕像和浮雕。這座陵墓是為了卡里亞王國(Caria)的統治者莫索洛斯(376BC~353BC)而建，莫索洛斯生前統治小亞細亞西南沿岸的大片土地，把都城遷到哈里卡那蘇斯(Halicarnassus)之後，國勢越來越富裕強大。

他病逝後，王位由其妻子阿特米西亞(Artemisia)繼承，她依照莫索洛斯生前規畫的藍圖，從希臘各地請來許多著名的雕刻家和建築師，打造出這座空前的偉大建築，陵墓上的浮雕及雕塑，也堪稱藝術史上的傑作。

陵墓中出土兩尊雕像，男性雕像被認為是莫索洛斯，高3公尺、寬1.12公尺，女性雕像被認為是阿特米西亞，高2.67公尺、寬1.09公尺。

涅內伊德碑像Nereid Monument

材質：大理石

所屬年代：390~380 BC

　　這座出土於土耳其西南部的陵墓，是西元前4世紀時，為了當時利西亞(Lycia)的統治者Arbinas所建造，設計融合希臘及利西亞的風格。上方的雕像是被稱為「海仙女」的涅內伊德的雕像。

羅馬帝國 The Roman Empire

羅馬帝國統治的領域幾乎與希臘文明重疊、甚至範圍更大，深受希臘文明影響的羅馬帝國，在文學、哲學方面尤為明顯，至於視覺藝術方面，便表現在壁畫、建築、雕塑和馬賽克鑲嵌畫上。

相較於希臘，羅馬在雕刻藝術上的呈現更為寫實，例如真人大小的政治人物和軍人塑像。事實上，羅馬帝國最珍貴的遺產多半是遺留在各個地方的建築，例如競技場、水道橋、神殿等，除了馬賽克鑲嵌畫之外，能納入博物館收藏的反而不若希臘文明那麼精采。較為特別的是，大英博物館還另闢一區，展示羅馬帝國統治大不列顛時期留下來的文物。

奧古斯都頭像 Bronze head of Augustus
尺寸：高46.2公分、寬26.5公分、厚29.4公分
材質：銅、方解石、玻璃、石膏　所屬年代：27 BC

這個奧古斯都頭像出自於一尊完整銅像的頭部，銅像在西元前27世紀於羅馬統治時期的埃及製作。頭像被發現於麥羅埃（Meroe），位於現在的蘇丹境內，該地曾為庫施(Kush)王國首都，西元前24世紀，一次庫施與羅馬產生衝突時，庫施奪走了這尊奧古斯都銅像，並將頭像埋於麥羅埃一座神廟的入口之下，任人踩踏。

波特蘭花瓶 The Portland Vase
尺寸：高24.5公分、最大直徑17.7公分
材質：玻璃　所屬年代：1~25AD

這只花瓶被視為羅馬帝國時期的經典玻璃花瓶，是以寶石雕刻技法完成的作品。大英博物館於1945年向波特蘭公爵七世買下花瓶，而這花瓶曾在1845年展出時，遭一名醉漢打碎，經過館方悉心修復才還原樣貌。

密斯拉屠牛像
Marble group of Mithras slaying the bull
尺寸：高1.28公分、長1.44公分　材質：大理石
所屬年代：100~199AD

這座雕像描述太陽神密斯拉(Mithras)屠牛，象徵光明及生命重生。

太平洋展區 The Pacific

廣大浩瀚的太平洋，到了21世紀初，大約有1,400萬人居住在這個區域裡，分屬28個國家，説著1,300種語言。

太平洋的島民不僅精於航海技術，同時通曉多國語言，沒有文字記載的太平洋文明，以口述傳承一代代的歷史，他們絕大多數都是我們所熟知、與台灣原住民息息相關的「南島語族」(Austronesian)。

大英博物館裡關於太平洋島嶼文化的收藏，許多都是大航海時代掠奪或搜集自各個島嶼的文物，包括大航海家庫克船長從大溪地帶回的一套酋長喪服在內。而整個展區中最受注目的焦點，便是位在展覽廳正中央、來自復活島(Easter Island)的毛伊石像。

摩艾石像

展區中最受注目的焦點，便是高2.42公尺的摩艾石像。看過電影《博物館驚魂夜》的人，彷彿可以聽見他在説：「Hey! Dum-dum! You give me gum-gum!」

中國、南亞展區
China & South Asia

從地理大發現之後，英國在擴展殖民地的同時，也從東方帶走不少寶藏，其中又以文明古國中國和印度數量最多。在中國部分，以新石器時代的玉器、商周的銅器、元明清時代的景泰藍瓷器等最受矚目。在印度方面，除了西元前3000年印度河的哈拉帕文明(Harappa)、摩亨佐達羅文明(Mohenjo-Daro)的陶器、石器和銅器之外，還有接下來孔雀王朝(Maurya)、貴霜王朝(Kushan)、笈多王朝(Gupta)、蒙兀兒王朝(Mughal)所展現出的佛教、耆那教、印度教不同宗教體系所交織出的文化藝術。

中國壁畫與雕像

這面壁畫出於中國河北省行唐縣清涼寺，於1424年~1468年繪製。而擺放於壁畫前的雕塑，分別為道教人物、佛教羅漢及彌勒佛。

尼泊爾鍍金青銅像

來自尼泊爾的觀世音菩薩鍍金青銅像，於16世紀製作。

舞蹈濕婆

這尊來自印度的舞蹈濕婆(Shiva Nataraja)銅像，於1100年製作。

87

MAP ▶ P.78B5

萊斯特廣場

Leicester Square

劇院和電影院的大本營

🚇搭乘Piccadilly、Northern線地鐵於Leicester Square站下，出站即達。

　　從Leicester Square地鐵站到Piccadilly Circus地鐵站間，是所謂西區(West End)的中心，也是倫敦最著名的劇院區(Theatreland)，聚集了將近四十家劇院。廣場中有英國名劇作家莎士比亞和喜劇明星卓別林的雕像，四周則都是倫敦紀念品專賣店和代售音樂劇門票的小票亭，此外，這裡更聚集著多家電影院，每當舉辦電影首映會時，前來的明星和追星族總是將這座小廣場擠得水洩不通。

　　從萊斯特廣場今日熱鬧的情形看來，實在很難想像它在1630年最初出現時的模樣，這座廣場是因為第二任萊斯特伯爵Robert Sidney買下了此區大片的土地，並興建一座宏偉的豪宅「萊斯特之屋」(Leicester House)而得名，到了18世紀，這裡開始成為流行的娛樂場所，萊斯特之屋甚至遭到拆除；19世紀時，這裡淪為一處聲名狼藉的地方。今日的萊斯特廣場雖然不算危險地區，不過因為大量觀光客湧入，行走其中還是得多注意自己的隨身財物！

看音樂劇So Easy！

到倫敦看一場音樂劇，感受音樂與歌聲的震撼及大型活動舞台的魅力，是很多人的夢想，如何不受氣、不受騙地欣賞表演，就需要小訣竅囉！

購票方式

最迅速、最清楚的方式就是上網購票，提早買票還可享優惠，另可到劇院所屬售票處直接購票，不需加收手續費，還能參考座位表直接挑選座位。要買便宜票可以到萊斯特廣場旁的半價票亭(tkts Booth Leicester Square)，這個票亭由倫敦劇院公會成立，以75折或半價出售當天尚未賣出的票，營業時間為週一～週六10:30~18:00、週日12:00~16:30，由於數量有限，建議早一點前往，另收£2.8手續費，缺點是無法選擇座位。

如果買不到票，最後的辦法是向萊斯特廣場周邊的票務代理公司買票，但購票前須謹慎確認好座位，手續費較高，多詢問幾家比較不容易吃虧。若見到有人在路邊兜售黃牛票，建議不要購買，以免花了錢卻找不到座位。

【Data】

倫敦劇院官方網站(Official London Theatre)
ⓤ www.officiallondontheatre.co.uk
倫敦劇院指南(London Theatre Guide)
ⓤ www.londontheatre.co.uk
半價票亭網站(tkts Booth Leicester Square)
ⓤ www.tkts.co.uk

選擇位置

雖然每個劇院不太相同，但大致上的分區法如下：最接近舞台的平面稱為Stall、2樓為Dress Circle或Royal Circle、3樓是Grand Circle或Upper Circle、最後是Balcony或Gallery。若票券上標明Restricted View表示部分視線會受到阻擋。當然，位置的好壞會反映在票價上。

知名劇碼演出資訊

劇名	網址
悲慘世界Les Miserables	www.lesmis.com
歌劇魅影The Phantom of the Opera	www.thephantomoftheopera.com
獅子王The Lion King	www.disney.co.uk/musicaltheatre/TheLionKing
媽媽咪啊Mamma Mia！	www.mamma-mia.com

MAP ▶ P.78B5

中國城
China Town
物美價廉的美食天堂

掃地圖

🚇 搭地鐵Piccadilly、Northern線於Leicester Square站下，或地鐵Piccadilly、Bakerloo線於Piccadilly Circus站下，皆步行約2~5分鐘。 🏠 Gerrard Street和Lisle Street一帶

19世紀倫敦的中國城原位於Limehouse船塢一帶，1950年代許多香港移民湧進，中國城從此在蘇活區Gerrard Street和Lisle Street落地生根。現在的中國城已不是移民居住之處，而是倫敦便宜又大碗的美食天堂，這裡的餐廳多以廣東菜為主，點心供應到下午17:00為止，晚餐只有點菜，其中「金龍軒」和「鹿鳴邨」都是口碑不錯的餐館。此外，中國城裡也可以找到不少日本、越南、泰國、韓國等其他亞洲料理餐廳。這裡的餐廳消費金額不會太高，單人大約花上£10~15可飽餐一頓。

科陶德藝廊
Courtauld Gallery
新興熱門藝術中心

掃地圖

🚇搭地鐵Circle、District線於Temple站下，步行約5分鐘。 🏠Somerset House, Strand, London ⏰10:00~18:00(最後入場時間為17:15) 💲全票平日為£11、週末為£13，18歲以下免費。 🌐www.courtauld.ac.uk

這間迷你美術館中收藏橫跨繪畫、印刷、雕塑與裝飾品，它由倫敦大學中專精藝術史研究的科陶德藝術學院(Courtauld Institute of Art)創立並營運。

在科陶德藝廊的眾多收藏中，又以繪畫最為豐富，展覽以年代畫分，包括不少大師級的作品，像是魯本斯(Rubens)的《The Family of Jan Brueghel the Elder》、提耶波羅(Tiepolo)的《Immaculate Conception》、馬奈(Manet)的《A Bar at the Folie-Bergère》和《草地上的午餐》(Le Déjeuner sur l'Herbe)、塞尚(Cézanne)的《聖維克多山》(The Montagne Sainte-Victoire)、梵谷(Van Gogh)的《耳朵綁帶自畫像》(Self-Portrait with a Bandaged Ear)以及莫迪里亞尼的(Modigliani)《裸女》(Female Nude)等，相當值得一看。

聖殿教堂
Temple Church
聖殿騎士的倫敦根據地

掃地圖

🚇搭地鐵Circle、District線於Temple站下，步行約6~8分鐘。 🏠Temple Church, Temple, London ☎020-7353-8559 ⏰週一～週五10:00~16:00；每日開放時間偶有變動，請上網查詢。週六～週日休 💲全票£5 🌐www.templechurch.com

如果你看過電影《達文西密碼》(The Da Vinci Code)或是丹‧布朗(Dan Brown)的同名小說，想必對這間教堂不感陌生。坐落於泰晤士河畔的聖殿區，這間倫敦最古老的教堂之一隱藏於內部聖殿中庭(Inner Temple Court)，12世紀時，為了因應日漸壯大的聖殿騎士，教團買下了這片土地，並興建教堂及包括住所、軍事訓練設施的大型修道院建築，作為倫敦的根據地。1185年時，來自耶路撒冷的主教Heraclius為它開光祝禱，據說亨利二世也參加了這場儀式。

聖殿教堂在長達8個世紀的歲月裡經過多次整建，特別是在二次大戰期間因遭受戰火猛烈攻擊而大規模整修。如今教堂主要由兩個部分組成：一是原始的半圓形中殿區域，稱之為圓形教堂(Round

Church)；另一則是新增的長方型區域，稱之為聖壇教堂(Chancel Church)。其中，圓形教堂以耶路撒冷的聖墓教堂(Church of the Holy Sepulchre)為藍圖，直徑55英尺長的中殿，圍繞著黑色的大理石圓柱，另外教堂中的中世紀騎士肖像墳墓也相當引人注目。

國王十字車站

King's Cross Station

尋找9又3/4月台

掃地圖

🚇搭地鐵Piccadilly、Victoria、Northern、Circle、Metropolitan、Hammersmith & City線於King's Cross或St. Pancras站下，出站即達。

這個建於1852年、位於倫敦市中心的國王十字車站，與緊鄰的聖潘克拉斯(St. Pancras)車站是通往英格蘭東北部和北部各大城市，以及蘇格蘭東海岸方向列車的發車站，並有6條地鐵線在此交會，本來就是交通繁忙的樞紐，為了滿足日益增加的客流量，同時和聖潘克拉斯車站以及在此匯集的地鐵線做更大效益的整合，車站在2005年宣布進行擴增改建計畫，並於2012年順利完工。車站內的另一大亮點是「9又3/4月台」，吸引無數《哈利波特》的魔法迷來此拍照留念。

9又3/4月台

自從電影《哈利波特》在此取景，把國王十字車站當成是通往霍格華茲特快車的發車點，車站內忽然多了許多拿著相機到處拍照的魔法迷，尋找著9又3/4月台。站方為了滿足麻瓜們的幻想，便在9號月台外的車站大廳牆上，裝設了半個崁入牆壁中的推車，並標上「Platform 9 3/4」，讓魔法迷們能模仿電影人物拍照留念。一旁並有哈利波特專賣店，販售各種相關商品。

半圓形網翼穹頂

嶄新面貌的車站以白色的半圓形網翼穹頂贏得不少掌聲，有人形容它像是個倒過來流洩的瀑布，風格時尚又不失優雅。

透光的玻璃材質

因為大量使用玻璃材質，光線直接投射進來，讓國王十字車站內部空間更顯明亮清新。

倫敦及其周邊⋯蘇活區和肯頓區 Soho & Camden

MAP ▶ P.78C3

狄更斯故居博物館
The Dickens House Museum
追尋大文豪的蹤跡

掃地圖

🚇搭乘Piccadilly線地鐵於Russell Square站下，步行約8分鐘。 🏠48 Doughty St., London ☎020-7405-2127 🕐週三至週日10:00~17:00(售票至16:00) 💲全票£12.5、優待票£7.5~10.5，6歲以下免費。🌐www.dickensmuseum.com

狄更斯(Charles Dickens)於1837年~1839年居住於此，故居共有3層樓，包括1樓的起居室(Morning Room)和餐廳(Dining Room)、2樓的書房(The Study)和客廳(Drawing Room)，以及3樓的更衣室(Dressing Room)和狄更斯臥房(Dickens' Bedroom)等。

參觀重點可放在1樓的起居室，包括狄更斯家庭和幼時的介紹，另外則是2樓的書房，狄更斯在這裡完成許多作品，而他生前所使用的物品，至今仍妥善保存。

悲天憫人的小説家查爾斯‧狄更斯

查爾斯‧狄更斯(Charles Dickens)是廣受大眾喜愛的作家，作品以寫實風格為主，書中主角多為受壓迫的人們和孤苦無依的兒童，表現出悲天憫人的情懷，引起廣大的共鳴。狄更斯關懷的主題和自身經驗有關，由於家中破產而輟學，十多歲就在工廠當童工，先後做過法律事務所抄寫員、記者等工作，憑藉自修鍛鍊寫作，作品在報紙連載，後來集結成冊，以《匹克威克外傳》(The Pickwick Papers)之名出書而聲名大噪。他是位多才多藝的作家，寫作之餘，也喜愛戲劇演出、現場朗誦，而他的作品也因戲劇性豐富，多次改編躍上大螢幕，受到廣大讀者喜愛。

西堤區與東區

西堤區和東區
The City & East End

西堤區是倫敦歷史的起源地，但主要遺跡在1666年倫敦大火中付之一炬，經重新規劃後，這裡成為倫敦的商業金融重地，許多現代化建築拔地而起，其中最著名的要屬金屬鋼圈打造的羅意德保險協會大樓，以及身穿華麗玻璃帷幕的蘇黎世保險總部。

利物浦街車站位於西堤區與東區的交界，從這裡往北走，環境也由白領上班族的商業氣息，轉換為龐克嘻皮的頹廢風格。東區是倫敦新興的藝術家和商店區，附近的史派特市場(Spitalfields Market)以及紅磚巷(Brick Lane)，每到假日就擠滿了打扮前衛的年輕人。

Where to Explore in The City & East End
賞遊西堤區和東區

MAP ▶ P.94A3

聖保羅大教堂

MOOK Choice

St. Paul Cathedral
皇室婚禮的見證者

掃地圖

🚇搭地鐵Central線於St. Paul站下，步行約2分鐘。 🏠St Paul's Churchyard, London ☎020-7246-8350 🕐週一～週六8:30~16:30（週三為10:00~16:30），開放時間時有更動，請上網查詢 💲全票£18、兒童票£7.7；上網購票另有優惠。 🌐www.stpauls.co.uk ❗內部禁止錄影，拍照相關規定請上網查看stpauls.co.uk/filming-and-photography

2011年威廉王子與凱特王妃的婚禮，讓30年前黛安娜王妃(Princess Diana)與查爾斯王子(Prince Charles)的世紀婚禮，再度重現於世人眼前，聖保羅大教堂也因此再度成為國際間的焦點。上一代的往事令人不勝唏噓，而聖保羅大教堂對遊客的吸引力從來不減。

這座大教堂最早是建於604年，歷經多次破壞、祝融之災，最後由列恩爵士(Sir Christopher Wren)重建，完成倫敦最偉大的教堂設計，並成為世界第二大圓頂大教堂，高達110公尺的圓頂，僅次於羅馬的聖彼得教堂，一走進去就會為那寬廣挑高的中殿讚嘆不已，而圓頂下的詩班席更是教堂中最華麗莊嚴之處。聖保羅大教堂最有名的地方便是「耳語廊」(Whispering Gallery)，由於特殊環境所致，即使是輕微耳語也可以在圓頂四周產生回音，由此再往上爬可到達塔頂，是眺望倫敦市區的絕佳地點。

編輯筆記✏️

聖保羅大教堂歷經幾次重建？
　聖保羅大教堂建於604年，目前我們看到的已是建造於1675年~1710年的第五座聖保羅大教堂。
第一座：始建於604年，燒毀於675年。
第二座：建於685年，被維京人催毀於962年。
第三座：建於962年，燒毀於1087年。
第四座：被稱作「老聖保羅大教堂」，建於1256年，燒毀於1666年的倫敦大火。
第五座：現今的聖保羅大教堂，建於1675年~1710年，高111公尺。

紅磚巷
Brick Lane
最異國的倫敦風情

掃地圖

🖉搭倫敦路面鐵路London Overground於Shoreditch High Street站下，步行約8分鐘；或地鐵Circle、Metropolitan、Hammersmith & City、Circle線於Liverpool Street站下，步行約15~18分鐘。

　　如果想了解倫敦東區文化，就得從紅磚巷開始，以紅磚巷為中心的四周街道開設了一間間特色小店，其中許多是獨立的設計師或藝術學校的學生所經營，國籍多元，從英國人、澳洲人、日本人到韓國人都有，使得這區儼然成為倫敦新興的藝術家區，有如早期紐約的蘇活(Soho)，瀰漫著頹廢氣氛，卻活力十足。

　　紅磚巷是孟加拉移民區的大本營，在這一區，路牌均以英文及孟加拉文雙語書寫著，餐館裡的咖哩香味直撲街上，印度或南亞混血臉孔的人錯身而過，一點也不像是在倫敦。

塗鴉創作聚集地

　　街頭一幅幅巨型塗鴉創作，令人眼花撩亂，帶來強烈的視覺衝擊。位於Hanbury St上的大鳥塗鴉是紅磚巷一帶知名的塗鴉，是比利時塗鴉大師ROA的作品，他以大型的動物塗鴉而聞名。

從新移民社區變為東倫敦文化基地

　　紅磚巷的許多建築建於18世紀，前後經歷過好幾波的移民潮，這裡不只是孟加拉移民的大本營，來自歐洲其他國家及亞洲地區的移民也都在此落腳過，之後移民文化和此區的新興藝術交融，呈現出東倫敦獨有的次文化風格。今日還是可以看見餐廳、販賣食物的香料店、服飾店及印度沙麗布店等，商業景象極為繁榮，在週日市集時會湧進大批人潮，沿街吃吃喝喝像在辦園遊會，好不熱鬧。

MAP ▶ P.94D5

倫敦塔

MOOK Choice

Tower of London

英國皇室的更迭簡史

掃地圖

🚇搭地鐵Circle、District線於Tower Hill站下，或搭船塢輕軌鐵路DLR於Tower Gateway站下，皆步行約4~6分鐘。 🏠The Tower of London, London ⏰3~10月週日～週一10:00~17:30、週二～週六09:00~17:30，11~2月週日～週一10:00~16:30、週二至週六09:00~16:30。開放時間時有更動，請上網查詢即時資訊。 💲全票£29.9、兒童票£14.9 🌐www.hrp.org.uk

　　由大大小小約20座塔樓組成的倫敦塔，不但是倫敦這座城市的縮影，也是英國皇室的簡史！

　　1066年，法國諾曼第的「征服者威廉」(William the Conqueror)攻陷不列顛，也將諾曼式建築帶進倫敦，他從法國運來大量巨石築塔，落成於1078年的首座建築「白塔」是他的皇宮。

　　倫敦塔經過多次擴建，最主要的工程集中於12~13世紀獅心王理查(Richard the Lionheart)、亨利三世以及愛德華一世任內。到了13世紀末，已勾勒出今日的輪廓：數座附屬建築圍繞著白塔，並興建內、外兩圈圍牆和護城河。

　　倫敦塔曾經多次轉換用途，像是皇宮、碉堡、鑄幣廠、軍械庫、軍營、刑場，甚至於皇家動物園，不過，倫敦塔最為人所熟知的用途是監獄，打從1100年起，這裡就開始監押犯人，到了16~17世紀時，這裡成了聲名狼藉的監獄，以至於「Sent to the Tower」(送往倫敦塔)一句成了「入獄」的同義詞。

　　被關在塔中的貴族不計其數，最著名的包括愛德華四世的雙胞胎兒子愛德華五世和約克公爵、亨利八世的皇后安·博林(Anne Boleyn)，以及登基前被姐姐瑪麗一世囚禁於此的伊莉莎白一世。或許正因為無數冤魂在此飄盪，使得倫敦塔鬧鬼傳聞不斷。

倫敦塔曾經是皇家動物園？

　　倫敦塔竟然曾是動物園！原來在13世紀早期約翰國王(King John)在此建成動物園，陸續豢養過許多來自異國的珍稀動物，包括北極熊、獅子、大象、袋鼠及鴕鳥等，這座皇家動物園於1835年關閉後，動物都遷移至位於攝政公園的新動物園。現在來到倫敦塔，可以看到曾經豢養的動物雕塑喔！

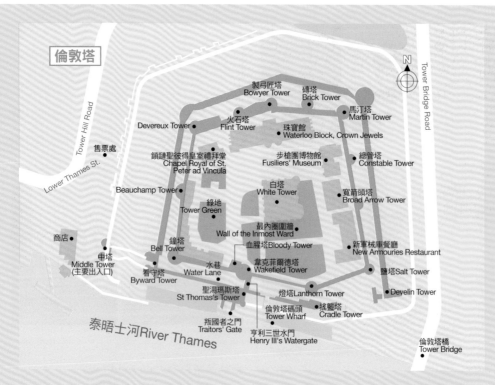

倫敦塔

製弓匠塔
Bowyer Tower

磚塔
Brick Tower

馬汀塔
Martin Tower

Devereux Tower

火石塔
Flint Tower

珠寶館
Waterloo Block, Crown Jewels

鎮鏈聖彼得皇室禮拜堂
Chapel Royal of St.
Peter ad Vincula

步槍團博物館
Fusiliers' Museum

總管塔
Constable Tower

Beauchamp Tower

白塔
White Tower

寬箭頭塔
Broad Arrow Tower

綠地
Tower Green

最內圈圍牆
Wall of the Inmost Ward

商店

中塔
Middle Tower
(主要出入口)

鐘塔
Bell Tower

血腥塔 Bloody Tower

新軍械庫餐廳
New Armouries Restaurant

看守塔
Byward Tower

水巷
Water Lane

韋克菲爾德塔
Wakefield Tower

鹽塔 Salt Tower

聖湯瑪斯塔
St Thomas's Tower

燈塔 Lanthorn Tower

Develin Tower

叛國者之門
Traitors' Gate

倫敦塔碼頭
Tower Wharf

搖籃塔
Cradle Tower

亨利三世水門
Henry III's Watergate

泰晤士河 River Thames

倫敦塔橋
Tower Bridge

Tower Hill Road

售票處

Lower Thames St.

Tower Bridge Road

N

中塔 Middle Tower

最初由亨利三世國王下令興建於13世紀間，因位於已拆除的獅塔(Lion Gate)和看守塔(Byward Tower)之間而得名，建築融合諾曼、愛德華和哥德式風格。經整修後，以一道石橋取代昔日擁有兩扇升降閘門的木頭吊橋。

看守塔 Byward Tower

看守塔是外區圍牆的門房，採諾曼式風格，興建於亨利三世任內，其名稱由來應和原本興建一旁的守衛廳(Wander's Hall)有關。據說1381年發生農民起義(Peasants Revolt)時，查理二世躲在這裡避難，事後加強了看守塔的結構。

鐘塔 Bell Tower

為倫敦塔中第二古老的建築，興建於1190~1210年間，最主要的功能是示警，好讓看守塔和鐘塔守衛聽到鐘聲後快速升起吊橋並關上閘門，如今塔內的鐘年代可回溯到1534年。摩爾士爵士(Sir Thomas More)及還是公主時的伊莉莎白一世，曾先後被囚禁於此。

聖湯瑪斯塔和叛國者之門St Thomas;s Tower & Traitors' Gate

興建於13世紀下半葉的聖湯瑪斯塔，由愛德華一世下令興建，是一座基於防禦功能，且能直接通往泰晤士河的出口的塔樓。

韋克菲爾德塔Wakefield Tower

塔名來自薔薇戰爭(War of Roses)中發生於1460年的韋克菲爾德戰役(The Battle of Wakefield)，當時蘭開斯特家族(House of Lancaster)的亨利六世獲勝，將約克家族(House of York)的敗將囚禁於此。不過1470年，這最後一位蘭開斯特國王反被人謀殺於塔中，根據推測應該是約克家族的愛德華四世下的毒手。

這套盔甲的主人是誰？

如今白塔是英國國家兵工器和倫敦塔博物館，典藏了許多皇室兵器，數百年來各種武器演進在此一覽無遺，其中，亨利八世的盔甲是白塔展覽品中的焦點。

血腥塔Bloody Tower

原本是為了防禦功能而設計，因為擁有面對庭園的景觀而被稱為庭園塔（Garden Tower），1585年，Northumberland伯爵Henry Percy在此自殺，此塔被稱為血腥塔，而讓它聲名大噪的還是那對據說在此遭到謀殺的愛德華五世和約克公爵這對雙胞胎王子，他們在叔父理查三世登基後便被關進倫敦塔，從此音訊全無。伊莉莎白時代的知名冒險家華特·雷利（Walter Raleigh），則因和女王的宮女祕密結婚，被關進倫敦塔幽禁。

白塔White Tower

白塔最初其實被稱為「大塔」（Great Tower），到了愛德華三世時，因為將外牆漆成白色的傳統而得名。象徵諾曼王權的白塔，是皇宮、堡壘，也是監獄。而這座躲過倫敦1666年大火的建築，千年以來經過多次整建，亨利八世曾強化屋頂，以承擔大砲的重量，也為了替安·博林加冕為皇后，整修大廳和皇后的房間。

倫敦塔鬧鬼傳聞不斷？

或許因為無數冤魂在塔內飄盪，使得倫敦塔鬧鬼傳聞不斷，而當中最為人熟知的就是因叛國罪被砍頭的安·博林，傳聞有人看見她將頭顱夾於腋下而在塔中走逛。其他傳言包括瑪格麗特·波爾，以及「塔中的王子」愛德華五世和弟弟約克公爵，無論真假，所有傳說都成為了倫敦塔的絕佳賣點。

寬箭頭塔Broad Arrow Tower

查理三世興建了這座用來供使用寬劍頭的駐軍居住的塔樓，塔樓內有著過去的鋼盔和十字弓。

步槍團博物館Fusiliers' Museum

　　這座博物館述說皇家步槍團從1685年創立的歷史，透過展品勾勒出它的面貌。展品包括5,000枚的徽章、制服、旗幟、戰利品以及文件，其中最引人注目的是一隻能夠治癒腳傷的鐵靴、82軍團的老鷹標誌、西藏的滑石雕刻等等。

製弓匠塔Bowyer Tower

　　以昔日居住於此的皇家製工匠們命名，這座塔興建於亨利三世任內，根據莎士比亞的戲劇，Clarence公爵因為反對他的兄弟愛德華四世國王而被囚禁於此，1478年時，公爵離奇的淹死於這座塔內的一個白酒桶中。

珠寶館Waterloo Block, Crown Jewels

　　除了白塔外，參觀倫敦塔的另一個重點就是珠寶館，館內收藏著象徵英國皇室的無價之寶，最著名的是英國皇室的珍貴王冠，包括伊莉莎白女王在上議會開議時佩戴的帝國皇冠(Imperial State Crown)，以及鑲有世界最大鑽石「非洲之星」的十字權杖。

編輯筆記

世界最大鑽石「非洲之星」

　　「非洲之星」是目前世界上最大的鑽石，由一顆天然鑽石原石「卡利南」(Cullinan Diamond)加工而成。1905年於南非開採出的「卡利南」共打磨成9顆大鑽，由南非政府送給英國國王愛德華七世。其中最大的兩顆鑽石為530克拉的「大非洲之星」及317克拉的「小非洲之星」，分別鑲嵌在象徵英國王權的十字權杖及帝國皇冠上。

馬汀塔Martin Tower

　　馬汀塔在亨利三世興建時當作監獄使用，後來在1669年~1841年間被稱為珠寶塔(Jewel Tower)，因為英國皇室的珠寶最初珍藏於此。看看今日珠寶塔戒備森嚴的模樣，很難想像1671年時，來自愛爾蘭的Colonel Blood差點就從馬汀塔偷走了查理二世的皇冠。

總管塔Constable Tower

總管塔的由來和最初居住於此的「倫敦塔總管」 (the Constable of the Tower of London)有關，這個古老的軍職年代悠久，回溯到征服者威廉統治時期，肩負起倫敦塔守衛者的角色，管理塔內軍隊和安全。

述說慘烈歷史的模型

如今館內展示著模型，述說1381年那場農民起義的故事。

燈塔Lanthorn Tower

為了讓泰晤士河上的船隻入夜後能有燈火的指引，亨利三世興建了這座塔樓，它屬於諾曼建築規劃的一部分，名稱來自於掛在塔頂小角塔中的燈籠。這座塔樓也曾經用來囚禁犯人，部分維多利亞風格的建築，是18世紀大火後重建的結果，這裡如今成為「中世紀宮殿」(Medieval Palace)的展覽廳之一。

鹽塔Salt Tower

鹽塔在和平時期當成倉庫使用，也曾作為牢房，對象從蘇格蘭國王到耶穌會士、巫師，他們在牆上留下許多刻文與圖案，最著名的刻文是一個錯綜複雜的天文鐘。這裡還設有電子螢幕，讓你看看昔日關在這裡的囚犯如何過活。

這塊石刻刻的是什麼？

塔內最著名的刻文，刻的是一個複雜的天文鐘，至今仍清晰可辨。

MAP ▶ P.94D5

倫敦塔橋
Tower Bridge

因童謠傳唱全球

掃地圖

🚇搭地鐵Circle、District線於Tower Hill站下，或搭船塢塢輕軌鐵路DLR於Tower Gateway站下，皆步行約5分鐘。 🏠Tower Bridge Road, London ⏰9:00~18:00(最後入場時間為17:00) 💰£11.4、5~15歲優惠票£5.7，可參觀塔樓、高空玻璃步道及引擎室。🅤 www.towerbridge.org.uk

倫敦塔橋堪稱為倫敦最經典地標之一，哥德式外觀的建築於1894年完工，採用先進的鋼骨架構建築，遇有大船通過或特殊場合時，左右橋面會上揚86度，可達40公尺高、60公尺寬，升起時間僅需要1分鐘。

倫敦塔橋有2個橋塔，高度65公尺，橋面全長244公尺，遊客可自北邊塔橋搭乘電梯登上高空步道，這處制高點同時也是欣賞泰晤市河兩岸風光的最佳地點，通過長約11公尺的玻璃步道後，可自南邊塔橋下樓到達維多利亞時代引擎室，透過歷史照片和互動式展示呈現塔橋一百年來的演進，如1976年前塔橋起降是用蒸汽為動力，現今已改為電動了。

想看塔橋升起？這樣玩才聰明！

倫敦塔橋每年會升起八百多次，如果想觀看升橋的景象，不必苦守等候，只須先上網查詢相關時刻，就可掌握最佳的參觀時機。塔橋每天起降次恕不一，時間也可能會更動，參觀當日記得再次確認。

🅤www.towerbridge.org.uk/lift-times

💡別誤會，「倫敦鐵橋垮下來～」垮的不是倫敦塔橋啦！

許多人都聽過《London Bridge Is Falling Down》這首童謠，中文版本的歌詞是「倫敦鐵橋垮下來」，不少人都會誤以為童謠中的主角是「倫敦塔橋」(Tower Bridge)，其實只要看英文版歌詞，就會知道垮的是「倫敦橋」(London Bridge)！

Sky Garden

MOOK Choice

泰晤士河畔空中花園

掃地圖

🚇搭地鐵Circle、District線於Momument站下，步行約3分鐘。 🏠20 Fenchurch Street, London ☎0333-772-0020 ◉平日10:00~18:00、週末11:00~21:00 💲參觀免費 🌐skygarden.london ❗需於參觀日前至網站預約時段並索取免費門票，每張票券限時1小時；或預約Sky Garden中的餐廳也可入場

　　東倫敦市中心的辦公大樓20 Fenchurch Street，樓高38層，臨泰晤士河北岸與夏德塔(The Shad)對望。建築由紐約建築師Rafael Viñoly於2004年設計建成，2014年，建築師在大樓屋頂搭起挑高3層樓的玻璃鋼架穹頂「Sky Garden」，設置室外觀景露台，並由景觀設計師Gillespies打造主題庭園，植滿色彩鮮豔的地中海及非洲花卉，彷彿一座空中熱帶花園。此處並設有英式餐廳Darwin Brasserie、位於穹頂的高級餐廳Fenchurch Restaurant，以及Fenchurch Terrace、City Garden Bar等。

　　這棟大樓結合辦公、觀景與享樂，是倫敦前所未見的空中庭園，向下俯瞰，往東是倫敦塔橋與倫敦塔，往西可見聖保羅大教堂和西敏寺，值得一訪。

倫敦博物館

Museum of London

穿越時空的倫敦旅行

掃地圖

🚇搭地鐵Circle、Metropolitan、Hammersmith & City線於Barbican站下，或地鐵Central線於St. Paul站下，皆步行約6~8分鐘。 🏠150 London Wall, London ☎020-7001-9844 ◉10:00~17:00 💲免費，特展視展覽而異 🌐www.museumoflondon.org.uk

　　這座位在倫敦最古老的西堤區、介於巴比肯中心和聖保羅大教堂之間的博物館，以大量的文物、模型、圖片和圖表，還原倫敦的歷史面貌，其中包括許多珍貴的考古發現，遊客更可透過大片玻璃，欣賞位於戶外的古羅馬城牆遺跡。五花八門的跨時空展品包括Oliver Cromwell的死亡面具、維多利亞女王的硬襯布禮服、Selfridges百貨公司的裝置藝術裝飾、披頭四的表演服、BBC兒童節目的木偶等。其中最有趣的，是「擴展中的城市」(Expanding City)展覽廳，裡頭已將近原比例的方式，重現1670~1850年代的各類商店面貌與代表性建築，讓人彷彿走入時光隧道。

倫敦及其周邊⋯⋯西　堤區和東區 The City & East End

南岸區
The South Bank

泰晤士河南岸屬於倫敦的新興區，它演變成今日的面貌不過在短短的百年之間！以往，南岸因地理位置不如北岸優越而錯失發展機會，在中世紀時，更因為遠離當時的市中心，成為鑽逃法規漏洞的地方，遍佈酒館、劇院、鬥熊場、妓院，龍蛇雜處，發展成一處聲名狼藉的娛樂區。這樣的情況一直持續到1917年，為了因應1951年時舉辦的「大英節慶」(Festival of Britain)，此區才被規劃為藝文專區。

伴隨著都市改建計畫，南岸變得備受矚目，辦公大樓及藝術場地如莎士比亞環球劇場、泰特現代美術館、設計博物館等逐漸遷入，帶動整個區域的藝文氣息，而後新世紀的千禧橋和倫敦眼成為本區最具人氣的景點，2012年落成的夏德塔更讓人眼睛為之一亮，今日的南岸已不可同日而語！

Where to Explore in The South Bank
賞遊南岸區

MAP ▶ P.105B1

千禧橋

MOOK Choice

Millennium Bridge

千刃刀鋒串成的橋梁

掃地圖

🚇搭地鐵District、Circle線於Mansion House站下，步行約5~7分鐘。 ⓘBankside, Queen Victoria Street, Southwark

千禧橋於2000年6月正式開通，是倫敦第一座專為行人設計的步行路橋，連接西堤區的聖保羅大教堂(St. Paul Cathedral)和南岸的泰特現代博物館(Tate Modern)，從此改變倫敦的散步路線。

千禧橋總長320公尺，橋身以Y字型的突出橋墩支撐，為了不遮擋到聖保羅大教堂和泰特現代博物館任何一邊的景觀，設計團隊不斷地構思，要讓千禧橋與其他沿河建築自然地融為一條天際線。計畫案總監Roger Ridsdill Smith形容：「希望讓千禧橋能在夜裡看起來像輕薄的光刃，在白晝像鋼製的緞帶。」這確實是一項科技的結晶，當人群絡繹不絕步行於千禧橋上，正如漫步於未來世紀中。

千禧橋開幕過兩次？
又被稱作「搖擺橋」？

千禧橋在2000年6月10日正式開放，當天就有約八萬人通行，每一刻都大約有兩千人同時在橋上行走，如此盛況令橋身出現共振現象搖晃起來。開橋不到3天，千禧橋就因橋身過於搖晃而關閉，費時一年多封橋重修，才在2002年2月27日重新開放。因為這段過往，讓千禧橋被大家稱作「搖擺橋」(Wobbly Bridge)。

南岸區 River Thames

Royal National Theatre 皇家國家劇院
Bankside Gallery 河岸畫廊
千禧橋 Millennium Bridge
莎士比亞環形劇院博物館 Shakespeare's Globe Theatre Museum
Tower Hill
倫敦塔 Tower of London

南岸中心 Southbank Centre
Berine Spain Gardens
Gabriel's Wharf
泰特現代美術館 Tate Modern
金鹿英式古帆船 Golden Hinde
London Bridge
Clink Exhibiton
London Bridge Hospital
貝爾法斯特號 HMS Belfast

倫敦大螢幕電影院 BFI London IMAX Cinema
莎士比亞環球劇場 Shakespeare's Globe
Café Brood
波若市集 Borough Market
海斯商場 Hay's Galleria
市政廳 City Hall

Padella
南華克大教堂 Southwark Cathedral
夏德塔 The Shard
William Curtis Ecological Park

Jubilee Gardens
Waterloo
Southwark
George Inn
倫敦橋車站 London Bridge Station

倫敦眼 London Eye
Guy's Hospital

倫敦水族館 London Aquarium
老維克劇院 Old Vic Theatre
London Fire Brigade Museum
Borough

南丁格爾博物館 Florence Nightingale
The Borough
N

St. Thomas Hospital
Lambeth North
圖例 Bakerloo — Jubilee — Waterloo & City — Northern — Circle — District — DLR

MAP ▶ P.105C1

夏德塔

The Shard

改寫倫敦天際線的超新星

掃地圖

🚇搭地鐵Jubilee、Northern線於London Bridge站下,步行約2分鐘。 🏠32 London Bridge Street, London ☎觀景台084-4499-7111 ⏰每天開放時間不一,且時有更動,請上網查詢最新資訊 💲觀景台全票£32,3歲以下免費。加付£10可免除排隊經快速通道登頂,年滿18歲者加付£16可享用1~2杯香檳 🌐夏德塔the-shard.com、觀景台www.theviewfromtheshard.com

© The Shard

　　夏德塔落成於2012年,它宛如透明金字塔的錐狀造型立刻成為倫敦天際線的閃亮新星,目前是歐盟區最高的建築物。

　　夏德塔由知名建築師Renzo Piano設計,運用了一萬一千多片玻璃,靈感來自倫敦教堂的尖塔,同時呈現破碎玻璃的意象,也是其命名由來。

　　高達310公尺,總共72層樓,包含了低樓層的辦公空間、高樓層的米其林星級餐廳、五星級香格里拉酒店,以及提供360度全景的觀景廊,因此夏德塔有「垂直城市」之稱。

　　The View from The Shard觀景台坐落於68、69和72層,遊客可搭乘電梯至68樓的觀景台入口,這裡同時也販售紀念品及禮品;69樓是室內觀景台,可欣賞壯觀的全景,這裡也有互動式觀景導覽機和香檳吧;在最高層72樓的露天觀景台可以感受陽光照耀。

保證讓你看到地標!

登頂賞景別擔心天氣影響能見度,夏德塔提供觀賞保證,如果造訪日因為雲層太厚等因素影響觀景,導致不能看到「倫敦眼、聖保羅大教堂、倫敦塔橋、The Walkie Talkie、One Canada Square」等5處地標中至少3處,就會提供再次免費登頂觀景的票券喔!

倫敦眼

London Eye

飽覽倫敦全幅視野

掃地圖

🚇搭地鐵Jubilee、Northern、Bakerloo、Waterloo and City線於Waterloo站下,步行約5分鐘。 🏠Westminster Bridge Road ☎020-7967-8021 ⏰每日11:00~18:00,開放時間時有變動,且1月常排定年度維護工程,請上網查詢最新資訊。 💲全票£36、家庭票£26(1名成人攜2名兒童),3歲以下免費;上網購票另有優惠。 🌐www.londoneye.com

慶祝千禧年時,世界各地都有許多紀念景點問世,倫敦眼就是其中之一。

這座矗立英國國會對岸、泰晤士河畔的觀景輪,是英航(British Airways)與英國著名杜莎集團(The Tussauds Group),共同聘請建築大師David Marks和Julia Barfield設計完成。高度達135公尺,為大鵬鐘高度的兩倍,是僅次於肯納立碼頭大廈(Canary Wharf Building)、Natwest銀行、Telecom Tower的倫敦第4高建築物,也是倫敦目前最耀眼的新地標。

倫敦眼共有32個座艙,每一座艙可帶著25位乘客在空中作360度旋轉,每次30分鐘的時間,以最寬廣的視野俯視周圍美景,讓遊客永世難忘!

登上倫敦眼欣賞日落美景

建議於黃昏時搭乘,在倫敦眼上體驗絕佳的視覺享受,遊客可先上網查詢倫敦當天的日落時間,再推算最適合登上倫敦眼的時段(需注意關閉時間)。如果已在網站訂票,在登上倫敦眼前,可以預留約45~60分鐘的時間排隊取票,每天日落時間可參考BBC天氣: www.bbc.com/weather/2643743

倫敦眼原是用完就拆的臨時建築?

倫敦眼原本是英國為了慶祝千禧年才打造的建築,原本計畫於5年後拆除,不過因為倫敦眼受到英國人和遊客歡迎,市議會最後決定保留倫敦眼。

MAP ▶ P.105B1

泰特現代美術館

Tate Modern

工廠改建的藝術聖地

掃地圖

🚇搭地鐵Jubilee線於Southwark站下，步行約10分鐘。🏠Bankside, London ☎020-7887-8888 ⏰每日10:00~18:00（最後入場時間為17:30）💲免費，特展視展覽而異。🔗www.tate.org.uk

坐落於泰晤士河南岸、聳立著一根大煙囪的泰特現代美術館，是英國泰特美術館(Tate Britain)為了擴充展覽規模，而於2000年誕生的新「聚落」。

博物館的前身是河畔發電廠(Bankside Power Station)，分成兩階段落成於1947年和1963年間，發電廠於1981年關門大吉後，經Jacques Herzog & Pierre de Meuron重新打造，成為今日的面貌。新建築師在舊建築上添加新元素，組合成新的主體，比如被保留下來的舊煙囪，與新建築上方平行的光束，形成交叉的十字。此外，他們特意將「渦輪大廳」(Turbine Hall)入口設成一條斜坡，沿著斜坡往下，就進入大廳的底部，造成突然開闊的視野。

收藏於泰特現代美術館中的作品，以1900年開始至今的世界性現代和當代作品為主，在分為5層的展示空間裡，除固定展覽外，還有許多當代藝術家的小型特展，這也是泰特現代美術館之所以每年可以吸引四百多萬人參觀的原因。比較

特別的是，這間美術館的展覽並不是以時間軸或畫家的方式呈現，反而將所有不同時期的作品，以主題的方式整合。

位於本館Natalie Bell大樓2~4樓的「鍋爐房」(Boiler House)展區，劃分為「Start Display」、「In The Studio」、「Artist and Society」、「Materials and Objects」和「Media Networks」等五大主題展區及特展展區，位於新館 Blavatnik 大樓的「開關室」(Switch House)展區耗資2.6億英鎊，於2016年正式開幕，為博物館增加了兩萬平方公尺的展覽空間。

留意售票特展

泰特現代美術館之所以受到喜愛，其中的一大因素就是會不定期舉辦當代藝術家的主題售票特展，廣受好評，計畫參觀泰特現代美術館時，不妨留意特展主題，別錯過了喔！

編輯筆記

吃買玩賞還開課！

除了展覽，泰特現代美術館還提供許多藝術相關課程及工作坊，大家可上官網報名參加，此外，美術館內部附設的書店藏書豐富，而透明玻璃窗的咖啡店是欣賞泰晤士河的好地方，也相當受到大眾的歡迎。

MAP ▶ P.105B1

MOOK
Choice

莎士比亞環球劇場

Shakespeare's Globe Theatre

雅俗共賞的莎翁舞台

掃地圖

🚇搭地鐵District、Circle線於Mansion House站下，或地鐵Jubilee、Northern線於London Bridge站下，皆步行約10~12分鐘。 🏠21 New Globe Walk, Bankside, London ☎020-7902-1400 ⏰請見官網排定之環球劇場導覽時間 💲環球劇場導覽全票£17、16歲以下優待票£10，導覽時間約50分鐘。劇場表演票價不一，請見官網。 🌐www.shakespearesglobe.com

1949年美國演員Sam Wanamaker CBE抵達倫敦時，赫然發現落成於16世紀、莎士比亞著名

的環球劇場，居然僅倖存一個牆上的青銅碑，於是決定要重建環球劇場，他的想法與努力逐漸受到國際重視，才有今日的新劇場誕生。今日的環球劇場考據1599年和1614年先後兩次興建的建築原型，最後在距離舊劇場不超過300公尺的地方，於1997年重新開幕，並且再度上演《亨利八世》。

四百多年後再度落成新的莎士比亞環球劇場，無論在劇場設計、建築方式、建材運用，都力求與原本的環球劇場類似，以磚瓦和木材為主，饒富古意。這裡演出的莎士比亞劇作都是伊莉莎白一世時期的風格，採取自然光線代替舞台燈，舞台布景相當簡單無多餘裝飾，與觀眾席之間沒有屏障，充分讓觀眾與戲劇融為一，是非常新奇的傳統戲劇體驗，因此每年4、5月~10月舉辦的「戲劇季」（Theatre Season），總是一票難求。

參觀環球劇場最吸引人的就是劇場導覽行程，可以跟隨著導遊的腳步遙想當年的劇場百態。

容納千名販夫走卒

劇場底層的院子空間，昔日只要花1便士就可以在此站著看演出。據說當年的劇場院子可以容納將近千人，夏天時撲鼻的汗臭味可想而知。

炫富的所在

昔日的貴族包廂，華美的空間中有壁畫裝飾，其實包廂位處於舞台兩側，視野並不好，但是價格卻是最貴的，原來當時的貴族來此主要是為了曝光，而不是為了看戲！

饒富趣味的建築細節

舞台的天花板點綴著星座圖，如果仔細看，可以發現撐著它的赫立克斯柱其實是上了漆的木頭而非大理石，一旁還有供扮演天神或天使

的演員從空中往下降的閣樓，至於舞台中央的木門，則是扮演女巫或魔鬼的「地獄出口」。

莎士比亞時代的環球劇場是什麼模樣？

19世紀以前，南岸區因為聚集著聲色娛樂活動而臭名遠播。曾經這裡座落著玫瑰(The Rose)、天鵝(The Swan)以及環球(The Globe)等多家劇院，它們或呈圓形或呈八角型，周圍的高層樓座屬於有錢人的區域，至於舞台前方的低處院子，則是販夫走卒的觀賞位置，從它上自貴族下到屠夫的客群看來，便不難得知戲劇如何廣受歡迎。

17世紀時，莎士比亞大多數作品都在環球劇場(Globe Theater)演出，然而這座落成於1599年的劇場，卻在1613年演出《亨利八世》時被大火燒毀，儘管很快地加以重建，卻在1642年時因為清教徒的施壓，使得劇場被迫關閉，並於兩年後遭到拆除，而這段歷史也就這麼慢慢被人遺忘。

創作經典劇作的莎士比亞

被馬克思尊稱為「最偉大的戲劇天才」的威廉·莎士比亞(William Shakespeare)，出生於1564年4月23日，一生總共創作了37部戲劇、2部長詩和154首十四行詩。著名的戲劇不可勝數，包括四大喜劇：《無事自擾》(Much Ado About Nothing)、《仲夏夜之夢》(A Midsummer

Night's Dream)、《威尼斯商人》(The Merchant of Venice)與《第十二夜》(Twelfth Night)，以及評價更高的四大悲劇：《奧賽羅》(Othello)、《李爾王》(King Lear)、《馬克白》(Macbeth)與《哈姆雷特》(Hamlet)等等。他的作品是人文主義文學的最傑出代表，對後代作家的影響深遠。就算以上的作品都沒聽過，總也知道愛情悲劇《羅密歐與茱麗葉》(Romeo and Juliet)，堪稱是西方偉大的愛情經典，也是莎翁最膾炙人口的代表作。

MAP ▶ P.105C1

波若市集
Borough Market
吃喝玩樂的好選擇

掃地圖

🚇搭Jubilee、Northern 線於London Bridge 站下，步行約5分鐘。 🏠8 Borough High St., South Bank ☎020-7407-1002 🕐週日～週五10:00~17:00、週六8:00~17:00 ⓦwww.boroughmarket.org.uk

波若市集是倫敦最知名的食品批發市集，而且早在羅馬時期就是一座市場。

近幾年來因為知名食品商的進駐，來自英國各地的蔬果攤和歐洲各國的傳統食品，全都運送到此販賣，除了新鮮的蔬果、乳酪、肉品、海鮮以及現烤的麵包和糕點，再加上附近林立的熟食攤和小餐廳，讓這處原本只是攤位聚集的市場，搖身一變成了倫敦時髦的美食中心，如果你想拜訪波若市集，請記得空肚子前來，附近熟食攤和小餐廳提供的美味食物，絕對讓你可以吃得划算又滿足。

在波若市集旁有家專賣生活廚房用品的波若廚房(Borough Market)，商品質感不錯，想要添購一些居家料理、烘焙和餐桌用品的人，可以來這裡逛逛。

逛完波若市集之後如果食慾還旺盛，為你推薦傳統酒館George Inn和西班牙料理餐館Café Brood（詳見P.145「吃在倫敦」），吃喝隨意，滿意開心！

哈利波特也來過這裡？

除了不少美食節目到此取景，許多電影也沒漏掉它，像是《BJ的單身日記》(Bridget Jones's Diary)，以及《哈利波特‧阿茲卡班的囚犯》(Harry Potter and the Prisoner of Azkaban)等等，自然也吸引了相當多的觀光客來訪。

騎士橋/肯辛頓區

騎士橋/肯辛頓區
Knightsbridge & Kensington

同時滿足購物、教育、休閒娛樂三大功能，令騎士橋區與肯辛頓區成為名流的住宅區。騎士橋區是名媛貴婦的最愛，斯隆街(Sloane Street)上精品店林立，國際名牌林立，沿著Harrods前的Brompton Road通往南

肯辛頓區，靜謐的巷道保留大量19世紀維多利亞時代的建築，展覽路(Exhibition Road)上三個重量級的博物館毗鄰而立，曾是英國皇室府邸的肯辛頓宮在此坐鎮，氣勢非凡！

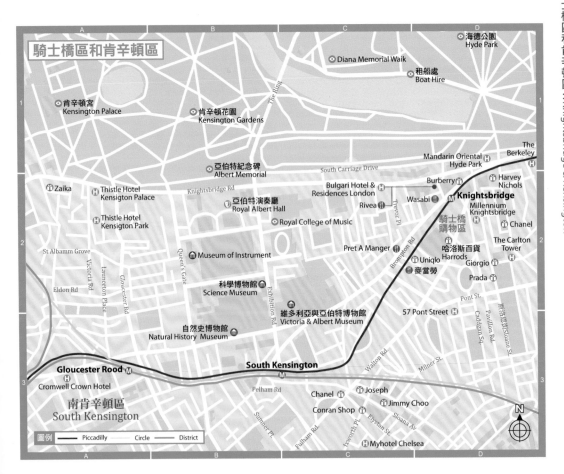

騎士橋區和肯辛頓區

肯辛頓宮 Kensington Palace
肯辛頓花園 Kensington Gardens
Diana Memorial Walk
海德公園 Hyde Park
租船處 Boat Hire
亞伯特紀念碑 Albert Memorial
South Carriage Drive
Mandarin Oriental Hyde Park
The Berkeley
Zaika
Thistle Hotel Kensigton Palace
Knightsbridge Rd
Burberry
Harvey Nichols
Thistle Hotel Kensigton Park
亞伯特演奏廳 Royal Albert Hall
Bulgari Hotel & Residences London
Wasabi
Rivea
Knightsbridge
Millennium Knightsbridge
Royal College of Music
騎士橋 購物區
Chanel
St Albamm Grove
Museum of Instrument
Queen's Gate
Pret A Manger
哈洛斯百貨 Harrods
The Carlton Tower
Victoria Rd
Launceton Place
Gloucester Rd
Eldon Rd
Uniqlo
麥當勞
Giorgio
Prada
科學博物館 Science Museum
Exhibition Rd
維多利亞與亞伯特博物館 Victoria & Albert Museum
57 Pont Street
Pont St.
Pavillon Rd
Caddogan Sq.
自然史博物館 Natural History Museum
Walton Rd.
Milner St.
Gloucester Rood
South Kensington
Cromwell Crown Hotel
Pelham Rd
南肯辛頓區 South Kensington
Sumner Pt.
Chanel
Conran Shop
Joseph
Jimmy Choo
Fulham Rd.
Ixworth Pl.
Elystan St.
Sloana Av.
Myhotel Chelsea
N
圖例 Piccadilly Circle District

MAP ▶ P.111A1

肯辛頓宮

MOOK Choice

Kensington Palace

滿載黛妃回憶的故居

掃地圖

🚇搭地鐵Central線於Queensway站下，或地鐵Circle、District、Central線於Notting Hill Gate站下，或地鐵Circle、District線於High Street Kensington站下，皆步行約8~12分鐘。 ⑪Kensington Gardens, London ☎020-3166-6000 ⏰3~10月週三~週日10:00~18:00、11~2月週三~週日10:00~16:00(售票至關閉前1小時)。 ⑤全票£20、兒童優待票£10。 ⑩www.hrp.org.uk

　　肯辛頓宮位於肯辛頓花園西側，是查爾斯王子與已故王妃黛安娜身亡前在倫敦的住所，自從黛安娜王妃過世後，許多民眾會在宮殿門前獻上花束，表達追思之情。

　　2011年底時英國官方宣布：劍橋公爵夫婦（威廉王子與凱特王妃）將遷入肯辛頓宮中昔日的瑪格麗特公主(Princess Margaret)寓所，因此2012年初開始，這座宮殿對外關閉且歷經大刀闊斧的整修，直到3月26日才重新部份對外開放。

　　肯辛頓宮原為諾丁漢伯爵的豪宅「諾丁漢之家」(Nottingham House)，興建於17世紀初，之後患有氣喘病的威廉三世(William III)因為受不了白廳宮(White Palace)的濕氣，才與瑪麗皇后在1689年時從諾丁漢伯爵的繼承者手中，買下這個靠近倫敦卻遠離塵囂的地方作為皇宮，並請來聖保羅大教堂的設計者Christopher Wren進行改建。Wren將這棟房子改為西向，並新增南北兩翼，勾勒出中庭的輪廓，所有的來訪者都必須經過一道上方聳立著鐘塔的拱門才得以進入。

　　此外，Wren還替皇室成員擴建了大量的寓所、會議廳和禮拜堂，於是肯辛頓宮就此誕生，也成

為之後長達幾世紀英國皇室最愛的住所。直到喬治三世遷至白金漢宮的前身白金漢豪宅之後，這裡才成為較次要的皇室成員府邸。

值得一提的是現今查爾斯三世國王的曾祖母瑪麗皇后，於1867年時誕生於肯辛頓宮，而黛安娜王妃於西敏寺舉辦葬禮的前一天，也是停靈於此。

肯辛頓宮的參觀重點包括國王藝廊、國王階梯、國王會客室、圓頂屋、恬靜的低地花園(Sunken Garden)等。

差點變成碎片的立鐘

　　矗立在圓頂屋中的立鐘，是鐘錶匠查爾斯·克萊(Charles Clay)耗費了近二十年的時間所打造的，耗資超過兩千英鎊，他死時立鐘還未完成，他在遺囑中指示將其「打成碎片」以節省時間和金錢，所幸他的妻子並未遵守，1743年左右，奧古斯塔公主(Princess Augusta)買下立鐘，不久就移置在這間房間裡。

國王階梯The King's Staircase
國王階梯裝飾著William Kent生動且真人尺寸的喬治一世時期宮廷人物畫像，此處是通往國王寓所的主要通道。

國王會客室The King's Drawing Room
這間會客室有精美的天花板裝飾及壁畫，以及醒目的紅色壁紙。會客室內有一幅喬爾喬·瓦薩里(Giorgio Vasari)創作的《維納斯與邱比特》，卡洛琳王后曾在喬治二世去漢諾威時將畫作移走，但是喬治二世憤怒的要求掛回畫作。

圓頂屋The Cupola Room
天花板的華麗裝飾、精緻的鍍金雕像，以及一座落地長鐘，圓頂屋可說是肯辛頓宮內最華麗氣派的房間。

國王藝廊The King's Gallery
裝飾大量繪畫與壁畫的國王藝廊，它幾乎完整保留了18世紀初為國王喬治一世擺設的模樣。

MAP ▶ P.111B3

自然史博物館

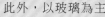
MOOK Choice

Natural History Museum

橫越千萬年的自然演進

掃地圖

🚇搭地鐵Piccadilly、Circle、District線於South Kensington站下，步行約5分鐘。 🏠Cromwell Road, London ☎020-7942-5000 🕐10:00~17:50(最後入場時間為17:30)，12/24~/26休館。 💲免費，特展視展覽而異。 🌐www.nhm.ac.uk

自然史博物館成立於1881年的復活節，原本屬於大英博物館的一部分，後來把與自然相關的館藏分出來，除了漢斯‧斯隆爵士(Sir Hans Sloane)原本的收藏之外，也加進庫克船長三次航海從全球各地帶回英國的動植物，自然博物館於焉成形。

目前自然史博物館分成四大展區，以藍、橘、綠、紅四色加以區分。藍區位於主館場的西翼，最受歡迎的是精采豐富的恐龍演進展，此外還包括魚類、兩棲類、爬蟲、海洋無脊椎動物、哺乳動物等標本。

從藍區再往裡走，會來到橘區，這是2002年開闢的「達爾文中心」(Darwin Centre)，化靜

態的科學展示為動態的互動解說，達爾文中心的建築也是結合高科技的嶄新設計，名為「繭」(Cocoon)，其屋頂是一具可充氣膨脹的軟頂，可以減少支撐屋頂的樑柱。

此外，以玻璃為主體設計的大樓牆壁也內含太陽能百葉窗，能利用電子儀器追蹤太陽，隨著天氣的變化調節角度，維持室內涼爽的溫度，更被稱為「智慧皮膚」(Intelligent Skin)。達爾文中心只提供參加導覽行程的遊客參觀，而位於西翼外側，還有一座野生動物花園，也屬於橘區。

紅區名為地球館(Earth Galleries)，充滿絢麗科幻的巨型地球十分震撼。本區展示許多古人類頭骨，追溯人類演化進化史以及地球生態學，這裡還有目前發現最完整的劍龍(Stegosaurus)化石，高3公尺、長約6公尺，另還有一處模擬地震的實驗室，對歐洲人來說，可是很新奇的體驗呢！

建築風格

　　目前自然史博物館所在的南肯辛頓這棟建築，是當時的年輕建築師Alfred Waterhouse所設計，建築風格以文藝復興和德國仿羅馬式為主。

你還記得中央大廳過去的焦點嗎？

　　在藍鯨移入中央大廳之前，暱稱「Dippy」的高大梁龍(Diplodocus)骨骼，是訪客熱愛且熟悉的焦點，自從1970年代開始，中央大廳的巨大梁龍骨骼標本就一直是博物館最具代表性的象徵，搭配它的是翹腿坐在中央梯間、凝視整座博物館的達爾文(Charles Darwin) 塑像，這幅熟悉的景象雖然已經和大家告別了，但大家不會遺忘。

美洲大地懶

　　美洲大地懶(Megatherium Americanum)是草食性哺乳類動物，在更新世冰河期中滅絕。大地懶的骨骼經常被誤認為是恐龍。

加州紅衫 Giant Sequoia

　　直徑超過4公尺的加州紅衫，在1890年代被砍伐時已有1,300歲，樹高101公尺。

©Natural History Museum

高掛中央大廳的藍鯨

　　整座博物館最吸引人的焦點，就是中央大廳那具長達25公尺的藍鯨骨骼，這隻藍鯨當初擱淺於愛爾蘭東南部海岸，館方於1891年買下，處理後於1935年在館內的哺乳類動物館展出。2017年7月，館方將藍鯨標本移至中央大廳，一方面代表博物館在幕後從事的尖端科學，另一方面是藉藍鯨令民眾更加了解生物瀕臨絕種的問題，壯觀的景觀為博物館帶來嶄新氣象。

藍區

　　藍區位於主館場的西翼，從恐龍的誕生到滅種都有詳細的介紹，各種骨骼、化石標本和模型圖解更令人嘆為觀止。此外還包括魚類、兩棲類、爬蟲、海洋無脊椎動物、哺乳動物等標本，以及人類生物學。

綠區

　　綠區位於主建築的東翼，展示了鳥類、海洋爬蟲類、礦物、靈長類、巨木，包括17世紀滅絕的渡渡鳥標本、生存於侏儸紀晚期的上龍(Pliosaur) 及上千歲的加州紅衫。

渡渡鳥Dodo

　　館內收藏有渡渡鳥標本，渡渡鳥早在17世紀已經滅絕，絕種將近四百年。

MAP ▶ P.111B2

科學博物館

Science Museum

完整呈現累積數世紀的科學發展成果

掃地圖

🚇搭地鐵Piccadilly、Circle、District線於South Kensington站下,步行約6~8分鐘。
🏠Exhibition Rd, South Kensington, London ⏰10:00~18:00(最後入場時間為17:15) 💲展覽免費,IMAX依放映影片而異,請上網查詢及訂票 🌐www.sciencemuseum.org.uk

科學博物館以大量的硬體展示,忠實呈現數個世紀以來的科學發展成果,尤其英國是全球工業革命的濫觴,因此無論從早期的蒸汽引擎到最新近的太空工業科技,盡顯各種科學奇蹟。

科學博物館館內主要分為「科學」(Science)、「醫學」(Medicine)、「資訊與通訊技術」(ICT)和「工程技術」(Engineering Technologies)等四大類,其中最值得參觀的,包括以陸地運輸與太空探險為主的展區,各色引擎、火車頭、車輛等一字排開,讓觀賞者自覺渺小。

另一處不可錯過的展覽區是「歡迎翼」(Welcome Wing),除了震撼力、臨場感十足的IMAX電影院、體驗登上太空船的Simex Simulator,也可坐在充滿科技感的餐飲區體驗未來世界。

探索太空
Exploring Space

此展區對於太空科學的發展與研究、火箭的設計和運行方式，甚至導彈的演進等，都有詳盡的導覽。

阿波羅10號Apollo 10

曾上過太空的阿波羅10號指揮艙，是館內最重要的藏品之一。

Making the Modern World

此展區展出許多對近代世界發展相當重要的物品，帶大家親眼見證自工業革命之後的各種科學成果。

火箭號The Rocket

史蒂文生(Stephenson)在1829年完成的「火箭號」蒸汽火車頭，奠定了蒸汽火車運輸的發展基礎，史蒂文生也被認為是蒸汽火車之父。

飛行區

位於3樓的飛行區能完全滿足人類的想像空間，不論是早期的熱氣球、滑翔翼複製品，或是現代各種噴射機都有，爬上高架橋可以近距離觀賞一輛輛高懸於天花板上的飛機和引擎，令人眼界大開。進入飛行實驗室，還有模擬駕駛艙可親自操作。

MAP ▶ P.111C2

維多利亞與亞伯特博物館

Victoria & Albert Museum

MOOK Choice

全球收藏最多裝飾藝術品之處

掃地圖

🚇搭地鐵Piccadilly、Circle、District線於South Kensington站下，步行約5分鐘。🏠Cromwell Road, London ☎020-7942-2000 🕐週六～週四10:00~17:45、週五10:00~22:00 💲免費，特展視展覽而異。🌐www.vam.ac.uk

145間展室、走道全長13公里，建於1852年的維多利亞與亞伯特博物館，是現今全世界收藏最多裝飾藝術品、橫跨三千多年歷史的工藝博物館！收藏自17世紀至今的服飾潮流、彩色玻璃製品、中古寶藏等，豐富多樣，令人讚嘆！

入口大廳處，由藝術家Dale Chihuly創作的大型琉璃水晶裝置藝術，搭配維多利亞式紅磚建築與古典時期內部裝潢，時空交錯的元素一開始就宣示著館藏的多元性。V&A的展示主要分為「歐洲」、「亞洲」、「現代」、「材質與技術」4個主題及特展空間。2樓的「歐洲」區展示16世紀以來，英國各朝代的皇室收藏品及歐洲文藝復興工藝品，並擁有世界上最多的後古典時期雕塑。

底層有伊斯蘭、印度、中國、日、韓等多國歷史文物，其中印度文物收藏號稱全世界最多；韓國文物年代則可追溯至西元300年。崇拜時尚的人，一定會喜歡服裝展示區(Dress Collection)，

從馬甲上衣、撐架蓬蓬裙到現代時尚服飾；17世紀初方巾帽到19世紀大型花邊帽；所有服飾配件的演進與潮流，這裡都有實品提供完整的說明，龐克教母Vivienne Westwood設計的晚禮服、三宅一生的皺褶裝也都被收藏在此。

經過評選，V&A於2016年從劍橋公爵夫人(凱特王妃)領得「英國最佳博物館」獎項，據說參與這項評選的博物館，必須在賽前的12個月有特別的策展創意成就，此項獎2011年由大英博物館所得。

叫我第一名！

身為以前衛著名的博物館，V&A有許多具有開創性的作為，這些「第一」包括：
- 全球第一間提供公共餐廳的博物館
- 全球第一間收集照片作為藝術品的博物館
- 全球第一間在畫廊使用燃氣照明以方便夜間開放的博物館
- 英國第一間舉辦搖滾音樂會的博物館

馬里波恩區

馬里波恩區
Marylebone

馬里波恩區

歐洲櫻草丘 Primrose Hill
肯頓 Camden Town NW1
攝政運河 Regent's Canal
倫敦動物園 London Zoo
Avenue Road
Prince Albert Road
Macclesfield Bridge
London Central Mosque Islamic Cultural Centre
攝政公園 Regent's Park
露天劇院 Open Air Theatre
Queen Mary's Gardens
The Holme
馬里波恩車站 Marylebone Station
杜莎夫人蠟像館 Madame Tussaud's
York Bridge
Royal Academy of Music
福爾摩斯博物館 Sherlock Holmes Museum
Great Portland Street
Regent's Park
Lisson Grove
Rossmore Rd.
Park Road
Outer Circle
Broadley St.
St Marylebone
Marylebone
Baker Street
Marylebone Road
Gloucester Place
York St.
Baker St.
Dovenshire St.
Devonshire St.
Portland St.
Edgware Road
Seymour Leisure Centre
Dorset St.
New Cavendish St.
華萊士博物館 Wallace Collection
Wigmore St.
N

圖例　Bakerloo　Jubilee　Circle
Hammersmith & City　District

鐵站，一路拍到博物館。

「馬里波恩」的名稱來自於昔日坐落此區、獻給聖母的聖馬里波恩教區教堂(St Marylebone Parish Church)，這座教堂位於一條名為Tybourne的小河(bourne)畔，因此附近區域被稱為「河畔的聖母」(St Mary at the Bourne)區，最後演變成今日的名稱。

除了福爾摩斯之外，此區的杜莎夫人蠟像館中栩栩如生的蠟像，讓人身陷幾可亂真的虛擬世界。

最後別錯過深受倫敦時髦女性喜愛的馬里波恩高街，琳瑯滿目的商店讓你身上穿的、家裡用的可一次輕鬆買齊。

馬里波恩的景點不多，名人卻很多，貝克街最知名的偵探福爾摩斯，從地鐵站開始就如影隨形地跟著你，雖然只是虛構的人物，但熱度不減，近年來更因小勞勃道尼和裘德洛主演的新版《福爾摩斯》電影加持，加倍翻紅，湧入許多追星族，從裝飾著福爾摩斯剪影的地

`MAP ▶ P.119A2`

福爾摩斯博物館

MOOK Choice

Sherlock Holmes Museum

虛擬人物的實境住家

掃地圖

🚇搭地鐵Circle、Metropolitan、Hammersmith & City、Jubilee、Bakerloo線於Baker Street站下,步行約4分鐘。 🏠221b Baker Street, London ☎020-7224-3688 🕒9:30~18:00 💲全票£16、16歲以下優待票£11、6歲以下免費。 🌐www.sherlock-holmes.co.uk

　　口叼煙斗、總是戴著一頂獵帽的福爾摩斯,在柯南道爾(Sir Arthur Conan Doyle)筆下成為聞名全球的名偵探,與他的助手華生醫生帶領讀者破案無數。小說中福爾摩斯所居住的地方為貝克街(Baker St.)221b號,1990年在這個地址成立了博物館,館內的布置擺設都以小說中提及的情節為佐,更增添福爾摩斯舊居的真實性。

　　博物館就是3層樓的小巧公寓,內部不大,小說中福爾摩斯和華生住在貝克街221b的2樓,前方是他們共用的書房,後端則是福爾摩斯的臥室,書房中陳列許多福爾摩斯用的「道具」,如獵鹿帽、放大鏡、煙斗、煤氣燈、手槍等。

　　福爾摩斯的房東是韓德森太太(Mrs. Hudson),因此在博物館購票的收據就是一張由韓德森太太出具的住宿證明,是福爾摩斯迷相當喜愛的收藏品;3樓則以蠟像的方式重現小說中的劇情;還有裝扮成維多利亞時代警察的演員,站在門口歡迎你;也可以和起居室內扮成華生的演員拍照留念。至於博物館附設商店中的店員,全打扮成維多利亞時代的女僕,相當有趣。

地鐵站考驗你的偵探指數

　　聽到貝克街(Baker Street),許多人一定會聯想到偵探福爾摩斯,而貝克街地鐵站也特地在站內牆面利用瓷磚拼貼出福爾摩斯標誌性的側影圖像。不過,因為此站有5條地鐵線經過,因而並不是每條線的月台都能看到福爾摩斯的身影,不妨發揮偵探功力在站內找找看吧!

MAP ▶ P.119B2

杜莎夫人蠟像館

MOOK Choice

Madame Tussand's

眾星雲集的「仿真」名人堂

掃地圖

🚇搭地鐵Circle、Metropolitan、Hammersmith & City、Jubilee、Bakerloo線於Baker Street站下，步行約1分鐘。
🏠Marylebone Road, London ☎020-7487-0351 ⏰10:00~15:00，開放時間每月會有變動，請上網查詢最新資訊。 💲全票£37，上網購票另有優惠。 🌐www.madame-tussauds.com

　杜莎夫人原先是以製作法國大革命的石膏面模，展開她的蠟像製作生涯，她純熟的技術使這間蠟像館在全球聲名遠播。蠟像館內最大的特色，就是幾可亂真的蠟像，從杜莎夫人本人、愛因斯坦、狄更生、貝克漢夫婦、名模凱特摩斯、前首相布萊爾、寶萊塢紅星Aishwarya Rai和

Shah Rukh Khan，甚至虛擬角色黑豹、蟻人、蜘蛛人、美國隊長、黃蜂女及星際大戰等英雄，全都齊聚一堂，令人大呼有趣！

　英國皇室是館內最經典的主題，你可以在這裡和伊莉莎白二世女王、劍橋公爵夫婦和哈利王子等皇室成員近距離合照！出生於倫敦的班尼迪克康柏拜區，可說是如今人氣最高的英國男演員，迷妹們來到這裡絕不會錯過和他合照的機會！音樂名人小賈斯汀、Lada Gaga、泰勒斯、碧昂絲、蕾哈娜、Bob Marley全都在這裡，真是令人為之瘋狂！

　杜莎夫人蠟像館的最後一站「倫敦精神」(The Spirit of London)，以樂園電動車的方式介紹倫敦四百年來的歷史，藉由倫敦自鼠疫、大火中浴火重生至今的現代化過程，呈現所謂的倫敦精神。

MAP ▶ P.119B3

華萊士博物館

Wallace Collection

累積四代的藝術收藏

🚇搭地鐵Central、Jubilee線地鐵於Bond Street站下，步行約6~8分鐘。 🏠Hertford House, Manchester Square, London 📞020-7563-9500 🕐10:00~17:00 💲免費 🌐www.wallacecollection.org

在馬里波恩南端的曼徹斯特廣場(Manchester Square)旁，有一棟漂亮的18世紀末豪宅，它是昔日Hertford侯邸的府邸，後來傳入了華萊士爵士(Sir Richard Wallace)的手中，爵士繼承的不只是建築，還有歷經四代的藝術收藏，其遺孀在他過世後將它們全數捐給了政府，唯一的要求只有所有的藏品一律不得外借。

博物館於1900年開幕，其收藏以15~19世紀的藝術品為主，館藏細數它每位主人的貢獻：第一任侯爵是18世紀英國知名肖像畫家Sir Joshua Reynolds的贊助者；第二任侯爵買下了這棟建築；第三任侯爵喜愛Sèvres的瓷器和荷蘭繪畫。

第四任侯爵讓博物館的收藏達到頂峰，他自我流放巴黎期間，買下了Boucher、Fragonard、Warrteau等法國畫家的作品，也因此使這間博物館以18世紀的法國繪畫著稱，其中Fragonard的《鞦韆》(L'escarpolette)可說是鎮館之寶，他同時也收藏了許多家具和雕塑。至於華萊士本人，則專攻義大利琺瑯陶器和文藝復興時期的作品。

對參觀者來說，與其說它是一間博物館，倒不如說它是一棟裝飾得極其華美的宅邸，25間由昔日的大小會客室、廊廳和餐廳等空間改設成博物館，每個房間都令人驚艷，讓人誤以為闖入了某位貴族的家！

精美的洛可可式建築與繪畫

源自於18世紀法國的洛可可(Rococo)風格，是一種精美裝飾設計，經常使用C、S型的曲線或渦旋花紋，表現裝飾的華麗與精巧，從華萊士博物館內的裝飾和洛可可風格繪畫都能看出此特色。館內收藏的包括Watteau、Boucher、Fragonard等18世紀法國畫家的作品，他們都是當時洛可可風格的代表畫家。

武器與盔甲

華萊士博物館收藏品約5,500件，主要可區分為4大類：繪畫與細密畫(Picture & Miniatures)、瓷器和玻璃(Ceramics & Glass)、雕刻和藝術品(Sculpture & Works of Art)，以及武器與盔甲(Arms & Armour)，其中以武器和盔甲收藏最豐。

Manufacture de Sèvres瓷器

在「The Study」展間裡面，展示了不少來自法國Sèvres的瓷器。

賞析重點

Fragonard《鞦韆》(The Swing)，這件作品可說是鎮館之寶。

Frans Hals《微笑的騎士》(The Laughing Cavalier)

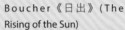
Boucher《日出》(The Rising of the Sun)

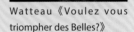
Watteau《Voulez vous triompher des Belles?》

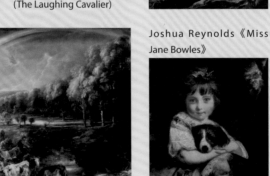

魯本斯(Peter Paul Rubens)《彩虹風光》(Landscape with Rainbow)年

Joshua Reynolds《Miss Jane Bowles》

Élisabeth-Louise Vigée Le Brun《Madame Perregaux》

倫敦近郊
London Suburbs

倫敦交通建設發達，連位在郊區的格林威治、O2體育館、裘園等，都可以搭乘地鐵或輕軌火車輕易到達；即使略遠些的漢普頓宮、溫莎城堡、伊頓學院等，也只要搭乘火車，在1個小時內即可近在眼前！

而位於肯特郡的里茲城堡，車程雖然需要超過1小時，但是因為號稱「全世界最可愛的城堡」，令人不辭辛勞也要走上一遭。

倫敦及其周邊

- Westfield Stratford City Mall
- 伊頓學院 Eton College
- 倫敦市中心
- 金絲雀碼頭 Canary Wharf
- 溫莎 Windsor
- 溫布頓 Wimbledon
- O2體育館The O2
- 格林威治 Greenwich
- 希斯洛機場 Heathrow
- 漢普頓宮 Hampton Court Palace
- 伊莉莎白女王奧運公園 Queen Elizabeth Olympic Park
- 裘園－皇家植物園 Kew-Royal Botanic Garden
- Bearsted
- 里茲城堡 Leeds Castle
- 蓋威克機場 Gatwick

倫敦及其周邊…**倫**敦近郊 London Suburbs

MAP ▶ P.118B1

O2體育館

The O2

複合式休閒運動中心

掃地圖

🚇 搭地鐵Jubilee線於第2區North Greenwich站下，步行約3分鐘。 🏠 Peninsula Square, London, SE10 0DX 📞 020-8463-2000 🕐 9:00~1:00 💲視表演而異 🌐 www.theo2.co.uk

「時間」主題的小心機

因為場館當初是為了迎接千禧年而設計的，所以設計師羅傑斯(Richard Rogers)以時間元素進行規劃，12根高達100公尺穿透屋頂支撐頂篷的黃色巨塔，代表1年的12個月，或手錶錶面的12小時，頂篷高52公尺、直徑365公尺，意味一年52星期365天，每個數字都深具意義！

昔日名稱為千禧巨蛋(Millennium Dome)的O2體育館，因2000年1月1日盛大開幕而得名，從建造之初就受到全球矚目，它的時代意義不僅是迎接千禧年，同時也是倫敦創世紀的偉大建築！這座擁有馬戲團帳棚外型的巨蛋，由100根桅杆所構成，是從1710年的聖保羅教堂以來，倫敦最具雄心的大型建築，建築跨距廣達380公尺，連巴黎的艾菲爾鐵塔都可橫躺其中，號稱全世界最大的巨蛋。

位居核心的O2比賽場(O2 Arena)是繼曼徹斯特比賽場(Manchester Arena)後英國第二大的比賽場，也是全歐洲數一數二的大型比賽場，最多可同時容納2萬名觀眾，自然也成為2012

Up at the O2

到O2體育館不想只是到此一遊嗎？告訴你一項超酷、絕對印象深刻的玩法，那就是「Up at the O2」，遊客身著防護裝備，沿著路線爬上體育館屋頂，身處52公尺高的制高點，欣賞無死角的東倫敦景色，有白天、日落和暮光等三個時段可選擇，可享受不同時刻的城市風景。

格林威治

Greenwich

MOOK Choice

大英帝國的海權榮光

掃地圖

🚇搭船塢輕軌鐵路DLR於第2區Cutty Sark站下，步行約5分鐘；或從查令十字(Charing Cross)、滑鐵盧(Waterloo)、倫敦橋(London Bridge)火車站搭火車於Greenwich站下，約半小時1班，車程約8~15分鐘(適用兩區範圍的Travel Card)，下車後步行約7分鐘；或從Westminister、Charing Cross、Tower Pier碼頭搭渡輪前往格林威治碼頭，至航程最遠的Westminister碼頭約需55分鐘。
ⓦwww.visitgreenwich.org.uk

海權時代縱橫地球的大英帝國皇家海軍，皆以位在倫敦泰晤士河東方的格林威治為啟航點，因而造就了珍貴的航海相關資產，1997年被列為

世界遺產，整個世界遺產以格林威治公園為主體，包含舊皇家海軍學院、舊皇家天文台、國家海事博物館、皇后之屋、格林威治碼頭在內，具體而微地展現了大英帝國17~18世紀在藝術和科學上的成就。

最受歡迎的市集在這裡！

歷史悠久的格林威治市集相當受遊客歡迎，營業時間約為10:00~17:30，市場有許多手工製品，如彩繪玻璃杯、造型蠟燭、皮件、耳環、首飾等，市場周圍的小店千萬不要錯過，有很多別具風味的衣服和包包，還有一些便宜的CD和舊書店散布其中，值得慢慢挑選。

格林威治碼頭與卡提沙克號
Greenwich Pier & Cutty Sark

🚇從Cutty Sark站步行約2分鐘 ⌂King William Walk, Greenwich, London ☎格林威治皇家博物館020-8312-6608 ◷卡提沙克號10:00~17:00(最後入場時間為16:15) ⑤卡提沙克號全票£16、優待票£8~10 ⓦ卡提沙克號www.rmg.co.uk

格林威治碼頭建造完成於1837年，以因應當時繁忙的河上運輸，現在仍是泰晤士河觀光渡輪的主要停靠碼頭之一。

19世紀時，提起卡提沙克號可說是無人不知、無人不曉，當時許多載有茶葉的船舶往來於大西洋和太平洋之間，赫赫有名的卡提沙克號就是其中速度最快、裝飾最美麗的船隻。外表看來亮麗如昔的卡提沙克號內展示許多當年英勇的航海史料及多樣造型的船頭雕像，可對19世紀的海上貿易史有粗淺的認識，2007年5月21日曾遭大火焚燬，歷經四年多的重建，於2012年4月再度重新對外開放。

卡提沙克Cutty Sark的命名由來

Cutty Sark出自蘇格蘭語，是一種女子穿的短衣，出自蘇格蘭著名詩人羅伯特·伯恩斯的作品《Tam O' Shanter》，敘述一名醉鬼騎馬回家途中，巧遇女巫跳舞獻祭，其中女巫Nannie穿著Cutty Sark扭動的身軀曲線畢露無遺，不知死活的醉鬼高喊一聲：Well done, Cutty-sark!，惹惱女巫群起而攻。醉鬼於是騎著馬Meg過河逃逸(因傳說女巫不能入水)，但馬的尾巴仍被女巫斬去一截。這艘船一開始的船首即是女巫Nannie，而據說船員也常把一條磨損的繩索放在船首Nannie的手中，代表Meg的尾巴。

格林威治 泰晤士河

舊皇家海軍學院
Old Royal Naval College

🚇從Cutty Sark站步行約5分鐘 🏠Old Royal Naval College, Greenwich ☎020-8269-4747 ⏰廣場8:00~23:00、彩繪廳與禮拜堂10:00~17:00、Skittle Alley12:00~15:00 💲彩繪廳(含) £13.5，16歲以下免費，上網購票另有優惠 🌐www.ornc.org

坐落於泰晤士河畔、格林威治的正中心，舊皇家海軍學院可以說是英國建築中最偉大的巴洛克式代表，由著名的建築師列恩(Christopher Wren)所設計。在1869年改為海軍學院之前，這裡是皇家海軍醫院，更早之前，則是都鐸王朝(The Tudors)的宮殿所在地。

目前整個舊皇家海軍學院建築群對外開放彩繪廳(Painted Hall)、納爾遜廳(Nelson Room)和禮拜堂(Chapel)，宏偉的彩繪廳內廣達40,000平方英尺的壁畫繪製了兩百多名人物，令人咋舌，遊客可參加30分鐘的導覽行程了解其中精彩故事；納爾遜廳這間小房間在英國歷史上佔有重要地位，1805年，納爾遜將軍(Nelson)在特拉法加之役(Battle of Trafalgar)去世後，在倫敦舉行葬禮前，先安置在格林威治此處；至於禮拜堂則以美國藝術家班傑明·韋斯特（Benjamin West）創作的祭壇畫著稱。最後，別忘了到Skittle Alley打一場木製保齡球！

舊皇家天文台Old Royal Observatory

🚶 從Cutty Sark站步行約12分鐘　🏠 Blackheath Ave, London　☎ 格林威治皇家博物館020-8312-660　🕐 10:00~17:00 (最後入場時間為16:15)　💲 全票£16、優待票£8~10　🌐 www.rmg.co.uk/royal-observatory

　　格林威治廣為人知的一大原因就是耳熟能詳的「格林威治標準時間」(Greenwich Mean Time)，這個名稱源自於1884年在美國華盛頓舉行的國際子午線會議，會中確定將地球分為東西兩半球的子午線以格林威治為準，即本初子午線。

　　目前的英國皇家天文台在劍橋，因此，把格林威治天文台稱為舊皇家天文台。舊皇家天文台位於格林威治公園的小山坡上，遠遠即可看到洋蔥般造型的建築物，由鼎鼎大名的建築師列恩(Christopher Wren)所設計，洋蔥屋頂下有英國最大的天文望遠鏡。

想要同時站在東、西半球嗎？

　　劃分東半球與西半球的本初子午線就位在此處，在這裡你就能腳跨東、西半球囉！

皇后之屋

　　與海事博物館相連的「皇后之屋」(Queen's House)是名建築師瓊斯(Inigo Jones)所設計，1637年完工，後來成為查理一世和瑪麗亞皇后的住所，也由於瑪麗亞皇后非常喜愛這個宅第，因此逐漸形成「皇后之屋」的稱呼。

編輯筆記

這些收藏品可不能錯過！

　　來到館內可一覽英國的海上發展史，包括船的模型、航海儀器、地圖、多項手稿等，且館內還有收集海事歷史書籍，可謂是世界最大的海洋歷史圖書館，據說最古老的收藏可追溯到15世紀。

國家海事博物館National Maritime Museum

🚶 從Cutty Sark站步行約6分鐘　🏠 Romney Road, Greenwich, London　☎ 格林威治皇家博物館020-8312-660　🕐 國家海事博物館10:00~17:00；皇后之屋10:00~17:00休館時間不定，請上網查詢　💲 國家海事博物館及皇后之屋均免費　🌐 www.rmg.co.uk

　　英國國家海事博物館號稱為全世界最大的海事博物館，立在館外的James Cook銅像，他是皇家海軍的軍官，也是首位登陸夏威夷和澳洲的西方航海家。館內共有16個展覽廳，展出英國航海史和技術。這裡以各種有趣的互動方式與參觀者溝通，你可以親自嘗試掌舵出海的體驗，跟著影片一起重回鐵達尼號場景，或是欣賞眾多與海洋航海相關的藝術珍品。

MAP ▶ P.124B2

里茲城堡

MOOK Choice

Leeds Castle

全世界最可愛的城堡

掃地圖

🚃 從維多利亞(Victoria)火車站搭火車於Bearsted站下，車程約60~70分鐘，下車後至Bearsted站外，有Sport Travel接駁巴士可達里茲城堡入口處，車程約10分鐘，但並非每日都有營運，班次不多，請上網查詢：www.spottravel.co.uk/leeds-castle/ 🏠Maidstone, Kent ☎01622-765-400 ⏰城堡4~9月10:30~16:30(最後入場為16:00)、10~3月10:30~15:30(最後入場為15:00) 💲全票£32、優待票£21~31，3歲以下免費；上網購票另有優惠。🌐www.leeds-castle.com

里茲城堡不在里茲(Leeds)，而是在倫敦東南方約7英哩的肯特郡，歷史相當久遠，早在第11世紀諾曼征服後的人口普查報告《末日審判書》(Domesday Book)裡，就有里茲城堡的相關記載。它原本是諾曼人所築的堡壘，之後曾經作為亨利八世和他的第一任妻子亞拉岡的凱薩琳(Catherine of Aragon)的宮殿；20世紀初又變成權貴人士熱衷的休閒場所；到了21世紀，已成為熱門的觀光勝地。

坐落於500英畝的美麗綠地中，里茲城堡至今保有它美麗石頭城的模樣，又有護城河包圍，小巧

優美，因此被冠上「全世界最可愛的城堡」稱號。

這裡最早的石頭城堡，是由征服者威廉(William the Conqueror)的兒子亨利一世所建。1278年，愛德華一世的首任妻子卡斯提爾的艾莉諾皇后(Queen Eleanor of Castile)成為它的主人，此後三百年它都是皇家的居所，後來才輾轉成為富豪的私人宅邸。它的最後一任女主人Baillie夫人臨終前決定把它交給基金會託管，並讓所有人都可前來觀光，欣賞它的丰采。

這樣玩最聰明！

1.從入口處走到城堡，得先走一段大約10分鐘的步道，途中穿越一片杉樹林和草坪，沿途景色相當迷人，如果不想走路，也可搭乘「Elsie the Castle Train」接駁喔！

2.城牆外側往裡走，有幾座修剪美麗的花園和迷宮，尤其是以紅豆杉設計成的迷宮看起來不大，但是非常「迷人」。

3.迷宮的出口與一座地下岩洞相連，從岩洞重見天日後，會發現其實從岩洞是闖入迷宮的捷徑，可以省掉不少摸索的時間。

4.一一參觀城堡內眾多廳室的布置，訴說著不同時期、不同主人的歷史。

MAP ▶ P.124A1

裘園—皇家植物園

MOOK Choice

Kew–Royal Botanic Garden

繁華與綠意更迭的美景

掃地圖 [QR code]

🚇搭地鐵District線於第3區Kew Garden站下，步行約5分鐘。 🏠Royal Botanic Gardens, Kew, Richmond, Surrey ☎020-8332-5655 ⏰週一~週五10:00~19:00(最後入園時間為18:00)，週六及假日10:00~20:00(最後入園時間為19:00)，閉園時間時有變動，請上網查詢。 💰2月~10月£15~19.5、11月~1月£11~13.5，上網預購有優惠。 🔗www.kew.org

位於倫敦西南郊的裘園，2003年以一座植物園的身份入選為世界遺產，其魅力在於這座創建於1759年的歷史性的植物園，代表著18~20世紀之間英國庭園造景藝術的典範，園內各個溫室所栽植的植物原生種遍及全球五大洲，象徵大英帝國在海權顛峰時代的榮光。

裘園占地121公頃，坐落在泰晤士河南岸，園內數量龐大的多樣性植物，依據各自的生物時鐘在每年不同的循環裡開花、結果、生長、休眠，一年365天不同季節來到裘園，總會觀賞碰上某些植物的盛開時刻。

春天數百萬朵花苞齊放，萬紫千紅；夏天滿園蔭樹，豔綠欲流；秋天葉黃時節，火紅繽紛；就連冬天裘園也沒閒著，聖誕玫瑰、雪花蓮朵朵雪白，晶瑩剔透，而溫室裡的熱帶棕櫚依然濃綠挺立。

裘園裡的建築不下37座，其中最具地標性、一定得參觀的有棕櫚屋、大溫室、威爾斯王妃溫室，其它還有10層樓高、8角形結構的中國寶塔(The Pagoda)、日本庭園、裘宮(Kew Palace)等。

威爾斯王妃溫室
The Princess of Wales Conservatory

威爾斯王妃溫室是1987年由威爾斯王妃黛安娜所剪綵開幕，是裘園裡生態最複雜的溫室，從潮濕的紅樹林沼澤到乾燥的沙漠不毛之地，兩種極端氣候的植物可以同時存在這裡，而光是這座溫室，就同時擁有10個不同微型氣候區，每個區域都極盡所能地模仿原始自然生態。

威爾斯王妃溫室之所以能充分還原原生地生態，當然要歸功於整座溫室的設計。不僅外觀造型極具設計感，技術上，更因為要取代26座較舊的溫室，所以特別設計了能讓不同氣候區植物生長在同一個屋頂的功能。尤其那種階梯式斜屋頂及無邊牆設計，不僅太陽光能充分被植物吸收，順著斜屋頂流下來的雨水，也可以貯存在地底五萬加侖容量的水槽裡。

裘園

A · B

泰晤士河 River Thames

1 夏綠蒂皇后小屋
Queen Charlotte's Cottage

蓮花池
Waterlily Pond

地中海花園
Mediterranean Garden

大溫室
The Temperate House

日本庭園
Japanese Garden

中國寶塔
The Pagoda

裘宮 Kew Palace

白峰咖啡廳
White Peaks Cafe & Shop

威爾斯公主溫室
The Princess of Wales Conservatory

玫瑰花園
Rose Garden

棕櫚屋
The Palm House

植物與人展示廳
Plants + People Exhibition

阿爾卑斯之屋
Alpine House

橘園餐廳
The Orangery Restaurant

納許溫室
Nash Conservatory

公爵花園
Duke's Gaeden

裘園藝廊
Kew Garden Gallery

N

2

棕櫚屋 The Palm House

興建於1844年~1848年的棕櫚屋，是裘園裡最醒目的建築，也是目前全世界最重要的維多利亞時代玻璃鐵構式建築。

這座曲線型的玻璃屋由工程師透納(Richard Turner)及建築師布爾頓(Decimus Burton)所設計打造，其靈感實來自造船，那一條條鍛鐵就像把船的龍骨翻轉過來。

全世界70%的棕櫚都生長在熱帶，棕櫚屋就仿照熱帶雨林的氣候，裡面蒐集自世界各地的棕櫚樹，不同空間種植著不同洲別的棕櫚：南翼是非洲，北翼有亞洲、澳洲和太平洋的棕櫚，中央則種有來自美洲及較高大的棕櫚。

值得一提的，棕櫚屋裡還有全世界最老的盆栽，那是一株蘇鐵，1775年從南非被帶到裘園來，目前有4公尺高。除此之外，棕櫚屋的地下室也展示了來自世界各地的水生植物及海底生態。

全球最大的玻璃屋！

大溫室是裘園裡最大的玻璃屋建築，比棕櫚屋還大上一倍，大溫室曾經名列世界最大的溫室，如今則稱得上是全球最大的維多利亞時代玻璃屋，設計者布爾頓，與棕櫚屋同一人。

棕櫚屋像艘翻轉的船？

這座曲線型的玻璃屋是由工程師透納(Richard Turner)及建築師布爾頓(Decimus Burton)設計打造，其靈感來自造船，那一條條鍛鐵就像是把船的龍骨翻轉過來一般。

大溫室 The Temperate House

大溫室裡面主要種植來自溫帶、亞熱帶較脆弱的木本植物，這些植物一直是裘園的主流。在維多利亞時代，盛極一時的全球植物蒐集熱，讓裘園原本的溫室空間迅速爆滿，終於在1859年促成了大溫室的興建。

從大溫室的北翼大門走進來，植物區域的分佈依序是亞洲、紐西蘭、澳洲、美洲、及非洲，其中不乏有些植物在原生地早已滅絕，卻依然健在於裘園的大溫室裡。在大溫室的正中央，有一株智利酒棕(Chilean wine-palm)是世界上最大的室內植物，高16公尺，目前還在繼續生長當中。

MAP ▶ P.124A1

溫莎城堡

Windsor Castle

依山傍水的女王官邸

掃地圖

📍從帕丁頓(Paddington)火車站搭火車於Slough轉車,再於Windsor & Eton Central站下,約20~30分鐘1班,車程約35分鐘,下車後步行約7分鐘;或從滑鐵盧(Waterloo)火車站搭火車於Windsor & Eton Riverside火車站下,約30~45分鐘1班,車程約55分鐘,下車後步行約8分鐘;或從維多利亞(Victoria)火車站後方Eccleston Bridge與Buckingham Palace Road交叉口搭Green line巴士701或702號,約30~90分鐘1班,車程約50~60分鐘(Green line網站www.greenline.co.uk)。 🏠Windsor Castle, Berkshire 🕐3~10月10:00~17:15(售票至16:00)、11~2月10:00~16:15(售票至15:00),聖喬治禮拜堂週一、週四~週六開放。 🚫城堡週二、週三休,整座城堡及國家套房有時遇部分日期會關閉,請上網查詢最新資訊。 💲週日~週五全票£26.5、優待票£14.5~17.5,5歲以下免費;週六全票£28.5、優待票£15.5~18.5,5歲以下免費。遇國家套房關閉時,週日~週五全票£14.6、優待票£8~9.6;週六全票£15.6、優待票£8.5~10.1。 🌐www.royalcollection.org.uk

雄踞於泰晤士河岸山丘上的溫莎城堡,於1066年由征服者威廉(William the Conqueror)所建,城堡加上後公園共占地4,800英畝,九百多年來為全球有人居住的最大的城堡之一,在此居住過的君王多達39人,他們也先後留下眾多珍貴的寶物。

昔日,溫莎城堡和白金漢宮並列為伊莉莎白二世女王的官方府邸,女王於每年復活節及6月在聖喬治禮拜堂舉行嘉德勳位受勳儀式(Garter Service)會固定到此,2022年9月8日女王辭世,9月19日舉行國葬後,女王長眠於聖喬治禮拜堂中,長伴父親喬治六世與於2021年4月逝世的菲立普親王(Prince Philip)身旁。

歷史逾九百年,溫莎城堡的面貌一直在改變,尤其是1992年的大火燒毀了城堡的西北隅,將近百間廳房毀於一旦,包括9間位於國家套房中的房間,溫莎城堡歷經5年重建,迫使皇室開放白金漢宮,以門票收入籌措資金。再則是2002年伊莉莎白女王歡度即位50週年慶,城堡管理單位特地設計了一座新穎的紀念花園(The Jubilee Garden),替城堡增添劃時代的景觀。

如今溫莎城堡分為上中下三區,由於皇室成員仍經常在此度假或舉行重要國宴,因此,在城堡中須依照一定的路線參觀,跟著語音導覽走一圈,約需2~3小時。

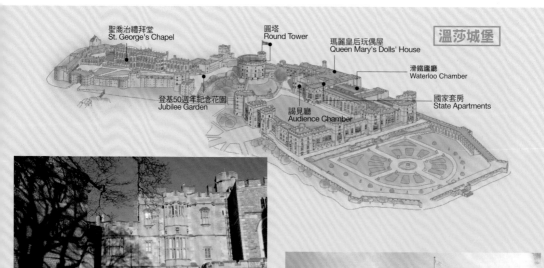

溫莎城堡

聖喬治禮拜堂 St. George's Chapel
圓塔 Round Tower
瑪麗皇后玩偶屋 Queen Mary's Dolls' House
滑鐵盧廳 Waterloo Chamber
登基50週年紀念花園 Jubilee Garden
謁見廳 Audience Chamber
國家套房 State Apartments

國家套房 State Apartments

　　上區的國家套房內每個房間都藏有豐富的皇家珍藏藝術品，包括達文西、拉斐爾以及米開朗基羅等人的畫作，皇室重要儀式或宴會均在此舉辦。為Catherine of Braganza而建的女王交誼廳(Queen's Ballroom)，經過多次整修，中央的壁爐原位於昔日的女王臥室，上方擺設著一座獨特的女黑人時鐘，懸掛於中央的水晶吊燈歷史可溯自維多利亞時代。1997年，伊莉莎白二世和夫婿便是在此舉辦他們的金婚宴會。滑鐵盧廳(Waterloo Chamber)是為了紀念1815年時大英帝國戰勝拿破崙而建，由喬治四世委任Jeffery Wyatville設計，一直要到威廉四世任內才完工。兩旁牆壁裝飾著木頭嵌板，上方高掛著當時參與戰役的軍官肖像，屋頂成排的天窗設計令人聯想起船隻的肋骨，鋪在地上的印度地毯是全球最大的無接縫地毯，重達2公噸。

圓塔 Round Tower

　　中區最明顯的地標是被玫瑰花園圍繞的圓塔。圓塔原由征服者威廉以木材造成，1170年，亨利二世(Henry II)以石頭重建成今日面貌。昔日想知道女王是否在溫莎城堡，只需要抬頭看看圓塔上方是否飄揚著皇室旗幟。

編輯筆記

皇家級的玩偶屋！

　　國家套房一旁的瑪麗皇后玩偶屋(Queen Mary's Dolls' House)，是1924年時由Marie Louise公主和建築師Edwin Louise聯手打造，用來致贈瑪麗皇后的娃娃屋。屋中成千上萬個物品都以1:12的比例呈現，還附設電力設備和排水系統，精巧程度讓人嘖嘖稱奇。

聖喬治禮拜堂 St. George's Chapel

　　溫莎城堡中的建築經典，洋溢著豪華的15世紀哥德式風格，以細緻豔麗的彩繪玻璃著稱，高大的立柱撐起扇形交錯的拱頂。聖喬治禮拜堂是嘉德騎士的聖堂，此外也是皇室的著名陵寢，共有十多位英國王室成員埋葬於此，其中包括亨利八世(Henry VIII)及伊莉莎白二世女王。2005年，查爾斯王子和卡蜜拉的婚禮就是在此舉行。

MAP ▶ P.124A1

漢普頓宮

MOOK Choice

Hampton Court Palace

倫敦的凡爾賽宮

掃地圖

🚆 從滑鐵盧(Waterloo)火車站搭火車於Hampton Court站下，約半小時1班，車程約35分鐘(適用All Zones的Travel Card)，下車後步行約5分鐘；或從維多利亞(Victoria)火車站後方Green Line Coach Station搭巴士726號前往，車程約1小時。 ⌂Hampton Court Palace, East Molesey, Surrey ⏰冬季10:00~16:00、夏季10:00~17:30，休館日每月不同，花園也會不時關閉，請上網查詢最新資訊。 💲與迷宮、花園聯票全票£26.1、優待票£13~20.9，5歲以下免費，上網購票另有優惠。 🌐www.hrp.org.uk/HamptonCourtPalace

距離大倫敦地區大約20公里處的漢普頓宮，原本是亨利八世的寵臣沃爾西主教(Cardinal Wolsey)的府邸，這位曾權傾一時的教士兼政治人物，於1514年時取得了這片土地，並將昔日封建領主的宅邸加以擴建，勾勒出今日漢普頓宮的初步規模。

沃爾西主教在此接見外國要人，並把它當成娛樂亨利八世的地方，為了接待國王，沃爾西興建了中庭及欣賞花園和織毯畫的畫廊，然而，因未說服教宗廢除亨利八世和首任妻子亞拉岡的凱薩琳皇后的婚姻，沃爾西成了亨利八世的眼中釘，並於1529年時被迫離開漢普頓宮，從此這座宮殿成為亨利八世的財產，並賦予了他和第二位皇后安·博林(Ann Boleyn)的特色。

為了和法國的凡爾賽宮比美，威廉三世(William III)展開了龐大的擴建計畫，至1694年落成，粉紅色的磚塊和對稱的格局，形成今日結合都鐸和巴洛克式雙重風格的建築。漢普頓宮從18世紀就無皇室居住於此，也因此完整保留亨利八世和威廉三世時的樣貌。

亨利八世套房Henry VIII's Apartments

16世紀時，漢普頓宮既是座宮殿，同時也是一處結合劇院的娛樂場所，因此1530年代亨利八世興建大廳(Great Hall)時，便是為了這個目的。

大廳

高達18公尺的大廳，是漢普頓宮中面積最大的廳房，平日被當成宮殿中較低階層侍從的餐廳，每天有600人分成兩批在此用餐，每當遇到特殊活動時，牆上的掛毯畫便被捲到牆上，大量的燭台成串串起高掛於天花板上，讓這處餐廳搖身一變成為宮殿中舉辦舞蹈和戲劇表演的奇幻舞台。

皇室禮拜堂

皇室禮拜堂(Royal Chapel)是漢普頓宮中唯一仍實際使用的空間，美麗的藍色頂棚點綴著金色的繁星，富麗堂皇得幾乎讓人睜不開眼睛。沃爾西主教興建了它，亨利八世替它增添了美麗的拱頂，後來安女王(Queen Anne)在1700年代初再將它重新布置成今日的面貌。在禮拜堂的後方，有一座包廂般的建築，是昔日皇室參與禮拜的地方，都鐸王朝的國王與皇后可以直接從他們的套房通往此處，只不過過去這裡的面積要比今日來得寬敞許多。

亨利八世廚房Henry VIII's Kitchen

今日的大廚房(Great Kitchen)被區分為3個空間，最初它共有6座火爐，全都用來燒烤新鮮的肉類，尤其是牛肉，在最後的那間房裡依舊可以看見昔日熊熊燃燒的烈火。後來隨著烹飪技術的發展，大廚房中也逐漸增加了炭火爐和烤麵包灶等設施。

酒窖

在大廚房的附屬建築中，有一座收藏大量葡萄酒、啤酒和麥芽酒精飲料的酒窖(Wine Cellar)，每當用餐時，服務人員就會在此將酒裝瓶，並且直接上桌。

威廉三世套房William III's Apartments

為了讓來訪者留下深刻的印象，威廉三世聘請義大利畫家Antonio Verrio為它的階梯作畫，壁畫描繪亞歷山大大帝和凱薩之間的競爭，一般認為威廉三世將自己比擬為這場戰爭中的勝利者亞歷山大大帝。

私人會場

另有一間私人會場(The Privy Chamber)，是威廉三世的私人謁見場所，主要用來接見大使，華麗的燭台和鏡子在燭光的點綴下，給人目眩神迷的感受。裡頭裝飾著兩幅亨利八世收藏的掛毯畫，場景來自於亞伯拉罕的故事。

大臥室

大臥室(The Great Bed Chamber)是整座宮殿中最奢華的房間，同時也是威廉三世的聖域，過去除了機要大臣或是老朝臣外，其他人一律不准進入。國王可能會在此一邊更衣，一邊和這些權貴商討政務。

瑪莉二世套房Mary II's Apartments

威廉三世替皇后階梯(Queen's Staircase)鋪上了大理石樓梯，並裝飾了鑄鐵扶手，不過它今日的樣貌，是1734年時卡洛琳皇后(Queen Caroline)委託建築師William Kent，替蒼白的牆壁重新裝飾後的模樣，Kent引用羅馬神話的靈感，將卡洛琳皇后比擬成不列顛女神，藉此向她致意。

喬治王朝私人套房Georgian Private Apartments

沃爾西密室

沃爾西密室(Wolsey Closet) 裝飾著大量色彩繽紛的壁畫，主題描繪基督受難的相關故事，是少數保存下來的都鐸時期房間。天花板上的雕刻出自亨利八世任內，而在壁畫和天花板之間的飾帶上，可以看見沃爾西主教的拉丁名言：「上帝是我的最高審判者」(Dominus michi adjutor)。

草圖畫廊

威廉三世將草圖畫廊(Cartoon Gallery)當成私人空間使用，不過最後卻成為一處展示拉斐爾繪畫草圖的畫廊，這些作品是這位文藝復興大師創作《使徒行傳》(Acts of the Apostles)的草圖，由查理一世買下，不過如今展出的是1697時的複製品，原件收藏於維多利亞與亞伯特博物館中。

皇后私人套房

位於瑪莉二世套房後方的3間皇后私人套房(Queen's Private Apartments)，1737年時曾為早逝的卡洛琳皇后所使用，私人會客室(Private Drawing Room)是皇后喝茶和打牌的社交場所，轉角壁櫃上擺設著中國和日本瓷器。私人臥室(Private Bedchamber)主要被當成儀式廳使用，國王和皇后過夜是睡在皇后的床上，此臥室的房門附有鎖頭確保國王和皇后隱私。

緊鄰臥室的是皇后的更衣室和浴室(Dressing Room & Bathroom)，後方的大理石台為冷水池，浴缸以木頭為材質，據說卡洛琳皇后非常喜歡洗澡，前方更衣室中展示的鍍銀梳妝用具非常奢華，通常是新娘的傳家寶。

中庭Courts

下中庭

名稱來自法文「Basse」的下中庭(Base Court)，昔日兩旁的建築中林立著賓客的房間。廣場一側有一座昔日亨利八世紅酒噴泉的複製品，原本裝飾上方的繪畫於「亨利三世的少年故事」(Young Henry III's Story)展覽中展出。

時鐘中庭

過了安‧博林門(Ann Boleyn'Gatehouse)後就是時鐘中庭(Clock Court)，因為裝飾於建築上方極其繁複的占星鐘而得名，該占星鐘可能出自一位巴伐利亞籍的皇室鐘錶師Nicolaus Kratzer的設計，上方除了標示時間、日期、日月之外，還顯示著漲潮時間，以方便渡河者使用。在占星鐘的下方還可以看見沃爾西主教以鐵打造的家族徽章。

噴泉中庭

位於最裡面的噴泉中庭(Fountain Court)，屬於國王和皇后的活動場所，四周分別包圍著國王和皇后的套房。由於威廉三世希望被視為現代版的海克力士(Hercules)，於是在噴泉中庭迴廊的每道拱門上裝飾著這位神話人物的頭像，並且在上層的圓形窗四周，雕飾著他披掛身上的獅皮象徵。

MAP ▶ P.124A1

伊頓學院
Eton College
政治名人栽培所

掃地圖 [QR code]

🚶同溫莎城堡，從溫莎城堡經溫莎伊頓橋(Windsor & Eton Bridge)沿High Street前行約20分鐘。 🏠Eton College, Windsor, Berkshire ☎01753-370-100 ◐參觀伊頓學院內部須參加導覽行程，每梯次約90分鐘，門票可在遊客服務中心或伊頓學院的商店中購買，每年導覽開放時間不定，請上網查詢最新資訊並預定行程。 🌐www.etoncollege.com

　　1440年，亨利六世在這座鄰近溫莎的小鎮中，創立了一座名為「溫莎旁伊頓聖母的國王學院」(The King's College of Our Lady of Eton besides Wyndsor)，為70位貧苦孩童提供免費的教育。亨利六世熱衷投入這間慈善學校的創辦活動，不但捐出大筆土地，希望該校的禮拜堂擁有全歐洲最長的主殿，更前往溫徹斯特學院取經，甚至招攬了當地多位知名教授前來任教，隔年，他更在劍橋創立了國王學院，好讓伊頓學院畢業的學生能夠繼續接受更高階的教育，於是，伊頓學院就這麼打下了良好的根基，也誕生了日後卓越的名聲。

　　翻開它的畢業校友名冊，會發現許多熟悉的名字，包括布萊爾等18名英國首相，使它獲得「英國最重要的政治家培育地」的美名。其學生大都是英國貴族名人之後，而它近年來最著名的校友就屬威廉和哈利王子了。有趣的是，主收13歲~18歲男學生的伊頓學院，卻為已故的伊莉莎

白女王別開先例，她是伊頓學院中唯一的一位女性榮譽校友！

木製課桌上刻滿跨世紀的痕跡

　　南側的下學校(Lower School)林立著校區中最古老且仍在使用的教室，歷史悠久的木頭桌上刻滿幾世紀以來的學生留言和一道道的「迷宮」，昔日上課無聊的男孩總將彈珠放在上方，和鄰座打賭滾珠的方向。

雪萊的親筆刻痕

　　舊教室建築的牆壁和門上刻滿畢業學生的名字，你可以在詩人雪萊雕像下方，清楚看見他的姓名刻痕，不過畢業學生實在太多了，目前已很少開放空間供學生刻名，近期內只有威廉和哈利王子有此榮幸。

未完工的禮拜堂

　　聳立於中央的雕像正是亨利六世，而位於廣場南端的禮拜堂其實從未完工，因為愛德華四世迫使亨利六世退位後，便將興建伊頓學院的大筆資金和珍寶抽離或搬往溫莎城堡！

優良的伊頓傳統

　　伊頓學院以遵循傳統著稱，學生即使在街上遇見老師，也必須莊嚴地行單指敬禮；黑色的燕尾服和背心搭配細直條紋長褲，是打從1850年延續至今的正式制服。正式制服外還有多種適合不同場合的制服，甚至於每個學年的學生還有不同的領帶顏色，為此學院的商店中還可以買到一本教學生如何穿著制服的手冊。

MAP ▶ P.124B1

金絲雀碼頭
Canary Wharf
摩天大樓毗鄰而立

掃地圖

🚇搭地鐵Jubilee線或船塢輕軌鐵路DLR於Canary Wharf站下，出站即達。

沿著倫敦命脈泰晤士河沿岸，從塔橋到格林威治這一個倫敦新興區稱之為「船塢區」(Docklands)，不僅是倫敦唯一一個完全從無到有的新建設地區，也是歐洲近來最大規模的商業發展計畫。為配合此區的發展，連接Jubilee、Central和District線地鐵的船塢輕軌鐵路(Docklands Light Railway，簡稱DLR)也應運而生。

其中位居船塢輕軌鐵路線的中央的金絲雀碼頭，坐落於倫敦和格林威治之間，它是倫敦兩大金融區之一，林立著多座倫敦屬一屬二的摩天大樓，想觀察倫敦現代化面貌，到此幾乎便能窺見全貌。

該碼頭放眼所及都是新的辦公大樓和商業金融中心，其中與地鐵站和輕軌鐵路車站相連的金絲雀碼頭建築(Canary Wharf Building)中，最引人注目的，莫過於屋頂為金字塔狀的大廈稱為「加拿大廣場一號」(One Canada Square)。

加拿大廣場一號

©petereyeb.com_London and Partners

落成於1991年的加拿大廣場一號，在2012年夏德塔(The Shard)完工前一直是倫敦最高建築。

該建築的主設計師Cesar Pelli，以世界金融中心(World Financial Center)和大鵬鐘(Big Ben)的外形為靈感來源，其金字塔狀的屋頂將溫暖的陽光引進室內，是英國建築中罕見的特色，而它240公尺的「尖塔」，幾乎從倫敦的各個角落都可以看到。該建築主要為辦公大樓，附近林立百貨公司和餐廳，每到午餐時間，大廈外的露天廣場總湧現許多上班族。

Where to Eat in London
吃在倫敦

西敏寺區
MAP ▶ P.64C3 **Regency Cafe**

🚇搭地鐵Circle線於St. James's Park站下，步行約8分鐘可達。 📍17-19 Regency St, Westminster, London ☎020-7821-6596 🕐週一～週五7:00~14:30、16:00~19:15、週六7:00~12:00 🚫週日 💲早餐£5.5，加料£0.9 🌐www.regencycafelondon.com/

掃地圖

這家餐廳歷史悠久，創立於1946年，以豐盛的英式早餐出名。店裡從早到晚總是人潮滿滿，進去之後要先排隊點餐，點完才找座位，餐點都是現點現做，做好了老闆會通知去櫃檯取餐。如果面對琳琅滿目的菜單不知道要點什麼，別擔心，直接和老闆說想吃什麼就行了，活力十足的老闆對每一位客人都非常熱情，而且他的記憶力驚人，會記下每個人點的餐點。

最經典的英式早餐組合是培根、香腸、烤番茄、蘑菇、燉豆、黑布丁、太陽蛋、吐司，再配上一杯熱紅茶，這樣一個套餐份量以早餐來說就足夠，只要£6左右，可以說是物美價廉，難怪這麼受歡迎。

西敏寺區
MAP ▶ P.64D1 **Café in the Crypt**

🚇搭地鐵Bakerloo、Northern於Charing Cross站下，步行約1分鐘。 📍St Martin-in-the-Fields, Trafalgar Square, London ☎020-7766-1158 🕐週一10:00~18:00、週二及週四、週六10:00~19:30、週三10:00~16:00、週五10:00~15:00、週日11:00~17:00 💲菜單經常變化，傳統英式早餐約£7.5、下午茶£3.9起、沙拉£7.75、三明治£3.95 🌐www.stmartin-in-the-fields.org/visit/cafe-in-the-crypt/

掃地圖

位於特拉法加廣場後方、國家藝廊旁，聖馬丁教堂(St Martin-in-the-Fields)的高塔引人注目，就在這間莊嚴的教堂下方，隱身著一間古色古香的咖啡館！18世紀的地下室，一根根石柱撐起磚造的拱頂，讓人彷彿穿越時空隧道，如果你仔細往地下瞧瞧，還能發現一座座嵌在地板上的墓碑，的確，Café in the Crypt正是以昔日的地下墓室改建而成。但如果你以為這裡的氣氛陰森，可就大錯特錯了，事實上這裡供應熱食三餐及飲料、三明治，甚至下午茶，因此總擠滿當地人和遊客，熱鬧異常！

西敏寺區
MAP ▶ P.64B1 **Hakkasan Mayfair**

🚇搭地鐵Piccadilly、Victoria、Julibee線於Green Park站下，步行約6分鐘。 📍17 Bruton Street, London ☎020-7907-1888 🕐週日～週三12:00~23:30、週四～週六12:00~24:30 💲招牌北京烤鴨£110~320 🌐www.hakkasan.com/mayfair

掃地圖

以現代東方的手法，詮釋精緻的廣東料理精髓，Hakkasan Mayfair是Hakkasan跨國餐飲集團下位於倫敦的第2間餐廳，開幕於2010年，老闆Alan Yau於2001年首創該集團第一間餐廳便獲得空前的成功，如今已經在美國、土耳其、中東、印度、上海等多地開設分店餐廳。Hakkasan Mayfair坐落於柏克萊廣場(Berkeley Square)旁，外觀低調，室內空間分為上下兩層，由以巴黎為根據地的Guillaume Richard設計，充滿極簡卻俐落的線條；餐廳的招牌菜為北京烤鴨，當然也別錯過精緻美味的港式點心。

蘇活區和肯頓區

MAP ▶ P.78A5   Sketch

🚇搭地鐵Central、Bakerloo、Victoria線於Oxford Circus站下，步行約6分鐘。 🏠9 Conduit Street, London 📞020-7659-4500 🕐The Parlour週日至週三9:00~24:00、週四至週六9:00~2:00；The Lecture Room & Library午餐週五及週六12:00~15:30、晚餐週三~週六18:30~21:00；The Gallery下午茶每日11:00~16:00，晚餐週一~週四18:00~22:00、週五及週六18:00~23:00；The Glade週二及週三12:00~24:00、週四~週六9:00~凌晨2:00、週日及週一9:00~24:00。 🌐www.sketch.uk.com

Sketch能讓你每一餐都耳目一新，因為它不只擁有一間餐廳，幾乎可說是棟美食華廈：位於底層的The Parlour就像溫暖的大客廳，你可以在此享用早餐，或悠閒地喝杯下午茶；1樓的The Lecture Room & Library由米其林星級主廚Pierre Gagnaire掌理菜單，無論午、晚餐都洋溢著法國的氣氛；粉色系的The Gallery除了下午茶，主力放在晚餐，投影於四周的影像將讓你度過充滿藝文氣息的夜晚；充滿奇幻氣息的The Glade酒吧，提供精緻的下午茶及美食，晚上來此喝杯雞尾酒最有氣氛；當然也別忘了到The East Bar喝上一杯！

蘇活區和肯頓區

MAP ▶ P.78B5   Flat Iron

🚇搭地鐵Central、Northern線於Tottenham Court Road站下，步行約3分鐘。 🏠9 Denmark St, London 🕐週日~週二12:00~22:00、週三及週四12:00~凌晨22:30、週五及週六12:00~23:30。 💲Flat Iron Steak£12 🌐flatironsteak.co.uk

2012年開幕至今的Flat Iron是倫敦目前極具人氣的牛排館，它就位於市區一級商圈的攝政街巷子內，店內空間不大，即使有2層樓，但併桌是常有的事；點餐直接就見貼在牆上的菜單，招牌是Flat Iron Steak，點餐時可告知想要的熟度，一般建議5分熟最佳。在牛排端上前，可以享用附贈的簡單爆米花和蔬菜沙拉。另外，每日也提供1~2種不同特餐，會另外寫在黑板上。上菜很快，牛排端上來時是已切好一片一片放在特製木板上，並灑上海鹽，牛排吃起來鮮嫩汁美，不用再加任何醬汁或調味料。更讓人不敢相信的是，在這樣的地區享用這樣高檔的牛排，價格只要£12，毋怪這裡生意每天都很好，排隊等位是常見的事。

蘇活區和肯頓區

MAP ▶ P.78C4 **Scarfes Bar**

搭地鐵Piccadilly、Central線於Holborn站下，步行約3分鐘。 ⌂252 High Holborn, London ☎020-3747-8670 ◷週一~週六17:00~01:00
rosewoodhotels.com/London

著名英國漫畫家Gerald Scarfe為倫敦瑰麗酒店(Rosewood London)量身打造的Scarfes Bar，詼諧諷刺的畫風化身為酒吧的風景，在倫敦仕紳界掀起話題。

Gerald Scarfe親手為Scarfes Bar畫出由70幅漫畫組成的11幅大型壁畫，壁畫中不僅有知名的英國政客、影視圈和音樂界的巨星、英國皇室成員的漫畫肖像，也包括了Scarfes Bar許多膾炙人口的電影名作，包括搖滾樂團Pink Floyd的《The Wall》，更特別的是有一道專門反映當下時事的壁畫牆，以Gerald為《泰晤時報》和《紐約人》等媒體撰述的作品為主，且每兩個月增添新畫作。

而由Martin Brudnizki所操刀的酒吧室內設計，則是流露著傳統的英式氣派，室內設計靈感源自書室及紳士俱樂部，燃燒著熊熊烈火的壁爐、天鵝絨扶手椅、陳列著骨董書籍的書架，柔和的燈光加上現場樂隊伴奏，讓美酒與藝術以Gerald之名相遇。

蘇活區和肯頓區

MAP ▶ P.78D4 **Ye Olde Mitre Tavern**

搭Central線於Chancery Lane站下，步行約5分鐘。 ⌂1 Ely Court Ely Place London ☎020-7405-4751 ◷週一~週五11:00~23:00，週六及週日休息
www.yeoldemitreholborn.co.uk

據說這間酒館最初是為了劍橋郡(Cambridgeshire)Ely主教的隨從而創立，出現於1547年，該主教位於倫敦的根據地「皇宮」就在附近，而這間酒館也屬於他的領地。儘管Ye Olde Mitre Tavern曾在1772年時遭到拆除，不過很快又重建，而且一直到20世紀以前，傳聞它的酒館執照都是由劍橋郡發出，因此倫敦警察一度無法對它行使管轄權。另一則傳說是小酒吧轉角的櫻桃樹幹，有人說它曾是主教轄區的邊界標記，依莉莎白一世還圍繞著它的五朔節花柱跳過舞！

儘管眾多的傳說豐富了這家小酒館的故事，不過Ye Olde Mitre Tavern最迷人的還是它老派的服務方式，這裡沒有電視、沒有吃角子老虎機，有的是熟客低聲歡暢的交談聲。

蘇活區和肯頓區

MAP ▶ P.78C3 **The Queen's Larder**

搭Piccadilly線於Russell Square站下，步行約5分鐘。 ⌂1 Queen's Square, Bloomsbury ☎020-7837-5627 ◷週一~週五11:30~23:00、週六12:00~23:00，週日12:00~22:30。
www.queenslarder.co.uk

對一間酒館來說，取名為「皇后的食品室」確實有幾分不尋常的味道，如果深入這棟建築的歷史，你將會發現它的地下室確實曾是皇后的食品室！話說「瘋狂喬治王」（‘Mad King’George III)因為精神疾病必須尋求治療，他的主治醫生住在附近，夏洛特皇后(Queen Charlotte)為了就近照顧他，便在這裡租下了地窖，用來貯存國王所需的特殊食品。秉持著悉心照顧顧客的想法，這間酒館決定延續這段歷史故事和傳統，於是就有了今日的名稱。

小小的酒館坐落於一棟磚造建築的底層，外觀保持著木造酒館的模樣，空間不大，令人感覺相當溫馨，幾張木桌圍著小小的方型吧台，樓上還有一間迷人的小餐廳，擁有俯視廣場的視野。和其他酒館不同的地方，The Queen's Larder歡迎顧客帶著自己心愛的小狗前來，你可以在吧台的角落發現一張「公告」，上方寫著「歡迎乖狗狗」(Well Behaved Dogs Are Always Welcome)，酒館也樂於替你的寵物提供飲料與食物，讓牠能與主人同歡！

蘇活區和肯頓區

MAP ▶ P.78C3 **The Lamb**

🚇搭地鐵Piccadilly線於Russell Square站下，步行約5分鐘。🏠94 Lambs Conduit Street, Bloomsbury ☎020-7405-0713 週一～週三11:00~23:00、週四～週六11:00~24:00、週日12:00~22:30。🌐www.thelamblondon.com

以一隻站在綠色草地上的綿羊為招牌，窗戶上也裝飾著綿羊的圖案，讓人意外的是店名來自於一位改善當地水源、以導管從Holborn地區引進乾淨用水的慈善家William Lamb！

The Lamb室內空間以一座大型的U型吧台為中心，四周圍繞著木頭桌椅和深色皮製沙發，注意看，你會發現吧台上方有一扇扇可以旋轉的玻璃小窗裝飾著鑄刻的雪花圖案，高度大約和人臉一般，這是酒館用來保護酒客隱私的設計，你可以和酒保點酒、對談，他卻看不清你的臉，事實上過去這間酒館的室內空間，曾被區隔成好幾個小酒館，並且有各自的通道通往吧台。

值得一提的，還有這間酒館中保留的一件骨董「Polyphon」，它是留聲機的前身，雖然是維多利亞時代的古物，至今卻依舊能演奏出樂音，伴隨著樂手深褐色的照片、鑄刻雕花玻璃嵌板，讓整間酒館更洋溢著過往的氛圍。

西堤區和東區

MAP ▶ P.94G3 **Beigel Bake**

🚇搭地鐵Northern線於Old Street站下，步行約15分鐘。🏠159 Brick Ln, London ☎020-7729-0616 ⏰24營業 🌐www.facebook.com/beigelbake/

貝果在西方世界是很常見的食物，通常烤熱之後抹個果醬或是奶油就很美味。這家小吃店就以貝果出名，招牌的口味是燻鮭魚和牛肉，簡單的貝果麵包抹上奶油，夾入滿滿的燻鮭魚或牛肉，用料雖然簡單但非常實在，而且分量很大，大口大口吃非常過癮，這樣一份貝果價錢只要£3~9，在物價很高的倫敦簡直就是奇蹟，也

西堤區和東區

MAP ▶ P.53G3 **Tayyabs**

🚇搭地鐵Hammersmith & City、District 或倫敦路面鐵路London Overground於Whitechapel站下，步行約8分鐘。🏠83–89 Fieldgate Street, London ☎020-7247-9543 ⏰中午~23:30 💲鐵板羊排£9、芒果拉昔£4 🌐www.tayyabs.co.uk

從一家小咖啡廳開始，自1972年開幕至今的Tayyabs，已經成為整個倫敦印度區，甚至整個城市，最好吃的印度餐廳。

這裡賣的其實是巴基斯坦旁遮普省(Pakistani Punjabi)菜餚，有雞、羊、海鮮等各式料理，伊斯蘭禁吃的豬肉是看不到的；鐵板羊排堪稱招牌，熱騰騰的羊排端上桌時還冒著煙散發著香氣，一口咬下去鮮嫩多汁，令人回味無窮。當然，各式帶著微微辛辣的咖哩料理也很受歡迎，還有必點的印度烤餅(Naan)，拿著又香又有嚼勁的烤餅包著肉、海鮮或蘸咖哩、醬料吃，實在讓人大嘆滿足；用完餐可以再點杯同樣是店內紅牌的芒果拉昔(Mango Lassi)，為這餐畫下完美句點。最重要的是，Tayyabs的食物不但好吃，價格更是公道，難怪這裡總是人潮滿滿，除非錯開用餐時間，否則要有排隊的心理準備。

難怪總是大排長龍了。此外這家小吃店是24小時營業，讓晚歸或是早起的人有了不同的選擇。

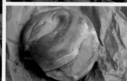

南岸區

MAP ▶ P.105C1 **Padella**

🚇搭地鐵Piccadilly線於Knightsbridge站下，步行約3分鐘。 ☖6 Southwark St, London ◷週二至週六午餐12:00~15:45、晚餐17:00~22:00(週日晚餐至21:00)，週一休息 ⓤwww.padella.co

波若市場是倫敦高人氣的景點，每天總是充滿人潮，在市場的外面，每到用餐時間有一家小餐館外會大排長龍，讓人很難不注意到，這家就是最近在倫敦很紅的義大利餐館Padella，這裡最受歡迎的餐點是各式義大利麵，寬麵、細麵、麵疙瘩、麵餃等不同的麵種，各有各的特色，都很道地，主餐價格在￡8.5~￡16，還附上麵包，在倫敦可以說是非常受歡迎，除了觀光客，也很受當地人青睞，要注意的是，因為不接受訂位，所以記得要早點來排隊。

南岸區

MAP ▶ P.105C1 **George Inn**

🚇搭地鐵Jubilee、Northern線於London Bridge站下，步行約1分鐘。 ☖77 Borough High Street, Southwark, London ☎020-7407-2056 ◷11:00~23:00 ⓤwww.nationaltrust.org.uk/george-inn

創立於中世紀的George Inn，是倫敦唯一一間保留下來的馬車客棧兼酒館，最初名為Goerge and Dragon，源自聖喬治屠龍的神話。它在1676年時因為橫掃南華克的一場大火而重建，是當時最知名的酒館之一，狄更斯(Charles Dickens)曾經在他以南華克為背景的小說《Little Dorrit》中提到它，而作品在附近環球劇場上演的莎士比亞，更曾在這裡喝醉過。不過就在鐵路發達的同時，馬車客棧逐漸沒落，也因此Goerge Inn一度成為倉庫，甚至被拆到只剩下南面。

如今這家酒館重新開業，依舊可以看見許多漂亮的格子窗和橡木橫梁，許多歷史也被保留了下來，像是過去馬車夫和乘客的等待室；原來咖啡廳，也是狄更斯最常消磨時光的地方；還有昔日的客房，在這樣充滿歷史的酒吧用餐真是難得的經驗。

南岸區

MAP ▶ P.105C1 **Café Brood**

🚇搭地鐵Jubilee、Northern線於London Bridge站下，步行約1分鐘。 ☖1-6 Green Dragon Court, London ☎020-7403-7500 ◷週一9:00~17:00、週二~週四9:00~22:00、週五9:00~23:00、週六9:00~22:00，週日10:00~17:00。 💲Paella with Seafood & Chicken￡9、整隻烤雞￡15 ⓤwww.broodrestaurant.com/

這間位於倫敦橋下方、緊鄰南華克教堂和波若市集的咖啡館，總令路過的人忍不住停下腳步一探究竟，小小的餐廳將大大的鍋子和烤爐放置於戶外，天寬地闊地翻炒起西班牙海鮮飯與燒烤著香腸與牛排，飄散於空氣中的香氣讓人忍不住口水直流，沒錯，這間咖啡館最著名的料理就是海鮮飯和碳烤！

大多數人幾乎都還沒走到倫敦的美食市集「波若市集」，就已經在此被「攔截」，開始邊看菜單邊盤算著點些什麼來祭五臟廟，該餐廳物美價廉，招牌海鮮飯份量十足、味道一級棒！戶外座位以南華克教堂的庭園為景，天氣晴朗時非常舒適。

蘇活區和肯頓區

MAP ▶ P.78A5
牛津圓環與牛津街
Oxford Circus & Oxford Street

🚇搭地鐵Central、Bekerloo、Victoria線於Oxford Circus站下，出站即達。

想見識一下倫敦的人潮嗎？牛津圓環絕對不會讓你失望！這邊匯集所有倫敦女人最愛的流行潮牌，如TOP SHOP、H&M、ZARA、FCUK，還有John Lewis、Marks& Spencer、Debenhams等幾家平易近人的百貨公司，特別是遇到每年7月及12月的換季拍賣期，每家店裡都擠滿了人潮，若說在這邊找不到冷靜的女人，真是一點也不誇張！

牛津圓環購物

蘇活區和肯頓區

MAP ▶ P.78A5
Liberty

🚇搭地鐵Central、Bakerloo、Victoria線於Oxford Circus站下，步行約3分鐘。 ⬆Regent Street, London ☏020-3893-3062 ⏰週一～週六10:00~20:00、週日12:00~18:00。www.liberty.co.uk

在熱鬧的攝政街上這棟都鐸式的木造建築，是引領布料花色流行的百貨公司。Liberty從19世紀晚期成立時，就以進口日本及東方世界的織品、家具與飾品聞名，1884年開始生產自己的布料與服飾，並與許多走在流行尖端的設計師合作。現在的百貨內部仍保留木質地板、天井式格局、古老的迴旋梯，販售自有品牌的布料、來自世界各地的流行品牌與充滿設計巧思的衣物飾品，搭配具現代感的前衛方式，將商品如藝術品般展示。

蘇活區和肯頓區

MAP ▶P.78A5 攝政街 Regent Street

🚇搭地鐵Piccadilly、Bakerloo線於Piccadilly Circus站下，或地鐵Central、Bakerloo、Victoria線於Oxford Circus站下，出站即達。

攝政街是年輕血拚族不可不知的流行集散地，走在街上，令人眼花撩亂的櫥窗及街上的辣妹們，馬上告訴你當季的流行穿著。這條寬敞的大街原為兩百年前建築師納許(Nash)的設計，現在兩旁氣派的建築大約都建於廿世紀初，有許多百年歷史的商家，也聚集了無數的流行品牌旗艦店，包含Austin Reed、Mango、Next等，聚集在同一條街上百家爭鳴。

蘇活區和肯頓區

MAP ▶P.146B2 龐德街 Bond Street

🚇搭乘Jubilee、Central線地鐵於Bond Street站下，步行約5分鐘。

走在Bond Street上若不穿得稍微光鮮亮麗，還真有種自慚形穢的窘迫感。DKNY、Emporio Armani、GUCCI、Asprey、Burberry、LV，舉凡能想得到、雙手能數得出的名牌服飾及珠寶，都聚集在這條徒步20分鐘就能走完的街上，當然，要在20分鐘內逛完Bond Street是天方夜譚，每個店家精美的櫥窗設計與推開門就能聞見的優雅流行氣息，絕對有引誘你掏出皮包裡那張卡的魔力。歷史悠久、造型優美的Burlington Arcade 也位於Old Bond Street上，走在其中，時光彷彿回到兩世紀前。

蘇活區和肯頓區

MAP ▶P.146B2 Smythson

🚇搭地鐵Jubilee、Central線於Bond Street站下，或地鐵Central、Bakerloo、Victoria線於Oxford Circus站下，皆步行約6分鐘。 🏠131-132 New Bond Street, London ☎020-3535-8009 🕐週一11:00~18:00、週二~週六10:00~18:00、週日12:00~18:00 🌐www.smythson.com

從1887開始，Smythson就一直提供著優質文具給著重品味的名流淑媛們。「尼羅河藍」(Nile Blue)是Smythson的商標，「浮雕印製」(Die-Stamping)技術則是該店的老招牌，每個印在紙上的字體或五彩繽紛的圖案，都是工匠在銅版上細細雕刻出來的。「浮水印」同樣是商品特色之一，除了讓顧客們能夠知道自己所觸摸的是貨真價實的Smythson，不同的圖案也代表著這家老店所走過的每一個時代。包括已故的摩納哥王妃葛莉絲凱莉、流行天后瑪丹娜、奧斯卡影帝達斯汀霍夫曼、影后葛妮絲派特蘿等，都是Smythson的忠實顧客。

蘇活區和肯頓區

MAP ▶P.146B2 柏林頓拱廊Burlington Arcade

🚇搭地鐵Piccadilly、Bakerloo線於Piccadilly Circus站下，或搭地鐵Piccadilly、Victoria、Jubilee線於Green Park站下，皆步行約3~5分鐘。 🏠51 Piccadilly, London 🕐週一～週六8:00~19:30、週日11:00~18:00 🌐www.burlingtonarcade.com/

緊鄰皇家藝術學院(前身為柏林頓宅邸)的柏林頓拱廊，開幕於1819年，拱廊由居住於柏林頓宅邸的George Cavendish勳爵下令建造，不但是倫敦最早出現的購物拱廊之一，同時也是當地最長的有頂購物街。

在它洋溢著濃厚歷史氣息的美麗建築中，隱身著多家獨具風格商店和咖啡館，店鋪類型涵蓋手錶、流行服飾配件、珠寶、鞋、皮件及禮品，如收藏大量勞力士復古錶款的The Vintage Watch Company、創立於1870年的香水商Penhaligon's等，襯托出該拱廊奢華且優雅的情調。

Paul Smith Sale Shop

🚇搭地鐵Jubilee、Central線於Bond Street站下，步行約4分鐘。 🏠23 Avery Row, London ☎020-7493-1287 ●週一～週六11:00~18:00、週日或國定假日12:00－18:00。 ⓦwww.paulsmith.com/us/sale

以經典彩色條紋創造出個人品牌特色的Paul Smith，由同名設計師創立於1976年，這位熱愛文學、音樂和藝術的男人，採用繽紛的條紋與花色，作品優雅、洋溢書卷氣息卻不失活潑又幽默的氣質，這種獨特的英式風情，讓傳統的英國紳士擺脫了拘謹的面貌。Paul Smith以剪裁合身且作工精細的男裝起家，他在小細節上玩味的元素常令人感到驚喜，也因此讓原本「古典主義」的服飾多了雅痞的味道！這間店專門提供過季的商品或男裝樣本商品，折扣約在6折左右。

Fortnum & Mason

🚇搭地鐵Piccadilly、Victoria、Julibee線於Green Park站下，步行約5分鐘。 🏠181 Piccadilly, London ☎020-7734-8040 ●週一～週六10:00~20:00、週日11:30~18:00。 ⓦwww.fortnumandmason.com

時光似乎未曾在Fortnum & Mason偌大的購物空間中留下太多痕跡，古典優雅的庭園壁畫、穿著燕尾服及套裝的親切店員，讓每位顧客彷彿回到兩百多年前那個彬彬有禮的倫敦。堅持著對品質的嚴格要求，F&M以傳統為基礎推陳出新，從招牌的「Royal Blend」、「經典伯爵茶」(Earl Grey Classic)、Patio Blend、St. James's Blend、吸引年輕族群的「野草莓果茶」(Wild Strawberry)，到符合健康原則的有機茶等種類繁多，常讓顧客迷失於茫茫的「茶」海之中。

除了茶葉之外，F&M還販賣各色精美的茶器，從一對茶杯到整套茶具，甚至銀製的茶湯匙一樣不缺。此外，這裡還有巧克力、餅乾、糖果等各種精緻的高級食品，禮盒更令人愛不釋手。

蘇活區和肯頓區

MAP ▶ P.146B2　Charbonnel et Walker

🚇搭地鐵Piccadilly、Victoria、Jubilee線於Green Park站下，步行約5分鐘。 🏠One The Royal Arcade, 28 Old Bond Street, London ☎020-7318-2075 🕙週一～週六10:00~18:30、週日12:00~17:00。 🌐www.charbonnel.co.uk

要拒絕Charbonnel et Walker誘惑的可能性是零，這兒的巧克力色香味俱全，就連包裝盒都美得令人愛不釋手。除了因應時節推出的包裝之外，也有許多經典的素淨包裝，許多Charbonnel et Walker的顧客保存了從古到今的包裝盒，它們從老祖母時代就成為家中裝飾的一部份。在店裡舉辦的包裝盒回顧展中，許多巧克力迷就讓這些傳家之盒相見歡。

老字號的新鮮創意源源不絕，入口即溶的巧克力有松露與香檳入味，再裹上草莓糖衣，粉紅色的甜味從眼裡甜進心裡。除了這松露香檳巧克力(Pink Champagne Truffles)，紫蘿蘭、玫瑰糖衣巧克力(Violet, Rose Creams)則是經典招牌之作，加了紫蘿蘭及玫瑰香精氣味的外衣包裹著香濃軟綿的巧克力，細緻芳香在口腔的熱度下漸漸在口中融開。在Charbonnel et Walker，為品嘗而品嘗，絕對不是罪過。

蘇活區和肯頓區

MAP ▶ P.78A5　薩弗街Savile Row

🚇搭地鐵Piccadilly、Bakerloo線於Piccadilly Circus站下，或地鐵Central、Bakerloo、Victoria線於Oxford Circus站下，皆步行約6~7分鐘。

位於皇家藝術學院後方的薩弗街，不過短短的幾百公尺，然而這裡不僅是「訂製」(Bespoke)這個英文單字的發源地，更是培育不少時尚大師的搖藍！薩弗街興建於1731年~1735年間，1803年開始便已出現裁縫店，隨著19世紀上流社會對於服裝的重視，當時身為時尚指標人物的Beau Brummell正是住在此社區，並在附近的裁縫店打理他的門面。

薩弗街的裁縫店以精緻的技術著稱，就連英國已故時尚大師Lee Alexander McQueen，也是從這條街上的Anderson & Shepherd裁縫店展開他的學徒之路，後來他還到位於1號的Gieves & Hawkes繼續學藝，這間專位英國紳士量身打造頭的裁縫店，獲得過3個英國皇家認證，當今的伊莉莎白女皇和夫婿以及查理王子都是它的客戶。至於Ozwald Boateng則是新一派英國裁縫的代表，他是首位登上巴黎時尚週的薩弗街裁縫。如今走在這條街上，依舊可以看見裁縫師在工作室中辛勤的工作著。

蘇活區和肯頓區

MAP ▶ P.78A4　Lewis Leathers

🚇搭地鐵Northern線於Goodge Street站下，或地鐵Central、Northern線於Tottenham Court Road站下，皆步行約3~5分鐘。 🏠33 Windmill St, Bloomsbury, London ☎020-7636-4314 🕙週一～週六11:00~18:00，週日休 🌐www.lewisleathers.com

建立於1892年的英國皮衣品牌Lewis Leathers，是英國最老的騎士皮衣品牌，它是以替飛行員抵禦英國惡劣寒冷天候，而設計出一系列具機能性的皮革防護外套打出名號；到了1950年代，瞄準戰後時尚市場的第一件皮夾誕生，騎重機穿皮衣漸漸成為一種風潮，之後的數十年間甚至被不少知名搖滾樂手喜愛，特別是它優良的皮質、細膩的做

工、時尚的造型，讓它的騎士皮衣市場愈來愈大，時至今日，Lewis Leathers的皮衣不僅仍深受重機騎士的歡迎，許多藝人、歌手或名模、服裝設計師也喜歡。

位於倫敦的Lewis Leathers本店空間雖然不大，但所有經典款式幾乎都找得到，從皮衣、皮帶、皮褲到皮靴、T恤、安全帽、周邊配件每件商品都展現了這個百年品牌無比的魅力，直擊Lewis Leathers本店除了可以親自挑選、試穿自己喜歡的款式，而且針對外國人提供退稅服務，在價格上可以獲得更多的驚喜！

蘇活區和肯頓區

MAP ▶ P.78B5 **Neal's Yard Diary**

🚇搭地鐵Piccadilly線於Covent Garden站下，步行約3分鐘。 🏠17 Shorts Gardens, London ☎020-7500-7520 🕐週一～週三11:00~18:00，週四～週六10:30~18:30，週日休 💻www.nealsyarddairy.co.uk

深藍色的門面充滿著童話般的色彩，櫥窗中堆滿一個個猶如大蛋糕般的乳酪，這間乳酪專賣店光外觀就相當引人注目！入內後此番乳酪排排站的盛況依舊，無論是四周的木架或是櫃台上，乳酪猶如積木般層層疊疊，讓人忍不住每種都想買來試試。Neal's Yard Diary的前身是創立於1979年的希臘式優格和新鮮乳酪專賣店，其中一位乳酪製造商Randolph Hodgson接手該店後，不斷以自己對乳酪的熱情與知識，嘗試挑選出最美味且受歡迎的口味，終於成就了這間深獲倫敦人信賴的乳酪專賣店。如今店內共販售來自英國和愛爾蘭多達70位乳酪製造者生產的各種乳酪，不論是各種軟、硬、藍或洗浸(Washed Rind)乳酪都能找到，範圍更跨及乳牛、山羊和綿羊奶，讓人眼花撩亂。

蘇活區和肯頓區

MAP ▶ P.78A6 **Floris**

🚇搭地鐵Piccadilly、Bakerloo線於Piccadilly Circus站下，步行約5分鐘。 🏠89 Jermyn Street, London ☎(0)3301 340180 🕐週一～週六9:30~18:30、週日和國定假日11:00~17:00 💻www.florislondon.com

推開Floris的玻璃門，撲鼻的不僅是香水的典雅，還有一種成熟而穩重的古老迎面襲來。這家「世襲」的香水御用店自18世紀傳承至今，置放在店中的香水展示櫃，是1851年在倫敦海德公園舉辦的「萬國博覽會」期間購得，桃木的溫暖色澤在這100多年來未曾減退，玻璃櫥窗中鎖著Floris過去與現在的美好，從古早的理髮師刀剪用具、仕女的梳妝品、老式水晶香水玻璃瓶，到新式軟管狀的盥洗用具。

許多顧客對於Floris經典的NO.89或是Special 127的香氣忠心耿耿，加入萊姆或是葡萄柚的新配方則更加吸引年輕族群。現在Floris不僅是英國人的最愛之一，在年輕一代的用心經營下，香氣跨越大西洋，也攻占了紐約那個百家爭鳴的流行市場。

蘇活區和肯頓區

MAP ▶ P.78B5 **London Graphic Center**

🚇搭地鐵Piccadilly線於Covent Garden站下，步行約3分鐘。 🏠16-18 Shelton Street, Covent Garden, London ☎020-7759-4500 🕐週一～週六10:00~18:30、週日12:00~17:30。 💻www.londongraphics.co.uk

在倫敦擁有4家分店的London Graphic Center是一間洋溢著色彩的「美術社」，無論各式媒材都能在這裡找到，其中位於柯芬園附近的這家是旗艦店，不但建築本身外觀造型獨特，內部兩層樓的空間容納了各類畫板、噴漆等物品，甚至連各色緞帶、毛線和縫線都一應俱全。此外，店內還開闢了一個藝術書籍專區，熱愛藝術創作的人別忘了到此朝聖一番。

西堤區和東區

MAP ▶ P.94D2 **史派特市集 Spitalfield Market**

🚇搭倫敦路面鐵路London Overground
於Shoreditch High Street站下,或搭
乘Circle、Central、Hammersmith &
City、Metropolitan線地鐵於Liverpool
Street站下,皆步行約6~8分鐘。 ⌂
Brushfield St., East End, London ⏰Trader Market
週日~週五10:00~18:00、週六11:00~17:00,商店依
各店家自訂,原則上約10:00~18:00,餐廳週一~週五
10:00~21:30、週六及週日10:00~16:00。 🌐www.
spitalfields.co.uk

週日上午,穿過街道上空無一人的西堤商業區,很難
想到巷子裡會有這樣一個繽紛熱鬧的市集。建於1876年
的史派特市集是倫敦保存最好的維多利亞式市場建築,
外圍的紅磚建築進駐個性化商店,宛如大型工廠的古老
天棚裡,無數的小攤子是年輕藝術家嶄露頭角的舞台。
每天有不同主題:週四是二手及骨董市集;週五的服飾
與藝術市集,聚集了相當多的獨立創作者,帶著自己設
計的衣服、畫作或手工藝品,期待有緣人發掘;週日最
忙碌,所有攤位都會營業,從創意小物、骨董到有機蔬
果都找得到,還可以一路逛到附近的紅磚巷市場(Brick
Lane)。

西堤區和東區

MAP ▶ P.94D1 **Labour And Wait**

🚇搭倫敦路面鐵路London Overground
於Shoreditch High Street站下,步行
約5分鐘。 ⌂85 Redchurch Street,
London ☎020-7729-6253 ⏰
11:00~18:00 🌐www.labourandwait.
co.uk

在新興的紅教堂路上,精品服飾店如雨後春筍般出
現,在這些精緻的店面之中,Labour And Wait顯得既樸
質又搶眼。位於一棟紅磚建築的一樓,黑底白字的招牌
下是深淺綠色交織的外觀,玻璃櫥窗中高掛著襪子、錫
筒和刷子,沒錯,這是間生活雜貨店,開幕於2000年
的Labour And Wait希望替日常生活增添更多的情調與質
感,因此,大量引進各類與生活相關的物品,無論是多
樣造型的蠟燭、各種功能的刷子、尺寸不一的湯匙或攪
拌棒、甚至各種顏色的澆水壺,到拖鞋、毯子和衣物,
都陳列於架上,這些商品沒有過多的裝飾,有的只是簡
單卻更貼近品質與功能的設計,相當具有樂活精神。

西堤區和東區

MAP ▶ P.94C1 **Ally Capellino**

🚇搭倫敦路面鐵路London Overground
於Shoreditch High Street站下，步行約
5分鐘。 🏠9 Calvert Avenue, London
📞020-7033-7843 🕐週三～週六
12:00~18:00、週日12:00~17:00，週一
及週二休息。 🌐allycapellino.co.uk

1956年誕生於倫敦西南方Surrey地區的Alison Lloyd，
從小就喜歡以古老的時尚元素設計衣服，大學研修時尚
與織品，畢業後投入帽子與珠寶的設計和銷售活動，一
直到1980年才正式創立自己的品牌Ally Capellino。這間
位於東區的配件店，是Alison Lloyd於2005開設的第2家
店，裡頭展示著這位融合現代與傳統、並以極簡和耐用
著稱的設計師所創造的各色包包，從皮夾、皮包、手提
包和背包一應俱全，線條俐落且樣式簡單，卻能不受時
空限制，始終給人流行的感覺。

騎士橋區和肯辛頓區

MAP ▶ P.111D2 **哈洛斯百貨Harrods**

🚇搭地鐵Piccadilly線於Knightsbridge站下，步行約3~5
分鐘。 🏠87-135 Brompton Road, Knightsbridge,
London 📞020-7730-1234 🕐週一～週六
10:00~21:00、週日11:30~18:00。特殊日期營業時間異
動，詳情逕上官網查詢。 🌐www.harrods.com

Harrods是倫敦旅遊不可不去的朝
聖地，超過160年歷史的它創始於
1849年，查理‧哈洛德(Charles Henry
Harrod)將一家接手的雜貨店，逐漸擴

大成為販售各種商品的精品百貨公司。後來由埃及商人
法耶德(Mohamed Al Fayed)併購，之後由中東卡達王室
擁有的「卡達控股公司」接手。百貨中庭的埃及式風格
手扶梯是著名的象徵之一，Harrods是全英國首間採用手
扶梯的百貨公司！除了各種名牌商品外，還有自有品牌
的物品如玩具、衣飾、雨傘、食品等，讓慕名前來的消
費者找不到空手而返的理由。進入這間代表英國最貴氣
的百貨公司，可要留意穿著，不可穿短褲進入，一般自
助旅行者愛用的雙肩後背包，也必須改為手提。

騎士橋區和肯辛頓區

MAP ▶ P.111D2 **騎士橋購物區 Knightsbridge**

🚇搭地鐵Piccadilly線於Knightsbridge站
下，出站即達。

騎士橋地鐵站可說是通往倫敦奢華的
出口，連空氣中都飄散著精品的氣味。

一踏出地鐵站，3層樓高的Burberry旗艦店瞬間成為目光焦
點，磚紅色的的英式古典建築和櫥窗中的格紋，像倫敦地
標似的，讓人忍不住多看幾眼。Harrods和Harvey Nicholas
兩大高級百貨公司則鼎立於地鐵的左右兩側，斯洛恩街
(Sloane Street)上，世界名牌一家也沒有缺席，不愧為上流
名媛聚集的地方。

騎士橋區和肯辛頓區

MAP ▶ P.111D2　Harvey Nichols

🚇搭地鐵Piccadilly線於Knightsbridge站下車，出站即達。
🏠109-125 Knightsbridge, London　☎020-7235-5000
🕐週一～週六10:00~20:00、週日11:30~18:00　🌐www.
harveynichols.com

在倫敦，只要是進得了Harvey
Nichols的品牌，就表示在時尚界享有
一定的份量！室內風格偏向時尚極簡，
充分展現現代感，百貨以女裝為主，光

掃地圖

是女裝就占滿了3個樓層，主打設計師品牌，就連在對
面設有分店的Burberry也在此設有專櫃，可見其兵家必
爭之地位。4樓的家飾區匯集了頂級品牌，也有大眾化

的風格。即使每家品牌在不
算寬敞的Harvey Nichols都
只分得一個小小的專櫃，
但在這裡設點的象徵意
義，卻等同晉身倫敦時尚
的上流台階。

諾丁丘

**MAP ▶ P.52A3　波特貝羅市集
Portobello Market**

🚇搭地鐵Circle、Hammersmith & City
線於Ladbroke Grove站下，步行約5分
鐘。　🏠Portobello Rd.,Notting Hill
☎020-7727-7684　🕐週一～週三
9:00~18:00、週四9:00~13:00、週五～

掃地圖

週六9:00~19:00、週日休，骨董市集週六9:00~18:00，建議
11:30前抵達以避開人潮。　🌐www.portobelloroad.co.uk

曾經因休葛蘭和電影《新娘百分百》而成為旅客必遊
景點的諾丁丘(Notting Hill)，其實早就以倫敦最大的骨董
市集揚名世界了，每到週末，這條粉嫩彩色房子包圍的
可愛小街道，就會擠進無數的觀光客和前來尋寶的骨董
商。波特貝羅市集共聚集了上百個小攤位，都以骨董為
重點商品，從舊錢幣、銀器、燭台、珠寶首飾，到經過
認證的骨董家具、鐘錶都有。往北接上蔬果市場，販售
新鮮農產、花卉、及街頭小吃。看骨董也別漏了兩旁巷
子裡的特別小店，向北走到Blenheim Crescent左轉，可
以找到電影取景的旅遊書店(Travel Bookshop)。

馬里波恩區

**MAP ▶ P.119B3　馬里波恩高街
Marylebone High Street**

🚇搭地鐵Circle、Metropolitan、Hammersmith & City、
Jubilee、Bakerloo線於Baker Street站下，步行約8分鐘。

不想到牛津圓環或攝政街和觀光客人
擠人，不妨到馬里波恩高街逛逛。這裡
是倫敦女人最愛的購物街之一，拜附近
的事務所與醫院所賜，在這裡消費的多

掃地圖

是律師、醫生、護士等專業女性，但是品牌價位卻相當

地平易近人。無論是熟女喜
愛的服飾，或是寶貝身體的
品牌及其他藥妝品，還有女
性最愛逛的家飾雜貨店The
Conran Shop、Cath Kidston
等，在這條街上都找得到。

市區周邊

MAP ▶ P.53G1　Burberry Factory Outlet

🚇搭倫敦路面鐵路London Overground
於Hackney Central站下，出站後穿越火
車軌天橋後，對街左手邊巷子裡可看見
Tesco，沿著Tesco右側的道路Morning
Lane前進，至 Chatham Place右轉，在巷

掃地圖

子裡的右手邊，從地鐵站步行約8~10分鐘可達；亦可由倫敦
Euston地鐵站外的公車站牌D，搭乘No.30 公車往Hackney
Wick方向，於Morning Lane站下。　🏠29-31 Chatham
Place, Hackney　☎020-8328-4287　🕐週一～週六
10:00~18:00、週日或國定假日11:00~17:00，營業時間時
有更動請先查詢。　🌐uk.burberry.com/outlet-stores/

説到英國名氣最響叮噹的名牌，自然非Burberry莫
屬，還有什麼比7折或更低的價格買到Burberry系列商
品更令人心動！Burberry的過季商品暢貨中心，位於倫
敦市區東北邊，這一帶目前屬於各國移民雜處區，以工
廠、勞工居多，之前Burberry的Outlet也像工廠的倉庫一
般，毫無裝飾可言；近年觀光客絡繹不絕湧入，經過大
肆整修已煥然一新，和流行商店無異，Burberry過季折
扣商品項目、種類齊全。入內前，略大的包包規定要寄
放在入口處的寄物櫃中。

蘇活區和肯頓區

MAP ▶ P.78C4 **Citadines Holborn-Covent Garden London**

🚇搭地鐵Central線於Holborn站下，步行約1分鐘。 🏠94-99 High Holborn, London ☎020-7395-8800 🌐https://www.discoverasr.com/en/citadines/united-kingdom/citadines-holborn-covent-garden-london

掃地圖

Citadines是全球知名的連鎖酒店品牌，這間Citadines Holborn-Covent Garden座落在離Circle線的Holborn站步行僅1分鐘的距離，這一區本身就很熱鬧，離車站近更加方便，可以說是非常理想的位置。Citadines Holborn-Covent Garden是公寓式的酒店，寬敞舒適的空間讓人放鬆，廚房的設置讓旅人不一定要吃外食，尤其倫敦的外食貴得嚇人，回到飯店下廚可以省下不少。除了公寓式的房型外，也有一般的房型。

此外，飯店的機能也很完善，有舒適明亮的公共空間能聊天也能工作，旁邊有24小時供應的咖啡、茶水，甚至還有設備齊全的健身房，不但適合商務人士也非常適合帶著全家大小出遊。

蘇活區和肯頓區

MAP ▶ P.78C3 **SACO Holborn-Lamb's Conduit St Apartment**

🚇搭地鐵Piccadilly線於Russell Square站下，步行約6分鐘。 🏠Spens House, 72-84 Lamb's Conduit Street, London ☎033-0202-0505 🌐www.sacoapartments.com/serviced-apartments/uk/london/saco-holborn-lamb-s-conduit-st

掃地圖

來自英國的SACO Apartment集團，在全球220個地方擁有超過30,000間的飯店。主打有別於一般飯店的公寓式酒店，讓許多入住過的客人喜愛不已，開始廣受市場歡迎。

這種型式的飯店其布局和設計以「公寓」(Apartment)為概念，入住的空間十分寬敞，除了2至數個房間外，還提供客廳、飯廳、廚房或浴室設施，讓人能保有隱私也能獲得更多功能的設備和服務，就猶如住在自己家中一樣舒適。特別是廚房設計，可以讓客人有機會親自料理自己喜愛的餐食，這對住在高物價的倫敦來說，可説省了荷包又滿足了食慾；而這種形式的飯店不只能短期入住，更適合長天數住宿。

SACO Holborn-Lamb's Conduit St Apartment位於市中心精華地帶，從Russell Square或Holborn地鐵站步行皆

6~8分鐘內可達，離大英博物館也只要10分鐘的路程；附近更有超商、餐廳和購物中心，是旅遊倫敦理想的住宿選擇。

蘇活區和肯頓區

MAP ▶ P.78B2 **St. Pancras Renaissance Hotel London**

🚇搭地鐵Piccadilly、Victoria、Northern、Circle、Metropolitan、Hannersnith & City線於King's Cross St. Pancras站下，步行約1分鐘。 🏠Euston Road, London ☎020-7841-3579 🌐www.stpancrasrenaissance.com

掃地圖

飛機的出現，改變了人類的旅行方式，St Pancras火車站這棟美麗的紅磚建築，差一點也難逃被拆除的命運，所幸在詩人Sir John Betjeman的奔走下，華麗的維多利亞哥德式建築如今當成行駛歐洲之星的火車站，以及一間獨特的飯店St. Pancras Renaissance Hotel London。

飯店順應火車站原本的建築結構，加上當代的設計，構築各具特色的客房，挑高極高的空間給人非常寬敞的感受。儘管客房布置舒適，但飯店各處的裝飾也相當引人注目，讓人光是穿梭其中，就能想像昔日火車旅行鼎盛時期的熱鬧模樣。

西敏寺區

MAP ▶ P.64C1 **Sofitel London St. James**

🚇 搭乘Piccadilly、Bakerloo線地鐵於Piccadilly Circus
站下，步行約5分鐘。 🏠 6 Waterloo Place, London
020-7747-2200 📱 www.sofitelstjames.com

　　坐落於皮卡地里圓環和攝政街附
近，絕佳的地理位置讓房客無論是參觀
景點、購物和用餐都非常便利。

　　儘管身處鬧區，卻位於較靜謐的區域，
讓人有種都會綠洲的愜意。飯店以一棟落成於1923年的
銀行改建而成，從它宏偉的建築外觀和挑高的樓層天花
板，可以瞧見許多華麗的裝飾細節，客房內部在法國現
代主義風格的改造下，洋溢著低調奢華的氣氛，線條簡
單但設計感十足的家具，讓人備感溫馨舒適。

騎士橋區和肯辛頓區

MAP ▶ P.111D1 **Mandarin Oriental Hyde Park**

🚇 搭地鐵Piccadilly線於Knightsbridge
站下，步行約1分鐘。 🏠 66
Knightsbridge, London 📞 020-7235-
2000 📱 www.mandarinoriental.com/
london

　　象徵著高品質的服務水準和極其舒適的環境的東方文
華酒店集團，在倫敦的據點正位於海德公園旁、Harvey
Nicholas百貨公司對面，古色古香的外觀令人留下深刻
的印象，而它也是倫敦唯一一間可以坐在餐廳裡看到女
王禁衛軍換班的飯店！

　　這間「皇家」飯店高貴的血統，繼承自1889年落成
時即為當時上流社會的重要社交場所「紳士俱樂部」
(Gentleman's Club)，就連當今女王伊莉莎白二世，也是
在此學會了她的第一支舞，更遑論其他皇室成員在此舉
辦的大大小小活動。飯店如今共有198間客房和套房，
洋溢著維多利亞風格，愛爾蘭的亞麻床單、鵝毛枕以及
Jo Malone的沐浴備品，奢華可見一斑。

騎士橋區和肯辛頓區

MAP ▶ P.52A4　**Safestay Holland Park**

🚇搭地鐵Central線於Holland Park站下，步行約10分鐘。
🏠Holland Park, Holland Walk, Kensington, London 📠
020-7870-9629 🆔www.safestay.com

Safestay是倫敦新興的hostel，目前在倫敦有3個據點。雖然是hostel，但是Safestay之所以會受到歡迎，就是因為這是一間硬體和機能都很高規格、會讓人誤以為住到星級酒店的hostel。

從外面看Safestay London Kensington Holland Park，就像是一個豪華的莊園一樣，有著古典優雅的建築和美麗的花園，房型有通舖也有獨立房間，空間都非常寬裕，打破人們對hostel的刻板印象。

交誼廳、酒吧和餐廳的設置讓人們可以輕易的在這裡交到朋友，比起傳統的hostel這裡更舒適，比起星級飯店這裡更便宜，在物價昂貴的倫敦是高貴不貴的好選擇。

騎士橋區和肯辛頓區

MAP ▶ P.111D1　**The Berkeley**

🚇搭地鐵Piccadilly線於Hyde Park Corner、Knightsbridge站下，皆步行約4~5分鐘。　🏠Wilton Place, Knightsbridge, London 📠020-7235-6000 🆔www.the-berkeley.co.uk

隱身於海德公園附近的一座小廣場上，雖然名列倫敦最奢華的頂級飯店之一，The Berkeley卻沒有過於搶眼的外觀，而是以優雅和舒適為訴求。

以灰、棕、米等色調勾勒出房間的溫度，線條簡潔的木製家具打造出質感，客房、套房選擇眾多，每個房間的布置幾乎都獨一無二，其中最受歡迎的要屬坐落於閣樓的超豪華客房，斜斜的屋頂下方開著一扇扇面對海德公園的窗；另外還有由設計奇才David Collins特調配色的Blue Bar、John Heah設計的特色套房，當然也別錯過以當季時裝界流行元素為主題的Prêt-a-Portea下午茶！

騎士橋區和肯辛頓區

MAP ▶ P.111A3 **Cromwell Crown Hotel**

🚇搭地鐵Piccadilly、Circle、District線於Gloucester Road站下，步行約7分鐘。 🏠139-141 Cromwell Road, South Kensington, London ☎020-7370-1222 🌐 cromwellinternational.co.uk/

Cromwell International Hotel位於熱鬧的馬路旁，地理位置優，交通便利，適合商務及休閒旅遊，房型從基本的經濟型客房到套房都有，新近裝修過的房間設備齊全，在高物價的倫敦住宿環境中，算是價格合理的選擇。此外，Cromwell International Hotel提供無線網路服務。

市區周邊

MAP ▶ P.52A5 **Dylan Apartments Earls Court**

🚇搭地鐵Distict、Piccadilly線於Earls Court站下，步行約8分鐘。 🏠27-28 Philbeach Gardens, Earls Court, London ☎020-7370-6648

這家位於Earls Court區中的住宅區Philbeach Gardens旁的旅館，遠離主要道路的喧囂。旅館設施小巧，客房不大，儘管如此還是有電梯提供服務，並配備冰箱和微波爐等廚房設備及簡單的餐具，也提供客房打掃服務。此外，由於鄰近奧林匹亞展覽中心(Olympia Exhibition Centres)，因此，除了遊客以外，對商務客來說也相當方便。

市區周邊

MAP ▶ P.52B3 **The Phoenix Hotel**

🚇搭地鐵Circle、District線於Bayswater站下，步行約3分鐘。 🏠1-8 Kensington Garden Square, London ☎ 020-7229-2494 🌐www.phoenixhotel.co.uk

The Phoenix Hotel坐落在一棟優雅的19世紀白色建築中，稍稍偏離主要街道，擁有較寧靜的氣氛，從這裡可以步行的方式穿越海德公園，散步前往亞伯特演奏廳，或到肯辛頓區的商店逛街。黃色的壁紙搭配紅色的地毯、色彩繽紛的沙發和抱枕，以及裝飾牆面的仿古繪畫，讓整間飯店洋溢著溫馨且古老的英式氣氛。如果你一個人旅行，該飯店也提供單人房，空間雖小但一應俱全，是項價格合理的不錯選擇。

英格蘭南部

South England

英格蘭南部

文●墨刻編輯部　攝影●墨刻攝影組

P.162　牛津Oxford

P.172　劍橋Cambridge

P.179　史特拉福Straford-Upon-Avon

P.184　巴斯Bath

P.191　沙里斯貝利Salisbury

P.195　肯特伯里Canterbury

P.199　多佛Dover

P.202　布萊頓Brighton

P.205　溫徹斯特Winchester

P.210　南安普敦Southampton

P.212　彭贊斯Penzance

大不列顛由英格蘭、蘇格蘭、威爾斯、北愛爾蘭等4大區塊組成，其中倫敦坐落的位置就在英格蘭南部，可見這個地區的天然環境最優越、最適合人居，也因此發展得最早也最好。

除了倫敦之外，一些世人最耳熟能詳的城市，幾乎都集中在英格蘭南部，包括大學城劍橋與牛津、莎士比亞的家鄉史特拉福、羅馬時期即發跡的溫泉鄉巴斯、巨石陣的門戶沙里斯貝利等。

此外，英格蘭南端的瀕海沿線，由於氣候溫暖、風光優美，有的發展成海濱度假勝地，有的因進可攻退可守的戰略位置留下許多古蹟。尤其東側因為距離倫敦近、交通方便，包括肯特伯里、多佛、布萊頓、溫徹斯特、南安普敦

英格蘭南部圖

布里斯托海峽
Bristol Channel

海角
Land's End

聖艾夫斯
St. Ives

彭贊斯
Penzance

史特拉福
Stratford-upon-Avon

牛津
Oxford

巴斯
Bath

沙里斯貝利
Sallsbury

溫徹斯特
Winchester

南安普敦
Southampton

珍‧奧斯汀之家博物館
Jane Austen's House Museum

比塞斯特村
Bicester Outlet Village

溫莎
Windsor

倫敦
London

劍橋
Cambridge

肯特伯里
Canterbury

萊伊
Rye

布萊頓
Brighton

多佛
Dover

七姊妹斷崖
Seven Sisters

英吉利海峽
English Channel

等，都很適合從倫敦當天來回一日遊，也不妨住下來深度探索一番。

而在康瓦爾半島西陲的彭贊斯，雖然路途遙遠，迷人的風情仍然吸引各地觀光客近悅遠來。

英格蘭南部之最Top Highlights of South England

牛津和劍橋大學
Oxford University & Cambridge University
前者為全英最古老的大學城，後者是諾貝爾獎得主搖籃，兩者皆是全球頂尖優秀的大學。（P.162、P.172）

史前巨石陣Stonehenge
不論是外星人入侵、魔法師的魔法使用，或凱爾特人所建立的神殿，充滿謎樣奇觀的史前巨石陣，總讓人感到不可思議。（P.192）

史特拉福
Stratford-Upon-Avon
莎士比亞的故鄉，可以來此欣賞一齣精采的莎翁名劇。（P.179）

多佛城堡Dover Castle
具重要的戰略地位，肩負捍衛不列顛群島的重責大任近兩千年，有「英格蘭之鑰」的美譽。（P.200）

羅馬浴池
The Roman Baths
巴斯是知名的溫度假勝地，可到羅馬浴池體驗泡湯樂趣，享受悠哉的小鎮生活。（P.186）

聖麥可山
St. Michael's Mount
遠離塵囂的彭贊斯是熱門的度假勝地，海中孤島「聖麥可山」景色奇特，有「英國的聖米歇爾山」之稱。（P.213）

How to Explore South England
如何玩英格蘭南部

沙里斯貝利Salisbury

雖然大部分觀光客來到沙里斯貝利都是為了大名鼎鼎的史前巨石陣，但是小鎮上的大教堂、博物館和古市鎮也都很有看點。前往史前巨石陣可以搭乘巴士或是參加當地的半日遊行程。

巴斯Bath

巴斯是座古城，以羅馬浴池出名，走在小鎮的街上，欣賞優雅的古典建築，在莎莉露之屋享用點心和麵包，最後泡個熱湯，融入小鎮的悠閒生活。

彭贊斯Penzance

彭贊斯的市區是個適合放鬆度假的小城，知名的景點聖麥可山、聖艾夫斯、海角等地都需要搭乘巴士前往。

溫徹斯特Winchester

溫徹斯特是座歷史悠久的古都，有歐洲歷史最古老的大會堂、傳奇的亞瑟王圓桌等等景點，此外因為詩人濟慈和作家珍·奧斯汀的作品加持，讓這裡多了一股優雅的文藝氣息。

南安普敦Southampton

南安普敦是英國最古老的貿易商港，舊城區到碼頭一帶雖然已經現代化，但仍然感受得到豐富、熱情的港都文化。此外南安普敦有免費的市區巴士，可以善加利用。

布萊頓Brighton

布萊頓是個海濱度假小城，除了陽光、沙灘之外，市區的皇家行宮和巷道區都是很受歡迎的景點。著名的七姐妹斷崖在離布萊頓約1小時車程處，可以在布萊頓搭乘巴士前往。

史特拉福Straford-Upon-Avon

除了安·哈瑟威之家，史特拉福大部分景點相距不遠，步行可達，極為方便，如要造訪安·哈瑟威之家，可搭乘19號公車前往。

牛津Oxford

牛津的市區範圍不大，景點集中在市中心，可以步行參觀。從火車站前往市中心步行大約15分鐘的距離，也可以搭乘1號和5號公車。

史特拉福
Stratford-upon-Avon
牛津Oxford
巴斯Bath
沙里斯貝利Salisbury 溫徹斯特
Winchester
南安普敦
Southampton
彭贊斯
Penzance
劍橋
Cambridge
倫敦
London
肯特伯里
Cantebury
多佛
Dover
布萊頓
Brighton

劍橋Cambridge

劍橋的景點大部分以劍橋大學為主，儘管劍橋大學的範圍遍布整個城市，但市區並不大因此可以步行參觀。火車站位於市區東南方，離市中心步行大約20分鐘的距離，可以搭乘1號、3號或7號公車到市中心。

多佛Dover

多佛是個海濱城市，曾經是英國和歐陸聯絡的重要港口。雄偉的多佛城堡保存良好，屹立在山丘上可以遠眺整個港灣。白崖是著名的地質奇景，離市鎮中心需步行約20~30分鐘。

肯特伯里
Canterbury

來到肯特伯里的舊城區馬上有回到中世紀的感覺，雖然城區不大，但是逛上一整天也沒有問題，這裡有大教堂、古城牆、塔樓、修道院廢墟等許多的地方值得仔細欣賞。

牛津
Oxford

牛津，既是嚴肅的學術殿堂，也是戲謔人生的《愛麗絲夢遊仙境》故事的起源處，然而愛麗絲勇敢又堅持地追求答案的精神，或許正是牛津學者的最佳寫照。

瀰漫濃濃學術氣息的牛津小鎮，孕育出英國的第一所大學「牛津大學」，在一平方公里不到的小小範圍內，誕生了無數位哲學家、詩人和科學家。走在牛津街頭，一棟接著一棟的學院劍拔弩張地矗立在遊客眼前，彷彿驕傲地宣示著它一路至今輝煌的歷史，美國前總統柯林頓、英國物理學家霍金(Stephen William Hawking)、英國詩人王爾德、甚至近年來因《哈利波特》電影走紅的艾瑪‧華森等人都是牛津大學的學生，一旦踏進這座城市，那些出現於歷史課本或世界舞台的名字，猶如事先約好似地潛伏於街角，隨時等著鑽進遊客的腦海，牛津的驕傲不停地被重覆和炫耀著。

INFO

基本資訊
人口：約15.24萬
面積：約45.59平方公里
區域號碼：01865

如何前往
◎**火車**

可從倫敦帕丁頓(Paddington)火車站搭火車前往，平均約6~20分鐘一班，車程約1~1.5小時；有些班次須於Reading轉車。

班次、時刻表及票價可上網或至火車站查詢，車票可上網、至火車站櫃台購買，或先在台灣向飛達旅遊購買英國火車通行證(BritRail Pass)。

飛達旅遊
☎02-8161-3456
🌐www.gobytrain.com.tw
官方LINE客服：搜尋@gobytrain

英國國鐵
🌐www.nationalrail.co.uk

◎**巴士**

Oxford Tube
🚏搭車點包括倫敦Victoria、Marble Arch、Notting Hill Gate、Shepherd's Bush和Hillingdon等地鐵站附近的5個巴士車站。 ⏰5:25~翌日凌晨3:25發車，不同時段班次不同，約12~60分鐘一班，車程約100分鐘。 💲全票單程£12、來回£18。 🌐www.oxfordtube.com

火車站、巴士站至市區交通
◎**火車站**

位於市區西方，步行至遊客服務中心約12~15分鐘。

◎**巴士站**

位於市區的Gloucester Green，步行至遊客服務中心約5分鐘。

市區交通

大部分景點步行可達。

旅遊諮詢
牛津遊客服務中心Oxford Visitor Information Centre
🚶從火車站步行約12~15分鐘 📍15-16 Broad Street, Oxford ☎01865-686-430 🕐週一~週六9:30~17:00、週日10:00~15:00 🌐www.visitoxford.org

牛 津

地圖標示

- 瓦德漢學院 Wadham College
- 聖約翰學院 St. Jonh's College
- 阿須摩林博物館 Ashmolean Museum
- 三一學院 Trinity College
- Macdonald Randolph Hotel & Spa
- 巴士站
- Bath Place Hotel
- 新學院 New College
- 波德里安圖書館 Bodleian Library
- 遊客服務中心
- Jesus College
- 拉德克里夫圖書館 Radcliffe
- ←往 火車站
- 聖瑪麗教堂 Church of St. Mary's the Virgin
- 皇后學院 Queen's College
- 卡法斯塔 Carfax Towr
- Lincoln College
- 牛津城堡不設防 Oxford Castle-Unlocked
- 牛津博物館 Museum of Oxford
- 現代藝術美術館 Museum of Modern Art
- Botanic Garden
- 摩頓學院 Meton College
- →往莫德林學院
- 基督聖體學院 Corpus Christi College
- 基督教會 Christ church
- 基督教會學院 Christ Church College
- ↓往 愛麗絲的店 Alice's Shop
- 查威爾河

MAP ▶ P.163

Where to Explore in Oxford
賞遊牛津

牛津大學
Oxford University
全英最古老大學城

MOOK Choice

掃地圖

分散於市區各處，大部可步行前往。
University Offices, Wellington Square, Oxford ☎01865-270-000 www.ox.ac.uk

　　牛津大學聲名遠播，成為許多人前來造訪牛津這座城市的主因。這座大學城在過去八百多年中造育出許多傑出人士，但牛津大學正式成立的時間已不可考，一般據信回溯到1167年英格蘭與法國戰爭之際，一些在巴黎大學研究的學者離開巴黎後前往牛津定居，同時吸引更多學者前來，12世紀末牛津大學已成規模，13世紀中期之後各個學院陸續成立，開始牛津大學的璀璨歲月。

　　牛津和劍橋兩者淵源極深，學制規定也十分類似，大學（University）由許多學院（College）所組成，每個學院為獨立自主的教學機構，提供學生課業及生活上的指導。牛津大學包含38個學院，目前學生有14,000人左右。

編輯筆記 ✎

「筧嘴」是啥？

　　高塔建築是牛津的參觀重點之一，另一個重點是散見在各學院建築的筧嘴（Gargolyes），也就是導水用的管子，造型奇特各異，是哥德式建築的一大特色，在莫德林學院、新學院等建築都可看到。牛津街頭可見的許多明信片，就是用這些怪異造型的筧嘴，作為代表牛津的特色。

三一學院
Trinity College

MOOK Choice

小而美的知識殿堂

掃地圖

🚶從遊客服務中心步行約2分鐘 🏠Broad Street, Oxford ☎01865-279-900 🕐10:00~12:00、14:00~17:00，開放時間會因學校作息調整，請先以電話確認。💲全票£3、優待票£2。 🌐www.trinity.ox.ac.uk

三一學院於1555年由Thomas Pope爵士創立，這位出生於牛津郡當地小地主家庭的律師，在亨利八世任內很快地嶄露頭角並獲得重用，他在宗教改革期間出任財務大臣的工作，解散多座修道院的同時，也大量增加了個人的財富，然而Pope終生沒有子嗣，為了讓後人記得他和他的家族，於是決定創辦一所學院。

今日的三一學院由4座四方院構成，而它最引人注目的古圖書館(Old Library)落成於1421年。至於祝聖於1694年的禮拜堂，在克里斯多佛·雷恩爵士(Sir Christopher Wren)的建議下由Henry Aldrich設計，雖然規模不大，卻是首座完全以新古典主義風格設計的學院禮拜堂，裝飾著淺浮雕和壁畫，以及許多出自Grinling Gibbons之手的美麗木雕。

三一學院最迷人的焦點在這裡！

擁有數百年歷史的古圖書館是三一學院最知名的焦點，館內收藏著15~19世紀的珍貴印刷品，大多為古典名著、神學和地質學類藏書，走逛其中令人有種穿梭時空隧道的感覺。

瓦德漢學院
Wadham College

夫唱婦隨建校佳話

掃地圖

🚶從遊客服務中心步行約3分鐘 🏠Parks Road, Oxford ☎01865-277-900 🕐學期期間13:00~16:15，非學期期間10:30~11:45、13:00~16:15。開放時間會因學校作息調整，請先以電話確認。💲免費 🌐www.wadham.ox.ac.uk

於2010年歡度建校400週年的瓦德漢學院，

由瓦德漢夫婦Nicholas和Dorothy 創立於詹姆斯一世國王任內。Nicholas屬於昔日索墨塞特(Somerset)家族的一員，他在1609年過世時，將一大筆財產捐贈給牛津的這所學院，當時高齡75歲的遺孀Dorothy接下重責大任，瓦德漢學院得以在Nicholas過世後不到4年的時間，便籌畫完成得以開校，成就了一段傳奇故事。

基督聖體學院
Corpus Christi College
愛麗絲夢遊仙境背景地

掃地圖

🚶 從遊客服務中心步行約7分鐘　🏠 Merton Street, Oxford　📞01865-276-700　🕐13:30~16:30，開放時間會因學校作息調整，請先以電話確認。　💲免費
🔗 www.ccc.ox.ac.uk

　　由溫徹斯特主教Richard Fox創立於1517年的基督聖體學院，原本的目的在於訓練僧侶，幸虧後來主教將方向調整為教育年輕人人文與科學知識，否則恐怕無法躲過下個世紀的宗教改革活動，或許會因此銷聲匿跡。學院最吸引遊客之處是學院中庭的日晷柱，打從17世紀起就聳立於此，可見證牛津科學之昌明。

《愛麗絲夢遊仙境》的背景起源在這裡？

　　參觀完日晷柱之後，記得繞往學院後方欣賞基督教會學院綠茵油油的廣大草原，這裡正是《愛麗絲夢遊仙境》童話故事的背景起源。

《魔戒》作者在此構思？

　　據說《魔戒》(The Ring)的作者托爾金(JRR Tolkien)於摩頓學院任教時，經常窩在古圖書館研究古老的薩克遜文字，使得他日後得以完成《魔戒》著作，創造出引人入勝的奇幻世界！

摩頓學院
Merton College
牛津第一座學院

掃地圖

🚶 從遊客服務中心步行約7分鐘　🏠 Merton Street, Oxford　📞01865-276-310　🕐週一～週五14:00~17:00、週六10:00~17:00、週日12:00~17:00，開放時間會因學校作息調整，請先以電話確認。　💲£5　🔗www.merton.ox.ac.uk

　　成立於1264年的摩頓學院是牛津大學的第一個學院，打從中世紀開始，就已在科學研究領域享有盛名，機械、幾何、物理等學術成就均相當傑出。摩頓學院同時擁有牛津最古老的學院建築，以及興建於1378年、全英格蘭最古老的圖書館。

　　14世紀的群眾方院(Mob Quad)是摩頓學院最早建立的眾方院，此外，歷史回溯到13世紀的禮拜堂中，還保存著12扇當時的彩繪玻璃窗。

MAP ▶ P.163C3

基督教會學院

Christ Church

英國首相的搖籃

掃地圖

🔹 從遊客服務中心步行約7分鐘　🏠 St. Aldates, Oxford　☎ 01865-276-150　🔹 開放時間會因學校作息調整，通常在17:00關閉，先以電話確認。教堂不定期關閉，請上網查詢最新資訊。　💲 全票£16，請上網預定，5歲以下免費　🌐 基督教會學院www.chch.ox.ac.uk、大教堂www.chch.ox.ac.uk/cathedral

創立於1525年的基督教會學院是牛津大學最大的學院，曾在內戰時作為查理一世的臨時首都，最引以為傲之處就是在近代兩百年間誕生了16位英國首相，不過也是參觀門票最貴的學院。

值得一提的是，《愛麗絲夢遊仙境》一書正是由該學院的數學教授道格森(Charles Lutwidge Dodgson)以筆名卡爾(Lewis Caroll)寫出的文學名著，故事主角愛麗絲的靈感，來自於基督教會學院院長的女兒愛麗絲・李道爾(Alice Liddell)。

進入基督教會學院後，必須依循遊客參觀路線行進，基督教會教堂的參觀重點包括古色古香的迴廊和大教堂(Cathedral)，迴廊的歷史可追溯至15世紀，而基督教會教堂雖然是英格蘭最小的教堂，但建築本身和內部設計都值得細細瀏覽，特別是聖壇旁名為《聖凱薩琳之窗》(St. Catherine's Window)的彩繪玻璃，把《愛麗絲夢遊仙境》中主角愛麗絲的姊姊愛蒂絲(Edith Liddell)描繪成聖人，相當有趣。

編輯筆記

哈利波特迷請注意！

基督教會學院與教堂內的許多地方曾是電影《哈利波特》的拍攝場景，像是大廳(The Great Hall)和通往大廳的16世紀階梯，勾勒出哈利波特等人在霍格華茲的生活，因此吸引許多粉絲前來參觀。

你知道卡爾與愛麗絲的故事嗎？

記得那隻會消失的貓，以及撲克牌軍隊嗎？童話故事《愛麗絲夢遊仙境》(Alice's Adventures in Wonderland)就是以牛津為故事背景，故事中的主人翁愛麗絲也是確有其人，與牛津基督教會學院淵源很深。

愛麗絲夢遊仙境的作者本名為道格森(Charles Lutwidge Dodgson)，卡爾(Lewis Carroll)則是他廣為人知的筆名，卡爾曾在基督教會學院中就讀，後來就在母校教授數學並出版許多學術著作，閒暇之餘常與當時學院院長李道爾(Liddell)的幾個女兒遊玩，建立了深厚的友誼，二女兒愛麗絲(Alice)常常是卡爾攝影的模特兒，卡爾告訴愛麗絲許多有趣的故事陪伴愛麗絲度過歡樂的童年，《愛麗絲夢遊仙境》就是其中大眾耳熟能詳的精采故事。

除了《愛麗絲夢遊仙境》外，卡爾的著名童話著作還有《Through the Looking Glass》，這些故事中的場景都以牛津這個大學城為主。

MAP ▶ P.163B3

愛麗絲的店
Alice's Shop
引領進入童話世界

掃地圖

📍 從遊客服務中心步行約8分鐘　🏠83 St. Aldates, Oxford　☎01865-240-338　🕐週日~週一10:30~17:00、週六10:30~18:00　🌐www.aliceinwonderlandshop.co.uk

牛津的基督教會學院斜對面有一家愛麗絲的店，建築物本身已經約有五百年的歷史，是愛麗絲小時候經常光顧的糖果店，也在卡爾的著作《Through the Looking Glass》中出現，愛麗絲的店有各種與愛麗絲故事相關的紀念品，也販售愛麗絲最喜歡吃的糖果。

故事中這家商店由一隻山羊經營，擺滿各種新奇的物品，每當愛麗絲想要觸摸時就會漂浮在空中，好奇的愛麗絲就和羊老闆划船一探究竟，到底結果如何呢？就直接到愛麗絲的店瞧瞧吧！

英格蘭南部……**牛**津 Oxford

ALICE'S SHOP

MAP ▶ P.163B2

卡法斯塔
Carfax Tower

登高俯瞰大學城

🚶 從遊客服務中心步行約5分鐘 🏠 Carfax, Oxford ☎ 01865-790-522 🕐 4~9月10:00~17:00、10月10:00~16:00、11~2月10:00~15:00、3月10:00~16:00，開放時間時有變更，請以電話洽詢。 💲全票£3

掃地圖

位於St Aldates、Cornmarket St、High Street和Queen Street四路交會口，卡法斯塔名稱來自拉丁文「Quadro Furcus」，意思是「四岔」，它是牛津聖馬丁教堂目前僅存的遺跡。聖馬丁教堂的歷史可追溯至11世紀，因位於城鎮中央，幾世紀以來是牛津重要的宗教中心，英格蘭皇室如伊莉莎白一世等都曾親臨此地舉行宗教儀式，但19世紀以來，教堂因建築結構安全及位居交通要衝道路拓寬工程等因素，日益式微，至1896年僅剩卡法斯塔為聖馬丁教堂唯一見證了。

這樣玩才內行！

登上72英呎、99個階梯的塔頂，即可居高臨下眺望牛津各個學院的古典建築。卡法斯塔每15分鐘敲鐘一次，登塔途中也可順道參觀鐘樓。

一間什麼都有的博物館！

阿須摩林博物館不但是全世界首間大學博物館，也是英國最古老的公立博物館之一，館內收藏包羅萬象，從古代文物、錢幣、書籍、雕刻、地質和動物樣本、織品到繪畫一應俱全。

MAP ▶ P.163B1

阿須摩林博物館
Ashmolean Museum

小鎮裡的文物寶窟

掃地圖

🚶 從遊客服務中心步行約4分鐘 🏠 Beaumont Street, Oxford ☎ 01865-278-000 🕐 10:00~17:00 💲免費 🌐 www.ashmolean.org

阿須摩林博物館的收藏以Elias Ashmole於1677年捐贈的珍稀為基礎，這位擁有骨董商人、政客、占星師等多種身分的英國名人，是皇家協會(Royal Society)的創辦人之一，雖然以科學知識見長，但是他在古文物研究和神祕學方面也相當專精，從他各式各樣的藏書和收藏便能窺見一二。

今日阿須摩林博物館建築落成於1845年，以古典主義風格興建，近年不斷擴建，特別是2006年~2009

年由Rick Mather改建，從昔日的3層樓搖身變成了5層建築。樓層由下而上分別為探索過去(Exploring The Past)、古代世界(Ancient World)、亞洲十字路口(Asian Crossroads)、西方遇上東方(West Meets East)以及特展區等五大部分。

MAP ▶ P.163C2

聖瑪麗教堂
Church of St. Mary's the Virgin
牛津大學的起源地

掃地圖

🚶從遊客服務中心步行約5分鐘　⛪High Street, Oxford　☎01865-279-110　🕐週一~週五9:30~17:00、週日12:00~17:00　💲教堂免費，塔樓£5　🌐www.university-church.ox.ac.uk

MOOK Choice

聖瑪麗教堂是牛津教區中規模最宏偉的教堂，也是第一棟被牛津大學採用的建築，打從13世紀初，就作為大學管理中心和授予文憑的場所，可說是牛津大學的起源地。隨著大學的發展，教堂不斷擴建，1302年左右新增兩層樓建築，下層作為牛津大學的會議廳，上層則為該大學的首座博物館，這兩項設施直到附近的Sheldonian Theatre和波德里安圖書館的出現才被取代。

教堂今日的建築主要落成於15世紀末到16世紀初，最古老的部分是回溯到1270年代的塔樓，塔樓開放參觀，攀爬127級階梯後，可欣賞到牛津絕美的景觀。

聖母與聖嬰像藏在這裡！

南側門廊由查理一世的石匠大師Nicholas Stone設計，興建於1637年，螺旋狀的廊柱支撐著中央位於哥德扇形肋拱下的聖母與聖嬰像。

歡迎來此試膽！

牛津城堡最令人毛骨悚然的地方，就是深入那處擁有900年歷史的地下室，這是聖喬治教堂唯一留存的遺跡，據說蒙茅斯的傑佛瑞(Geoffrey of Monmouth)在此寫下了亞瑟王的傳說，而許多體質敏感的人表示曾在此有過靈異感應！

MAP ▶ P.163A2

牛津城堡不設防
Oxford Castle-Unlocked
監獄乎？主題樂園也！

掃地圖

🚶從遊客服務中心步行約10分鐘　🏰44-46 Oxford Castle, Oxford　☎01865-260-663　🕐週一~週四10:30~16:30(每隔30分鐘安排一次導覽)、週五~週日10:00~17:00(每隔20分鐘安排一次導覽)，開放時間時有變更，請上網查詢或電洽。　💲參觀需參加導覽行程，行程時間約50分鐘，全票£15.25、優待票£9.95~14.25，5歲以下免費但不得進入聖喬治塔。　🌐www.oxfordcastleunlocked.co.uk

牛津城堡是一棟龐大且部分頹圮的諾曼式中世紀碉堡，原本是一座圍繞著壕溝、修築於凸起土方的木頭防禦建築，11世紀改以石材重建，到了14世紀後因失去軍事價值，城堡規模縮減並用來收容囚犯，直到1996年才結束它的監獄身份。

如今監獄搖身一變，成為一處充滿趣味的景點，身著傳統服飾的導遊扮演曾經囚禁於此的人物，訴說自身悲慘的命運，帶領遊客進入不見天日的死囚世界。

科茲窩英格蘭鄉村一日遊

離牛津不遠的「科茲窩」(The Cotswolds)是對英格蘭西南方地區的總稱，這裡聚集眾多英格蘭最美麗的鄉村城鎮，車行在一望無際的綠色丘陵小路，偶見牛羊點綴其間，風光明媚，來到這裡可以徹底感受到不一樣的英格蘭風情。由於這些小鎮多半沒有火車相連，想造訪除了自行開車，最便利的方式就是參加套裝行程，從倫敦出發，一一造訪科茲窩最美麗的四大城鎮。

🏠從倫敦維多利亞巴士站(164 Buckingham Palace Road, Victoria Coach Station)集合出發 ☎020-7713-1311 ⏰行程日期請上網查詢及預訂。行程當日8:15 出發，約18:30結束，全程約10小時。 💰全票￡108、優待票98~105。 🌐www.premiumtours.co.uk ❗需事先報名

貝福德Burford

車行不到兩個小時就來到首站「貝福德」，這個位於牛津不到30公里的小鎮，地方不大，主街(High St.)就是鎮上最熱鬧的街道，以蜂蜜色石灰岩(Limestone)蓋成的房舍一間間矗立街頭，讓人深感置身在童話世界裡。在這裡，有800年歷史的貝福德教堂(Burford Church)、門面藤蔓攀延的英式小茶館、小巧可愛的骨董藝品小店，值得花時間駐足；而位於大街邊的Mrs Bumbles Delicatessen，賣著許多自家手工製作的土特產，像是果醬、橄欖油、糖果、麵包蛋糕等等，現場還歡迎試吃，迷人的滋味受到遊客青睞。

高地史都 Stow-on-the-Wold

坐落在244公尺高的山丘上，高地史都是科茲窩地區海拔最高的村莊。在14世紀時，這個古老的小鎮就是農產品和羊毛集散中心，每年的交易會期間就變得熱鬧非凡。現今，中世紀建立、同樣以蜂蜜色石頭整齊堆疊建造的聖愛德華教堂(St. Edward's Church)是造訪重點，裡頭大型的彩繪玻璃引人注目，街頭聚集了不少高級骨董店或紀念品店，很多遊客很喜歡來這裡尋寶。

拜伯里Bibury

　　拜伯里是威廉‧莫里斯(William Morris)眼中「科茲窩最美的小鎮」(Prettiest Village in The Cotswolds)，莫里斯是英國藝術與工藝美術運動的領導人，也是知名的小說家和詩人，當他在19世紀造訪過這個如詩如畫的小鎮後，便寫下這般美麗的註腳。在這裡，最常提到的景緻就是一整列的英式農舍排屋(Arlington Row)，這些建於1380年的老房子，以當地的石頭依不同的大小形狀排列堆疊而成，它們最早做為羊舍之用(科茲窩在過去以羊毛業為主)，到了17世紀才改成編織工人的宿舍；而今，這片風景不但經常出現在明信片上，也曾出現在電影《BJ的單身日記》中。

　　遇到好天氣，沿著科隆小溪(River Coln)漫步最能感到悠閒愜意。拜伯里同時盛產鱒魚，拜伯里鱒魚養殖場(Bibury Trout Farm)就是一處可以賞魚、釣魚的地方，離養殖場不遠處有間以樹籬花葉裝飾門面的天鵝飯店(The Swan Hotel)，這間以17世紀建築的改建的4星級酒店風格典雅，即使沒入住，在此品嚐一頓鮮美的鱒魚餐也足以讓人心滿意足。

水上波頓 Bourton-on-the-water

　　科茲窩地區有數個大大小小的優美城鎮，水上波頓被列為必訪去處，此地以引人入勝的風光令人心生嚮往，拜溫德拉許河(River Windrush)流經之賜，這個坐落在山間的小鎮，展現了世外桃源般的風情，河畔楊柳低垂、綠樹成蔭，幾座古老的石橋下，雁鴨正自在地悠游戲水，岸邊則是神情自苦的人們正在椅子上看書和聊天，這樣的景致讓水上波頓贏得了「科茲窩的威尼斯」(Venice of The Cotswolds)的美譽。來到這裡，除了賞景，附近還常參觀有汽車博物館(Cotswold Motoring Museum)，也可以找家英式茶館坐坐，或到紀念品店買些伴手禮。

劍橋

劍橋
Cambridge

原本只是康河(River Cam)沼澤區旁的一個小市場,數百年來,隨著劍橋大學各個學院的成立,學生自四面八方湧進,使劍橋以英國最高學府的大學城聞名於世,劍橋幾已成為劍橋大學的代名詞!

徐志摩的《再別康橋》,留給後世對劍橋無限的想像和憧憬,究竟是怎樣一個古老學府,讓詩人「揮一揮衣袖,不帶走一片雲彩」,閒適優雅的康河是原因之一,八百年劍橋學術薰陶之風與劍橋人孜孜向學的堅毅精神,更是劍橋引人入勝之處。

INFO

基本資訊

人口:約 14.57萬
面積:約115.6 平方公里
區域號碼:01223

如何前往

◎火車

可從倫敦國王十字(King's Cross)火車站搭火車前往,車程約50分鐘。班次、時刻表及票價可上網或至火車站查詢,車票也可上網或至火車站櫃台購買,也可先在台灣向飛達旅遊購買英國火車通行證(BritRail Pass)。

飛達旅遊

📞02-8161-3456
🌐www.gobytrain.com.tw
官方LINE客服:搜尋@gobytrain

英國國鐵

🌐www.nationalrail.co.uk
◎巴士

可從倫敦維多利亞(Victoria)火車站後方的維多利亞巴士站(Victoria Coach Station)搭National Express巴士前往,車程約3~3.5小時,請上網查詢最新班次資訊。
🌐www.nationalexpress.com

火車站、巴士站至市區交通

◎火車站

位於市區東南方,可從車站外搭公車1、3、7號至市區Emmanuel Street,車程約12分鐘,可於遊客服務中心索取公車路線圖。

◎巴士站

位於市區的基督學院旁,步行至遊客服務中心約5分鐘。

市區交通

大部分景點步行可達。

旅遊諮詢

Visit Cambridge 🌐www.visitcambridge.org

MAP ▶ P.172

劍橋大學
Cambridge University
諾貝爾獎得主搖籃

MOOK Choice

掃地圖

🚶 分散於市區各處，大部分可步行前往。 🏠 The Old Schools, Trinity Lane, Cambridge ☎ 01223-337-733 🌐 www.cam.ac.uk

　　劍橋大學的前身源起於牛津大學在1209年時發生的暴動，當時3名學生被吊死後，一些學者紛紛逃往劍橋，為英國第二所大學播下孕育的種子，在英王亨利三世佑護下，1233年建立了正式的學術組織。

　　劍橋大學至今將近八百年的歷史中，已孕育出60位以上諾貝爾獎得主，科學和工業是劍橋最引以為傲的學術科系，目前該大學共有31個學院，除了3個學院只收女生外，其他男女皆收。劍橋、牛津大學採用的學院制與台灣大不相同，學院與大學的關係較為獨立，同一科系的學生會被打散至各個學院中，大致來說，大學(University)專責教授的聘請、教授正式課程、學位頒發、舉行考試等；學院(College)表面上隸屬大學之下，但實際為獨立自治的單位，負責給予學生課業和生活上的指導，以導師制(Tutor)為中心，幾個學生一組由同一個導師帶領，在各方面可相互切磋照顧。

　　學生在大學選定研讀的系所後，還必須得到任一學院的許可，才可得到正式的入學資格，學院制最大的優點就是讓不同主修的學生，在學院導師活動中，得以和不同科系的學生交流，獲得更多知識和生活體驗上的交流。

請悄悄的來，悄悄的走

劍橋大學各個學院雖對外開放，但部分學院須付費才能入內參觀，為了避免對教職員和學生造成不便，參觀者最好依據學院的參觀路線指示行進。

MAP ▶ P.172A3

彼得學院
Peterhouse College
劍橋大學起源地

掃地圖

🏠 Trumpington Street, Cambridge ☎ 01223-338-200 🕐 開放時間會因學校作息調整，請先以電話確認。 💲 免費 🌐 www.pet.cam.ac.uk

　　創立於1284年的彼得學院，是劍橋大學的首座學院。當時，原本居住於聖約翰醫院(Hospital of St John)的學者和教會弟兄之間起了異議，於是Ely主教Hugo de Balsham將這些學者遷往如今彼得學院的所在地，同時買下了兩棟房子當成他們的容身之地，從此誕生了這座劍橋最古老也最小的學院。

　　從學院大門所在的Trumpington Street上，可以看見落成於1628年的禮拜堂，不過今日學校以一旁的

Church of St Mary The Less作為禮拜堂。

編輯筆記

小小角落見證了七百多年的歷史

禮拜堂迴廊環繞著舊中庭(Old Court)，在它南面的餐廳是13世紀建築中唯一保存下來的部分。

國王學院
King's College

MOOK Choice

氣勢巍峨不凡

 掃地圖

📍King's Parade, Cambridge ☎01223-331-100 ⏰開放時間因學校作息隨時調整，請先以電話確認。 💲全票£11、優待票£8.5，上網預購享有優惠。 🌐www.kings.cam.ac.uk

　　國王學院是劍橋大學中最著名的學院，它在亨利六世的鼎力支持下於1441年成立，不過因遇上內戰缺乏資金，使得原本計畫遭到擱置，直到16世紀初亨利七世任內，這座學院才終於獲得較具規模的發展！

　　國王學院禮拜堂(King's College Chapel)是劍橋建築的一大代表，此外，與禮拜堂同時創立於亨利六世的國王學院唱詩班更是享譽全球，該唱詩班每年聖誕節舉行的彌撒音樂會都會在電視上轉播，是世界知名的聖誕音樂會之一。

　　跟其他學院一樣，國王學院僅有部份區域對外開放，遊客不能隨意進入校舍以免妨害學生作息。

精緻的彩繪玻璃

　　禮拜堂四周以聖經故事為主題的彩繪玻璃以及木頭雕刻的聖壇屏幕，被認為是當時最精緻的作品之一。

雄偉的哥德式門樓

　　國王學院的正門是雄偉的19世紀哥德式門樓，不過，基本上，遊客不能由此進入參觀，而須以禮拜堂的北門為參觀入口。

劍橋建築的一大代表

　　國王學院禮拜堂是中世紀晚期英國建築的重要典範，該禮拜堂由亨利六世下令興建於1446年，耗時80年，直到1544年才在亨利八世任內完成，擁有全世界最大的扇形拱頂。

劍橋大學出版社
Cambridge University Press Book Shop

感染學術氣息

 掃地圖

📍1 Trinity Street, Cambridge ☎01223-333-333 ⏰週一～週六9:00~17:30、週日11:00~17:00。 🌐www.cambridgebookshop.co.uk/

　　許多遊客到劍橋一定會逛劍橋大學出版社，感染一下學術氣息。在這裡，你可以了解這群精英份子的教科書及課餘讀物是那些，如果想要任何冷門的書籍，也有專門服務人員可幫你尋找。

不買書還能買啥

　　書店中常常舉辦書籍特賣，可以到此撿便宜，若不打算買書，不妨就買個劍橋大學的環保購物袋當作伴手禮也不錯。

MAP ▶ P.172A3

皇后學院
Queens' College

MOOK Choice

優美古老學院

掃地圖

🏠Silver Street, Cambridge ☎01223-335-511 🕐每年開放時間會因學校作息而調整，請上網查詢最新資訊。💲£5，12歲以下免費。🌐www.queens.cam.ac.uk

　　緊鄰康河且跨河而立的皇后學院，是劍橋大學中最古老也最大的學院之一，仔細看皇后學院的英文原名，你會發現它不同於國王學院的「King's」，它是「Queens'」而非「Queen's」，也就是說該學院不只由一位皇后創立。它先是1448年由亨利六世的妻子「安茹的瑪格麗特」（Margaret of Anjou）創立；1465年時，艾德華四世的妻子Elizabeth Woodville再度創建了這個學校，使它因此獲得今日的名稱。皇后學院中有不少獨具特色的建築，其中以連接「明亮」與「陰暗」兩岸校區的數學橋（Mathematical Bridge）最知名。

舊大廳

　　在裝飾著彩繪玻璃和花草壁飾的舊大廳(Old Hall)裡，可以欣賞到昔日餐廳修復後的絕美原貌。

禮拜堂

　　祝聖於1891年的皇后學院禮拜堂很特別，是一座沒有側廊的中殿建築，兩旁並列著成排靠背長椅，位於中央的三聯祭壇畫年代可回溯到15世紀晚期的法蘭德斯(Flemish)畫派。

校長宿舍

　　至於最古色古香的部分，要屬坐落於舊中庭(Old Court)中的校長宿舍(President's Lodge)，至今依舊可見質樸的木頭結構，撐起幾百年的歲月。

數學橋是牛頓所設計的？

　　數學橋的正式名稱為「木橋」（Wooden Bridge），連接皇后學院的新、舊部分，據説該橋是牛頓(Sir Isaac Newton)設計的，他利用數學原理解決了結構上的問題，原本整座橋樑沒有使用任何一個螺帽或螺栓，後來因有學生和導師將它拆除並重組，不料卻無法恢復原貌，這也就是今日數學橋之所以出現螺帽和螺栓的原因。

三一學院
Trinity College
拔尖人才輩出

📍Trinity College, Cambridge ☎01223-338-400 🕐開放時間會因學校作息而隨時調整,請上網查詢或電洽最新資訊。🌐www.trin.cam.ac.uk

掃地圖

三一學院是劍橋大學中最大的學院,由亨利八世在1546年成立,歷屆傑出校友包括二十多位諾貝爾得主、六位英國首相、數學及自然哲學家牛頓、著名哲學兼文學家培根等,並包括查理斯王子在內的多位皇室貴族。

傑出校友雕像和名錄

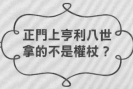

校舍中庭相當寬廣,由大門(Great Court)進入中庭後,右側為三一禮拜堂,裡面有牛頓、培根等傑出校友雕像和名錄,禮拜堂外還有一棵從牛頓家鄉移植來的蘋果樹,以紀念這位萬有引力之父。中庭的噴泉常可見學生休憩看書。

正門上亨利八世拿的不是權杖?

注意看三一學院正門上方的亨利八世雕像,是不是有那裡不太對勁?原來亨利八世手中握著的權杖,在多年前被學生換成了木椅的一腳,後來校方讓這個惡作劇保留了下來,「亨利八世和椅腳」(Henry and his chair leg)就變成學院中的趣聞。

令人讚嘆的嘆息橋

聖約翰學院和皇后學院一樣跨居康河兩岸,以雷恩橋(Wren Bridge)和著名的嘆息橋(The Bridge of Sigh)連接,其中,嘆息橋建於1831年,名稱源於威尼斯的同名橋梁,是劍橋相當著名的景點。

聖約翰學院
St. John's College
嘆息橋橫跨河兩岸

📍St John's Street, Cambridge ☎01223-338-600 🕐開放時間會因學校作息而隨時調整,請上網查詢或電洽最新資訊。🌐www.joh.cam.ac.uk

掃地圖

2011年歡度完創校500週年的聖約翰學院,是劍橋大學的第二大學院。興建於昔日的聖約翰醫院舊址上,Ely主教原先要在此成立劍橋大學的第一個學院,但受到教會弟兄反對而作罷,而那些外遷的學者另闢門戶,創立了今日的彼得學院。

聖約翰學院的誕生一波三折,雖由亨利七世的母親Lady Margaret Beaufort創立,但她卻未在遺囑中提及此事,幸而在羅徹斯特主教(Bishop of Rochester)Saint John Fisher的奔走下,延宕多時的聖約翰學院終於在1511年4月9日取得合法地位。遊客沿著該學院的參觀路線前進,經過正門、前庭、禮拜堂、中庭後就會來到康河,迷人風光令人流連。

大聖瑪麗教堂
Great St. Mary's Church

登鐘塔鳥瞰劍橋

掃地圖

🏠Market Square, Cambridge ☎01223-747-273 🕐鐘塔及禮品店週一~週六10:00~18:00、週日12:00~18:00。 💲教堂免費，鐘塔全票£6。 🌐www.greatstmarys.org/

坐落於舊城區中心、國王學院的斜對面，擁有將近800年歷史的大聖瑪麗教堂不僅是當地的教區教堂，也是18世紀以前劍橋大學授予畢業生學位的地方！

1291年時，在今日劍橋的市集廣場上首度出現了大聖瑪麗教堂，14世紀中葉經過重建，到了15世紀下半葉，因為當地大學的蓬勃發展，需要一處用來舉行儀式和舉辦正式聚會的場所，於是大聖瑪麗教堂雀屏中選，也因此進行長達將近40年的擴建。

六百年前的古鐘藏在這裡！

在鐘塔內還能看到4個設置於1515年的鐘，昔日的敲鐘人為劍橋青年協會(The Society of Cambridge Youths)的成員，該社團是全英國最古老的敲鐘人協會。1793年時，劍橋大學將它改設為機械鐘。

教堂今昔的變化

昔日的教堂原本裝飾著繪畫、鍍金天棚和彩繪玻璃，後來在歷經長達半個世紀的宗教改革活動後，成為粉飾白色牆壁和質樸木頭的模樣，今日教堂內部的面貌，大多是維多利亞時代整修後的成果。

鐘塔的視野

教堂落成於1608年的鐘塔高達35公尺，擁有123級階梯，儘管樓梯陡峭狹窄，但塔頂擁有360度視野，可將劍橋市區最重要的景觀盡收眼底，尤其是國王學院以及今日劍橋大學當作總部的舊學院(Old Schools)。

英格蘭南部⋯劍橋 Cambridge

MAP ▶ P.172A3

康河撐篙

MOOK Choice

Punting

體驗「劍橋人」的閒情逸致

掃地圖

⌂ Granta Place, Mill Lane, Cambridge ☎ 01223-359-750 🕒 9:00至黃昏，每年開放時間會有變動，請上網查詢。 💲 有多種行程，一般行程45分鐘£50~99，租用平底船90分鐘£25.5。 🌐 www. scudamores.com

撐篙是劍橋學生課後休閒的活動之一，於愛德華時期引進劍橋。

撐篙以一根長桿控制平底船的行進，看似並不特別困難，但每當康河上擠滿遊船時，新手仍有翻船的可能性。一般遊客可到碼頭邊乘坐Scudamores公司提供的專人撐篙遊船行程，撐篙者多半操著優美的道地英國口音，沿途介紹劍橋康河的歷史美景，如果你想親身體驗撐篙的樂趣，也可以租一艘平底船大顯身手一番！

除了欣賞各學院的建築景色之外，穿梭沿途的跨河小橋也是撐篙的一大特色，其中最著名的要屬數學橋、三環洞橋和嘆息橋。數學橋的正式名稱為木橋(Wooden Bridge)，連接起皇后學院的新、舊部分，據說該橋是由牛頓(Sir Isaac Newton)所設計的，至於落成於1831年的嘆息橋，則仿效威尼斯的那座同名橋梁。

除了Scudamores公司，在劍橋當地會遇見自稱學生提供撐篙行程的年輕人，他們可能是學生，但未必是劍橋大學的學生。另外部分學院也會提供撐篙行程，可自行前往洽詢。

駕平底船竟是為了捕鰻？

事實上，這種沒有龍骨的長方型平底小船出現於中世紀時期，用來行駛於水深比較淺的河域，像是劍橋北方的The Fens沼澤地，成為當地捕鰻人或蘆葦收割者的工具，隨著這些職業的消失，這種平底船也在19世紀末期逐漸沒落。

史特拉福
Stratford-Upon-Avon

以數百年的老屋為背景、用雅芳河畔的綠絨草地及班克羅夫特花園上妝、再點上陽光下微笑的燈光,位於雅芳河(River Avon)畔的莎士比亞故鄉「史特拉福」,就猶如戲劇舞台般亮眼。

莎士比亞在世時,排山倒海的人群爭先恐後地去看他寫的戲劇;莎士比亞去世後,每年約有三百萬的遊客擠進史特拉福追尋這位大劇作家的過往,從他出生地小屋、向妻子求婚的椅子、臨終前的居所到安葬的教堂,史特拉福因為保存著這些而熱鬧不已,而在光鮮熱鬧的背後,如果你細細發掘,會發現腳下踩著的、擦身而過的,是三百多年前莎翁筆下的美景與幻化為現代人的各劇主角。

INFO

基本資訊
人口:約3萬　**區域號碼:**01789

如何前往
◎火車
可從倫敦馬里波恩(Marylebone)火車站搭火車前往,約2小時1班,車程約2~2.5小時;有些班次須於伯明漢(Birmingham)、皇家利明頓溫泉(Leamington Spa)或Dorridge轉車。班次、時刻表及票價可上網或至火車站查詢,車票可上網、至火車站櫃台購買,或先在台灣向飛達旅遊購買英國火車通行證(BritRail Pass)。
飛達旅遊
☎02-8161-3456　ⓦwww.gobytrain.com.tw
官方LINE客服:搜尋@gobytrain

英國國鐵
ⓦwww.nationalrail.co.uk
◎巴士
可從倫敦維多利亞(Victoria)火車站後方的巴士車站搭National Express巴士前往,車程約3~3.5小時,最新班次表請上網查詢。
ⓦwww.nationalexpress.com

火車站、巴士站至市區交通
◎火車站
位於市區西北方,步行至莎士比亞出生地約10分鐘。
◎巴士站
近市區,步行至莎士比亞出生地約2分鐘。

市區交通
除鎮外的安‧哈瑟威,大部分景點步行可達。

旅遊諮詢
史特拉福遊客服務中心Stratford Tourist Information Centre
🚶從火車站步行約12~15分鐘　📍Bridgefoot, Stratford-upon-Avon, Warwickshire　☎01789-264-293　🕐週一及週三~週六9:00~17:00、週日10:00~16:00,週二休,開放日12:30~13:30午餐時間休。　ⓦwww.stratford.gov.uk/markets/visitor-information-centre.cfm
史特拉福旅遊官網
ⓦwww.visitstratforduponavon.co.uk
莎士比亞戲劇演出資訊
ⓦwww.rsc.org.uk

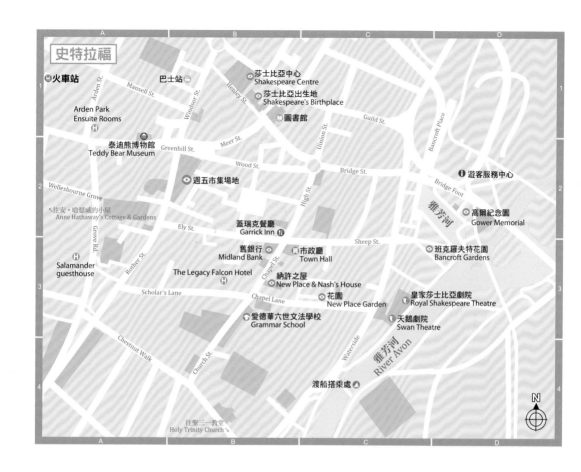

史特拉福

MAP ▶ P.180B3

- A1 ◉火車站
- B1 巴士站◉
- C1 莎士比亞中心 Shakespeare Centre
- C1 莎士比亞出生地 Shakespeare's Birthplace
- 圖書館
- Arden Park Ensuite Rooms
- 泰迪熊博物館 Teddy Bear Museum
- 遊客服務中心
- 週五市集場地
- 往安・哈瑟威的小屋 Anne Hathaway's Cottage & Gardens
- 高爾紀念園 Gower Memorial
- 蓋瑞克餐廳 Garrick Inn
- 舊銀行 Midland Bank
- 班克羅夫特花園 Bancroft Gardens
- Salamander guesthouse
- 市政廳 Town Hall
- The Legacy Falcon Hotel
- 納許之屋 New Place & Nash's House
- 花園 New Place Garden
- 皇家莎士比亞劇院 Royal Shakespeare Theatre
- 愛德華六世文法學校 Grammar School
- 天鵝劇院 Swan Theatre
- 雅芳河 River Avon
- 渡船搭乘處
- 往聖三一教堂 Holy Trinity Church

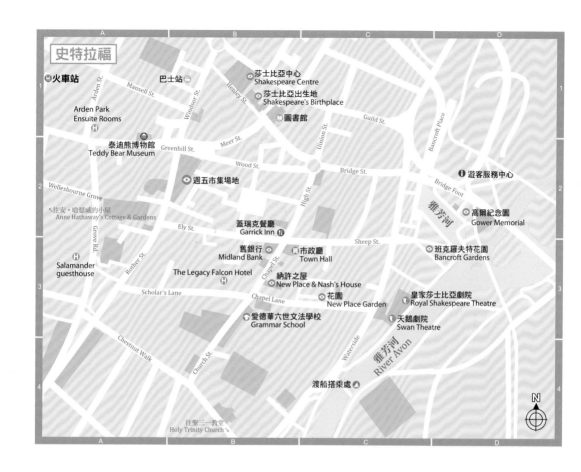

Where to Explore in Stratford-Upon-Avon
賞遊史特拉福

MAP ▶ P.180B3

新居與納許之屋
New Place & Nash's House

孫婿當年的豪宅

掃地圖

◉從莎士比亞出生地步行約6分鐘 ⌂22 Chapel Street, Stratford-Upon-Avon, Warwickshire ☎01789-204-016 ●每日10:00~17:00 ⑤全票£15、3~15歲優待票£10.5。另可購買聯票£26.5、3~15歲優待票£17.5，含納許之屋、莎士比亞出生地、安・哈瑟威的小屋3處景點。 ⓦwww.shakespeare.org.uk

納許之屋是莎士比亞孫女婿Thomas Nash的財產，他是當時史特拉福的地產大亨，相當富

裕。在迎娶莎士比亞的孫女Elizabeth Hall之後，他們仍與莎士比亞的女兒及女婿住在隔壁的「新居」(New Place)。新居可能是莎士比亞在33歲時於倫敦撰寫劇本，因戲劇上演賺錢後所買的房子，他退休後就是居住於此，直到1616年逝世為止。新居毀壞後，這裡變成一大片的錦繡花園，2010年3月開始進行考古挖掘工程。

由於顯赫的財富，納許家中的家具均是當時的一時之選，不論是木櫃的材質與桌椅的雕飾都頗為大氣，就連屋中的空間都比莎士比亞的舊居寬廣，房內的設計在今日看來都顯得流行與氣派。

莎士比亞出生地
Shakespeare's Birthplace
最偉大劇作家在此誕生

掃地圖

🚶 從火車站步行約10分鐘 🏠 The Shakespeare Centre, Henley Street, Stratford-Upon-Avon, Warwickshire ☎ 01789-204-016 ⏰ 每日10:00~17:00 💲 全票£20、3~15歲優待票£13.5。另可購買聯票£26.5、3~15歲優待票£17.5，含納許之屋、莎士比亞出生地、安·哈瑟威的小屋3處景點。🌐 www.shakespeare.org.uk

　　莎士比亞的故事可說是從這裡開始說起，1564年時，莎士比亞誕生於這棟兩層樓的建築裡，並在此度過童年，一直到娶安·哈瑟威(Anne Hathaway)的前5年都是在這間房子裡度過。

　　時至今日，因為保存得當，遊客依舊可見都鐸時期的室內裝飾，甚至當時莎翁父親工作及販賣皮件的邊間。一進入客廳(Parlour)，遊客就會發現當時的生活空間並不大，有著一張床的客廳入夜後據說是其父母的臥房。1樓的最邊間就是莎翁父

親製作皮手套、錢包、鞋子等皮製品的工作間。據推測，當時可能只有3~5人在此工作，窗戶就是販售窗口。

　　2樓是莎士比亞家人的臥房，第一間作為展示廳，其中有一扇寫滿來訪者名字的窗子，可細數來訪過的名人無數，例如狄更斯、艾默森、馬克·吐溫等。隔壁擺放著娃娃床的房間，據說就是莎翁出生的地方，至於與廚房緊鄰的房間，正是莎翁度過童年的角落。

編輯筆記

連餐廳都原樣重現

　　位在客廳隔壁的餐廳(The Hall)是莎士比亞一家人用餐的地方，長桌依當時原樣放置，長板凳與高背椅都是原來的骨董，就連牆上的裝飾布也是依當時殘留的片段複製而成。

英格蘭南部⋯⋯**史** 特拉福 Stratford-Upon-Avon

在莎翁的故鄉看場戲劇表演
　　來到莎翁故鄉，如果有機會最好能在此待上一晚，到皇家莎士比亞劇院好好欣賞一齣精彩的莎翁名劇。
🚶 從莎士比亞出生地步行約8分鐘 🏠 Waterside Stratford-upon-Avon, Warwickshire ☎ 01789-331-111 💲 視表演而異 🌐 www.rsc.org.uk

皇家莎士比亞劇院 Royal Shakespeare Theatre
　　原本在史特拉福沒有任何劇場表演莎翁的創作，1879年蓋了一座「紀念劇場」(Memorial Theatre)，不幸在1926年時焚毀，留下部分哥德式建築，後來改建為照片藝廊(Picture Gallery)使用。至於今日所見的皇家莎士比亞劇院，於1932年才又重新開幕，由皇家沙士比亞公司(Royal Shakespeare Company)經營。坐落在雅芳河(River Avon)畔的皇家莎士比亞劇院有著美麗的如茵草地，在歷經整修後，已於2010年重新開放，擁有1,018個座位，幾乎每天都上演莎士比亞的著名歌劇或舞台劇，有興趣的人不妨多留一天，感受在莎翁故鄉欣賞莎翁名劇的特殊體驗。

天鵝劇院 Swan Theatre
　　想要在懷舊氣氛中觀看莎士比亞的戲劇，那麼天鵝劇院就是最好的選擇。原始的維多利亞建築雖在1928年遭大火燒毀，但工作人員恢復了原本的面貌，觀眾和舞台的距離很近，而且是三面環繞觀眾，考驗導演和演員跑場的功力。（天鵝劇院目前關閉中，請上網查詢最新資訊）

聖三一教堂
Holy Trinity Church

MOOK Choice

照看莎翁的一生

掃地圖

🚶 從莎士比亞出生地步行約15~20分鐘 🏠 Old Town, Stratford-Upon-Avon, Warwickshire, ☎01789-266-316 ⏱ 4月~10月週一及週二11:00~12:45、週三11:00~12:15、週四及週五11:00~15:45、週六11:00~15:30、週日12:00~15:45，11月~12月週一及週二11:00~12:45、週三11:00~12:15、週四及週五11:00~12:45、週六11:00~15:30、週日12:00~15:45 💰教堂自由捐獻 ⏎ www.stratford-upon-avon.org

　　史特拉福的聖三一教堂和莎士比亞的關係匪淺，莎翁不但在此受洗，死後與其夫人也一起長眠於此，教堂內的聖龕中可以看見他們與孫女婿納許、女婿霍爾和女兒蘇姍娜的墓。

　　莎士比亞1564年4月26日在此教堂受洗時的紀錄簿也保存至今，陳列在教堂中。此外，聖壇內的坐椅雕刻也是15世紀留下的珍寶，主題描繪當時居民的生活。由於聖三一教堂在興建時，中線並不垂直，所以聖龕猶如傾斜的頭，又被稱為「哭泣的聖壇」，每當夕陽西下時，玫瑰窗上的人物頭像就會投影在聖壇附近，像是在為莎翁敬悼。

生死紀錄都留存於此

　　莎士比亞不僅在聖三一教堂受洗，死後與其夫人、女兒、女婿一起長眠於此，莎士比亞1564年在教堂受洗以及1616年葬禮的紀錄，都留存陳列在教堂中。

被馬克思稱讚為「最偉大的戲劇天才」是誰？

　　被馬克思讚賞為「最偉大的戲劇天才」的威廉・莎士比亞(William Shakespeare)，出生於1564年4月26日，其雙親及妻子家均以務農為生，其父之後曾擔任市政廳要職，家境中上，大部分的親屬均居住在史特拉福。莎士比亞於1616年4月去世，一生總共創作了37部戲劇、2部長詩和154首十四行詩，著名戲劇多不勝數，例如四大喜劇《無事自擾》、《仲夏夜之夢》、《威尼斯商人》與《第十二夜》，四大悲劇《奧塞羅》、《李爾王》、《馬克白》與《哈姆雷特》等，他的作品是人文主義文學的最傑出代表，對後代作家的影響頗為深遠。

安·哈瑟威的小屋
Anne Hathaway's Cottage & Gardens
莎士比亞妻子的娘家

掃地圖

🚶 從火車站步行約20分鐘，或從Bridge Street巴士搭Stage Coach巴士19號於Cottage Ln.下。 🏠22 Cottage Lane, Stratford-upon-Avon, Warwickshire ☎01789-204-016 ⏰每日10:00~17:00 💲全票£15、3~15歲優待票£10.5。另可購買聯票£26.5、3~15歲優待票£17.5，含納許之屋、莎士比亞出生地、安·哈瑟威的小屋3處景點。 🌐www.shakespeare.org.uk

　　當時，年僅18歲的莎士比亞，就是在這棟可愛的屋子裡，對年滿26歲的安·哈瑟威進行求婚的！

　　這棟外貌維持良好的老宅常常吸引攝影師及畫家前來捕捉美景，一進入屋中，左手邊就是客廳，客廳中靠近火爐的地方有一張高背長靠椅，據說就是當時莎翁向安求婚的地方。屋內還保留了許多當時珍貴的家具，如木雕、橡木床，也有一些是莎士比亞出生地基金會後來添購的。

　　穿過商店走出屋子後，旅客可以沿著指標走到莎士比亞的樹園，在這片1988年才闢建的樹林中，特意種植了許多莎士比亞劇中提到的樹種。2008年開放的附近森林步道(Woodland Walk)，是接近園野自然的好地方。

英式老屋保存不易啊！

　　安·哈瑟威的小屋以木條、磚塊和石頭搭建，並覆以約20噸重茅草屋頂的農莊，自17世紀後就不曾改變過外貌，是許多英國人心中「老英國」典型的樣貌，但是要維持這棟屋子樸實的外貌可不簡單，約每20~25年就得大費周章地換一次屋頂最外層的茅草！

高爾紀念園
Gower Memorial
莎劇代表要角齊聚

掃地圖

🚶從莎士比亞出生地步行約8分鐘

　　在雅芳河畔有一個由數座雕像聚集而成的高爾紀念園，此園由Ronald Sutherland公爵所設計，於1888年遷至史特拉福。

　　位居園中央的是莎士比亞，四方則分別聳立著莎士比亞名劇中的四位名角：馬克白夫人(Lady Macbeth)、哈姆雷特(Hamlet)、海爾王子(Prince Hal)與法斯塔夫(Falstaff)，分別代表了莎翁筆下的悲劇、哲學、歷史與喜劇四大精神。

巴斯
Bath

巴斯是倫敦西方的古老城鎮，相傳西元前860年左右，一位Bladud王子因患癩瘋病被放逐至此，看到豬在熱泥中打滾治病，他如法炮製後居然治癒了癩瘋病，後來更登基為英王，於是興建了巴斯這個城市。

西元1世紀羅馬人入侵英國，便在巴斯溫泉附近廣建浴池，以及獻給水和智慧女神蘇莉絲·密涅瓦(Sulis Minerva)的神廟，使得巴斯這座溫泉之鄉的雛形日益成熟，18世紀安女王造訪巴斯後，逐漸成為流行的溫泉度假勝地。

進入古羅馬浴池喝一口據說治百病的礦泉；躺在皇家新月樓前草地上欣賞優雅的古典建築；品嘗烤得金黃鬆軟的莎莉露麵包，遊覽巴斯最好的方法就是放慢腳步融入小鎮的優閒生活。

INFO

基本資訊
人口：約8.886 萬　**面積**：約28.49平方公里
區域號碼：01225

如何前往
◎火車
可從倫敦帕丁頓(Paddington)火車站搭火車前往，車程約1.5小時，班次、時刻表及票價可上網或至火車站查詢，也可上網或至火車站櫃台購買車票，或先在台灣向飛達旅遊購買英國火車通行證(BritRail Pass)。
飛達旅遊
☎02-8161-3456　🌐www.gobytrain.com.tw
官方LINE客服：搜尋@gobytrain
英國國鐵
🌐www.nationalrail.co.uk
◎巴士

可從倫敦維多利亞(Victoria)火車站後方的維多利亞巴士站(Victoria Coach Station)搭National Express巴士前往，車程約3.5小時。
🌐www.nationalexpress.com

火車站、巴士站至市區交通
火車站和巴士站位於市區南方，兩者相距約100公尺，步行至市區的羅馬浴池約8~10分鐘。

市區交通
大部分景點步行可達。

旅遊諮詢
Visit Bath 🌐www.visitbath.co.uk

導覽行程
Mayor of Bath's Corps of Honorary Guides
小鎮提供免費的徒步之旅，講解者都是義工，對巴斯歷史、文物、建築都瞭若指掌，是深入了解巴斯的一大妙方。不需要預約。
🚩集合點：修道院廣場(Bath Abbey Churchyard)前的幫浦室(Pump Room)入口處　🕐週日~週五10:30、14:00、週六10:30，5~8月週二~週五增加18:00　導覽；全程共2小時　💲免費　🌐www.bathguides.org.uk

MAP ▶ P.184B2

巴斯修道院

MOOK Choice

Bath Abbey

輝煌彩繪玻璃

掃地圖

🚶 從羅馬浴池步行約1分鐘 🏠12 Kingston Buildings, Bath ☎01225-422-462 🕐每月開放時間略有變動，請上網查詢最新資訊。 💲修道院導覽成人£8、兒童£4，高塔之旅成人£10、兒童£5，5歲以下禁止登塔。 🌐www.bathabbey.org

　　巴斯修道院最初歷史回溯到西元8世紀，當時盎格魯薩克遜人興建了一座修道院，後來大約在11世紀初，同一地點上出現了另一座宏偉的諾曼式大教堂，而今日的面貌則是西元1499年時Oliver主教重建後的結果，它是英國最後落成的中世紀教堂之一。

　　修道院正面的參觀重點，是天使攀爬雅各天梯通往天堂景象的石刻，修道院前的庭院(Abbey Churchyard)經常有街頭藝人在此演出。

　　體力好的遊客不妨參加教堂舉辦的高塔之旅(Tower Tour)，登上212階的螺旋階梯，雖免不了有點頭暈目眩、氣喘吁吁，但遼闊的巴斯美景絕對可撫慰登高的辛苦。此外，還能坐在時鐘後面的小房間，看著超大指針滴答滴答在眼前旋轉，體驗一下當鐘樓怪人的感覺，整段行程大約45~60分鐘。

彩繪玻璃

　　巴斯修道院最醒目的就是正前東方璀璨的彩繪玻璃，始建於1873年，二戰後完成修復工程，56塊玻璃猶如一本攤開的巨大書冊，訴說著從耶穌誕生到33歲被釘上十字架之間的56則故事；西面則訴說了當初上帝在主教Oliver King夢中，指示如何建造教堂的故事。

英格蘭南部…巴斯 Bath

羅馬浴池

The Roman Baths

羅馬人的社交場所

掃地圖

🚶 從火車站步行約8~10分鐘　🏠 The Roman Baths, Abbey Church Yard, Bath
☎ 01225-477-785　🕘 9:00~18:00，每月都可能變更開放時間，請上網查詢最新資訊。　💲 平日全票£17.5、優待票£10~16.5；週末全票£20、優待票£12.5~19　🌐 www.romanbaths.co.uk

對羅馬人來說，澡堂是社交活動的重要場所，從一個人洗澡時使用的香料、按摩油的品質，乃至於隨從人數的多寡，就可以看出這個人的社會地位，許多商業交易也都在澡堂中進行決定。同時，澡堂更提供了交換意見、高談闊論的絕佳場所，泡在浴池中經常可以暢聽哲學家們的先覺見解。

羅馬浴池泡澡的程序是先到運動、遊戲室活動一下，鬆弛身體，然後再進行三溫暖或土耳其浴，最後到冷池中浸泡。

現今巴斯建築物多為18~19世紀所建，唯一存留的羅馬遺跡位於地面下6公尺，其中最著名的是博物館中的幾處兩千年前的浴池遺跡，如露天大浴池、泉水湧出的國王浴池(King's Bath)等，以及水和智慧女神蘇莉絲·密涅瓦(Sulis Minerva)的鍍銅神像。

7~8月時入夜，羅馬浴池常會點上火炬照明，忽明忽滅的火影映照在大浴池上，厚重石墩低語著羅馬的故事，讓人彷彿掉入數千年前的時空。

大浴池Great Bath

位於博物館中心的大浴池是座露天浴池，1870年代才被發現，深達1.6公尺，池邊的階梯、石頭基座都是羅馬時代的遺跡，四周都有階梯通往水池，一旁的壁龕則設置長椅和小桌子，方便入浴者飲食。昔日的大浴池原本覆蓋著一個高達40公尺的桶狀拱頂，宏偉之姿可見一斑，想必也讓當時前來沐浴的羅馬人留下深刻的印象。

神廟 Temple

位於巴斯的這座神廟，是英國羅馬時期兩座真正的古典神廟之一，昔日供奉著蘇莉絲‧密涅瓦女神的雕像，如今只剩下斷垣殘壁供人追憶。該神廟山角門楣上的裝飾，如今在羅馬浴池的博物館中展出。

聖泉 Sacred Spring

高達46℃的泉水、每日240,000加侖的湧泉量，這處羅馬浴池的核心，過去因人類無法理解的自然現象而被認為必然是天神的恩賜，使它擁有「聖泉」的美名，也因此古羅馬人在它的一旁興建了一座獻給蘇莉絲‧密涅瓦女神的宏偉神廟。即使歷經幾千年，這處出水口至今依舊汩汩溢出蒸騰的泉水與水氣。

古代的澡堂是男女共浴？

在2世紀以前，男女混浴在公共澡堂中相當普遍，後來哈德良(Hadrian)皇帝下令禁止，於是有的澡堂將男女洗浴的時間分開，有的則增建浴池，讓男女能同時在不同浴池洗澡。

幫浦室
Pump Room
獨特湧泉配美食

掃地圖

🚶從火車站步行約8~10分鐘 🏠The Roman Baths, Abbey Church Yard, Bath ☎01225-444-477 🕐10:00~16:00 💰早餐£8.75、早午餐£14.25、經典下午茶£33.95 🌐www.romanbaths.co.uk、thepumproombath.co.uk/

MAP ▶ P.184B2

　位於國王浴池上方的幫浦室現在是巴斯最受歡迎的餐廳之一，許多人都是為了幫浦室中的小湧泉和長形座鐘而來。

　幫浦室原為觀賞浴池所建，可以一邊喝著泉水一邊賞景，還有通道可以連接至下方浴池的更衣室，內部裝潢十分華麗。提供早餐、早午餐和下午茶，不過最受歡迎的是小湧泉中流瀉而出富含43種礦物質的自然泉水，頗有羅馬的味道！

MAP ▶ P.184A1

皇家新月樓

MOOK Choice

Royal Crescent
英國最高貴的街道

掃地圖

🚶從羅馬浴池步行約15分鐘 🏠1 Royal Crescent, Bath ☎01225-428-126 🕐週二~週日10:00~17:30 💰旺季全票£13、優待票£6.5~11.5；淡季全票£11、優待票£5.5~11，淡旺季的日期劃分請查詢官網最新資訊。 🌐www.bath-preservation-trust.org.uk

　由小約翰‧伍德(John Wood The Younger)設計的皇家新月樓，共由30幢房子連結成完美的新月弧形，顯現高雅貴族之風，被譽為「英國最高貴的街道」，不但是巴斯18世紀的建築極品，也是當地最引人入勝的古典壯麗建築，更是讓巴斯名列聯合國教科文組織世界遺產名單的功臣之一。

　位於其中1號的房屋是皇家新月樓第一棟落成的建築，過去一直都被當成貴族拜訪巴斯時的住所，包括約克公爵和喬治三世國王；如今1號搖身一變成為博物館，提供民眾一窺18世紀巴斯

生活的剪影，每個房間都以喬治王時期的原件家具、繪畫、織品和地毯布置，成為欣賞該風格的最佳範例。

編輯筆記

皇家新月樓提供特別的私人行程？

　在博物館在每週一和每天下午17:30關閉時，就可盡情享受私人博物館得體驗。支付£30即可享受聲光影片的新體驗或自由遊覽；支付£50則有專屬導遊陪同遊覽；支付£10即可享用飲料及點心，或是在商店中享受獨家購物。除此，華麗的新月樓飯店(Royal Crescent Hotel & Spa)可實際入住體驗貴族生活，不過房價所費不貲(www.royalcrescent.co.uk/)。

MAP ▶ P.184B2

普特尼橋
Pulteney Bridge
似曾相識佛羅倫斯舊橋風情

掃地圖　🚶 從羅馬浴池步行約5分鐘

　　橫跨雅芳河的普特尼橋，橋樑兩側商店林立，是由Robert Adam設計，落成於18世紀，以Bathwick的女繼承人Frances Pulteney命名。Bathwick在當時只是一座位於巴斯對岸的鄉間小村莊，不過Pulteney的丈夫認為它充滿潛力，因此計畫興建一座嶄新的城鎮，首要任務就是必須找出更好的渡河方式，因此催生了普特尼橋。如今普特尼橋上毗鄰著各色商店，洋溢著熱鬧的氣氛。

MAP ▶ P.184B2

維多利亞藝廊
Victoria Art Gallery
小巧藝術殿堂

掃地圖　🚶 從羅馬浴池步行約4分鐘　🏠 Bridge Street, Bath　☎ 01225-477-233　🕐 週二～週日10:30~17:00　💲 £7、優待票 £2.5~6.5　🌐 www.victoriagal.org.uk

　　維多利亞藝廊創立於1897年，1900年5月才正式對外開放，規模不大，收藏品大多為19世紀藝術作品。1樓展出油畫、水彩和玻璃工藝，繪畫年代從15世紀到20世紀中，有不少約翰·納許(John Nash)的作品，由Thomas Jones Barker所繪的《The Bride of Death》值得細細品味，其他還有不少雕塑品。地面樓以特展為主，一年四季展出許多當代藝術作品，範圍橫跨印刷到雕塑。

英格蘭南部…巴斯 Bath

MAP ▶ P.184B2

莎莉露之屋
Sally Lunn's
知名美味麵包

掃地圖　🚶 從羅馬浴池步行約2分鐘　🏠 4 North Parade Passage, Bath　☎ 01225-461-634　🕐 10:00~22:00　💲 早餐£7.08起、午餐£14.48起、晚餐主菜£12.48起、Bun £4.18起。　🌐 www.sallylunns.co.uk

　　到了巴斯一定要親嘗莎莉露餐廳的著名圓麵包「Bun」才不虛此行！聞名英倫的Bun口感特殊，無論是添加不同口味的果醬，或是培根、沙拉、鮪魚、番茄等各種配料都非常合適且美味，因此每到用餐甚至下午茶時間，莎莉露就一位難求！

像蛋糕又像麵包的Bun

　　莎莉露是一位1680年時來自法國的胡格諾教徒(Huguenot)難民，她來到英格蘭後，在巴斯修道院附近的Lilliput Alley開設麵包店，引進法國奶油甜麵包(Brioche)，製作出直徑將近20公分的大圓麵包，也就是今日的「Sally Lunn Bun」，該麵包使用發酵完全的麵糰，所以膨鬆柔軟，有點像蛋糕，又被歸類為麵包，在喬治王時期深受喜愛而廣為流行。

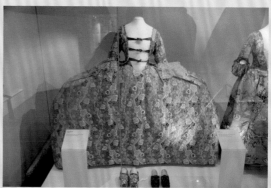

MAP ▶ P.184A1

MOOK Choice

時尚博物館和集會廳
Fashion Museum & Assembly Rooms
引領風騷的時尚收藏

掃地圖

🚶 從羅馬浴池步行約10分鐘。 🏠 Assembly Rooms, Bennett Street, Bath ☎01225-477-789 ⏰週二～週日10:00~17:00 (最後入場時間為16:00)。 💲全票£10、優待票£7.75~9 🌐www.fashionmuseum.co.uk

　　由小約翰・伍德設計、1771年開幕的集會廳，又被稱為「新廳」(New Rooms)或「上廳」(Upper Room)，共有交誼廳(Ball Room)、茶廳(Tea Room)、八角廳(Octagon Room)和牌廳(Card Room)等4個房間，不過原建築曾在1942年空襲中遭受嚴重的破壞，如今面貌是1988年~1991年整修後的結果。

　　或許因為集會廳曾是巴斯最時髦且引領風騷的地方，因此，時尚博物館設置於該建築的地下樓層。在這裡可以看到各式各樣的男女服飾和首飾配件，按照年代、類別展示，其中歷史最悠久的收藏是1600年開始的刺繡襯衫和手套，最新的展品則是2008年的年度服裝系列(Dress of The Year)，包括Karl Lagerfeld為Chanel設計的海軍藍金星長褲，以及Vivienne Westwood的淺橄欖綠絲質打摺洋裝等。

　　穿梭其間，彷彿進入電影公司的道具間，體驗另類的時光之旅。此外，博物館中還準備了馬甲和硬襯布，讓參觀者可以親身經歷19世紀中葉的女人如何為了愛美而「作戰」的秘辛。

珍・奧斯汀也曾來此交際應酬

　　集會廳主要用來當作18世紀時一種稱之為「集會」(Assembly)的娛樂活動所使用，人們聚在一塊跳舞、喝茶、打牌、聽音樂和閒聊，曾來訪過的名人包括珍・奧斯汀和狄更斯。珍・奧斯汀曾經和雙親定居於巴斯一段時間，在她兩本以巴斯為背景的小說《諾桑覺寺》(Northanger Abbey)和《勸服》(Persuasion)中，都曾提到集會廳。

沙里斯貝利
Salisbury

坐落於英國西南方、5條河流交匯點的沙里斯貝利，是一座洋溢著中世紀風情的小鎮，擁有既宏偉又精緻的13世紀哥德式大教堂，裡頭收藏著全世界碩果僅存的《大憲章》原件！然而因為不遠處的史前巨石陣太過吸睛，旅客往往忽略了欣賞這座城鎮的美。

在湯瑪斯·哈代(Thomas Hardy)的知名小說《黛絲姑娘》(Tess of The d'Urbervilles)中，當黛絲的罪行被發現後，和安吉逃到史前巨石陣，清晨的太陽緩緩升起，將大地染成一片火紅，這時追捕的人趕到，黛絲再也無力抵抗，告別了安吉朝追捕人群走去，束手就擒。哈代選擇了史前巨石陣作為黛絲命運的終結處，更突顯出人類的渺小，也令讀者對黛絲的命運唏噓不已。

INFO

基本資訊
人口：約4.03萬　　區域號碼：01722

如何前往
◎火車
可從倫敦滑鐵盧(Waterloo)火車站搭火車前往，車程約90分鐘。班次、時刻表及票價可上網或至火車站查詢，車票也可上網或至火車站櫃台購買，或先在台灣向飛達旅遊購買英國火車通行證(BritRail Pass)。
飛達旅遊
☎02-8161-3456　🔗www.gobytrain.com.tw
官方LINE客服：搜尋@gobytrain
英國國鐵
🔗www.nationalrail.co.uk

◎巴士
可從倫敦維多利亞(Victoria)火車站後方的維多利亞巴士站(Victoria Coach Station)搭National Express巴士前往，車程約2.5~3.5小時。
🔗www.nationalexpress.com

火車站、巴士站至鎮中心交通
◎火車站
位於鎮中心西方，步行鎮內市集廣場(Market Square)約10分鐘。
◎巴士站
位於鎮中心Endless Street上，步行至市集廣場約10分鐘。

市區交通
鎮內大部分景點和火車站、巴士站間步行可達；較遠處的古市鎮和史前巨石陣可搭巡迴巴士前往。
◎古市鎮和史前巨石陣巡迴巴士
The Stonehenge Tour
🚏Bus Station, 8 Endless St., Salisbury，停靠站：火車站、新運河 (New Canal) 站、古市鎮和史前巨石陣。☎01202-338-420　◐春、秋、冬季每小時1班，10:00~14:00從火車站發車、10:43~17:00從巨石陣發車；夏季每1小時班，10:00~16:00從火車站發車，10:43~19:00從巨石陣發車。每年時間會變動，請上網查詢。　💲車票全票£17、5~15歲優待票£11.5；和古市鎮和史前巨石陣聯票全票£35.5、5~15歲優待票£23.5；和古市鎮、史前巨石陣、大教堂聯票全票£42、5~15歲優待票£28.5；車票當天有效可隨意搭乘任何班次。　🔗www.thestonehengetour.info

旅遊諮詢
沙里斯貝利遊客服務中心Salisbury Tourist Information Centre
🚶從火車站步行約10分鐘　🏠Fish Row, Salisbury　☎01722-342-860　◐週一～週五9:00~17:00、週六10:00~16:00、週日和銀行假日10:00~14:00　🔗www.visitwiltshire.co.uk

MAP ▶ P.192A1

史前巨石陣

MOOK Choice

Stonehenge

謎樣的古老奇觀

掃地圖

🚌 從火車站或巴士站搭巡迴巴士前往，或從巴斯或沙里斯貝利參加當地半日遊行程。🏠 Off A344 Road, Amesbury, Wiltshire ☎ 0370-333-1181 🕐 9:30~17:00(最後入場時間為15:00)，每月開放時間略有變動，請上網查詢。💲 全票£20、優待票£12~18 🌐 www.english-heritage.org.uk/visit/places/stonehenge/

　一般估計史前巨石陣大約於四千多年前出現(3000BC-1600BC)，這些石頭有的高達6公尺，重量更達幾十噸重，姑且不論直立的石頭，還有部分巨石橫疊於兩塊巨石之上，令人好奇到底是誰、當時有何機具和技術能如此辦到，這些都是今日科學家們努力想解開的謎團。

　史前巨石陣還有另一個讓學者著迷的課題是關於它的作用：紀念墳塚？宗教聖地？不過目前比較多人認同的說法是天文儀。1960年代一名美國科學家提出巨石陣是早期民族的天文儀這個說法，乍看毫無規則的巨石，其實有一定的規則，由光線的移動可觀察天體的運行，作為觀測天象之用，特別是每到夏至那天，昇起的太陽會和巨石陣中的巨石排成一線，令人對當時的人竟然已擁有如此先進的天文知識而感到不可思議！

　在巨石陣外圍、靠近入口處有一顆高約5公尺的巨石「腳跟石」(Heel Stone)，微微內傾的它指著巨石圍成的圓圈，面向著東北方，每年夏至時，太陽都會從它的上方昇起。

✏ 編輯筆記

史前巨石陣到底是啥？

　關於史前巨石陣的存在，原因眾說紛紜，包括外星人入侵、巨人族突然僵化為巨石、魔法師梅林使用魔法從愛爾蘭將巨石運來、信奉特魯伊教(Druid)的凱爾特人(Celts)所建立的神殿等等，不過，這些說法科學家都未接受，唯一可以確定的是：這些龐然大石是藍砂岩，來自距離此地三百多公里遠的威爾斯(Wales)，而新的問題又來了：這些石頭是如何搬到這裡的？

沙里斯貝利暨南威爾特郡博物館
Salisbury and South Wiltshire Museum

認識巨石陣最佳入門

掃地圖

🚶 從火車站步行約16分鐘　🏠The King's House, 65 The Close, Salisbury, Wiltshire　📞01722-332-151　🕐10:00~17:00　💲全票£9、優待票£4.5，5歲以下免費　🌐www.salisburymuseum.org.uk

面對著教堂西側立面的沙里斯貝利暨南威爾特郡博物館,坐落於昔日的國王之屋(The King's House),該建築因西元1610年~1613年間接待過英國國王詹姆斯一世(King James I of England)而得名。

展覽以考古學發現為主,其中又以史前巨石展覽廳(The Stonehenge Gallery)最為出色,巨石陣中發現的古文物都陳列於此,並且解說該遺址可能的建成方式,以及透過藝術家的眼光所看到的史前巨石陣面貌。其他展覽內容則橫跨沙里斯貝利從史前時代開始,歷經羅馬人、薩克遜人統治,以及中古時期的歷史,也有不少陶瓷器和傳統服飾收藏。

古市鎮
Old Sarum

遙想13世紀之前榮景

掃地圖

🚶 從火車站或巴士站搭巡迴巴士前往,或從鎮中心搭公車於Old Sarum站下車,往山上步行約5分鐘。　🏠Castle Road, Salisbury, Wiltshire　📞01722-335-398　🕐10:00~17:00,每月開放時間略有變動,請上網查詢。　💲全票£6、優待票£3.6~5.3　🌐www.english-heritage.org.uk/visit/places/old-sarum/

今日我們稱為沙里斯貝利的城鎮,其實是1220年時才建立的新市鎮(New Sarum),它的前身正是位於沙里斯貝利北方2英哩外丘陵上的古市鎮(Old Sarum)!

由於位居兩條貿易道路要衝和雅芳河畔的戰略位置,古市鎮打從鐵器時代就有人在此建立丘堡,當時那座呈橢圓型的要塞長寬各約400公尺和360公尺,入口位於東面且修築有壕溝。薩克遜時代此地建立了一個城鎮抵擋維京人的攻擊;1066年諾曼人征服英國後,征服者威廉(William the Conqueror)經常造訪此地,成為當時英國最繁榮的地方之一。

穿梭五千年的古鎮!

儘管古市鎮遺跡如今已成一處廢墟,但它卻記載了將近五千年的當地歷史發展。曾經此地也曾繁華一時,直到1219年主教將大教堂搬到新市鎮才改變。其實,一直到16世紀都有居民居住於古市鎮。遊客想到達平原高處的城堡遺跡,需要走上一段山路,不過十分值得。

英格蘭南部⋯沙 里斯貝利 Salisbury

MAP ▶ P.192B3

沙里斯貝利大教堂

MOOK Choice

Salisbury Cathedral

影響深遠大憲章原件

掃地圖

🚶從火車站步行約15分鐘 🏠The Close, Salisbury ☎01722-555-120 🕐週一～週六9:30~17:00、週日12:30~16:00；每季開放時間有變動，請上網查詢。 💲教堂全票£10、優待票£6~7，高塔之旅線上預訂全票£16、優待票£9~12，7歲以下禁止登頂。 🌐www.salisburycathedral.org.uk

　　古市鎮原本有一座大教堂，不過13世紀時因為軍隊和神職人員之間的關係日益惡化，當時的主教決定把大教堂遷往今日的地點。

　　現有的教堂土地來自溫徹斯特主教Richard Poore的捐贈，他的雕像至今仍聳立於大教堂的西側立面上，至於建設資金，則主要來自教士團成員和教區牧師。1220年奠定了首塊基石，歷經28年的興建，大教堂在1258年完工，對稱的外觀、細長的圓柱、高高的拱頂，使它成為早期英國哥德式建築的典範，也獲得「全英最美麗的中古世紀教堂」的稱號。

　　它擁有全英國最高的尖塔，高達123公尺，無論從哪個角度看都顯得十分壯觀；而至今仍辛勤報時的大鐘，年代回溯到1386年，是全世界歷史最悠久且依舊正常運作的古鐘；其他像是用來存放儀式袍服的13世紀儲物箱(Cope Chest)、2008年William Pye設計落成的洗禮池(Font)等，都很值得一看。

　　不過大教堂中真正的瑰寶，要屬收藏於分會教堂(Chapter House)中的《大憲章》(Magna Carta)，這份約翰國王(King John)於1215年簽署的文件，以中世紀拉丁文書寫於羊皮紙上，首度制定了國王與臣民之間的關係和權力，影響之廣，包括日後的美國憲法以及國際人權宣言。目前《大憲章》只剩下四份原件，而這份又是其中保存最完整的一份。

距地面68公尺眺景體驗！

　　想真正探秘大教堂的人，千萬別錯過高塔之旅，在導遊的帶領下，深入大教堂的中世紀建築結構中，令人難以想像的拱頂背面、近距離欣賞的彩繪玻璃、令人震撼的古鐘，以及在攀爬過332級階梯後令人屏息的沙里斯貝利城鎮美景！

肯特伯里
Canterbury

肯特伯里像是一個超大影城,教堂、老城門、羅馬遺跡都完美得像是為了拍攝影電影而建,摩肩擦踵的人群則與橫衝直撞的臨時演員沒有兩樣!

無論從東火車站還是西火車站進入肯特伯里,迎面的古城牆都令人立即感受到這是個歷史悠久的城鎮。

盡忠職守的大主教湯馬士・貝克特以自己的一死,換來肯特伯里大教堂千百年屹立不搖的崇高地位,朝聖者與遊客自四面八方而來,但就如喬叟名著《肯特伯里故事集》(Canterbury Tales)裡的描寫,又有誰真正領了道理而去?

INFO

基本資訊
人口:約15.76萬
面積:約308.84 平方公里
區域號碼:01227

如何前往
◎火車
可從倫敦聖潘克拉斯(St. Pancras)火車站搭高速火車前往肯特伯里西火車站(Canterbury West Station),車程約1小時,有些班次須於Ashford International轉車。

或從倫敦查令十字(Charing Cross)、東滑鐵盧(Waterloo East)、倫敦橋(London Bridge)、Cannon Street 等火車站搭火車前往肯特伯里西火車站,車程約1小時45分鐘。

或從倫敦維多利亞(Victoria)火車站搭火車前往肯特伯里東火車站(Canterbury East Station),車程約1小時40分鐘。

班次、時刻表及票價可上網或至火車站查詢,車票也可上網或至火車站櫃台購買,或先在台灣向飛達旅遊購買英國火車通行證(BritRail Pass)。

飛達旅遊
☎02-8161-3456
🌐www.gobytrain.com.tw
官方LINE客服:搜尋@gobytrain

英國國鐵
🌐www.nationalrail.co.uk

◎巴士
可從倫敦維多利亞(Victoria)火車站後方的維多利亞巴士站(Victoria Coach Station)搭National Express巴士前往,平均每小時1班直達車,車程約2小時。
🌐www.nationalexpress.com

火車站、巴士站往返市區交通
◎火車站
西火車站位於市區西北方,東火車站位於市區西南方,步行至肯特伯里大教堂皆約10~15分鐘。
◎巴士站
巴士站位於市區南方,步行至肯特伯里大教堂約6~8分鐘。

市區交通
由於景點集中在行人徒步區,所以搭觀光巴士並不是好主意,仍建議步行前往;只是可能要多留點參觀時間,以1日時間為佳。

旅遊諮詢
肯特伯里遊客服務中心Canterbury Visitor Information Centre
🚶從東、西火車站步行皆約10~12分鐘 🏠18 High Street, Canterbury ☎01227-862-162 🕐週一~週三和週五~週六10:00~17:00、週四10:00~18:00、週日11:00~16:00。 🌐www.canterbury.co.uk

肯特伯里

- 長途巴士車站
- 肯特伯里西火車站 Canterbury West Station
- 西門塔樓 West Gate Towers
- 西門花園 Westgate Gardens
- 遊客服務中心
- 舊國王學院福利社 Old Kings School's shop
- 國王學院 Kings School
- 肯特伯里大教堂 Canterbury Cathedral
- 東橋招待所 Eastbridge Hospital
- 肯特伯里史蹟博物館 Canterbury Heritage Museum
- Marlowe購物商城 Marlowe Arcade
- 男修士院 Whitefriars Precinct
- 巴士站
- 肯特伯里堡 Canterbury Castle
- 丹瑁花園 Dane John Gardens
- 丹瑁小丘 Dane John Mound
- 羅馬博物館 Roman Museum
- 聖奧古斯丁修道院廢墟 St. Augustine's Abbey
- 往Abbots Barton Hostel
- 肯特伯里東火車站 Canterbury East Station
- 往Abbots Kipps Hostel

MAP ▶ P.196A4

肯特伯里堡
Canterbury Castle
諾曼時代的堡壘

掃地圖

📍從東火車站步行約3分鐘　🏠Castle Street, Canterbury　💲免費　❗目前整修中，開放日未定。

　　看起來淒涼的肯特伯里堡其實有著比外表更悲涼的過去。

　　自從1066年諾曼人第三次入侵後，肯特伯里的統治者決定再度加強城牆的防禦能力，於是開

始興建肯特伯里堡。此堡以石頭、鵝卵石、燧石建成，厚達2.7公尺~4.3公尺，高度達15公尺，然而，自從1170年亨利二世(Henry II)選擇多佛(Dover)為城堡後，肯特伯里堡就慢慢失去地位，淪為鎮上的監獄。

　　之後，此堡成為私人產物，但是被「整建」得更混亂，地窖被填平、頂層還加蓋。1820年之後，此堡又被瓦斯、電力、可樂及水公司買下成為儲藏媒炭與燃料的地方，堡壘的內部全毀，一直到1928年被市議會接管，才重整面貌見世。

是監獄還是地獄？
　　肯特伯里堡淪為監獄時，最初管理不太嚴格，犯人還可透過窗子向經過的路人要食物和金錢，但到了瑪麗女王(Queen Mary)宗教迫害時期，肯特伯里堡處於和外界完全隔離的狀態，許多因為宗教信仰不同而入獄的「犯人」被活活餓死，或是被綁在木樁上活活燒死。

MAP ▶ P.196B2

肯特伯里大教堂

MOOK Choice

Canterbury Cathedral

不畏烽火的聖殿

掃地圖

🚶從東、西火車站步行皆約10~15分鐘 🏠
11 The Precincts, Canterbury ☎01227-
762-862 ⏰週一～週六9:00~17:00、
週日12:30~17:00（最後入場時間為
16:00）💲全票£14 🌐www.canterbury-
cathedral.org

　興建於597年的肯特伯里大教堂，原是英國最
古老的教堂，但在1067年時被大火燒毀殆盡，
現今的教堂為1070年~1174年重建的，其中最
古老的部份為地窖。

　許多人都認為肯特伯里大教堂具有神奇的魔
力，雖然它是肯特伯里最顯著的地標，但不論是
亨利八世的宗教迫害，或是二次大戰時希特勒的
猛烈炮火，都沒有對此教堂造成巨大的傷害。

耶穌門Christ Church Gate

　耶穌門是亨利七世為紀念16歲就不幸去世的大兒子亞瑟
(Arthur)而建，門面是1502年的創作，但綠色的耶穌像是
1990年的作品。

氣話一句換人命一條！

貝克特原是英王亨利二世最賞識的人才，官任內閣大臣(Chancellor, 1155年~1162年)，與亨利二世亦主僕亦友。貝克特當了肯特伯里大主教後，一切處事均以維護教會權益為優先，不惜與亨利二世衝突，據說亨利二世在氣憤之下隨口說了句貝克特該死，未料他的4名貼身待衛便聽命刺殺了貝克特。

大戰中毫髮沒傷的神蹟！

根據歷史記載，1942年6月1日是二次大戰時肯特伯里被轟炸最嚴重的一天，當天大教堂附近共有約五百間房屋全毀，但大教堂卻無損害。據說是因為當晚的風向突然改向，使戰鬥機投下的照明燈偏向，因此，炸彈未炸到教堂，不論傳說怎麼說，能屹立將近一個世紀，肯特伯里大教堂絕對值得造訪！

湯馬士·貝克特殉難處
The Martyrdom Transept

1170年12月29日夜晚，肯特伯里教堂的主教湯馬士·貝克特(St. Thomas Becket)準備主持晚禱，就在穿堂被亨利二世(Henry II)派來的刺客刺殺。在貝克特被刺殺處，有一個穿刺著兩把劍的十字架標示，也成為後世前來朝聖的目標地。

許多人認為貝克特應早知可能被刺殺，但他卻不躲藏，其一是因自認有義，所以不懼；其二則可能是考慮如此一來，可以讓肯特伯里教堂的地位更上一層樓。無論如何，這齣教堂謀殺悲劇總讓遊客唏噓不已。

三一禮拜堂
Trinity Chapel

中庭前方的三一禮拜堂，其拼花地板中央燃著一根蠟燭，那裡正是貝克特一開始被埋葬的地方。

黑王子之墓
The Black Prince's Effigy

黑王子是亨利三世(Henry III)的兒子、亨利四世(Henry IV)的哥哥，小時候就被父親帶往法國，長大後英俊威武而富騎士精神，16歲時就帶兵贏得勝仗，受英、法兩地人民的愛戴。黑王子後來捲入英法百年戰爭的是非中，死時才45歲，教堂中的黑王子之墓就是雕刻他16歲時穿戴軍服的模樣。

大廳與主教講壇Nave & Pulpit

走進挑高的大廳，哥德式建築的肯特伯里大教堂給人一種清麗脫俗的感覺，簡樸的柱子將木雕精緻的主教講壇襯托得更為華麗。

多佛
多佛

Dover

位在英格蘭東南角的多佛，與法國隔著多佛海峽(Strait of Dover)對望，相距只有34公里，可以說是全英國距離歐洲大陸最近的地方，因此，自古就成為兵家必爭之地，羅馬人、諾曼人、法國人都從這裡對不列顛群島虎視眈眈。第二次世界大戰，在敦克爾克被圍的大軍從這裡撤退，進攻諾曼第半島的大軍也從這裡出發。

多佛歷史悠久，1992年在海底發現一艘青銅器時代的古船，是目前人類發現的年代最久遠的海船，並發現了屬於法國青銅器時代的斧頭，說明當時兩岸之間已有船隻往返了。

在海上貿易發達的年代，多佛是進出歐陸的重要跳板，因此曾經繁榮一時。隨著空中交通的便捷與「歐洲之星」的開通，多佛逐漸歸於沉寂，但是美麗的白崖和歷史意義非凡的城堡，仍吸引旅人不遠千里而來。

INFO

基本資訊
人口：約 11.30萬
面積：約314.84平方公里
區域號碼：01304

如何前往
◎火車
　可從倫敦維多利亞(Victoris)火車站搭火車前往多佛Priory火車站，車程約2小時10分鐘。班次、時刻表及票價可上網或至火車站查詢，車票也可上網或至火車站櫃台購買，或先在台灣向飛達旅遊購買英國火

車通行證(BritRail Pass)。
飛達旅遊
☎02-8161-3456
🌐www.gobytrain.com.tw
官方LINE客服：搜尋@gobytrain
英國國鐵
🌐www.nationalrail.co.uk
◎巴士
　可從倫敦維多利亞(Victoria)火車站後方的維多利亞巴士站(Victoria Coach Station)搭National Express巴士前往，車程約2小時10~30分鐘。
🌐www.nationalexpress.com

火車站、巴士站至市區交通
◎火車站
　多佛Priory火車站位於市區西方，步行至遊客服務中心約10分鐘。
◎巴士站
　巴士站位於市集廣場北方，步行至遊客服務中心約6分鐘。

市區交通
　大部分景點步行可達，多佛白崖和多佛城堡雖然距市區稍遠，但沿途景觀怡人，是舒服的散步路線。

旅遊諮詢
白崖遊客服務中心White Cliffs Country Visitor Information Centre
🚶從Priory火車站步行約10分鐘
📍Market Square, Dover, Kent (Dover Museum)
☎01304-201-066
🕐週一～週六9：30~17：00、週日(僅限4~9月)10:00~15:00
🌐www.whitecliffscountry.org.uk

MAP ▶ P.199B1

多佛城堡

MOOK Choice

Dover Castle

英格蘭之鑰

掃地圖

🚶 從遊客服務中心步行約20分鐘　⌂ Castle Hill Road, Dover, Kent　☎ 01304-211-067　🕐 10:00~17:00(最後入場時間為16:00)，每月開放時間略有變動，請上網查詢。　💲 全票£21.8、優待票£13~19.6　Ⓤ
www.english-heritage.org.uk/daysout/properties/dover-castle

盤踞在多佛市區東側山丘上的多佛城堡，由於可遠眺多佛海峽，戰略位置重要，將近兩千年的時間一直肩負著捍衛不列顛群島的重責大任，因此被稱為「英格蘭之鑰」(Key to England)。

早在鐵器時代，這裡就修築了山城碉堡；後來羅馬人也看重此地優越的位置條件，他們所興建的燈塔留存至今，是歐洲現存羅馬人建造的燈塔裡保存得最好的一座；盎格魯薩克遜人也在這裡留下教堂遺跡，推測當時應該也有防禦工事的存在；征服者威廉成功征服英格蘭後不久，也以泥和木材在此興建了諾曼式的城堡；直到西元1160年亨利二世下令以石築城，多佛城堡才逐漸達成今日的面貌與規模。

城堡的石牆厚達6.5公尺，中心矗立著巨塔(The Great Tower)，塔裡有亨利二世的御用宮殿，內部相當富麗堂皇。城堡外側有超過80英畝的遼闊綠地，也暗藏著一間地下醫院與兩條地下隧道，地下遺跡氣氛神秘莫測，令人難忘。

編輯筆記 ✏

重現敦克爾克大撤退行動！
暗藏的地下隧道，一條挖掘於中古世紀，另一條則是在二次世界大戰期間挖出的，後者更曾作為英國海軍的司令指揮中心，1940年當四十萬英法聯軍在敦克爾克(Dunkirk)遭受德軍包圍時，指揮中心就是透過城堡的瞭望台向海上船隻發出信號，成功完成數十萬人大撤退。

MAP ▶ P.199B1

多佛白崖
Dover White Cliffs

MOOK Choice

白堊紀地質奇景

掃地圖

🚶 從遊客服務中心步行約30分鐘 🏠
Langdon Cliffs, Upper Road, Dover,
Kent 📞 01304-202-756 🌐 www.
nationaltrust.org.uk/white-cliffs-dover

　英格蘭東南部的沿線海岸，呈現奇特的白色峭壁地形，從歐陸航向英國時，遠遠就能望見這一整片長達5公里的白色懸崖，儼然是最搶眼的海上地標。

　白崖形成於一億多年前的白堊紀，是由細小的海洋微生物以每年0.015毫米的速度慢慢沉積而成的，主要是一種叫作顆石藻（Coccoliths）的鈣質超微化石和浮游有孔蟲化石構成，屬於質地極細的粉狀石灰岩，名為「白堊層」，摸起來像粉筆一樣，這種地質也的確是製造粉筆的原料。

　「白堊紀」實際上就是以這種當時大量成形的地質而命名的。不過由於這種岩層相當脆弱，2012年3月還發生了大面積的白崖坍塌掉入海中的震撼事件，顯然氣候的極端變化也對這片地質奇景造成了影響。

這處秘境可眺望英吉利海峽壯麗景觀！
　順著多佛港的東船塢區而行，在斷崖下面可以發現一條小路，順著小路往山坡上走，就可以一步步向多佛白崖的頂部靠近。一路上右手邊可眺望海峽，左手邊則有多佛城堡持續相伴，還可以看到白堊草原，有著許多不尋常的植物和昆蟲，景色賞心悅目，登上高高的白堊懸崖可俯瞰英吉利海峽，壯麗迷人。

布萊頓
Brighton

多霧常雨的倫敦總擺脫不了灰暗，無怪乎倫敦人總喜歡前往碧海藍天的布萊頓。

布萊頓是距離倫敦最近的海岸度假勝地，不僅可以享受沙灘、陽光和海水的洗禮，錯綜複雜的巷道區更是尋奇探寶的絕佳去處，充滿神祕東方氣氛的皇家行宮還為它的熱情活力染上瑰麗色彩。

從它今日的面貌，很難想像在18世紀時還是個默默無聞的漁村，直到1841年鐵路開通，布萊頓成為倫敦人最愛計畫一日遊前往遊覽的目的地，而它的人口也在一世紀內暴增將近一倍。

2000年，布萊頓被伊莉莎白女王賜予城市的地位，今日的布萊頓已不可同日而語，優雅的維多利亞時代建築迎接著來自大都會的貴客。

INFO

基本資訊
人口：約 28.1 萬
面積：約82.67平方公里
區域號碼：01273

如何前往
◎火車
可從倫敦維多利亞(Victoris)、倫敦橋(London Bridge)火車站搭火車前往布萊頓East Sussex車站，車程約1小時。班次、時刻表及票價可上網或至火車站查詢，車票也可上網或至火車站櫃台購買，或先在台灣向飛達旅遊購買英國火車通行證(BritRail Pass)。

飛達旅遊
☎02-8161-3456
🌐www.gobytrain.com.tw
官方LINE客服：搜尋@gobytrain
英國國鐵
🌐www.nationalrail.co.uk

◎巴士
可從倫敦維多利亞(Victoria)火車站後方的維多利亞巴士站(Victoria Coach Station)搭National Express巴士前往，車程約2~2.5小時。
🌐www.nationalexpress.com

火車站、巴士站至市區交通
◎火車站
位於市區西北方，步行至皇家行宮約12分鐘。
◎巴士站
位於市區，步行至皇家行宮約5分鐘。

市區交通
大部分景點步行可達；七姐妹岩距市區較遠，可搭巴士前往。

旅遊諮詢
VisitBrighton 🌐www.visitbrighton.co.uk

MAP ▶ P.202B3

皇家行宮
Royal Pavilion

MOOK Choice

印度外表中國內在

掃地圖

🚶 從火車站步行約12分鐘 　🏠 4 / 5 Pavilion Buildings, Brighton, East Sussex 　☎ 03000-290-900 　🕐 10~3月 10:00~17:15、4~9月9:30~17:45(最後入場時間為關閉前45分鐘) 　💲 全票£17、優待票£10.5 　🌐 brightonmuseums.org.uk/visit/royal-pavilion-garden/

　　皇家行宮對布萊頓來說意義非凡，它是造就布萊頓成為度假勝地的最大功臣。18世紀中葉開始，到海濱度假成為當時的流行時尚，布萊頓與倫敦相距不遠，因而成為最熱門的去處，就連尚未登基時的喬治四世都慕名前來，1783年先是在此興建了一座度假農莊，後來為了宴請貴族賓客，特聘約翰・納許(John Nash)重新設計，於1822年改建為今日這座充滿異國風情的皇家行宮。

　　行宮內參觀重點包括長廊、宴會廳、廚房、大廳、國王套房，都保留了當年富麗堂皇的模樣。長廊(Long Gallery)主色為亮麗的藍和粉紅，充滿熱鬧氣氛；宴會廳(Banqueting Room)的天花板中央高掛著一隻火龍和巨型水晶吊燈，周圍裝飾著以中國仕女和小孩為主題的壁畫；大廚房仍保留當時款待賓客的模樣，周圍的銅製餐具據說具有吸取油煙的功用。

印度宮殿的外觀加上中國裝潢的內裡

頂著大大小小的洋蔥頂，外觀猶如印度宮殿的皇家行宮，讓來訪者在入內後備感驚奇：蓮花造型燈飾、竹藤樓梯、仕女壁畫等，放眼所及全都是洋溢著濃濃中國風的骨董擺飾。原來當時的上流社會崇尚歷史悠久的中國文物，因而宮內遍佈各色中國古物，堪稱當時一大代表。

MAP ▶ P.202B3

巷道區
The Lanes

濱海美食與血拚迷宮

掃地圖

🚶 從皇家行宮步行約3分鐘 　🏠 North Street南側到海濱間的巷道間(North Street有轉入指標) 　🕐 各店不一

　　布萊頓市區位於車站與海邊之間，交錯的大街小巷展現布萊頓的輕鬆休閒。與皇家行宮隔著熱鬧的北街(North Street)，精采的巷道區躍然眼前，這處昔日漁村的核心，裡頭交織著彷如迷宮的街道，骨董店、首飾店、時尚

精品店和設計師小店，全熱絡地擠在一塊，令人眼花撩亂。來到這裡不要怕迷路，隨心亂逛，巷道區的商家規模都很小，但商品很豐富，有稀奇古怪的昆蟲、花朵造型的可愛嬰兒娃娃、迷你模型居家組合、各種玩偶、趣味卡片、墨西哥首飾等，絕對能滿足血拚族的慾望。

布萊頓碼頭
Brighton Pier

海上主題樂園

掃地圖

🚶 從皇家行宮步行約5分鐘 🏠 Brighton Pier, Madeira Drive, Brighton, E Sussex ☎ 01273-609-361 🕐 遊樂設施週一～週五11:00~19:00、週六10:00~20:00、週日10:00~19:00，部分區域開放時間每月略有變動，請上網查詢。 🌐 www.brightonpier.co.uk

布萊頓碼頭從布萊頓海灘延伸至海上，前半部為小吃攤和零食店，後半部是遊樂園。碼頭上有躺椅，可以在旁邊買份炸魚薯條，坐在這裡曬太陽吹海風，這裡最著名的是各種顏色的糖果棒「布萊頓之石」(Brighton Rock)，七彩繽紛的顏色與海灘上日光浴的人群相映成趣。

碼頭的遊樂場分為電動娛樂的室內區及戶外樂園，有飛車、旋轉木馬等，適合年齡層較低的小朋友，雖然平日人不多，但夏季和週末則充滿熱鬧的人潮。

七姐妹斷崖

MOOK Choice

Seven Sisters Cliffs

經典的白堊峭壁

掃地圖

🚶 從布萊頓皇家行宮前的North Street搭巴士12或12A號於Seven Sisters Park Centre站下，車程約1小時，下車後步行至斷崖所在的海邊約30分鐘。 🏠 Seven Sisters Country Park, Seaford ☎ 01730-814810 🕐 遊客服務中心10:00~17:00 💰 免費 🌐 www.sevensisters.org.uk/ ❗ 下車處不遠有遊客服務中心，可先前往索取資料、問路

和多佛白崖一樣，七姐妹斷崖也是白堊紀開始形成的白堊層地形，只是面積更大、氣勢更壯闊，從海面上看過去像是7位並列的白衣女子，所以得名。

七姐妹斷崖位在介於布萊頓和伊斯特本(Eastbourne)之間的海岸線上，屬於七姐妹鄉村公園(Seven Sisters Country Park)的一部分，從入口處到海岸的岩壁之間，要穿越一大片廣闊的綠地，沿途有草原、有濕地，不但可能和放牧的牛羊相遇，也有機會看到鴨鵝等禽鳥在水面悠遊，景色相當優美。

溫徹斯特
Winchester

相較於劍橋、牛津等英格蘭高知名度的城市，溫徹斯特的名氣或許略為遜色，不過，這座城市擁有全歐洲歷史最悠久的哥德式大教堂、傳奇的亞瑟王圓桌，中世紀的建築構成典雅的城市風貌，加上豐富的博物館、藝廊等，不負歷史古都的美名。

溫徹斯特綠意盎然、優雅閒致的美景，引發英國浪漫詩人濟慈的靈感，完成名作《秋頌》；而珍‧奧斯汀(Jane Austen)也在1807年時來到溫徹斯特養病，她在此度過人生最後的旅程，也完成了個人文學生涯中最重要的多本著作，而溫徹斯特也因文人的加持增添了幾許魅力。

溫徹斯特 Winchester

INFO

基本資訊
人口：約11.13萬　**面積**：約660.97平方公里
區域號碼：01962

如何前往
◎**火車**
可從倫敦滑鐵盧(Waterloo)火車站搭火車前往，車程約1小時。班次、時刻表及票價可上網或至火車站查詢，車票也可上網或至火車站櫃台購買，或先在台灣向飛達旅遊購買英國火車通行證(BritRail Pass)。
飛達旅遊
📞02-8161-3456　🌐www.gobytrain.com.tw
官方LINE客服：搜尋@gobytrain
英國國鐵
🌐www.nationalrail.co.uk
◎**巴士**

可從倫敦維多利亞(Victoria)火車站後方的維多利亞巴士站(Victoria Coach Station)搭National Express巴士前往，車程約1小時40分鐘。
🌐www.nationalexpress.com

火車站、巴士站至市區交通
◎**火車站**
位於市區西北方，步行至遊客服務中心約15分鐘。
◎**巴士站**
位於市區The Broadway路上，步行至遊客服務中心約1分鐘。

市區交通
除珍‧奧斯汀之家博物館外，大部分景點步行可達。

旅遊諮詢
溫徹斯特遊客服務中心Winchester Tourist Information Centre
🚶從火車站步行約15分鐘　🏠Guildhall, High Street, Winchester, Hampshire　📞01962-840-500　🕐週一～週六10:00~17:00　🌐www.visitwinchester.co.uk

MAP ▶ P.205A1

大會堂
The Great Hall

MOOK Choice

見識亞瑟王的圓桌

 掃地圖　🚶從火車站步行約10分鐘　🏠Castle Avenue, Winchester, Hampshire　☎01962-846-476　🕐10:00~17:00，逢活動會關閉　💲全票£4、優待票£3~3.5　🌐www.visitwinchester.co.uk/listing/the-great-hall/

大會堂則是昔日溫徹斯特城堡的遺址之一，興建於1222年~1235年間，亨利三世以它取代了昔日的城堡大廳，該建築充分展現亨利三世的個人品味。

大會堂被視為繼西敏寺之後，全英國最典雅的中世紀建築，13世紀時是政府部門中心，至今僅有部分建築仍保存完善。

編輯筆記 ✒

傳說中的圓桌武士真的存在？

亞瑟王(King Arthur)與圓桌武士的傳說，相信大家都耳熟能詳，但傳說中的圓桌(Round Table)真的存在嘛？是的！就高掛在西翼牆上，由橡木製成，直徑達18呎，據說是為了查理五世和亨利八世於1522年來訪溫徹斯特所製。

MAP ▶ P.205A2

高街和聖龕
The High St. & The City Crose

古今完美融合的鬧街

 掃地圖　🚶從遊客服務中心步行約2分鐘　🏠High St., Winchester, Hampshire

高街是最熱鬧也最古意盎然的一條街，保存古老建築，也有現代商店進駐，行走其間，可感受古老風情的魅力。中古世紀時，溫徹斯特的高街即是羅馬軍隊、人民和朝聖者的必經之路，老街中最精華的街區上，懸吊著一座精美的老鐘，打從1713年開始，便在每晚八點鐘鳴響，成為當地的特色。

至於老街上的聖龕則興建於15世紀，於1865年重建，由於外觀是乳白色的，因此又有「奶油十字架」(Buttercross)的可愛別稱。聖龕前方有較大空間，成為街頭藝人的表演地點。由聖龕轉進後方的巷子裡，分佈著許多可愛的小店和餐廳。

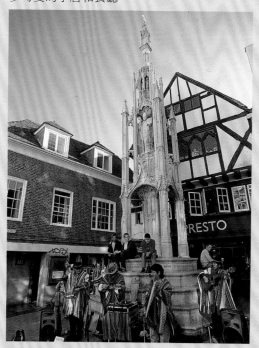

MAP ▶ P.205A2

城市博物館

City Museum

認識溫徹斯特今昔

🚶 從遊客服務中心步行約5分鐘 🏠 The Square, Winchester, Hampshire
☎ 01962-863-064　🕐 週一～週六 10:00~17:00、週日11:00~17:00
💰 全票£6、優待票£3～4.75

hampshireculturaltrust.org.uk/winchester-city-museum

　位於溫徹斯特大教堂前寬闊草坪的前端，有一棟搶眼的3層樓石造建築，名為城市博物館，裡面收藏著溫徹斯特從鐵器時代開始不同時期的文物，訴說著這個城市的過去與未來。

　早在史前時代，溫徹斯特即是繁忙的貿易中心，羅馬時代成為這一帶區域的首府，盎格魯薩克遜到諾曼帝國時期也盛極一時，足以和倫敦並駕齊驅，直到中世紀才歸於沉寂。

收藏豐富令人激賞

　博物館規模雖然不大，但是收藏的出土雕像、生活用品、馬賽克地磚、不同時期的城市模型等，非常珍貴，頗值得一看。

MAP ▶ P.205A2

溫徹斯特大教堂

MOOK Choice

Winchester Cathedral

珍·奧斯汀在此長眠

掃地圖

🚶 從遊客服務中心步行約6分鐘 🏠 9 The Close, Winchester, Hampshire ☎ 01962-857-200 🕐 週一～週六 9:00~17:00、週日12:00~15:00，遇特殊活動時大教堂不對外開放，另外鐘塔和各展覽廳開放時間不同，請上網查詢。 💲 大教堂全票£10、優待票£6.5~8，鐘塔之旅£10 🔗 www.winchester-cathedral.org.uk

　　教堂最初的歷史可回溯到642年，今日的建築則是1079年時重建的結果，至今也擁有超過九百年的歷史。

　　其他與溫徹斯特大教堂相關的名人，還包括英國知名女作家珍·奧斯汀，她在34~35歲左右搬到溫徹斯特附近的喬頓(Chawton)小鎮，希望能離醫生近些，方便治療，沒想到因病情惡化，不久後便去世了。珍·奧斯汀於1817年下葬於此，她的墓碑位於教堂中殿長廊左方。

💡

潛水夫挽救教堂傾倒的厄運！

　　溫徹斯特大教堂原先屬於羅馬式建築，1900年時由於泥沼地無法負擔大量以圓木組成的基座而有下沉的危機，後來一位名為William Walker的潛水夫挑起重責大任，每天潛至下方以泥石補強，花了6年的時間才挽救了教堂的命運。

珍‧奧斯汀之家博物館

Jane Austen's House Museum

女文豪文思泉湧的溫馨窩

掃地圖

🚌從溫徹斯特巴士站搭64號巴士於Alton站下，再沿Winchester Road步行約12分鐘可抵Chawton；因公車站牌不明顯，最好事先告知司機目的地。 🏠Jane Austen's House Museum, Chawton, Alton, Hampshire ☎01420-83262 🕐1/5~3/5週四~週日10:00~17:00、3/8~6/18週三~週日10:00~17:00、6/19~9/3每日10:00~17:00、9/6~10/29週三~週日10:00~17:00、10/30~11/5閉館、11/9~12/17週四~週日10:00~17:00；開放時間隨時會變動，請上網查詢。 💲全票£12、優待票£5~11 🌐www.jane-austens-house-museum.org.uk

珍‧奧斯汀出生於漢普郡的史提文頓(Steventon)，父親是當地教區牧師，在父親的鼓勵下，從小就喜歡閱讀，雖然受正式教育只到11歲，但靠著自學和大量的閱讀，10歲就開始寫作，奠定日後豐富的寫作基礎。

珍的家庭環境並不富裕，因哥哥愛德華(Edward)被有錢親戚奈特家(Knight)領養，珍才有機會進入上流社會社交圈。當時的社交場合、舞會提供年輕人結識的機會，渴望愛情和婚姻的珍，結識了一些男士，但都無疾而終，不過，這些社交場合卻提供珍一個觀察男女相處的絕佳機會，之後在小說中寫出了男女絕妙的對話和互動。

珍‧奧斯汀的的寫作主題總離不開愛情，以18世紀的英國社交圈為題材，穿插今日仍流行的小道消息和耳語，加上生動描寫的人物個性和對話，使讀者能跨越時空的藩籬，彷彿直視這些有趣的人物，演出生命的精采片段。

這棟17世紀的房子，是珍‧奧斯汀從1809年~1817年的住家，珍在這裡度過人生最後一段時光，自從搬到喬頓(Chawton)之後，珍的寫作力旺盛，先後將之前的手稿做了整理、創作新的小說，在她的文學生涯中，最重要的作品《理性與感性》(Sense And Sensibility)、《傲慢與偏見》(Pride and Prejudice)、《愛瑪》(Emma)

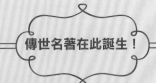
傳世名著在此誕生！

珍‧奧斯汀之家分為幾個參觀重點，包括客廳(The Drawing Room)、餐廳(Dining Parlour)、珍‧奧斯汀的臥房(Jane Austen's Bedroom)，其中餐桌旁的小桌椅是珍‧奧斯汀寫作的地方，屋內展示有珍的幾樣物品和筆跡手稿，以及珍貴的作品初版。另外穿著當時服裝的模特兒，可讓我們得知當時的穿著，也十分有趣。

都是在這個階段完成。

能擁有寬敞的住家和寧靜的環境，都得拜她哥哥愛德華所賜，住在這棟紅磚屋裡，珍有回到家鄉的歸屬感，才能全心投入創作。

南安普敦
Southampton

西元1912年4月10日，萬眾矚目的豪華郵輪鐵達尼號(Titanic)從英國航向美國，途中不幸發生意外沉船，當年出發的港口就是南安普敦。數十年後，好萊塢把這段過往拍成電影轟動全球，從此「鐵達尼號」便成了南安普敦最佳的宣傳大使。

坐落在英格蘭南部海岸幾近中央位置的南安普敦，是全英國最古老的貿易商港，中世紀時靠著海上貿易致富，建設成繁華的港市，吸引世界各地、各階層的人紛紛到此尋找新的生機。今日的南安普敦古蹟與市容並存，國際港務繁忙依舊，展現與其他英國城鎮不同的港都魅力。

INFO

基本資訊
人口：約25.37萬　**面積**：約72.8平方公里
區域號碼：023

如何前往
◎火車
可從倫敦滑鐵盧(Waterloo)火車站搭火車前往南安普敦中央(Southampton Central)火車站，車程約1.5~2小時。班次、時刻表及票價也可上網或至火車站查詢，車票也可上網或至火車站櫃台購買，或先在台灣向飛達旅遊購買英國火車通行證(BritRail Pass)。
飛達旅遊
☎02-8161-3456 ⓦwww.gobytrain.com.tw
官方LINE客服：搜尋@gobytrain
英國國鐵
ⓦwww.nationalrail.co.uk
◎巴士
可從倫敦維多利亞(Victoria)火車站後方的維多利亞巴士站(Victoria Coach Station)搭National Express巴士前往，車程約2小時15~30分鐘。
ⓦwww.nationalexpress.com

火車站、巴士站至市區交通
◎火車站
位於市區西北方，步行至市區約25~30分鐘；或從火車站搭Quayconnect巴士前往市區和碼頭。
◎巴士站
巴士站位於火車站的東側，步行至市區約20~25分鐘；或搭巴士前往市區和碼頭。

市區交通
大部分景點步行可達。

旅遊諮詢
VisitSouthampton ⓦvisitsouthampton.co.uk/

MAP ▶ P.210A2

舊城
Old Town
寬闊大道氣勢恢弘

掃地圖

🚌搭BlueStar巴士 🏠High Street, Southampton, Hampshire

　　從高街(High St.)上看到主城門(Bargate)開始，一直到港邊碼頭這一帶屬於舊城區，也是南安普敦至今仍繁華的市中心。這條街比倫敦的街道還寬，看似現代化，其間夾雜分布著不少古蹟，包括擁有八百年歷史的主城門、古城牆、鐘樓、教堂、維多利亞女王駕臨過的飯店、都鐸式花園豪宅、中古世紀的富商宅邸等。

　　此外，舊城區裡也有很多營業至天明的餐廳、酒吧，熱鬧非凡，是個夜夜笙歌的城市。

編輯筆記

馬車旅館變身星級飯店
　　位於南安普敦舊城高街(34-35 High Street)，一家以「海豚」為名的四星級飯店「The Mercure Southampton Centre Dolphin Hotel」，歷史悠久，最早見於1454年的文獻記載，17世紀時是間馬車旅館，18到19世紀是時髦的社交中心，駐足過的名人多不勝數：維多利亞女王、納爾遜將軍、莎士比亞；1793年，珍·奧斯汀就是在這裡慶祝18歲生日，飯店的會議室還特地以珍命名。

MAP ▶ P.210A1

海洋城市博物館
SeaCity Museum
鐵達尼號故事館

掃地圖

🚌搭BlueStar巴士、First巴士、Unilink巴士 🏠Havelock Road, Southampton, Hampshire ☎023-8083-4536 ⏰10:00~17:00(最後入場時間為15:30) 💲全票£9.5、優待票£7~7.5，5歲以下免費 🌐www.seacitymuseum.co.uk

　　2012年4月，也就是鐵達尼號沈船事件屆滿100年的當天，嶄新的海洋城市博物館正式開張！展示館運用許多互動式的體驗項目，展場主要分成3大部分，第一展場當然是以鐵達尼號的故事為核心，當年的事件造成近五百個家庭痛失親人，許多人的生活因此受到重大影響。裡面有一艘1:25比例的縮小鐵達尼號，參觀者可以進入其中，見識船上的格局布置、多少工作人員在船上各司其職、南安普敦當年繁榮的盛況。在「災難室」(Disaster Room)裡，多位船難生還者們以真誠有力的聲音，陳訴整個沉船事件的過程，令人動容。

　　第二展場是展出南安普敦所收藏的文物，訴說這個城市二十五萬年以來的歷史發展。隨著海上貿易的發達，各地商人、移民、難民相繼來到這個城市，逐漸造就南安普敦今日種族、文化、語言多元的面貌，為它冠上「世界的門戶」(Gateway to The word)的封號應該也不為過。第三展場是特展室，每段時間會更換不同展出主題。

英格蘭南部⋯南安普敦 Southampton

彭贊斯

彭贊斯
Penzance

和英格蘭東半部比較起來，西半部狹長的康瓦爾半島(Cornwall Peninsula)因為距離倫敦頗遠，外國旅客較感陌生，但對英國人而言，這個遠離塵囂的地區魅力獨具，是度假的熱門去處，往往一住就是一兩週。

位於康瓦爾半島西端的彭贊斯，在康瓦爾古語裡是「神聖的地頭」(Holy Headland)之意，從濱臨的芒特灣(Mounts Bay)可望見海中孤島聖麥可山(St. Michael's Mount)；有頻繁的交通往返半島北岸的聖艾夫斯(St. Ives)；還可探訪陸地盡頭的海角(Land's End)，自然與人文勝景精采又豐富！

INFO

基本資訊

人口：約2.12萬　**面積**：約28平方公里
區域號碼：01736

如何前往

◎火車

可從倫敦帕丁頓(Paddington)火車站搭火車前往，車程約5~5.5小時；或可搭臥舖列車(Night Riviera Sleeper)，需事先訂位。班次、時刻表及票價可上網或至火車站查詢，車票也可上網或至火車站櫃台購買，或先在台灣向飛達旅遊購買英國火車通行證(BritRail Pass)。

飛達旅遊
☎02-8161-3456　🌐www.gobytrain.com.tw
官方LINE客服：搜尋@gobytrain

英國國鐵
🌐www.nationalrail.co.uk

◎巴士

可從倫敦維多利亞(Victoria)火車站後方的巴士車站搭National Express巴士前往，每日直達車班次不多，車程約8小時20分~10小時。
🌐www.nationalexpress.com

火車站、巴士站至市區交通

◎火車站

位於市區東北方，步行至市區的市集廣場(Market Place)約8分鐘。

◎巴士站

巴士站和火車站相距約150公尺，步行至市區的市集廣場(Market Place)約7分鐘。

市區交通

大部分市區景點步行可達；較遠處的聖麥可山、聖艾夫斯、海角等地可從巴士總站搭固定班次巴士前往。

旅遊諮詢

西康瓦爾遊客服務中心Welcome to West Cornwall Centre
🚶從火車站步行約1分鐘　🏠Station Approach, Penzanceend　☎01736-335-530　🕐週二~週五10:00~17:00(冬季至16:00)、週六10:00~16:00、週日10:00~14:00　🌐lovepenzance.co.uk/business/welcome-to-west-cornwall-centre/

英格蘭南部⋯⋯彭贊斯 Penzance

MAP ▶ P.212B1

聖麥可山
St. Michael's Mount

MOOK Choice

英國的聖米歇爾山

掃地圖

從彭贊斯巴士站搭U4或515號巴士於Marazion廣場站下，車程約10分鐘；下車後可待退潮時踏浪直接登島，4~10月另可於漲潮時從碼頭搭船登島(船票單程全票£2.5、優待票£1.5)。每日潮汐時間不同，可上網確認當日潮汐情況，網址www.marazionguide.com。🏠St Michael's Mount, Marazion, Cornwall ☎01736-887-822 ⏰城堡週日~週五9:30~17:00，週六休；每年、每月開放時間會變動，請上網查詢最新資訊。💲城堡全票£14、優待票£7，花園全票£10、優待票£6，城堡和花園聯票全票£24、優待票£13 🌐www.stmichaelsmount.co.uk

站在彭贊斯的港邊，即可望見芒特灣另一頭的海面上隱約有一座山頭，有時像是座小島、有時又像是陸地的一部分，情況類似法國西北海面上的聖米歇爾山(Mont St. Michel)，名字也乾脆直接翻譯，叫聖麥可山。因為景象奇特，聲名遠播，被稱為「康瓦爾皇冠之珠」(The Jewel in Cornwall's crown)。

聖麥可山位於彭贊斯東方5公里外的Marazion小鎮上，漲潮的時候和陸地距離只有350公尺，比聖米歇爾山更靠近陸地；退潮的時候就和陸地連成一片，可直接從Marazion徒步走過去。

聖麥可山歸聖奧賓(St. Aubyn)家族所有，1954年，第三代主人Francis St. Aubyn把它交給國家信託局管理，但聖奧賓家族仍擁有999年居住權。目前城堡仍維持著聖奧賓家族在此生活時的格局，不同廳室裡可以看見家族各式各樣的家具、珍貴收藏、畫像等。

城堡外還有一座花園，裡面栽種著許多亞熱帶植物，包圍著花崗岩打造的堅固城堡，更添姿采。

島嶼所有權數度更迭

早在12世紀，統治英格蘭的諾曼人就把這座島和城堡劃歸法國的聖米歇爾山修道院管理，15世紀英法百年戰爭和內戰發生後，島嶼的所有權幾經更迭，清教徒革命時又被作為軍事要塞，直到17世紀才被賣給聖奧賓家族。

MAP ▶ P.212B1

聖艾夫斯

MOOK Choice

St. Ives

詩情畫意海濱藝術小鎮

掃地圖

🚃從彭贊斯火車站搭火車於St. Erth轉車前往(直達車較少)，車程約25~50分鐘；或從彭贊斯巴士站搭200、16、16A號巴士前往，車程約30分鐘。 ❶聖艾夫斯遊客服務中心 St. Ives Visitor Information Centre 🏠St Ives Library, Gabriel Street, St Ives, Cornwall ☎01736-796297 🌐www.stives-cornwall.co.uk/things_to_do/visitor-centre/

　從倫敦坐5.5小時的火車到了彭贊斯，還要再轉火車或巴士才能抵達聖艾夫斯，然而看到它宛如明信片畫面的港景那一刻，頓覺所有的舟車勞頓都是值得的。

　聖艾夫斯位於西康瓦爾的北側海岸，原本是個小漁村，三面環海，所以，不論從聖艾夫斯的哪個地方，幾乎只要15分鐘以內的腳程都可以抵達海邊，優美的環境備受英國各領域的藝術家鍾愛。

　因為觀光鼎盛，住宿、餐飲、購物等設施齊全，選擇眾多。

這裡還是一處藝術殿堂噢！

　19世紀末開始，聖艾夫斯逐漸變成藝術活動興盛的小鎮，優美的巷弄間密集分布著大小美術館、藝廊，連泰特美術館都在這裡開設了分館，對於酷愛藝術的人而言應有置身天堂的感覺。

海角
Land's End

英格蘭土地西邊的盡頭

掃地圖

📍從彭贊斯巴士站搭LAND巴士於Land's End站下，車程約2.5小時。 ⏱景觀隨時開放，商店及遊樂設施每月開放時間和休日略有變動，請上網查詢。 💲景觀免費，遊樂設施需購票。 🌐landsend-landmark.co.uk/

　　英文名為「Land's End」，它位於英格蘭南部康瓦爾半島的最西端，的確是「土地的盡頭」，路途遙遠又與世隔絕的它以天涯「海角」來稱呼，不但貼切且增添詩情畫意。

　　海角除了地理位置特殊外，地形經過大西洋海濤與強烈海風經年累月的衝擊，礁石嶙峋的海岸相當壯麗。海岸邊規畫了好幾條散步道，可以不同角度欣賞壯闊的海景。步道旁有幾幢潔白的小屋，最西端那間傲然寫著「英格蘭第一間、也是最後一間房子」，就「起點與終點」這個獨特的地理位置大作文章。

　　海角目前建設成主題樂園型態，有餐廳、商店、飯店、藝廊和包括4D動感電影院在內的兒童遊樂設施，消費機能頗為完善。

編輯筆記

我家路標立在這裡！

　　岸邊還有一個醒目的地標，向西標示著紐約和西西里島的方向與距離，向東的字樣可以變更，遊客們總愛換上自己家鄉地名，然後拍照留念，不過要收取費用。一個當地家族在1950年代想了這個聰明的點子，就地開業，真是有生意頭腦。

土耳其頭酒吧
Turks Head Pub

古早海盜酒吧

掃地圖

📍從火車站步行約8分鐘 🏠49 Chapel Street, Penzance ☎01736-332-757 🕐11:00~23:00 💲Chicken Schnitzel £14、Hand-raised Charter Pie £15.5、Pan-fried Sole£17.5 🌐www.theturkshead.pub/

　　創立於13世紀的Turks Head Pub，不但是彭贊斯、也是康瓦爾地區最古老的酒吧。想像750年前，某些海盜和走私者也和你一樣在這裡喝著啤酒、高談闊論，氣氛頓時洋溢著傳奇的神祕感。

　　酒吧目前的建築物大約是1660年前後整修的，充滿古老的韻味，裝潢也很有土耳其風格。房子後的庭院可以發現一條地道，當年直通港口，以方便海盜或走私客運輸他們的戰利品。

　　這裡提供選擇豐富的當地風味料理，尤其是魚類、海鮮最受推崇，而自家釀造的各式各樣啤酒，也值得一嘗。

英格蘭中北部

Central & North England

英格蘭中北部

文●墨刻編輯部　攝影●墨刻攝影組

P.220　諾丁漢Nottingham

P.225　林肯Lincoln

P.230　約克York

P.240　曼徹斯特Manchester

P.246　利物浦Liverpool

P.254　徹斯特Chester

P.257　湖區Lake District

面積廣大的英格蘭中北部，人文歷史與風景地貌都顯得變化多端。英格蘭中部位居本島的中心，深深散發傳統英國氣息，其中，有著羅賓漢傳奇故事的諾丁漢，以及坐擁高聳入雲大教堂的林肯，都是古老、小巧卻又充滿生命力的城市。

擺脫工業城市灰暗形象的曼徹斯特，以新穎現代建築的幾何線條構築成英格蘭西北部的政治、經濟、文化中心；曾經在海權時代輝煌的利物浦，因披頭四樂迷而重獲新生。每到足球比賽時，這兩個城市就會被滿街狂熱沸騰的足球迷占領。

同處英格蘭北部的約克和徹斯特小鎮，則以懷舊古樸面貌引領遊客穿越時光隧道，走入用鵝卵石街道和木造小房子堆疊而成的中世紀和

湖區

愛爾蘭海
Irish Sea

利物浦
Liverpool

徹斯特
Chester

約克
York

曼徹斯特
Manchester

林肯
Lincoln

諾丁漢
Nottingham

N

古羅馬時期。

被譽為英格蘭最美麗的湖區國家公園，波光粼粼的湖面在翠綠山巒間閃耀，是喜愛戶外運動者的天堂，秀麗景致更孕育出不少文學家、藝術家，健行之餘，不妨安排一趟文學之旅，與波特小姐和浪漫詩人華滋華斯來場約會！

英格蘭中北部之最Top Highlights of Central & North England

林肯大教堂Lincoln Cathedral
歷經3個世紀才完成的林肯大教堂，優美典雅，也是電影《達文西密碼》的拍攝場景。（P.226）

約克大教堂
York Minster
不但是全英國，同時也是整個歐洲阿爾卑斯山以北最大的哥德式教堂，內部則有一整片堪稱全球最大的中世紀彩繪玻璃。（P.232）

披頭四故事館和梅素街The Beatles Story & Mathew Street
對搖滾樂迷而言，利物浦可與披頭四畫上等號，這兩處便是全球歌迷畢生有機會一定要造訪的地方！（P.251、P.253）

曼徹斯特Manchester
這個城市無論文化歷史、足球、音樂、藝術，美食或購物都有趣如一場派對，因此被譽為「24-Hour Party Town」。（P.240）

湖區Lake District
景色秀麗的湖區孕育出不少文學、藝術家，來此可找尋波特小姐和彼得兔蹤跡，並透過詩人滋華斯的眼，認識這個美好地方。（P.257）

How to Explore Central & North England
如何玩英格蘭中北部

利物浦Liverpool

　　利物浦是在海權時代崛起的港口城市，利物浦世界博物館、莫西賽德海事博物館、亞伯特碼頭、披頭四故事館、世界奴隸博物館這些景點都集中在碼頭一帶，其他景點大部分在火車站附近，離碼頭也不遠，都可以步行抵達。此外利物浦大教堂和大都會教堂也都在火車站步行10分鐘可達的範圍內。

曼徹斯特Manchester

　　亞伯特廣場、人民歷史博物館、科學與工業博物館、城市遺產公園和阿黛爾購物中心，這些景點大部分集中在曼徹斯特的市中心，但市區範圍不小，可以搭乘免費的市區巴士Metroshuttle，有3條路線覆蓋各景點。此外位在市郊的老特拉福德球場和洛利藝術中心可以搭乘電車前往。

徹斯特Chester

　　徹斯特火車站在市區的東北方，有免費接駁公車可以抵達市區的東門大鐘，市區範圍不大適合步行參觀。

湖區Lake District

湖區是號稱英格蘭最美的國家公園，進入湖區的主要門戶是溫德米爾，最常見的遊覽方式是搭車進行定點健行，可以搭乘巴士或是租車。

約克York

約克大部分的景點都在古城牆內的舊城區，國家鐵道博物館、約克郡博物館、約克市立藝廊等景點也都在古城步行幾分鐘的距離內，是個適合步行1日遊的地方。

地圖標示：
湖區 Lake Districk
曼徹斯特 Manchester
約克York
利物浦 Liverpool
徹斯特 Chester
林肯Lincoln
諾丁漢 Nottingham
倫敦 London

諾丁漢Nottingham

諾丁漢的大部分景點集中在火車站和城堡一帶，都可以步行抵達，搭乘公車也是個好選擇，線路眾多，購買一日券十分划算，搭乘兩趟就值回票價了。而諾丁漢的電車主要往返於市區的南北，對觀光客較不方便。

林肯Lincoln

從火車站一出來就可以看到丘陵上的林肯大教堂，景點和商店街都集中在往教堂的路上，儘管是陡坡但沿路風景優美，適合一邊散步，一邊體驗古色古香的小鎮風情。

諾丁漢●

諾丁漢
Nottingham

也許有人認為把諾丁漢算成一座小鎮，這實在太看不起諾丁漢了。作為英格蘭中北部的工業及紡織大城，有的是人潮洶湧的大馬路、兩家大型購物中心以及徹夜喧囂的酒吧、電影院，哪能和那些樸素的小村落等頭齊尾呢！

不過，你要是再瞧一會兒，12世紀的古老傳奇，經過數百年仍令人津津樂道。古街上的射劍羅賓漢雕像，好像註定了要和身邊的諾丁漢城堡並肩流傳百世；城堡腳下的「耶路撒冷之旅」客棧，也永遠擠滿了要去朝聖或是朝聖而歸的旅人。正如同不斷被改變用途的古老洞穴，真正讓旅人感動的不是五光十色的城市霓虹，而是背負著許多傳奇故事的諾丁漢古城鎮。

INFO

基本資訊
人口：約 66.63萬
面積：約74.61 平方公里
區域號碼：0115

如何前往
◎火車
可從倫敦聖潘可拉斯(St. Pancras)火車站搭火車前往，車程約1小時50分鐘。班次、時刻表及票價可上網或至火車站查詢，車票也可上網或至火車站櫃台購買，或先在台灣向飛達旅遊購買英國火車通行證(BritRail Pass)。
飛達旅遊
☎02-8161-3456

🌐www.gobytrain.com.tw
官方LINE客服：搜尋@gobytrain
英國國鐵
🌐www.nationalrail.co.uk
◎巴士
可從倫敦維多利亞(Victoria)火車站後方的維多利亞巴士站(Victoria Coach Station)搭National Express巴士前往，車程約3~3.5小時。
🌐www.nationalexpress.com

火車站、巴士站至市區交通
◎火車站
位於市區南方，步行至遊客服務中心約10分鐘。
◎巴士站
巴士站位於火車站前往市區的路上，步行至遊客服務中心約8分鐘。

市區交通
◎步行
諾丁漢算是個中型城鎮，從南到北走起路來有些累人，不過景點大多集中在離火車站不遠的城堡周邊，及遊客服務中心附近的舊市集廣場(Old Market Square)和密爾頓街(Milton St.)一帶，大部分景點仍步行可達；但想節省體力可搭乘電車(Nottingham Express Transit)或公車。
◎電車
從火車站出發，穿越市區南北，沿途停靠站在市區部分有蕾絲中心(Lace Market)、舊市集廣場、皇家音樂廳(Royal Centre)及諾丁漢特倫特大學(Nottingham Trent University)。
💲單程全票£2.7、兒童票£1.5，一日券全票£4.7、兒童票2.7。
🌐www.thetram.net
◎公車
線路眾多，如果經常搭乘可購買一日券，因為只要搭兩趟以上就值回票價了；車票可於上車時直接向司機購買。
💲單程全票£2.5、優待票£1.5，一日券全票£4.7、優待票£2.7。
🌐www.nctx.co.uk

旅遊諮詢
諾丁漢遊客服務中心Nottingham Tourist and Travel Centre
📍從火車站步行約10分鐘　🏠1-4 Smithy Row, Nottinghamshire　☎876-2970　🕐週一~週六9:30~17:30　🌐www.visit-nottinghamshire.co.uk/

諾丁漢

- 諾丁漢特倫特大學 Nottingham Trent University
- Wollaton St.
- Talbot St.
- Chapel Bar
- Theatre Square
- Upper Parliament St.
- Forman St.
- 皇家歌劇院‧音樂廳 Royal Concert Hall, Theatre Royal
- Long Row West
- Market St.
- Upper Parliament St.
- King St.
- Lower parliament St.
- 舊市集廣場 Old Market Square
- 遊客服務中心
- Long Row
- 交易所及購物商店 Exchange Buildings & Arcade
- Cheapside
- Broad St.
- St. James's St.
- Wheeler Gate
- Pelham St.
- 聖尼哥拉斯教堂 St. Nicholas'Church
- Friar Lane
- St Peters Gate
- Victoria St.
- Carlton St.
- Warser Gate
- 聖彼得教堂 St. Peter's Church
- Hounds Gate
- Castle Gate
- Paul Smith 創始店
- Low Pavement
- Fletcher Gate
- Stoney St.
- 羅賓漢雕像 Robin Hood Statue
- Listergate 廣場
- Collin St.
- Middle Hill
- High Pavement
- Lace Market Hotel
- 聖瑪麗教堂
- Castle Rd.
- Maid Marian
- Broad Marsh 購物中心
- Canal St.
- Cliff Rd
- 州立監獄博物館 Shire Hall Galleries of Justice
- 耶路撒冷餐廳 Ye Olde Trip to Jerusalem
- 巴士站 Broad Marsh
- 酒泰與鋼琴 Pitcher & Piano Nottingham
- 諾丁漢洞穴 Caves of Nottingham
- Carrington St.
- Trent St.
- Station St.
- Jurys Inn Nottingham
- 諾丁漢生活博物館 The Museum of Nottingham Life
- 服裝與織品博物館 Museum of Costume& Textiles
- Nottingham Railway Station 火車站
- 諾丁漢城堡 Nottingham Castle
- Lace Market Centre 蕾絲市場中心
- Y.M.C.A.
- 維多利亞購物中心‧鐘塔 Victoria Shopping CenterClock Tower
- Milton St.
- Trinity Sq.
- 維多利亞市場 Victoria Market

MAP ▶ P.221A2

耶路撒冷之旅餐廳
Ye Olde Trip to Jerusalem
超人氣古老洞穴餐廳

掃地圖

從遊客服務中心步行約10分鐘　Brewhouse Yard, Nottingham　0115-947-3171　週日～週四11:00～23:00、週五～週六11:00~24:00(最後點餐22:00)　主菜£14.49起　www.triptojerusalem.com

　建於城堡的外牆上，與諾丁漢生活博物館相鄰的耶路撒冷之旅餐廳是間舉世聞名的老餐廳，成立於1189年，當時新上任的英國理查一世(Richard I)號召眾人十字軍東征，以捍衛聖地耶路撒冷，各路英雄好漢於是群聚此間餐廳以便休息。

　「Trip」在古老英語中的意思是「旅途中的暫時休息」，因此，這間客棧就被稱為「耶路撒冷之旅的休息處」(Ye Olde Trip to Jerusalem)。

　餐廳內有許多古老玩意兒，部分空間運用原本城堡下的洞穴，選一個洞穴中的位置用餐，別有一番情調。

　這家老餐廳今日成為諾丁漢最熱鬧的酒吧，終日人潮熱絡，在用餐時間更是一位難求，需苦等許久。

英格蘭中北部⋯⋯諾 丁漢 Nottingham

MAP ▶ P.221A2

諾丁漢城堡

MOOK Choice

Nottingham Castle

羅賓漢傳奇

掃地圖

🚶從遊客服務中心步行約8分鐘 🏠Lenton Road, Nottingham ☎0115-876-1450 ⏰11月~3月10:00~16:00(週一休)、4月~5月10:00~17:00、6月~8月10:00~18:00、9月~10月10:00~17:00，週一可能不開放或變更開放時間，請上網查詢最新資訊。 💲全票£13、優待票£9.5；洞穴全票£5、優待票£4 🌐www.nottinghamcastle.org.uk

　　諾丁漢城堡建於1170年，是中世紀時一處堅強的堡壘，也是傳說中羅賓漢(Robin Hood)的頭號敵人Shriff居住的地方。巨大寬闊的城牆今日仍圍繞著城堡丘，但炮台、守衛塔及城堡均已傾倒損毀，今日的城堡博物館與藝廊是當地公爵於1674年~1679年所重建，受義大利形式影響很深。

　　城堡下方仍留有部分人工鑿成的通道和洞穴，長98公尺的摩惕馬洞(Mortimer's Hole)，從城堡可直接通到山下的「羅賓漢生活博物館」，據說當時是用作運送東西及食物的捷徑，參加洞穴導覽行程，可實際深入地底體驗當時生活。

　　1831年時，一群反對維修此建築的暴民衝進城堡，放火燒了豪華皇宮，並嗆死兩名孩童，此後的54年，城堡就以其黝黑殘破的景象對諾丁漢人民作最深沈的斥責。等到議會再次通過維修法令之後，此建築原本的三層設計被改成二層，因此，內部的窗戶和地板一直都搭配不起來。

　　城堡博物館與藝廊如今陳列的都是之前城堡殘留的物品，以及讓小朋友認識城堡的互動展覽。

百步穿楊的的俠盜羅賓漢

　　傳說12世紀時，羅賓漢和一群快樂伙伴住在諾丁漢附近的雪伍德森林(Sherwood Forest)，專門保護人民免於約翰王(King John)和貴族Sheriff的欺壓。雖然學者大都認為「羅賓漢」是許多類似行徑人士的集合體，但大眾仍崇敬個性鮮明、劫富濟貧的英雄羅賓漢。到處行俠仗義的羅賓漢還以其高超的劍法和箭術服人，最厲害的技藝便是射中另一支已射中靶心的箭，並且將箭身一分為二！

諾丁漢洞穴
Caves of Nottingham

MOOK Choice

回到諾丁漢往昔

掃地圖

🔗 從遊客服務中心步行約9分鐘　🏠 Garner's Hill, Nottingham　📞 0115-988-1955　🕐 10:00~17:00　💲 成人£8.75，小孩及優待票£7.65　🌐 www.cityofcaves.com

　由於諾丁漢的地下岩層為鬆軟的沙岩，因此自從13世紀開始，當地人就開始挖洞來居住，諾丁漢洞穴就是其中一處保留下來最古老的洞穴。

　歷經不同的年代，洞穴的用途也一直改變，此處曾一度是皮革製造地，在維多利亞時代，許多貧民都住在洞穴裡，目前也以蠟像模擬了當時窮人的生活情景，以及婦女忙著做蕾絲加工業的狀況。

　到了二次世界大戰時，洞穴成了最佳的防空洞，也是此洞最後的用途。在進入洞穴參觀之前。

編輯筆記

混合狗屎和鳥糞為皮革加工？

　15、16世紀時，諾丁漢是出名的皮革製造地，因此，這處洞穴也改成了皮革製造處，遊客至今仍可看見還原的皮革浸泡池，當時的人們用狗屎和鳥糞混合對處理過的毛皮加工，所以，地洞裡池穴附近的氣味很不好聞。

酒壺與鋼琴
Pitcher & Piano Nottingham
教堂乎？酒吧也！

掃地圖

🚶 從遊客服務中心步行約6分鐘 🏠The Unitarian Church, High Pavement, Nottingham ☎0115-958-6081 週一～週四12:00~23:00、週五12:00~24:00、週六11:00~24:00、週日12:00~22:00。 💲主菜£12.75起 🌐www.pitcherandpiano.com

酒壺與鋼琴(Pitcher & Piano)是一家連鎖經營的酒吧，目前全英國有多間分店，每一間都有獨特的風格與設計，其中不少屬於歷史建築。

諾丁漢這家坐落於一幢1690年建造的教堂裡，不但保留了哥德式的外觀，內部的彩繪玻璃窗、拱廊、燭燈台等也維持舊時模樣。古典莊嚴的教堂居然變身為時尚的社交場地，令人目瞪口呆。

Paul Smith創始店
名牌服飾發跡地

掃地圖

🚶 從遊客服務中心步行約5分鐘 🏠20 Low Pavement, Nottingham ☎0115-968-5990 🕐週一～週六10:00~18:00、週日11:00~17:00 🌐www.paulsmith.co.uk

以經典彩色條紋創造出個人品牌特色的Paul Smith，由同名設計師創立於1976年，這位熱愛文學、音樂和藝術的男人，採用繽紛的條紋與花色，誕生了他作品中雖優雅、洋溢書卷氣息，卻不失活潑卻幽默的氣質，這種獨特的英式風情，讓傳統的英國紳士擺脫了拘謹的面貌。

Paul Smith畢業於皇家藝術學院，不過，無法放棄他另一面對於服裝設計的熱愛，於是他在下課後報名了裁縫課，也才有了今日這個跨國服飾品牌王國。

Paul Smith以剪裁合身且作工精細的男裝起家，他在小細節上玩味的元素常令人感到驚喜，也因此讓原本「古典主義」的服飾多了雅痞的味道！

這間店是Paul Smith最早在家鄉開業的店面，頗具指標性意義。

林肯
Lincoln

不管從哪個方向到達林肯，遠遠地就能望見丘陵上高聳入雲的大教堂，而教堂前的陡坡雖然頗有一段路，幸好沿途精采的商店、餐廳與老屋分散了人們的注意力，不知不覺教堂與城堡就近在眼前。

曾經沈寂過一陣子的林肯，歷史悠久，在西元11世紀的諾曼(Norman)時代，林肯是當時全國第三富庶與重要的城市，甚至擁有自己的造幣廠。之後，城市重心漸漸轉向工業，第一次世界大戰時，第一部坦克車就是在這裡試車的。

電影《達文西密碼》場景原本設定在倫敦的西敏寺，但是沒能取得拍攝許可，於是轉而來到林肯大教堂取景，眼尖的影迷必然倍覺熟悉。現在的古城、河邊與車站對面的新興商業區，將林肯的夜點綴得比其他英格蘭中部的小鎮更熱鬧。

INFO

基本資訊
人口：約11.95萬
面積：約35.69平方公里
區域號碼：01522

如何前往
◎火車
可從倫敦國王十字(Kings Cross)火車站搭往約克方向火車於諾丁漢(Nottingham)、Retford、紐華克北門(Newark North Gate)或彼得布洛(Peterborough)轉車，車程約2~2.5小時。

或從諾丁漢火車站搭火車前往林肯中央火車站(Lincoln Central)，約1小時1班，車程約1小時。

班次、時刻表及票價可上網或至火車站查詢，車票可上網、至火車站櫃台購買，或先在台灣向飛達旅遊購買英國火車通行證(BritRail Pass)。

飛達旅遊
⌂台北市中山區南京東路三段168號10樓之6
☎02- 8161-3456
🌐www.gobytrain.com.tw

英國國鐵
🌐www.nationalrail.co.uk

◎巴士
可從倫敦維多利亞(Victoria)火車站後方的維多利亞巴士站(Victoria Coach Station)搭National Express巴士前往，1天1班直達車，車程約5小時~5小時20分鐘。
🌐www.nationalexpress.com

火車站、巴士站至市區交通
◎火車站
位於市區南方，步行至遊客服務中心約13分鐘。
◎巴士站
位於火車站附近的Melville St.上，步行至遊客服務中心約11分鐘。

市區交通
雖然林肯有陡坡，但是景點與商店街幾乎集中在從High St.開端的這條路上，適合慢慢步行一路逛上去，而且坡道沿途風景優美、店鋪又多，渾然忘了陡坡的辛勞。

旅遊諮詢
林肯遊客服務中心Lincoln Tourist Information Centre
🔼P.220B2　🚶從火車站步行約13分鐘　⌂9 Castle Hill, Cathedral Quarter, Lincoln　☎01522-545-458　🕐週一～週六10:00~17:00、週日10:30~16:00。🌐www.visitlincolnshire.com

導覽行程
◎教堂區步行導覽
Cathedral Quarter Walking Tour
瞭解林肯從羅馬時期到現在的歷史，並針對大教堂、城堡及主教宮廢墟的建築深度導覽，但行程不包含入內參觀；無須預約，當日於集合點向導覽人員購票即可。
⌂集合點：遊客服務中心門口　☎01522-521-256　🕐6月和9~10月週六～週日11:00、7~8月每日11:00，全程約1.5小時。💲£4，12歲以下免費。
🌐www.lincolnguidedtours.co.uk

林肯郡生活博物館
Museum of Lincolnshire Life
Rasen Ln
Cell St
新港拱門
Newport Arch
Church Ln
UpperLongLeys Rd
Burton Rd
Chapel Ln
E Bight
Westgate
Lincoln Castle
林肯城堡
遊客服務中心
Eastgate
林肯大教堂
Lincoln Cathedral
Carline Rd
Union Rd
Brown's Pie
布朗的派
Drury Ln
Minster Yard
Spring Hill
Steep
Hill
主教宮廢墟
Bishop's Palace
Admiral Guest
House
Michaelgate
Strait
Lindum Rd
W Parade
Hungate
猶太人之屋
Jew's House
河邊餐廳
娛樂中心
ODEN影城
Holiday Inn
Newland
Beaumont Fee
Claskergate
Silver St
市政廳和石拱廊
Guildhall & Stonebow
Brayford Wharf N
Brayford Pool
Wigford Way
Mint St
High St
Broadgate
Melville St
巴士站
河邊購物中心
Waterside
Shopping Centre
St. Mary's St
Norman St
火車站

林 肯

N

MAP ▶ P.226B2

MOOK
Choice

林肯大教堂
Lincoln Cathedral

追尋達文西密碼

掃地圖

從遊客服務中心步行約1分鐘 ⌂
Minster Yard, Lincoln ☎01522-561-
600 ◷週一～週六10:00~16:00、週
日12:00~15:00，有活動或禮拜時不開
放，請上網查詢。 ⑤全票£9、優待票
£4.8~7.2，5歲以下免費；導覽行程每場£7.5 ⓦwww.
lincolncathedral.com

1072年，征服者威廉(William The
Conqueror)下令在城堡的對面建造林肯大教
堂，歷經了3個世紀才完成，內部雕樑畫棟、美
不勝收。教堂舉辦多場導覽，依主題分為樓面
(Floor Tours)、屋頂(Roof Tours)及高塔(Tower

Tours)，其中高塔導覽最為特殊，登上338階樓
梯後，林肯郡的風光會讓你覺得不虛此行。

另外值得一提的是，電影《達文西密碼》場景
原本設定在倫敦的西敏寺，但是沒能取得拍攝許
可，於是轉而來到林肯大教堂取景，眼尖的影迷
必然倍覺熟悉。

大廳Nave

這棟教堂幾乎全是以石材建造，浩大的工程令人吃驚。
大廳高挑寬敞，石柱拱門林立的設計更令人感歎規劃者的
嚴格要求，與施工者的細緻工活。大廳中常有藝文活動，
中午若有音樂會，可付費欣賞。

屋頂Roof

如果參加屋頂導覽活動，就可以看到大廳屋頂的另一面。大廳屋頂主建料90%是英國國產的橡木，最早的一根據說是西元882年栽植的。而包覆大廳屋頂的外屋頂則用了1,335根松木，共有475噸重，足夠建一座足球場了，不過耐用期是100-125年，到期就得更換所有的木材一次。

大詩班席St. Hugh's Choir

也是中古世紀哥德式教堂遺留下來的部份，可以算是「教堂中的教堂」，最惹人注目的是巧奪天工的詩班椅，精緻的木刻裝飾仍留著當時的圖案，內容包括當時人民的生活清況，並不純粹只是為了宗教裝飾。詩班席的上方也是繁複的塔狀飾頂，每個塔中還有一位聖人像。

大袖廊、迪恩眼玫瑰花窗、主教之眼玫瑰花窗The Great Transept、The Dean's Eye window、The Bishop's Eye

大袖廊中有許多精彩的小禮拜堂，以及左右兩側美麗的玫瑰花窗。南邊的主教之眼是因為主教廢墟在南邊之故而命名，花窗的主題是最後的審判，鑄鐵花紋的特色則是兩邊對稱的葉子，此窗為1330年重製成。北邊的則命為迪恩眼。

東南袖廊和南邊唱詩班席穿廊SE Transept & The South Choir Aisle

經過東南袖廊時，千萬別錯過南邊唱詩班穿廊。穿廊門上有非常細緻繁複的鏤空石雕，令人歎為觀止。

藏書閣 The Chapter House

十角形的藏書閣由8根飛扶臂支撐，於13世紀中葉完成。外形穩重，但伴著精緻的石紋雕飾卻也頗為典雅。

鐘樓 The Ring's Chapel

建於1614年，塔裡共有13個鐘，不過很少鳴聲。在鳴鐘室裡遊客看不到鐘，只能看到14根懸垂的繩子。原來鐘是倒放著，當有人一拉繩子，鐘就會被牽動往下倒而出聲，多出來的一根繩子是控制聲調的。據說這13個鐘裡有4個少女鐘(Lady Bells)，還有一個5.486噸重的大湯姆(Great Tom)，總共可以組出5,000多種變化，若要全部敲出來，需要3小時20分鐘。

天使詩班席和吉伯特追思禮拜堂 Angel Choir & The Burghersh Chantry

天使詩班席於13世紀擴建完成，雄偉的玫瑰花窗加上流線感十足的聖人胡塔(The Head Shrine of St. Hugh)，氣氛有些像現代藝廊。緊臨的吉伯特追思禮拜堂中富藝術感的超大陶製燭台，更烘托了這股美麗的氛圍。

西部立面 The West Front

歷經火災、地震，林肯教堂只剩下西部立面中央石塊拼疊的部份仍為第一次興建時的遺跡。諾曼時代的教堂裝飾也仍能在此立面上看見，諸如亞當與夏娃被逐出伊甸園、諾亞方舟等。

MAP ▶ P.226A2

林肯城堡

MOOK Choice

Lincoln Castle

登城牆望遠風光好

掃地圖

🎵從遊客服務中心步行約1分鐘 🏠Castle Hill, Lincoln ☎01522-554-559 ⏰11~3月10:00~16:00、4~10月10:00~17:00 💲全票£15、優待票£8.3~14，5歲以下免費 🌐www.lincolncastle.com

1068年，征服者威廉開始在這裡替自己建造皇宮，為了興建此堡，還摧毀了已在此地居住的166棟薩克遜民宅。之後，此堡曾數次成為被攻擊的對象，最古老的建築是大約建於12世紀的露西塔(Lucy Tower)。

城堡的城牆尚稱完整，還有許多舊的砲台及守望塔，遊客可以沿著它繞行觀看林肯郡的風景，尤其是在正對著林肯大教堂的城牆上，可以完整拍到大教堂的立面。此堡建成之後，九百年來最大的功能便是法庭與監獄。

另一個參觀重點是大憲章(Magna Carta)的部分原稿，大憲章是1215年為限制約翰王(King John)的王權所制定。

站在「棺材」中禮拜？

城堡內最有趣的參觀點便是維多利亞罪犯禮拜堂(Victorian Prison Chapel)，犯人所站的地方被隔成一個個瘦高的隔間，據說是要讓罪犯感受一下「棺材」的滋味，同時也避免讓罪犯彼此看見對方。因為犯人都是站著聽道，所以牧師的講堂也只得高高在上，成了有趣的畫面。

市政廳和石拱廊
Guildhall & Stonebow

敦厚南門當關

掃地圖

🚶 從遊客服務中心步行約9分鐘 🏠
Saltergate, Lincoln, Lincolnshire

　　隨著羅馬市鎮逐漸擴大，林肯的城廓也一直向外擴散，如今在高街(High Street)上看到的石拱廊就是最後的南門所在。現今這個南門為1520年重新整建的，19世紀時還翻修了數次，雖然已不復見任何羅馬味，不過上面鑄於1371年的鐘倒被認為是全英現存最古老的鐘。

　　林肯的市政廳與石拱廊相連，甚至有一個房間直接蓋在拱橋上，不論白天或是晚上觀賞都非常優雅沈穩。市政廳內部有一個以前用來關債務人的監獄，現在則展示許多珍貴徽章。

布朗的派
Brown's Pie Shop

野味酥皮派餅

掃地圖

🚶 從遊客服務中心步行約1分鐘 🏠 33 Steep Hill, Lincoln ☎01522-527-330 ⏰週三~週四11:30~14:30、17:00~20:30，週五~週六11:30~21:00，週日11:30:00~17:00，週一和週二是否營業，請上網或去電查詢。 💲派£13.95起 🌐www.brownspieshop.co.uk

　　到了林肯一定得嘗嘗布朗的派，這裡有牛肉派、羊肉派、豬肉派、起司派、還有鳥派、兔肉派、魚派等。

　　老闆說：這裡賣的派是非常傳統的英國食物，不過，派裡面的野味餡料才是林肯的特產。這裡派長得很像酥皮濃湯，鬆酥香脆的派皮加上各種野味做成的湯餡，酒香濃郁、肉塊特多，配上酥皮讓人回味再三。

編輯筆記 ✐

《智慧七柱》在這裡完成！
　　除了食物好吃外，這間房子在成為餐廳之前也有不平凡的歷史。相傳湯瑪士・愛德華・勞倫斯(Thomas Edward Laurence)就是在此完成其著名的《智慧七柱》(Seven Pillars of Wisdom)，後來被改編成著名的電影《阿拉伯的勞倫斯》(Laurence of Arabia)。

英格蘭中北部⋯⋯**林**肯 Lincoln

約克
York

英王喬治六世曾說：「約克的歷史，就是英格蘭的歷史」(The history of York is The History of England)。約克是英國僅次於倫敦觀光客最多的城市，融合羅馬、薩克遜、維京統治的多樣歷史和文物，加上完整保存的中古街道建築，展現出約克懷舊古樸的一面，也是見證英格蘭歷史的重要城市。來到約克，彷如穿越時光隧道來到中世紀。

擁有將近兩千年歷史的約克有英國最大的哥德式大教堂，羅馬時代和中世紀氣氛瀰漫在城中，在鵝卵石板街道中閒逛小店可花上半天的時間，當然不能忘了登上約克著名的羅馬城牆體驗千年堡壘遺跡。

INFO

基本資訊

人口：約20.44萬　**面積**：約271.94平方公里
區域號碼：01904

如何前往

◎火車

可從倫敦國王十字(King's Cross)火車站出發搭火車前往，車程約2小時。班次、時刻表及票價可上網或至火車站查詢，車票也可上網或至火車站櫃台購買，或先在台灣向飛達旅遊購買英國火車通行證(BritRail Pass)。

飛達旅遊
📞02-8161-3456　🔗www.gobytrain.com.tw
官方LINE客服：搜尋@gobytrain
英國國鐵

🔗www.nationalrail.co.uk
◎巴士

可從倫敦維多利亞(Victoria)火車站後方的維多利亞巴士站(Victoria Coach Station)搭National Express巴士前往，車程約5~5.5小時。
🔗www.nationalexpress.com

火車站、巴士站至市區交通

◎火車站

位於市區西南方，步行至遊客服務中心約8分鐘。

◎巴士站

位於火車站旁，步行至遊客服務中心約8分鐘。

市區交通

大部分景點步行可達

旅遊諮詢

約克遊客服務中心Visit York Information Centre

可以在此獲取全面性有關約克的旅遊資訊，也可以請遊客中心代為訂房。

🚶從火車站步行約8分鐘　📍1 Museum Street, York. UK　📞01904-555-670　🕐週一～週六9:00~17:00、週日10:00~16:00　🔗www.visityork.org

優惠票卡

◎約克通行證YorkPass

到約克旅遊，可以考慮購買「約克通行證」，只要在有效期限內，憑卡可以免費參觀約克包括約克大教堂、克利福德塔、約克城堡博物館等數十處景點，同時享有折扣優惠券，可至遊客服務中心或上網購買。

💲1日券全票£55、優惠票£32，2日券全票£70、優惠票£40，3日券全票£85、優惠票£50。
🔗www.yorkpass.com

鬼魅之旅Ghost Tours

將近兩千年的歷史,讓約克擁有許多說不清也說不盡的「鬼故事」。為了讓遊客了解約克的夜晚「精彩無比」,每天晚上都會進行幾場「鬼魅之旅」(Ghost Tours),遊客只要前往指定地點報名參加,便可跟著導遊一起回到約克的暗黑年代。

The Ghost Trail of York

ⓘ集合點在約克大教堂西門前 ◐每晚19:30,不需預約。 ⑤全票£5、優待票£3 ⓦwww.ghosttrail.co.uk

行程開始,戴著高帽、穿著燕尾服且手持雨傘的導遊便帶領著遊客,從約克大教堂開始,一路沿街拜訪周邊的景點、街道和屋舍,告訴你哪一棟建築(甚至飯店)在哪一年,發生過什麼驚悚、懸疑的故事與命案,這些事情聽來都帶著真實性,搭配著導遊陰陽頓挫的語氣,的確讓人有身歷其境的感受;所有故事情節不會太可怕,加上導遊不僅講鬼,還會帶上相關的風土民情和街道特色,整趟行動下來反而讓人覺得生動有趣,難怪約克的鬼魅之旅標榜連小朋友都歡迎參加。

The Ghost Hunt of York

ⓘ集合點在肉鋪街Shambles ◐每晚19:30,不需預約。 ⑤全票£10、優待票£6.66 ⓦwww.ghosthunt.co.uk

The Original Ghost Walk of York

ⓘ集合點在Ouse Bridge的King's Arms Pub ◐每晚20:00,不需預約。 ⑤全票£7.5、優待票£5。 ⓦwww.theoriginalghostwalkofyork.co.uk

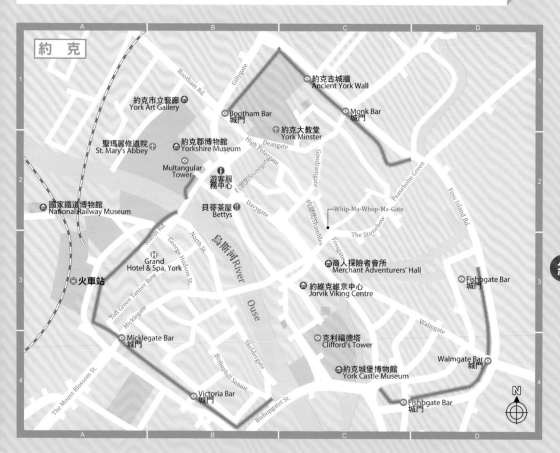

約 克

- 約克市立藝廊 York Art Gallery
- 約克古城牆 Ancient York Wall
- Bootham Bar 城門
- Monk Bar 城門
- 聖瑪麗修道院 St. Mary's Abbey
- 約克郡博物館 Yorkshire Museum
- 約克大教堂 York Minster
- Deangate
- High Petergate
- Multangular Tower
- 遊客服務中心
- 石頭街Stonegate
- 國家鐵道博物館 National Railway Museum
- 貝蒂茶屋 Bettys
- Davygate
- 肉鋪街Shambles
- Goodramgate
- Whip-Ma-Whop-Ma-Gate
- Peaseholm Green
- Foss Island Rd
- The Stonebow
- 烏斯河River Ouse
- Station Rd
- North St.
- George Hudson St.
- Grand Hotel & Spa, York
- 火車站
- 商人探險者會所 Merchant Adventurers' Hall
- Fishgate Bar 城門
- Fossgate
- 約維克維京中心 Jorvik Viking Centre
- Toft Green Tanner Row
- Micklegate
- Walmgate
- Micklegate Bar 城門
- Skeldergate
- 克利福德塔 Clifford's Tower
- Walmgate Bar 城門
- The Mount Blossom St.
- Bishophill Senior
- 約克城堡博物館 York Castle Museum
- Victoria Bar 城門
- Bishopgatet St.
- Fishgate Bar 城門
- N

英格蘭中北部⋯約 克 York

MAP ▶ P.231B1

約克大教堂

MOOK Choice

York Minster

傑出彩色玻璃窗

掃地圖

🚶 從遊客服務中心步行約2分鐘 🏠 Deangate, York ☎01904-557-200 🕐 教堂週一～週六9:30~16:00、週日 12:45~15:15 💲教堂全票£12.5、優待 票£9.5，與鐘塔聯票全票£18.5、優待票 £6~15.5 ⓤ www.yorkminster.org

　　做為約克大主教的集會處，約克大教堂不但是全英國，同時也是整個歐洲阿爾卑斯山以北最大的哥德式教堂；它於1220年就開始興建，一直到1472年才完工，地點就選在諾曼王朝時期當時大教堂的遺址之上。

　　教堂內最吸引人的是東面一整片堪稱全世界最大的中世紀彩繪玻璃。

五姊妹窗The Five Sisters' Window

相較於東面和西面玻璃窗的華麗多彩，教堂北面的「五姊妹窗」是約克大教堂歷史最悠久的玻璃窗，早在1260年就以灰、綠兩色的幾何拼裝法設計，也是英國最大的灰色調單色玻璃。

管風琴和唱詩班 Organ and Quire

教堂內的管風琴有5,300支管子之多。每到約克大教堂舉行禱告時，在唱詩班優美歌聲和管風琴相互應和下，更添約克大教堂莊嚴恢宏之氣氛；但留意此時遊客無法進來觀賞。

彩繪玻璃 Stained Glass

走進約克大教堂，最令人驚歎的就是聖壇後方、教堂東面一整片的彩繪玻璃，面積幾乎相當於一個網球場的大小，是全世界最大的中世紀彩繪玻璃窗。這面窗在1405年至1408年間設計完成，由一百多個圖案組合而成，充分展露中世紀時，玻璃染色、切割、組合的絕妙工藝，而以大面積玻璃支撐東面牆壁的建築功力也令人歎為觀止。

抬頭望望看到了什麼？

留心注意，禮堂簷上有許多造型特別的頭型雕刻，它們有些是人頭、有些是天使，還有豬、狗、怪物等，沒有兩個造型是一模一樣的，頗富趣味。

塔樓Towers

建於15世紀的塔樓開放遊客登塔賞景。在攀登完275級階梯後，便可以來到約70公尺高的塔頂，欣賞整個約克城市之美。

牧師會禮堂Chapter House

始建於1260年代，並在1296年前完工的牧師會禮堂，是處理與約克大教堂有關事務的會議之所；如同大部分的牧師會禮堂一般為八角形格局，但因為屋頂是木造材質重量較輕，所以這裡並沒有中央廊柱。

MAP ▶ P.231C1

約克古城牆

Ancient York Wall

中古時代防禦屏障

掃地圖

以約克大教堂為中心，羅馬人在約克周圍建築長達5公里的正方形城牆，作為防禦外敵的屏障，經過不同統治者的修補，現今在約克可見的是中古時代碩果僅存的城牆。

從火車站進入市區就可以看到這些保存完好的城牆，要登上城牆可以從各個登城口進入。在約克，登城口稱之為「Bar」，北邊的Bootham Bar和西南邊的Micklegate Bar是以前統治者進入城內的主要入口，其他如東北邊的Monk Bar和東南方的Walmgate Bar也都是登城牆的入口。

漫步城牆的精華段在這裡！

繞城牆一圈大約需要兩個小時，可以選擇走其中一小段，如約克大教堂附近的Bootham Bar到Monk Bar，漫步這一段可欣賞約克大教堂的雄偉景觀。

MAP ▶ P.231B2

石頭街

Stonegate

古味盎然風格獨具

掃地圖

🚶 從遊客服務中心步行約3分鐘

鑽進約克大教堂前的小巷子，就立刻進入約克最富詩意的中古街道。「Gate」在維京語中就是「街道」的意思，這些鵝卵石步行街都以「Gate」作為街名，其中最早的一條街道就是石頭街，早在維京人占領之前就已存在。

這條街雖然不長，但保留了許多中古時代的房屋，而且還藏有不少亮點在街頭，漫步來到石頭街33號，抬頭可以看到屋緣蹲坐著「紅魔鬼」(Red Devil)，這個造型其實有點兒可愛的紅魔鬼，在過去是印刷廠的象徵，原來自1480年約克有了印刷業之後，這條街曾是約克的印刷中心。

石頭街目前也是約克的主要購物街道之一，每一家商店都有獨特的建築風格，販售的商品也以地方紀念品為主，其中最有名的商店是Mulberry Hall，不僅為保存最完整的中古建築，同時也是高級瓷器和水晶專賣店。

編輯筆記

找找看羅馬女神在哪裡？

位於Minster Gates和High Petergate角落的屋子上，有一座象徵智慧和知識的羅馬女神Minerva雕像，這代表這間屋子過去是家書店，Minerva的左手還放在一疊書上，據說當時(1580年~1607年間)這家書店擁有超過三千本藏書，就那時的一家小書店來說，這個數字是相當驚人的。

MAP ▶ P.231B1

約克郡博物館

MOOK Choice

Yorkshire Museum

珍藏古物與美麗花園

掃地圖

🚶 從遊客服務中心步行約3分鐘 🏠 Museum Gardens, York ⏰ 週二～週日11:00～17:00 💲 博物館全票£8、優待票£4~7.2；花園免費 🌐 www.yorkshiremuseum.org.uk

　　約克郡博物館收藏著約克不同時期的文物，從羅馬到薩克遜、維京、中古時代，許多珍貴的歐洲考古遺跡或王室珠寶，都是這裡主要的收藏，而從這些化石、珠寶、雕刻等物品，不難看出約克從中遠古時期到20世紀期間，在歷史上占有極大的重要性。除了固定館藏之外，亦不定期舉辦特展。

　　來到約克郡博物館的人，很難不注意到它的前方有一座美麗的花園，園內景致優美，經常有當地民眾和遊在此歇息小憩；但值得玩味的還有多角塔和聖瑪麗修道院兩座具歷史價值的遺跡。

多角塔

　　多角塔(Multangular Tower)是羅馬城牆的一部份，據判斷始建於2或3世紀，原本分成3層，高9公尺、8個塔樓，但目前已看不出完整形貌了。

聖瑪麗修道院

　　約克郡博物館另一處焦點是建於1055年的聖瑪麗修道院(St. Mary's Abbey)，雖然現存樣貌也所剩無幾，但在當時可是北英格蘭最富有、勢力最大的本篤會修道院。

MAP ▶ P.231B1

約克市立藝廊
York Art Gallery
約克本土藝術殿堂

🚶 從遊客服務中心步行約3分鐘 🏠 Exhibition Square, York ☎01904-687-687 🕐 週三～週日11:00~17:00 💲 免費，特展視展覽而異 🌐 www. yorkartgallery.org.uk

從1892年創立至今，約克市立藝廊收藏了本地及西歐地區14~20世紀超過六百年的藝術精品，以一個地方性的美術館而言，規模算是相當不錯的。

像是14世紀來自義大利教堂的祭壇飾畫、17世紀具有道德意涵的荷蘭畫作和維多利亞時的敘事繪畫、19世紀的法國名家作品等等，對藝術有興趣的人，也可以在這裡獲得不少啟發。

值得一提的是，這裡還有大量饒具特色的陶瓷和玻璃作品，不少是來自約克本地工作室的傑作，其中不乏前衛性的藝術主題。

MAP ▶ P.231B2

貝蒂茶屋
Bettys Café Tea Rooms
下午茶的美好選擇

掃地圖

🚶 從遊客服務中心步行約2分鐘 🏠 6-8 St. Helen's Square 📞 01904-659-142、0800-456-1919 🕐 週日～週五9:00~19:30、週六9:00~18:00 💲 下午茶每人£24.95起，預定於Belmont Room享用下午茶£34.95起 🌐 www.bettys.co.uk

創立於1919年的貝蒂，雖然現在已經由第3、4代在經營了，但百年來傳承下來的完美堅持卻

一如往昔，充滿閒適氣息的大廳隨時飄來濃郁的茶香和蛋糕的氣息，穿著圍裙的女服務生帶著一抹微笑來回穿梭，替客人送上一盤盤點心和咖啡；這裡有來自自家手工坊出爐的手工麵包、蛋糕和巧克力，再搭配與造型優雅的銀壺好茶，和現場演奏的鋼琴聲，氣氛實在太美好。

吃甜點免排隊！

別怕人擠人，除了下午茶，這裡也提供一般西式餐點的選擇，不妨挑選正餐時間的前後前往以避開人潮，餐後再選擇一份招牌甜點，同樣能滿足口腹之慾。

MAP ▶ P.231C3

商人探險者會所
Merchant Adventurers' Hall
優美的中世紀商業公會

掃地圖

🚶 從遊客服務中心步行約8分鐘 🏠 Fossgate, York 📞 01904-654-818 🕐 週日～週五10:00~16:30、週六10:00~13:30，大廳偶會因活動而關閉，請電洽查詢。 💲 全票£6.5、優待票£5.5、16歲以下免費 🌐 www.theyorkcompany.co.uk

拿今日的詞彙來說，這座商人探險者會所就是中世紀時，約克商人們所成立的同業公會；它建於1357~61年，在當時就是一棟精巧優美的屋舍，而且由於保存完善，至今也是約克所有中世紀建築中，最具看頭的一座。

雖說是商人們的組織，但並不只是為了貿易利

益而成立。會所內主要分成3部分，集結了商業、慈善和宗教性質；其中空間最大的是大廳(Great Hall)，這在當時是商人做生意、討論事情和應酬的地方，也是目前整個會所的造訪重點，大廳目前做為銀器、家具和畫作的藝術展場，但也開放給一般民眾申請舉行婚禮和宴會、會議之用。

除了大廳，大廳一旁的禮拜堂於1411年改建而成，在當時是做為宗教用途；至於地下室則為醫療中心，用來專門幫助病人和窮人。

編輯筆記 ✏

古代建築工法讓人大開眼界！

大廳木造建築內樑柱以斜鑲接、搭接和榫接等不同技法接合，再以木錐牢固，並使用雙樑結構，下方再以皇冠柱支撐，工程複雜；這種結構的建築，在中世紀的英格蘭北部和西部城鎮中，只有統治或商人階層才有能力居住，而這裡仍保有大部分原貌，讓人得以一窺昔日建築樣貌。

約維克維京中心
Jorvik Viking Centre
維京淵源深厚

掃地圖

🚶 從遊客服務中心步行約8分鐘　🏠 19 Coppergate, York　☎ 01904-615-505
🕐 每月開放時間不定，請上網查詢最新資訊。　💲 全票£13.5、優待票£9.5~11.5
🌐 www.jorvikvikingcentre.co.uk/

約克的歷史可追溯至西元71年，羅馬人為了防禦蠻族而建立的堡壘，當時稱之為Eboracum，後來逐漸擴大成為北英格蘭最重要的行政和軍事

重鎮，康士坦丁大帝就是在306年時於此地登基。

100年後羅馬人撤退，經過薩克遜人統治，約克再度被外來的

維京人接管，現在的名稱「York」就是從維京語「約維克」(Jorvik)轉變而來。

約維克維京中心是約克最受歡迎的景點之一，兼具娛樂和教育性。進入中心，有維京約克的簡介和說明，藉由精采的圖畫和遺跡品，引導出維京人在約克的足跡。

搭乘時光車回到過去

最有趣的部份是，遊覽西元948年開始的約克生活，當時約克的各種生活情景歷歷在目，家居生活、耕種方式、家庭相處等，都以真人大小的模型和實物展現，讓人一目瞭然。

肉鋪街
Shambles
英國皇室的權力中心

掃地圖

🚶 從遊客服務中心步行約6分鐘

從石頭街延伸到周圍，都是深具中古風情的迷人街道，其中肉鋪街
(Shambles)也是約克至今保留最完整的中世紀街道之一。

狹窄的鵝卵石街道上，兩側的木造房子緊密相連；在過去，住在這裡的人幾乎都以屠宰業為生，1872年時，街上的肉鋪多達26家之多，因此有了「肉鋪

街」(Shambles)這個名稱；在當時，房子建造時故意將樓上蓋的比底樓還突出，好讓陽光盡量不要照射到地面，這樣子屠夫們把肉放在1樓的窗台上，可減少肉質受到日照腐壞；而這樣的房子設計，也讓住在頂樓的人甚至可以隔街握手，成為有趣的畫面。

約克最怪的街有多怪？

從Shambles街南行再向東方轉個彎，會發現一條名稱怪異的街「Whip-Ma-Whop-Ma-Gate」，這是約克名字最長、但長度最短的街。

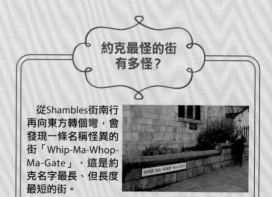

MAP ▶ P.231C4

約克城堡博物館
York Castle Museum

倒轉時光300年

掃地圖

🚶 從遊客服務中心步行約12分鐘　🏠 Eye of York, York　☎ 01904-687-687　🕐 週一11:00~17:00、週二~週日10:00~17:00　💲 全票£14、優待票£7~12.6　🌐 www.yorkcastlemuseum.org.uk

　雖然名為城堡博物館，但約克城堡博物館跟城堡倒沒什麼關係，展出內容包羅萬象，主要以實景重建的方式展示英國過去三百年歷史的各種生活品，透過模擬，可以看到維多利亞時期的會客室、喬治時期的客廳及1940年代的廚房等各年代生活場景，曾被譽為英國最佳博物館之一。

　約克城堡博物館由兩幢舊監獄建築組成，每個主題展區提供不同的歷史生活記錄和收藏展示，包括各年代家居用品的演進、服裝展示、軍事兵器收藏等，甚至還有巧克力的發明和製造過程，博物館也會不定期舉辦特展。

維多利亞街道實景重現！

　城堡博物館最大特色就是仿造19世紀維多利亞街道實景的Kirkgate，這兒展出的物品都是由約克郡的一位醫生Dr. John L.Kirk收藏的，實景大小的舊時街道上有麵包店、銀行、酒吧、裁縫店，除了外觀之外，店的內部也詳實展現當時情景，彷如時光重置。

MAP ▶ P.231A2

國家鐵道博物館
National Railway Museum

全球最大的火車博物館

掃地圖

🚶 從火車站步行約10分鐘　🏠 Leeman Road, York　☎ 033-0058-0058　🕐 週三~週日10:00~17:00　💲 免費　🌐 www.nrm.org.uk

　位於約克火車站後方的國家鐵道博物館，是全球最大的鐵路博物館，3個占地共達20英畝的大型展覽館裡，有超過三百輛火車頭和列車、上百萬件有關鐵路制服、設備的文物和圖片，是了解英國甚至全球鐵路歷史和發展的好去處。

　這裡館藏了從19世紀建造的蒸汽火車至20世紀中末期的電氣火車，其中包括曾搭載過維多利亞到伊莉莎白二世女王的車輛，以及皇家馬車。

　焦點還包括全球時速最快的蒸汽火車The Mallard號，這個在過去行駛於倫敦和約克之間的火車，曾在1938年以每小時202公里的神速創下歷史，至今仍被許多鐵道迷津津樂道。

日本的子彈列車這裡也有啦！

　除了The Mallard號，這裡也是日本以外，唯一可以看到的子彈列車的地方，1964年，新幹線以全球第一輛以高速（每小時270公里）搭載大量旅客的列車改變了鐵路史，其中一台0系火車頭，便於2001年由日本捐贈於此。

曼徹斯特

曼徹斯特
Manchester

曼徹斯特曾經是18世紀工業革命的開路先鋒、狄更斯小說中形容的「焦煤城鎮」，世界第一條客運鐵路：利物浦至曼徹斯特的鐵路線啟用，加速了這個城市的繁榮。曼徹斯特是英國第三大城，為英格蘭西北部的地區政治和文化中心，被譽為倫敦以外最「時尚」的城市，適合各種類型的旅遊玩家。你可以在古羅馬遺跡中追溯城市的起源；在科學與工業博物館中找到第一個客運火車站；在人民與歷史博物館中看到英國工會歷史發展的軌跡；穿上紅色服裝到曼聯足球場與數萬人一起瘋狂尖叫；逛遍Deansgate整條街的戶外用品專賣店；搭電車前往索爾福德碼頭，欣賞曼城最美的港口夜景，參觀洛利藝術中心的藝術展覽及表演；或者在明亮新潮的阿戴爾購物中心Shopping一整天；在英國最大的唐人街用餐，晚上去同志村的酒吧狂歡。

在這個城市，無論文化歷史、足球、音樂、藝術、美食或是購物，都好玩得像一場派對，因此曼徹斯特被譽為「24-Hour Party Town」。

INFO

基本資訊

人口：約 52.02萬
面積：約115.65 平方公里
區域號碼：0161

如何前往

◎飛機

曼徹斯特國際機場(Manchester International Airport, MIA)是英國第三繁忙的機場，歐洲、美國和英國境內各主要城市都有航班直飛，倫敦希斯洛機場的班次更是頻繁。唯因疫情期間，各家航空公司班次和班表變動幅度較大，相關資訊請洽各大航空公司或上網查詢。

機場分為3個航廈，第1航廈、第2航廈及車站間有空橋連接，旅客可於車站轉乘火車、公車或長途巴士前往市區或英格蘭西北部各城市；第3航廈則可透過免費接駁巴士到第1航廈。
☎0808-169-7030
🌐www.manchesterairport.co.uk

◎火車

曼徹斯特是英格蘭西北部最重要的鐵路樞紐，英國各主要城市都有直達車可到。可從倫敦尤斯頓(Euston)火車站搭Virgin Trains高速火車前往，車程約2小時。班次、時刻表及票價可上網或至火車站查詢，車票也可上網或至火車站櫃台購買，或先在台灣向飛達旅遊購買英國火車通行證(BritRail Pass)。
飛達旅遊
☎02-8161-3456
🌐www.gobytrain.com.tw
官方LINE客服：搜尋@gobytrain
英國國鐵
🌐www.nationalrail.co.uk

◎巴士

可從倫敦維多利亞(Victoria)火車站後方的維多利亞巴士站(Victoria Coach Station)搭National Express巴士前往，車程約4小時45分鐘~6小時35分鐘。
🌐www.nationalexpress.com

機場、火車站和巴士站至市區交通

◎機場

火車

可從機場搭火車前往市區的皮卡地里火車站(Piccadilly Train Station)，約每10分鐘1班，車程約20分鐘，出發前可在網路上購票，並於機場內提領

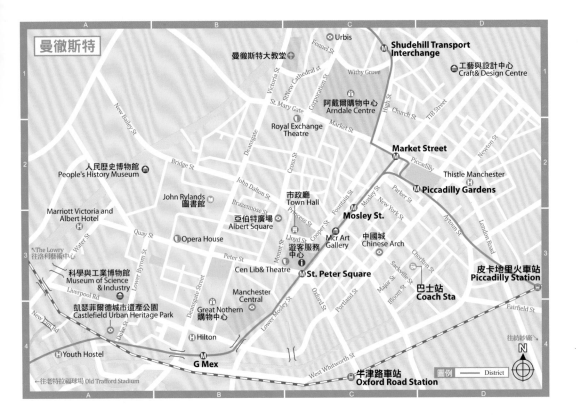

行李處的取票機取票，或直接在車站櫃檯購票。

公車

搭公車43或103號前往市區，車程約45~50分鐘，車票可於上車時向司機購買。

計程車

3個航廈的出境大廳外都有計程車候車站，前往市區所需時間約20~35分鐘，車資約£20~30。

◎火車站

皮卡地里火車站位於市區東方，可搭免費巴士Free Bus或電車Metrolink進入市區，或步行至遊客服務中心約8分鐘。

◎巴士站

近市區，可搭免費巴士Free Bus進入市區。

市區交通

◎步行

曼徹斯特市區雖大，但沿路有許多造型特殊的現代化建築及商店，建議可步行遊覽，邊走邊逛，感受城市的脈動；唯洛利藝術中心和老特拉福球場距離市區較遠，可搭電車前往。

◎電車

前往郊區景點可搭電車Metrolink，曼徹斯特建有7條的電車路線，共設93站，上車前注意該列車終點站，確定前往方向無誤。票價分4區計價，單程票可在車站的自動售票機購買。

◎免費市區巴士

市區提供免費市區巴士Metroshuttle，分為紅線(1號線)、藍線(2號線)和綠線(3號線)，於各火車站、電車站和市區主要景點間巡迴，巴士站牌都有清楚的路線說明。

🌐 www.gmpte.com

旅遊諮詢

曼徹斯特遊客服務中心Manchester Visitor Information Center

🚇 從火車站搭電車Metrolink至St. Peter's Square站
📍 Manchester Central Library, St Peters Square, Manchester, Manchester
🕐 週一～週六9:30~17:00，開放時間可能會變更
🌐 www.visitmanchester.com

MAP ▶ P.241B3

亞伯特廣場

MOOK Choice

Albert Square

曼徹斯特的心臟地帶

掃地圖

🚇搭Metrolink於St. Peter's Square站 🏠 Deansgate St.和Mosley St.間

亞伯特廣場是為了紀念維多利亞女王的丈夫亞伯特命名的，廣場上佇立著全英國第一個亞伯特紀念碑，其覆蓋中世紀式華麗尖頂的設計，影響到後來倫敦肯辛頓公園中著名的亞伯特紀念碑。

廣場由許多維多利亞時期的建築圍繞，最有特色的是1877年完工的市政廳，內部有鋪滿象徵著曼徹斯特工業的「蜜蜂」標誌馬賽克拼貼，這棟由阿爾弗雷德・沃特豪斯(Alfred Waterhouse)設計的新哥德式建築也吸引電影福爾摩斯的劇組前來取景。亞伯特廣場東南方是中央圖書館和聖彼得廣場(St Peter's Square)，這裡是1819年彼得盧大屠殺(Peterloo Massacre)發生地。

MAP ▶ P.241A2

人民歷史博物館

MOOK Choice

People's History Museum

平民大眾的非凡歷史

掃地圖

🚌搭免費巴士於Gartside Street站下，步行約1分鐘 🏠Left Bank, Spinningfields, Manchester ☎0161-838-9190 ◷10:00~17:00，週二休館 💲免費，歡迎捐獻 🌐www.phm.org.uk

坐落於Irwell河畔的人民歷史博物館，以互動式的展覽讓遊客輕鬆了解過去兩百年來工人的生活方式及屬於「平民大眾的非凡歷史」。

博物館建築是愛德華時代唯一僅存的液壓幫浦屋(Pump House)改建而成，曾經是提供曼徹斯特工業發展及市民生活重要的電力來源之一。19世紀，棉紡織、煤礦、造船改變了北英格蘭的風貌，平民大眾的生活也在工業革命後有了徹底的變化。故事從主展場入口的舊式機械打卡鐘開始，遊客可以模仿當時工人，用博物館準備的卡片為自己的歷史旅程打下印記。

展廳的第一個主題就是「彼得盧大屠殺」，這是英國勞工運動的開端。接下來，重現的歷史場景帶領參觀者穿越時空，看見19世紀初期的馬口鐵工作坊及公會秘密集會所，拜訪婦女參政權的女性領袖漢娜・米歇爾(Hannah Mitchell)的廚房，了解婦女靠著折黏紙盒度日的艱辛。另一項參觀重點是牆上垂掛的大幅工會政治旗幟，包括1821年的馬口鐵工人的旗幟，這是目前公認最古老的英國工人運動政治旗幟。

編輯筆記 ✒

以鮮血爭取勞工權益

展廳的第一個主題「彼得盧大屠殺」，陳述1819年8月16日，聖彼得廣場聚集了六萬名來自西北城鎮的勞工，在激進平民運動領袖亨利・杭特(Henry Hunt)的帶領下，要求實行議會改革和自由貿易，反對穀物法案。這場集會遭騎兵鎮壓，造成12人死亡，無數人受傷，揭開了英國勞工運動的開端。

John Rylands研究所及圖書館

John Rylands Research Institute and Library

紡織大亨遺愛

掃地圖

🚌 搭免費巴士於 Deansgate 站或John Dalton Street 站下，步行約1分鐘。 🏠 150 Deansgate, Manchester ☎0161-306-0555 ⏰週三～週六10:00~17:00 💰免費 🌐www.library.manchester. ac.uk/rylands/ ❗館藏展覽區禁止拍照錄影

John Rylands是19世紀曼城一位非常有錢的紡織大亨，1888年過世時財產高達£275萬，他的夫人Enriqueta Rylands為了紀念他，於1889年委託建造圖書館。目前是曼徹斯特大學圖書館的分館。

圖書館中收藏大量珍貴書籍及精緻的手抄本，包含在埃及發現、經考據為現存年代最久遠的新約聖經；歐洲最早使用活字版印刷的書籍－古騰堡聖經；15世紀後半英國作家喬叟的坎特伯里故事部分原稿。

站在John Rylands圖書館的前方，你可能會感到疑惑，入口到底在哪裡？現在的圖書館包含19世紀新哥德式風格的華麗建築以及後來擴建的主要入口，後者是由白色混凝土及手工繡蝕青銅板包覆的現代化建築。

進入明亮簡潔的大廳，穿越彩色琉璃妝點的純白展廳，立刻被一座玻璃橋吸引，科技感的藍光戲劇性串起新舊建築，盡頭連接哥德式拱門長廊，光線透過仿古厚玻璃溫和地照射在橡木地板上，靜謐的氛圍讓你不自覺地降低音量。古典與現代融合的精采呈現，表現曼城建築設計上的獨創性。

登上三樓享受古典氛圍的靜謐

館內最令人驚嘆的空間是位於三樓的閱覽室(Historic Reading Room)，挑高的天頂搭配大片彩色玻璃，兩側分別是John Rylands及夫人的雕像，讓人誤以為走進莊嚴的大教堂。你可以挑一張橡木桌椅坐下，在書籍的包圍中感受古典學術氣息，也可以選擇新建築的頂樓閱覽室，在曼城市景的陪伴下，享受旅程中難得的寧靜。

英格蘭中北部…曼徹斯特 Manchester

MAP ▶ P.241A3

科學與工業博物館
Museum of Science and Industry

建築與展示皆優

掃地圖

🚌搭免費巴士於博物館對面下，步行約5分鐘 🏠Liverpool Road, Castlefield, Manchester ☎0133-0058-0058 ⏰10:00~17:00 💲免費，須上網預訂，特展門票視展覽而異 🌐www.mosi.org.uk

科學與工業博物館(簡稱MOSI)由5棟工業革命時期的鐵路倉庫組成，介紹曼徹斯特的工業發展歷史、科學發展，以及電力使用、動力機械、交通航太、紡織工業。

1830年倉庫(1830 Warehouse)是全球最老的鐵路倉庫，當年來自利物浦港口的棉花及貨物都先存放在此，再以馬車運往工廠及市集，倉庫內無暖氣管線就是為了存放奶油、肉類、海鮮等食物，目前主要為電力運用的展覽。

車站大樓(Station Building)是世界第一個客運火車站，於1830年啟用，地面展廳介紹曼徹斯特城市發展歷史，地下重建了維多利亞時期的下水道，遊客可以在下水道特殊的氣味中了解暖氣、供水及汙水處理系統的發展。

動力大樓(Power Hall)建於1855年，是以前火車和馬車貨運的轉運站，展示紡織機、蒸汽火車及世界上最大的蒸汽引擎收藏。

主建築(Main Building)則是1880年大西方鐵路公司(Great Western Railway Company)的倉庫改建，為主題特展、紡織工業、科學發展的展覽場地，千萬別錯過入口處展示的世界第一台電腦「Baby」！

航太大樓(Air& Space Hall)原是維多利亞時期的市場，由鑄鐵與玻璃建造，現在則展示了各式空中及地面交通工具。

MAP ▶ P.241C1

阿戴爾購物中心
Arndale Centre & Urbis Tower

曼城最華麗的區域

掃地圖

🚌搭免費巴士或Metrolink於Shudehill站下，步行約1分鐘 🏠Manchester Arndale, Manchester ☎0161-833-9851 ⏰購物中心週一~週六8:00~20:00、週日11:30~17:30，美食廣場週一~週六8:00~22:00、週日11:30~17:30 🌐www.

manchesterarndale.com

阿戴爾購物中心是全英國最大的市區購物中心，彙集全英各大品牌，從服裝、首飾、運動時尚到家電用品，應有盡有。多樣化的餐廳、酒吧、速食店提供各國美食等你挑選。購物中心的北面有Oden及IMAX電影院，也可以乘坐摩天輪欣賞曼城五光十色的夜景。

洛利藝術中心
The Lowry
曼城現代藝術代表

掃地圖

🚊從市區搭Eccles 線電車於Harbour City站下,下車後穿過鐵橋沿指標步行約10分鐘;或搭MediacityUK 線電車於MediacityUK站下,步行約5分鐘。🏠Pier 8, The Quays, Salford ☎0343-208-6000 ⏰主建築遇表演或活動時開放時間不同,請上網查詢,畫廊週二~週五11:00~17:00、週六及週日10:00~17:00,週一休館。💲視每場表演而異 ⓦwww.thelowry.com

如果想感受曼徹斯特藝術與現代化的一面,一定要走一趟索爾福德碼頭(Salford Quays)及洛利藝術中心。索爾福德碼頭建造於19世紀末,為曼徹斯特主要的運河碼頭,吐納西北地區及來自世界各地的商船,但由於英國對外貿易區域的轉變及貨櫃運輸的興起,碼頭因無法停泊巨型貨輪而

L.S. Lowry是英國20世紀著名的藝術家,生於曼徹斯特Old Trafford的一個貧窮家庭,繪畫主題以工業都市的獨特地景及勞工階級的日常生活為主,擅長描繪人群的表情樣態,作品中的人物常以「火柴棒人」的形態呈現。

於1982年關閉。80年代末期, Salford市委會提出將索爾福德碼頭改建成為商業、旅遊中心。索爾福德碼頭逐漸出現的後現代建築群以金屬及玻璃為骨架,注入藝術、教育、及商業元素,成功的蛻變再生,成為曼城的藝術中心。

2000年正式開幕的洛利藝術中心坐落於碼頭的中心,由知名建築師Michael Wilford's設計,為紀念以工業和勞動題材著名的英國畫家L.S. Lowry。從運河對岸看洛利藝術中心,像停泊在碼頭的銀色大船,不銹鋼與玻璃包覆的外牆反映周圍地景及天光水色變化,內部則是由各種幾何形狀串成的繽紛世界。中心收藏的洛利作品堪稱世界之冠,包含早期的肖像畫、工業城市的景觀、以及後期以勞工群體為主題的畫作。除了常設展以外,也展出其它藝術作品。

老特拉福球場

MOOK Choice

Old Trafford Stadium
紅魔曼聯的主要場地

掃地圖

🚊從市區搭往Eccles 方向電車於Old Trafford Station(Altrincham line)或Exchange Quay站下,步行約5分鐘。🏠Sir Matt Busby Way, Old Trafford ☎0161 676 7770 ⏰博物館與球場導覽行程(Museum & Stadium Tour)週日~週四9:40~16:00、週五及週六9:30~17:00 💲博物館與球場導覽行程(Museum & Stadium Tour)全票£27、優待票£15 ⓦwww.manutd.com ❶比賽日無導覽行程;週末的比賽日博物館不開放,週間則開放至球場開賽前3小時。為避免遇上足球賽,參加導覽行程建議先電話預約或網路訂票。

如果你是個足球迷,紅魔曼聯足球隊

©Visit Britain

(Manchester United)的老特拉福球場絕對是要去朝聖的地方之一。老特拉福球場於1910年起做為曼聯的主場,Bobby Charlton為它取了「夢劇場The Theatre of Dream」的暱稱,曾於二次大戰中受到德軍空襲,目前除了球員座位區的舊通道外,幾乎都是重建區域。擴張後的球場可容納76,000人,是英國第二大足球場,僅次於倫敦的Wembley Stadium,不少國際大型賽事都在此舉行。球場內設有博物館介紹曼聯的歷史、輝煌的賽績及明星球員們,參加導覽行程,帶領你參觀球員更衣室、站在球員休息區用他們的視角看球場。

利物浦

利物浦
Liverpool

利物浦有什麼好玩？對搖滾樂迷而言，它與披頭四(The Beatles)間可畫上等號；對足球狂而言，它代表英格蘭超級聯賽的常勝軍「利物浦足球俱樂部」(Liverpool Football Club)；對歷史探索者而言，它是世界文化遺產城市；對文化愛好者而言，它擁有倫敦以外唯一的國立「博物館群」；對喜歡攝影的人而言，令人屏息的港口日落，讓按快門的手停不下來！

城市的起源可以追溯到13世紀，但在16世紀中以前，利物浦都只是一個擁有五百人口的小鎮，隨著18世紀英國與愛爾蘭、歐洲及西印度群島貿易的增加，利物浦才逐漸發展起來。

1715年，建立英國第一個圍繞式船塢Old Dock，奴隸貿易的利潤及工業革命時期的進出口發展，奠定了英國最興旺和最大海港的美譽，直到19世紀末，40%的世界貿易會通過利物浦船塢。但20世紀的利物浦在港口環境的改變和戰爭的破壞下，製造業與貿易急速凋零，走入城市的黑暗時期。

利物浦歷經半個世紀的衰敗後，靠著古蹟再生與文化行銷的力量再度展現魅力。2008年獲選為「歐洲文化之都」，是英國第一個同時獲得這兩項殊榮的城市。2010年於上海舉辦的世界博覽會中，利物浦代表英國於城市最佳實踐區展出，介紹它的文化、歷史、建築、音樂與運動，這個不斷前進的城市，再一次吸引世界的目光。

INFO

基本資訊
人口：約12.06萬　　**面積：**約111.84平方公里
區域號碼：0151

如何前往
◎火車
可從倫敦尤斯頓(Euston)火車站搭Virgin Trains高速火車前往利物浦Lime Street火車站(LIV)，車程約2~2.5小時；有些班次須於Crewe轉車。

或從曼徹斯特的皮卡地里(Piccadilly)火車或維多利亞(Victoria)火車站搭火車前往，車程約1小時。

班次、時刻表及票價可上網或至火車站查詢，車票也可上網或至火車站櫃台購買，或先在台灣向飛達旅遊購買英國火車通行證(BritRail Pass)。

飛達旅遊
☎02-8161-3456　🕸www.gobytrain.com.tw
官方LINE客服：搜尋@gobytrain

英國國鐵
🕸www.nationalrail.co.uk

◎巴士
可從倫敦維多利亞(Victoria)火車站後方的維多利亞巴士站(Victoria Coach Station)搭National

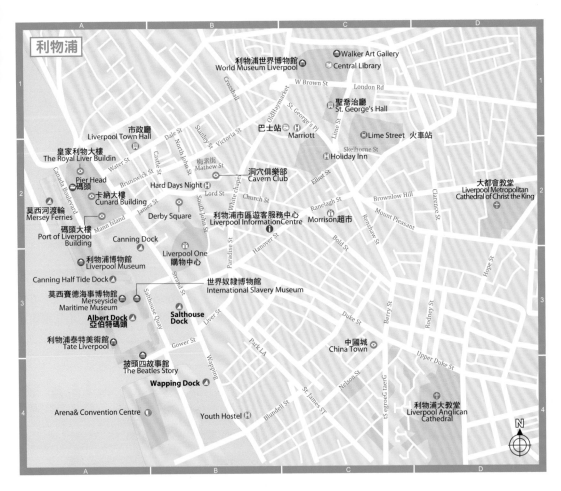

利物浦

利物浦世界博物館
World Museum Liverpool

Walker Art Gallery
Central Library

聖喬治廳
St. George's Hall

市政廳
Liverpool Town Hall

巴士站
Marriott

Lime Street 火車站

皇家利物大樓
The Royal Liver Buildin

Skelhorne St
Holiday Inn

Pier Head
碼頭

洞穴俱樂部
Cavern Club

大都會教堂
Liverpool Metropolitan
Cathedral of Christ the King

Hard Days Night

卡納大樓
Cunard Building

莫西河渡輪
Mersey Ferries

Derby Square

利物浦市區遊客服務中心
Liverpool InformationCentre

Morrison超市

碼頭大樓
Port of Liverpool
Building

Canning Dock

Liverpool One
購物中心

利物浦博物館
Liverpool Museum

世界奴隸博物館
International Slavery Museum

Canning Half Tide Dock

莫西賽德海事博物館
Merseyside
Maritime Museum

Salthouse
Dock

Albert Dock
亞伯特碼頭

利物浦泰特美術館
Tate Liverpool

China Town
中國城

披頭四故事館
The Beatles Story

Wapping Dock

利物浦大教堂
Liverpool Anglican
Cathedral

Arena& Convention Centre

Youth Hostel

N

Express巴士前往，車程約5小時25分鐘~6小時25分鐘。或從曼徹斯特巴士站搭巴士前往，車程約1~1.5小時。
🚍www.nationalexpress.com

火車站、巴士站至市區交通
皆位於市區。

市區交通
大部分景點位於Lime Street火車站到海港間，皆步行可達。

旅遊諮詢
利物浦市區遊客服務中心Liverpool ONE
🏠5 Wall Street, Liverpool

📞0151-351-0300
🕐週一~週六9:30~17:30
🚍www.visitliverpool.com

交通觀光行程
◎莫西河渡輪 River Explorer Cruises
不妨搭乘莫西河渡輪從不一樣的角度遊覽利物浦。行程從Pier Head出發，向北至河海交界處，沿途欣賞港邊的世界文化遺產及莫西賽德郡的沿岸風景，並了解利物浦850年的航運歷史，回程可以選擇在對岸的Woodside碼頭停留參觀。
🏠出發點在Pier Head 📞0151-330-1003
🕐10:00~16:00每整點出發，全程約50分鐘。
💲全票£11.5、5~15歲優待票£7.5
🚍www.merseyferries.co.uk

MAP ▶ P.247A3

莫西德賽海事博物館
Merseyside Maritime Museum
記錄港口輝煌

掃地圖

🚶從Lime Street火車站步行約16分鐘 🏠Royal Albert Dock, Liverpool ☎0151-478-4499 🕐週二～週日10:00~18:00 💲博物館免費入場，The Old Duck Tours行程全票£8.5、優待票£3~7.5 🌐www.liverpoolmuseums.org.uk/maritime ⚠內部禁止拍照錄影

利物浦以貿易港口的角色在世界歷史中占一席之地，而莫西賽德海事博物館則記錄了港口的歷史，以及英國的航海輝煌事蹟。

1樓展示許多重要船艦模型，通往2樓的樓梯像是走入大船艙中，展示著模擬19世紀初前往新大陸移民的海上生活、從海中打撈的舊時代珍貴物品、二次大戰時期與德國潛艇對戰的資料等，尤其有專人導覽鐵達尼號的建造過程、船體構造及船難故事。

如果想要了解18世紀的舊碼頭(Old Duck)歷史、參觀埋在Liverpool ONE下的地底世界，可參加The Old Duck Tours導覽行程，須事先預約。

MAP ▶ P.247A3

亞伯特碼頭
MOOK Choice
Albert Dock
歷史文化與時尚交錯

掃地圖

🚶從Lime Street火車站步行約16分鐘 🏠Royal Albert Dock, Liverpool, Merseyside 🌐www.albertdock.com/

亞伯特碼頭是世界第一個圍繞式的堅固船塢，由鐵、紅磚及石頭所建造，1846年由亞伯特親王啟用，曾經是大西洋東岸的主要貿易港，也是英格蘭移民前往美國「新大陸」逐夢的主要移民港。

20世紀中期港口泥沙淤積，加上大戰時期德軍轟炸，造成嚴重的損失，碼頭隨著城市航運的衰弱而凋零，變最貧窮的治安死角。1980年代在官方與民間企業的合作下，展開一連串再生工程，設置了莫西賽德海事博物館、利物浦泰特美術館、國際奴隸博物館、披頭四故事館、利物浦博物館等五大博物館，成為城市文化復興的重要區域。

✏ 編輯筆記

新舊交織的紅磚建築

現在的亞伯特碼頭保留工業革命時代的港灣建築，是英國最大的一級歷史建物群。紅磚倉庫圍繞停泊船隻，夕陽下的鐵鑄欄杆在鵝卵石街道上灑落懷舊的影子，時光彷彿停留在19世紀。呈現強烈對比的是，紅磚建築下有最時尚的餐廳、酒吧、咖啡館、精品商店，以及連鎖旅館。此外，幾何造型的利物浦博物館、玻璃帷幕高級公寓、大型表演場及摩天輪交錯其中，為港口的天際線增添現代化景觀。

MAP ▶ P.247D4

利物浦大教堂
Liverpool Anglican Cathedral
破最多紀錄的教堂

掃地圖
🚶 從Lime Street火車站步行約15分鐘 🏠 St. James Mount, Liverpool ☎0151-702-7284 🕐教堂10:00~18:00，高塔週一～週五10:00~17:00、週六及週日10:00~16:30 💲教堂免費，高塔全票£6、優待票£5 🚇www.liverpoolcathedral.org.uk

第一次靠近利物浦大教堂的人，都會仰著頭、忍不住發出「哇！」的讚嘆聲。這座雄偉的建築有全世界最高、最大的哥德式拱頂(101公尺)，

即使在遠方的亞伯特碼頭也能看見聳立在聖詹姆士山丘上的教堂。更難想像的是：被譽為20世紀最偉大建築之一的利物浦大教堂，是由年僅22歲的年輕建築師Giles Gilbert Scott於1902年所設計。

利物浦大教堂是歐洲最大的英國國教教堂，歷時75年，才於1978年全部完工，由女王伊莉莎白二世舉行落成典禮。透過10分鐘的高畫質影片及教堂內部的有聲導覽系統，可以輕易了解教堂的建築特色與歷史，提供27國語言，當然也包含中文版本。

千萬別錯過俯瞰利物浦市區的機會，在兩個電梯的幫忙和108層階梯的努力後，可以登上最高層塔頂，居高臨下，縱覽全城美景。

破最多紀錄的教堂？

利物浦大教堂是英國最大的教堂，擁有世界最高、最重的教堂鐘，以及由10,268個音管組成、英國最大的管風琴，所以，利物浦大教堂也被稱為「破最多紀錄的教堂」。

MAP ▶ P.247B2

Liverpool ONE 購物中心
市中心購物天堂

掃地圖
🚶 從Lime Street火車站步行約10分鐘 🏠 5 Wall Street, Liverpool ☎0151-232-3100 🕐週一～週五9:30~20:00、週六10:00~19:00、週日11:00~17:00 🚇www.liverpool-one.com

用「購物天堂」來描述Liverpool ONE當之無愧，坐落在市中心，超過160家知名品牌、John Lewis和Debenhams兩大百貨公司、ODEN電影院以及各國料理的餐廳、咖啡館都集中在此。所有你想像得到的世界潮牌，包含American Apparel、Apple、Zara、Republic、H&M，英國時尚品牌Flannels、Karen Millen、Ted Baker，以及運動迷不可錯過的Liverpool FC Store、Nike足球專賣店等。

MAP ▶ P.247C1

利物浦世界博物館
World Museum Liverpool

互動式科技呈現

掃地圖

🚉 從Lime Street火車站步行約4分鐘
🏠 William Brown Street, Liverpool
☎ 0151-478-4393 ⏰ 週二～週日
10:00～18:00 💲 免費，特展除外 🚻
www.liverpoolmuseums.org.uk/wml

　自然歷史、科學與技術是這個面積廣闊的博物館的主題，展覽內容廣泛，從史前時代陶器至外太空探索，從埃及木乃伊到恐龍骨架，每個人都可以找到有興趣的展覽。蟲之屋及水族館飼養種類眾多的昆蟲及水中生物，在博物館中卻有小動物園的新奇感；Clore自然歷史中心及威斯頓探索中心有許多讓你親自動手做的好玩展品。此外，5樓有英國唯一免費入場的天文館，可以在入口服務台索票參觀。

💡 **尋找超級香蕉羊！**

　走入利物浦世界博物館，第一眼看到的就是羊頭香蕉身「超級香蕉羊」(Super Lamb Banana)趣味雕塑。它原是日本當代藝術家千惠藏太郎(Taro Chiezo)為了1998年的Art Transpennine Exhibition所設計的雕塑作品，寓意提醒人們基因改造食物的問題。由於造型逗趣，加上利物浦早年進出口不少羊肉與香蕉，受到當地人的喜愛，意外成為利物浦新的城市象徵物。

MAP ▶ P.247D2

大都會教堂
Liverpool Metropolitan Cathedral of Christ the King

前衛創新的天主教堂

掃地圖

🚉 從Lime Street火車站步行約12分鐘
🏠 Cathedral House, Mount Pleasant, Liverpool ☎ 0151-709-9222 ⏰ 教堂
7:30～18:00、舊教堂地下室週一～週六
10:00～16:00 💲 教堂免費、舊教堂地下室£5 🌐 www.liverpoolmetrocathedral.org.uk ❗ 禮拜時間及舊教堂地下室禁止拍照錄影

　大都會教堂落成於1967年，是英國最具特色的羅馬天主教教堂，也是利物浦大主教所在地。外觀獨特創新，像一艘淡灰色的圓形太空船，頂端收斂成皇冠造型的垂直尖塔。內部設置不同主題的小祭壇或展覽間，展現現代藝術風格；東側保留1960年代的舊教堂地下室The Lutyens Crypt，以花崗石為主的拱廊設計，和現在的教堂本體形成強烈的對比。

　Heenan大主教成功地扭轉羅馬天主教給人的傳統形象，表現教會的創新精神，真正實現1930年代時Downey大主教的夢想：建立一座當代的大教堂(A Cathedral in our time)。

教堂裝潢得像時尚夜店？

　大都會教堂內部打破舊禮拜方式的局限，將祭壇設置在正中央，祭壇上方的尖頂由大片彩繪玻璃窗構成，陽光投射進來，五彩光線與教堂內的藍色冷光交織，既神聖又前衛，就像時尚的夜店！

MAP ▶ P.247A3

披頭四故事館

MOOK Choice

The Beatles Story

永遠的搖滾四巨人

掃地圖

🚶 從Lime Street火車站步行約18分鐘 🏠 Britannia Vaults, royal Albert Dock, Liverpool ☎0151-709-1963 🕐 每日開放和關閉時間可能會變更，請上網查詢獲取最新資訊 💲全票£18、優待票£10~14，4歲以下免費 🌐www.beatlesstory.com

即使已經是30年前的歷史了，披頭四至今仍是流行音樂界最成功的搖滾樂團，2000年發行的專輯「The Beatles 1」在全球各地仍創造三千萬張的銷售佳績。參觀披頭四故事館，如果你是披頭四迷，會重新愛上他們；如果你不是披頭四迷，會開始愛上這四個象徵60年代音樂及流行文化的大男孩。

打開個人語音導覽系統，John Lennon的姊妹的聲音在耳邊響起，從John與Paul的相識開始，帶領你深入四個人的生活、時代、文化以及音樂。每個房間都重建當時場景，參觀者可以身歷其境聽他們的故事：披頭四的組成、在Cavern Club演出、遇上伯樂Epstein、遠征美國、世界巡迴演唱、成員的分歧、解散到各自發展。館內還珍藏了從未公開過的Paul McCartney的專訪、George Harrison的第一把吉他、John Lennon使用過的吉他和招牌眼鏡等。

故事的尾聲是著名的「White Room」。純白的房間中有柔和的光線，乳白的三角鋼琴旁立著John Lennon的吉他，耳邊響起「Imagine」的歌聲傳遞John Lennon一直努力的愛與和平。

MAP ▶ P.247B2

洞穴俱樂部

Cavern Club

披頭四發跡處

掃地圖

🚶 從Lime Street火車站步行約10分鐘 🏠 10 Mathew Street, Liverpool 🕐 週日~週三11:00~24:00、週四11:00~凌晨1:00、週五和週六11:00~凌晨2:00 💲 全天 £7.5、單次£5 🌐 www.cavernclub.org

霓虹招牌在紅磚砌成的牆上吸引行人目光，通往地下室的樓梯傳來帶點頹廢的英式搖滾。

1960年代初期，四個利物浦的年輕男孩在此舉辦292場演出，並於1961年被經紀人Brain Epstein發掘，他們創造的搖滾傳奇撼動世界，讓洞穴俱樂部變成世界最知名的酒吧之一。

1973年一度結束營業，1984年在原址重新整修開幕，用保留下來的紅色磚塊，重建披頭四初次表演的舞台。至今，這裡仍是利物浦音樂表演重鎮，幾乎每天晚上都有現場音樂演出，不妨點一杯酒，窩在角落想像當時表演的盛況，也許台上那默默無名的樂團就是下一個披頭四呢！

披頭四其他相關資訊報你知！

Hard Day's Night Hotel

第一個以披頭四為主題的旅館，接近梅素街。有以John Lennon及Paul McCartney為名的主題套房。

🌐 www.harddaysnighthotel.com

Casbah Coffee Club

由前披頭四成員Pete Best所經營的俱樂部，保留披頭四成名前在此表演及創作的原貌及當時他們使用的物品，參觀導覽須事先預約。

🌐 www.petebest.com/casbah-coffee-club.aspx

Magical Mystery Tour

以披頭四為主題的導覽，參觀四個人幼時成長地點、學校、以及啟發他們創作的地方，如便士巷(Penny Lane)和草莓田(Strawberry Field)。

☎ 0151- 703-9100 💲 £ 19.95 🌐 www.cavernclub.org/the-magical-mystery-tour/

國際披頭四音樂節 International Beatles Week Festival

每年夏天都會舉辦國際披頭四音樂節，有超過50組來自世界各地的樂團將於Cavern Club、Cavern Pub、利物浦大教堂等地輪番演出，此外還有演講、市集、遊行展覽等活動。

🌐 www.cavernclub.org/beatleweek/

披頭四日The Beatles Day

7月10日是當年「The Beatles」征服美國後回到利物浦的日期，自2008年開始，利物浦以這個日子紀念他們偉大的市民。當天舉辦音樂會及販售商品的所得將捐給披頭四日基金會，使用於幫助改善孩童的醫療及生活環境。

梅素街
Mathew Street
披頭四街

🚶 從Lime Street火車站步行約10分鐘　❶ 接近傍晚時較熱鬧

　　說梅素街是「披頭四街」一點也不過分，這整條街道彷彿都是為紀念或「消費」披頭四而存在的。街道兩端對立的披頭四商品專賣店、四個人演出前常聚會的酒吧The Grapes、初次表演的俱樂部Cavern Club、無所不在的雕像，甚至沒什麼關聯的酒吧也要取Lennon的名字來沾個光。接近傍晚時，每家酒吧都會傳出披頭四的經典名曲，不管你是不是披頭四迷，都能感受到這股狂熱。

利物浦名人牆
Liverpool Wall of Fame

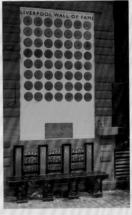

　　雖然是為了紀念所有出身利物浦、歌曲曾登上排行榜的歌手，但整面牆幾乎都是披頭四的唱片名稱。試著找找你也耳熟能詳的歌曲，包括1964年的《Hard Day's Night》、1968年的《Hey Jude》等。偶爾，還會碰上街頭藝人拿着吉他，打扮如披頭四唱着他們的金曲。

披頭四商店
The Beatles Shop

🔗 www.thebeatleshop.co.uk

　　利物浦第一家披頭四商品專賣店，於1983年開業。入口處有利物浦第一個披頭四雕像，位於地下室的商店除了各種相關商品，並設立梅素街藝廊，展示與披頭四相關的各項藝術創作。

洞穴酒吧 The Cavern Pub

🔗 www.cavern-liverpool.co.uk

　　約翰藍儂的銅像率性地斜倚在洞穴酒吧門口，擺著他個人專輯「Rock n Roll」封面的姿勢。一整面牆刻著自1957年以來，曾在洞穴俱樂部演出的知名樂團名稱，除了披頭四，還包括Eric Clapton、Oasis、Dodgy、Hard Day's等。酒吧內有Paul McCartney簽名的吉他及黃色潛水艇點唱機也不容錯過。

英格蘭中北部⋯利　物浦 Liverpool

徹斯特●

徹斯特
Chester

徹斯特的歷史長遠而悠久，可以追溯至西元70年。當時統治大不列顛的羅馬軍隊為了抵禦威爾斯的塞爾特部族攻擊，選擇迪河(River Dee)環繞的據點建立軍事堡壘及城牆，是古羅馬統治的最西線。

徹斯特保留英國最完整的古羅馬城牆，城外圍繞護城河及英國最古老的賽馬場，城內都鐸式的「白牆黑樑」木造房子與石板街道像是拍攝中世紀電影的場景，與利物浦僅半小時車程，卻有截然不同的文化景觀。

適合安排半天順遊行程，優閒漫步城牆上，感受徹斯特黑白分明的小鎮風貌，沿途會經過徹斯特大教堂、羅馬露天劇場、東門大鐘、賽馬場等主要景點，走一圈約需2小時。

INFO

基本資訊
人口：約 46.64萬
區域號碼：01244

如何前往

◎火車
可從倫敦尤斯頓(Euston)火車站搭火車前往，車程約2~小時。

或從利物浦中央(Central)火車站搭火車前往，車程約40~50分鐘。

或從曼徹斯特皮卡地里(Piccadilly)火車站搭火車前往，車程約1~1.5小時。

班次、時刻表及票價可上網或火車站查詢，車票也可上網或至火車站櫃台購買，或先在台灣向飛達旅遊購買英國火車通行證(BritRail Pass)。

飛達旅遊
☎02-8161-3456
🌐www.gobytrain.com.tw
官方LINE客服：搜尋@gobytrain

英國國鐵
🌐www.nationalrail.co.uk

◎巴士
可從倫敦維多利亞(Victoria)火車站後方的維多利亞巴士站(Victoria Coach Station)搭National Express巴士前往，車程約4小時55分鐘~6小時50分鐘。

火車站、巴士站至市區交通

◎火車站
位於舊城區東北方，步行至東門大鐘約15分鐘；或從火車站門口搭免費接駁公車至東門大鐘。

◎巴士站
位於舊城區，對面即是遊客服務中心。

旅遊諮詢

徹斯特遊客服務中心Chester Visitor Information Center
🚶從火車站步行約15分鐘
🏠Town Hall, Northgate Street, Chester
☎01244-405-340
🕐週一~週六9:00~17:00、週日10:00~16:00
🌐www.visitchester.com

MAP ▶ P.254B1

徹斯特大教堂

MOOK Choice

Chester Cathedral

小巧古樸教堂

掃地圖

🚶從東門大鐘步行約3分鐘　🏠9 Abbey Square, Chester　☎01244-324-756　🕐週一～週六9:30~18:00、週日9:30~17:00　💲Tower Tour成人£10、18歲以下£8　🌐www.chestercathedral.com

　與英國其他大教堂相比，徹斯特大教堂算不上特別豪華，但諾曼式拱門、哥德式圓柱、南翼維多利亞時代的寶藍色花窗與唱詩班悠揚的歌聲，帶來心靈平靜的力量。值得注意的還有唱詩班的席位上精緻的中世紀木頭雕刻作品，是現存英國最古老的17世紀基督教法庭。

　別忘了預約Tower Tour，登上高125英呎的塔頂捕捉令人振奮的美景！遊覽時間為週一～週四11:00和15:00，週五、週六11:00、13:00和15:00。

身份百變撲朔迷離

　據說徹斯特大教堂最早是羅馬時期的阿波羅神殿，西元四世紀時才改為基督教教堂；經過考據的說法是教堂最早建立於660年，在1093改建為聖本篤修會修道院，一直到亨利八世成立英國國教之後，此教堂才成立為英國國教教堂。

英格蘭中北部⋯徹 斯特Chester

255

MAP ▶ **P.254B1**

東門大鐘
Eastgate Clock
舊城區地標

掃地圖

🚌 從火車站搭接駁公車　🏠 Eastgate Street, Chester

　　位於城牆東門的鐘是徹斯特的地標之一，被認為是除了倫敦大鵬鐘以外，英國最有名氣的鐘。當初為了慶祝維多利亞女王登基60週年，於1897年以公眾募款的方式建造，原本設計師**John Douglas**希望打造一座石頭鐘塔，但附近居民害怕光線被阻擋，在無數的抗議後，才更改為現今的華麗鏤空雕花設計。

　　東門大鐘前方的**Eastgate Street**是徹斯特主要逛街及餐廳區，聚集所有流行品牌。

迷人的都鐸式騎樓古厝The Rows

　　黑色木頭勾勒白色的小房子，是徹斯特最可愛迷人的景色。

　　這些房屋最早建於13世紀，大部分建於維多利亞時期，是中世紀都鐸王朝(Tudor period)期間流行的建築方式，有高聳的雙面斜頂、突出的山牆、以及小型方格玻璃，在Watergate、Eastgate、Bridge Street三條街上幾乎都是這種裝飾性的半木結構建築。

　　與歐洲都鐸式建築不同的是「Rows」的設計，2樓是連接成排屋子的長走廊，木頭柱子支撐上層結構，形成半開放的雙層商店和騎樓般的行走空間。這也是徹斯特另一個受歡迎的原因，不管晴天或雨天，都能很盡興血拚。

●湖區

湖區
Lake District

如果你訪問曾去過英國的遊客，湖區絕對會被票選為「最想再去一次的地方」！

　　位於英格蘭北部西側的湖區國家公園，被譽為英格蘭最美麗的地區，每年都有將近一千八百萬名遊客前來欣賞造物主的妙手神奇，全英格蘭最大的湖泊、最高山、最深谷都在湖區國家公園中。

　　坎伯連山脈(Cumbrian Mountains)斜互湖區中央，把湖區分為南、北、西三大區塊，北區的最大城鎮為凱茲克(Keswick)，中部有安伯賽德(Ambleside)，南部則以溫德米爾(Windermere)為主要門戶，整個湖區的大小城鎮都有公路相互連結，往來便利。

　　湖區的秀麗景致孕育出不少文學、藝術家，最為世人熟知的就是描繪彼得兔(Peter Rabbit)與一群好朋友的畢翠絲‧波特(Beatrix Potter)，另一位是英國最有名的浪漫詩人威廉‧華滋華斯(William Wordsworth)。你可以安排一趟文學之旅，在溫德米爾、丘頂(Hill Top)尋找波特小姐，在鷹岬(Hawkshead)、葛拉斯米爾(Grasmere)透過詩人的眼認識湖區，華滋華斯所描述的「世界上最美好地方」(The Fairest Place on Earth)。

INFO

基本資訊
人口：約4.08萬
面積：約2,292平方公里

如何前往
◎火車
　　湖區沿線的4個主要城市由北而南為Carlisle、Penrith、Oxenholme The Lake District和Lancaster，而進入湖區的最主要門戶，本書會介紹到的是Oxenholme到溫德米爾(Windermere)的支線。從倫敦、蘇格蘭、伯明罕、曼徹斯特等地出發都可先抵達Oxenholme，再換乘往溫德米爾的支線火車，支線車程約20分鐘。

　　可從倫敦尤斯頓(Euston)火車站搭火車前往，車程約2.5~3小時。

　　或從曼徹斯特皮卡地里(Piccadilly)火車站搭火車前往，車程約需1~1.5小時。

　　班次、時刻表及票價可上網或至火車站查詢，車票也可上網或至火車站櫃台購買，或先在台灣向飛達旅遊購買英國火車通行證(BritRail Pass)。

飛達旅遊
📞02-8161-3456
🌐www.gobytrain.com.tw
官方LINE客服：搜尋@gobytrain
英國國鐵
🌐www.nationalrail.co.uk

湖區交通
　　搭車+定點健行是暢遊湖區最佳方式，自己開車或湖區巴士都很方便；若時間有限，小型旅遊團也是不錯的選擇。

◎巴士Stagecoach North West
　　湖區巴士是旅遊者最能兼顧經濟性與自主性的交通工具，由Stagecoach巴士公司經營，交通網遍布整個湖區。巴士種類分為一般巴士和觀光客最喜歡的開頂雙層巴士。開頂雙層巴士599號從Kendal出發，行經波納思、溫德米爾、安伯塞德和葛拉斯米爾，相當值得嘗試。湖區巴士的行駛月份集中3月底~10月底，冬季班次較少。

🌐www.stagecoachbus.com

◎租車
　　若不想走太多路，開車遊湖區是最方便的交通方式，可以深入每個角落，但除了A591、A592、A593這三條沿湖主要道路以外，其它山區道路錯綜複雜，往往僅容一輛車身通過，開車須非常小心。湖區租車公司選擇較少，建議可於Kendal租車。

Abacus Travel
📞01539-488-285　🌐www.travelabacus.co.uk
Practical Car & Van Rental
📞01539-728-532　🌐www.practical.co.uk
◎單車

美麗的景色總在車窗外晃眼即逝？不如租輛單車，用時速20公里的緩慢好好欣賞湖區的美。

Country Lanes Windermere Cycle Hire Centre
- The Railway Station, Windermere(火車站旁)
- 01539-444-544
- 9:00~16:30、冬季10:00~16:00
- 每日£30起
- www.countrylaneslakedistrict.co.uk

Bike Treks
- Ings Service Station, Ings Village, Kendal, Cumbria
- 01539-431-245
- 週一~週五10:00~17:00、週六9:00~17:00、週日9:00~16:00
- www.bike-treks.co.uk

◎湖區旅遊團
湖區有許多業者規畫的小型旅遊團，安排各種不同主題、地區的小型巴士之旅。使用9人座小巴士，由導遊司機進行講解，是時間不多遊客的最佳選擇。

行程安排有半日遊和全日遊兩種，費用依行程不同而異，半日遊的行程通常安排8個大小湖泊，包含一趟遊湖，時間大約4小時。全日遊的行程涵括地區較廣，至少有10個湖泊，以及更多的湖區著名景點，需時將近8個小時。也可以選擇量身訂作的私人導覽行程。

Cumbria Tourist Guides
- www.cumbriatouristguides.org/

專業合格的藍徽章(Blue Badge)導遊司機進行講解，行程相當彈性。每一位導遊都有擅長的主題行程，可於網站上留言或直接與指定導遊聯繫。

Lakes Supertours
- 1 High Street, Windermere(溫德米爾遊客中心旁)
- 01539-442751 www.lakes-supertours.com

Mountain Goat Tours
- Victoria Street, Windermere(溫德米爾遊客中心旁)
- 01539-445161 www.mountain-goat.com

旅遊諮詢

湖區遊客中心Brockhole-The Lake District Visitor Centre
湖區最大的遊客服務中心，除了旅遊資訊、訂房服務，並提供咖啡餐飲。前方的湯馬斯麥森花園(Thomas Mawson Garden)也是受歡迎的旅遊景點。
- Brockhole, Windermere,
- 01539-446-601 10:00~17:00
- www.brockhole.co.uk/

溫德米爾遊客服務中心Windermere Tourist Information Centre
- Victoria Street, Windermere 9:30~16:30
- www.windermereinfo.co.uk

安伯賽德遊客服務中心Ambleside Tourist Information
- Central Buildings, Market Cross, Ambleside
- 01539-432-582
- www.amblesideonline.co.uk

鷹岬遊客服務中心Hawkshead Tourist Information
- Main Street, Hawkshead
- 01539-436-946
- www.hawksheadtouristinfo.org.uk

康尼斯頓遊客服務中心Coniston Tourist Information Centre
- Ruskin Avenue, Coniston 01539-441-533
- www.conistontic.org

凱茲克旅遊協會Keswick Tourist Association
- 50 Main Street, Keswick, Cumbria
- 01768-775-738 www.keswick.org

實用網站資訊
湖區—坎布里亞(Cumbria)旅遊 www.golakes.co.uk
西湖區旅遊 www.western-lakedistrict.co.uk
南湖區旅遊 www.southlakeland.gov.uk

溫德米爾&波納思Windermere & Bowness

MOOK Choice

MAP ▶ P.258B3

溫德米爾&波納思
Windermere & Bowness

遊湖區最佳起點

掃地圖

溫德米爾和波納思兩鎮的關係仿如唇齒相依的雙子城，也是整個湖區遊客最多的地方。遊覽景點包括溫德米爾車站附近的Orrest Head、波納思碼頭及畢翠斯·波特的世界。溫德米爾和波納思相距大約30分鐘路程，有許多B&B住宿和度假旅館，可搭乘巴士599往來兩地。溫德米爾火車站外的遊客服務中心，提供豐富的旅遊資訊、代訂住宿、販售湖區旅遊書籍等服務。

輕鬆健行趣！

來湖區遊玩，一定要選一條步道健行，享受湖區魅力！落腳溫德米爾的遊客可以選擇溫德米爾－Orrest Head這條路線暖暖身，全長2公里左右的路程，從溫德米爾遊客中心出發，橫越車輛往來頻繁的Ambleside-kendal Road，在溫德米爾飯店(Windermere Hotel)旁的小路可以找到健行之旅的起點路標。沿途穿越森林、小溪、石砌矮牆，路徑單純不易迷路，緩上坡走起來輕鬆愉快，抵達目的地Orrest Head觀景點，居高眺望溫德米爾湖的壯麗和鄉村景致是最大獎勵。

波納思Bowness-on-Windermere

MAP ▶ P.258B3

溫德米爾遊輪
Windermere Lake Cruises

MOOK Choice

飽覽湖光山色

掃地圖

🏠Winander House, Glebe Road, Bowness-on-Windermere, Cumbria ☎01539-443-360 ⏰4~10月9:30~18:00班次密集、11~3月10:00~15:45班次較少；詳細航班表可上網查詢。 💲Red Cruise全票£14.3、優待票£8.6；Yellow Cruise全票£15、優待票£9；Islands Cruise全票£11、優待票£5.5；Green Cruise全票£11、優待票£5.5；Walker's Ticket全票£14.3、優待票£8.6；Freedom of the Lake全票£26.5、優待票£13.25 ⓌΡ www.windermere-lakecruises.co.uk

長度超過16公里的溫德米爾湖是湖區最大的湖泊。一年四季、分秒隨著光影水色的變化，以不同面貌緊抓著遊客的心，步行的方式最能體會湖泊之美，搭乘遊輪則提供了不同的欣賞角度。最受歡迎的溫德米爾湖遊輪公司(Windermere Lake Cruises)在溫德米爾湖共有3個主要停靠碼頭，以波納思為中心，往北到達安伯賽德(Ambleside Pier)，可順遊這個石頭屋組成的小村落，中途經Brockhol遊客中心停留，往南至雷克塞德(Lakeside)，遊船路線規劃有Red Cruise、Yellow Cruise、Islands Cruise、Green Cruise、Walker's Ticket、Freedom of the Lake，並有搭配汽車博物館、水族館的遊程，還可以乘坐一小段古老的蒸汽火車享受懷舊旅程。

英格蘭中北部…**湖**區 Lake District

你知道畢翠斯·波特與彼得兔的故事嗎？

畢翠斯·波特於1866年出生在倫敦南肯辛頓的貴族家庭，從小飼養許多小動物，這成為日後她的創作泉源。雖然沒有上過正規的學校，對繪畫卻極有天分，關於昆蟲和花草等素描極為細膩。16歲那年與家人到溫德米爾湖畔度假，第一眼就愛上了這裡的湖光山色，從此每年常常來此度假，最後更長期定居在此。

她的第一本書《彼得兔的故事》(The Tale of Peter Rabbit)在1902年出版，為了方便兒童輕鬆閱讀，畢翠斯親自設計書的開本，以迷你版本印刷，價格也比較便宜，一出書後立即風靡英國。

深深迷戀鄉野生活的畢翠斯用版稅在溫德米爾湖畔的Near Sawrey村買下丘頂農莊(Hill Top Farm)，沒想到未婚夫卻在婚禮前因病去世，哀痛的畢翠斯就在丘頂度過了幾年靜心修養的創作期。她後來嫁給當地的律師並在湖區定居，這段期間她又創作了10本童話集，而她居住的丘頂也成為故事中經常出現的場景。

波納思Bowness-on-Windermere

`MAP ▶ P.258B3`

畢翠斯·波特的世界
The World of Beatrix Potter

和彼得兔相見歡

掃地圖

🚌 從溫德米爾火車站搭599巴士到波納思碼頭(Bowness Pier)下，或搭遊輪於波納思碼頭下，步行約5分鐘。 🏠Crag Brow(The Old Laundry), Bowness-on-Windermere, Lake District, Cumbria ☎01539-488-444 🕙10:00~17:30 💲全票£9、優待票£5~8，2歲以下免費 🌐www.hop-skip-jump.com

以家庭為主要參觀對象的畢翠斯·波特的世界，是波特迷們不會錯過的地方。一開始欣賞10分鐘影片，了解畢翠斯·波特的一生以及創作彼得兔的因緣，然後就正式進入畢翠斯·波特的世界，與所有童話主角面對面！

畢翠斯·波特的世界最吸引小朋友的，就是栩栩如生的動物主角們，所有動物模型和背景都和故事中一模一樣，特別之處是實體的尺寸都非常大，細節部份相當精緻：正咬著紅蘿蔔的彼得兔、洗衣服的Tiggy-Winkle太太、打瞌睡的松鼠Nutkin等等都彷彿剛從故事書中走出來到面前。咖啡館提供各種簡餐和下午茶，還有專為小朋友設計的彼得兔午餐。

尼爾索瑞 Near Sawrey

MAP ▶ P.258A3

丘頂
Hill Top

彼得兔創作天地

掃地圖

🚌 從Ambleside或Coniston乘坐Stagecoach巴士前往Hawkshead，然後健行到丘頂。 🏠Near Sawrey, Hawkshead, Ambleside, Cumbria ☎01539-436-269 🕐主屋、商店和花園在特定日開放，請上網查詢。 💲全票£14、優待票£7 🌐www.nationaltrust.org.uk/hill-top

如果你熟悉畢翠斯‧波特的作品，丘頂的每個角落都能讓你驚喜萬分：小徑上有鴨子傑米瑪的影子、貓咪好奇地在樓梯轉角探頭張望、花園裡是彼得兔和班杰明遊戲的地方，參觀丘頂農莊彷彿走進彼得兔的童話故事中！

丘頂其實是畢翠斯‧波特的工作室，她和丈夫住在附近的Castle Cottage。農舍屋內家具擺設皆維持原有樣貌，掛著一幅幅童話主角彼得兔的版畫，屋子四周被花園包圍，畢翠斯‧波特在湖區生活是創作高峰期，日常生活的場景就是最好的素材。

畢翠斯‧波特逝世後，將四千畝農地及羊群全部捐給國家信託(National Trust)，讓深愛的地方得以維持原本樣貌。

鷹岬Hawkshead

MAP ▶ P.258A3

畢翠斯‧波特藝廊
Beatrix Potter Gallery

珍貴手稿與出版品

掃地圖

🚌 從溫德米爾火車站搭巴士505到鷹岬(Hawkshead)下，或坐從Bowness到Hawkshead的Cross Lakes Shuttle。 🏠 Main Street, Hawkshead, Cumbria ☎01539-436-355 🕐5~8月週一～週四10:30~16:00；冬季不開放，請上網查詢。 💲全票£8.5、優待票£4.25 🌐www.nationaltrust.org.uk/beatrix-potter-gallery

親切可愛的彼得兔為湖區帶來不少動人的故事，也讓恬靜的湖區更添生氣。

想要親眼目睹畢翠斯‧波特的手稿，一定得親自走一趟鷹岬的畢翠斯‧波特藝廊。這裡完整收藏她的素描和水彩畫作，筆觸細膩、色彩柔和，深深打動人心，豐富許多人的童年時光。

這棟17世紀的老房子，以前是畢翠斯‧波特的丈夫William Heelis的律師事務所，為維護珍貴手稿的保存狀況，內部展示的畫作每年定期更換，此外也展示她出版過的所有書籍、畫家生平的介紹，還能看到她得到綿羊比賽冠軍的獎杯。

鷹岬Hawkshead

MAP ▶ P.258A3

鷹岬文法學校

Hawkshead Grammar School

詩人的少年時光

掃地圖

🚌 搭Ambleside巴士505於鷹岬(Hawkshead)下，位於鷹岬遊客服務中心旁。 🏠Main Street, Hawkshead, Ambleside, Cumbria ☎01539-436-674 🕐4~10月週一、週四~週日11:00~16:00，週二、週三休 💲£4(含導覽) 🌐www.hawksheadgrammar.org.uk

建立於1585年的鷹岬文法學校相當古老，威廉·華滋華斯於1779年~1787年就讀於此，詩人在學校的生活也反映在後來的作品中。當時學校上課時間從清晨六點開始，到下午五點結束，一整天學習拉丁文文法、希臘文、數學。教室還保持著兩百年前的模樣，一張桌子上刻有詩人的名字「W Wordsworth」。

生於斯長於斯的威廉·華滋華斯

　18世紀浪漫派詩人威廉·華滋華斯(1770年~1850年)生於湖區西北方的城鎮寇克茅斯(Cockermouth)，幼年時，流經鄉間的德溫河帶給他許多美好回憶。1787年華滋華斯首次離開湖區，前往劍橋求學，直到1799年回到湖區，與妹妹桃樂絲一同定居在葛拉斯米爾的鴿屋(Dove Cottage)。

　在鴿屋期間，是詩人創作的高峰期，曾寫出最廣為人知的作品《水仙》(Daffodils)。婚後，因為需要較大空間而遷居萊德山莊，期間出版了Guide to The Lakes一書，書中表達反對湖區興建鐵路的提議，不願意鐵路破壞了這片純淨的土地，因此，也被視為注重生態與自然和諧的先趨。

　華滋華斯一生與湖區息息相關，生於斯長於斯，詩作以湖區為題，將生活與自然結合，寫出平易近人的雋永詩作，最後安息於這片大地之上，長眠葛拉斯米爾的聖奧斯華德教堂。

鷹岬Hawkshead

MAP ▶ P.258A3

聖米迦勒天使教堂

Parish Church of St. Michael and All Angels

如詩山坡美景

掃地圖

🚶 從鷹岬文法學校旁小路往後面山坡步行可達 🏠Main Street, Hawkshead, Ambleside, Cumbria ☎01539-436-301 🌐www.hawksheadbenefice.co.uk/hawkshead.htm

教堂中最古老的部分可以追朔至13世紀，內部保存了以前用來存放重要文件的箱子，用整塊大橡木挖空中段製成，箱子上蓋有3個大鎖，分別由3個不同的人保管，以確保文件的安全，有點像保存戶口名簿的地方。

編輯筆記 ✒

和詩人一起躺在山坡看白雲

　這座位於文法學校後面山坡上的教堂，可以俯瞰整個村落及附近丘陵，教堂前的山坡是威廉·華茲華斯在文法學校就讀時最喜歡來的地方，也曾被描寫在他的詩中。

安伯賽德Amberside

MAP ▶ P.258B2

萊德山莊
Rydal Mount

溫馨家居庭園

🌐 搭巴士599於Rydal Church站下 🏠Rydal Mount, Ambleside, Lake District ☎01539-433-002 ⏰4~9月9:30~17:00、10~3月10:30~16:00，12月下旬至2月初經常關閉，請上網查詢。 💲山莊£11.5，花園£5 🌐www.rydalmount.co.uk

華滋華斯於1813年~1850年居住在此地，和鴿屋相比，萊德山莊住處空間較為寬廣，1樓為餐廳和起居室，2樓為臥室，包括詩人夫婦臥房、女兒朵拉臥房以及妹妹桃樂絲臥房，主臥室有1843年獲頒桂冠詩人時獲贈的禮物。

山莊中並展示了許多桃樂絲的日記手稿(The Grasmere Journals)及華滋華斯的書信，可以由此得知詩人當時生活狀況。華滋華斯居住在這裡期間，修改了許多早期作品，最知名的《水仙》就是在此完成最後修改，其中開頭第一句「I wandered lonely as a cloud」，簡單的詩句中有無限意涵，經常被人引用。

廣大的花園為詩人親自設計，可看出詩人的庭園設計天份，從2樓房間窗戶向外看，花園的美景和湖光山色一覽無遺。詩人常走的小徑Coffin's Path就在房子邊，一路風光明媚，可以眺望遠方的Rydal Water。

山莊路口的聖瑪麗教堂(St. Mary's Church)建於1824年，是詩人常常作禮拜的地方。

「朵拉的山野」是花名？

每到春天，花園開滿黃色水仙花，美不勝收，詩人並以鍾愛的女兒朵拉(Dora)名字為之命名，名為「朵拉的山野」(Dora's Field)。

英格蘭中北部⋯⋯湖區 Lake District

安伯賽德Amberside

MAP ▶ P.258B2

安伯賽德
Ambleside

湖區最佳根據地

掃地圖

🚌 從溫德米爾火車站搭巴士599；或從波納思碼頭搭遊輪於Waterhead下，步行約15分鐘可達市區。

安伯賽德位於溫德米爾湖的頂端、整個湖區的中心地帶，交通便利，非常適合做為湖區旅遊的據點。由此出發，搭乘599巴士往南20分鐘車程可到達溫德米爾，往北20分鐘到達葛拉斯米爾(Grasmere)，搭巴士555往北50分鐘車程可到達凱茲克。

羅馬時期就已經在這兒形成聚落，中世紀以來是湖區主要的木材交易中心及市集所在地，現在兩條主要大街上都是戶外用品專賣店及餐廳酒吧，許多人都會在安伯賽德補充裝備，再前往山區健行。

安伯賽德最具代表的風景照就在這裡！

進入安伯賽德市區，你一定不會錯過橋屋。橋屋建於1723年，原本是蘋果店，現在則是國家信託(Nation Trust)管理的雙層石砌建築，坐落在跨越河流的小橋上，非常可愛，幾乎成了安伯賽德風景照代表。

葛拉斯米爾Grasmere

MAP ▶ P.258A2

鴿屋和華滋華斯博物館
Dove Cottage and The Wordsworth Museum

文思泉湧小屋

掃地圖

🚌 搭巴士555或599於Grasmere Centre站下 🏠 Dove Cottage, Grasmere, Cumbria ☎01539-435-544 ⏰ 週二~週日10:00~17:00，每月開放時間會不同，1月可能休館，請上網查詢最新資訊。
💰 全票£13、優待票£5~8.5 🌐 www.wordsworth.org.uk

建於17世紀的可愛小屋鴿屋，至今已有四百多年歷史，雖然面積不大，卻是湖區最有人氣的文學尋訪景點。華滋華斯於1799年~1808年期間居住於此，他自述這裡的生活是「平淡，但習於思考」(Plain Living But High Thinking)，亦是他創作的高峰期。

鴿屋儘量保持詩人居住在這裡時的原貌，1樓是客廳、小臥房和廚房，據說詩人的妹妹經常在此烤麵包；2樓是起居室、臥室、客房和報紙房(Newspaper Room)，名作《水仙》即是在2樓起居室完成，而臥室保存的護照紀錄(當時的護照和今日也是大不相同！)和行李箱，說明詩人1837年曾與朋友一同至歐洲的法、義、德等地旅行，護照上還有對詩人當時樣貌的描述，十分有趣。貼滿報紙的Newspaper Room其實是小孩房，因為沒有暖氣設備，所以桃樂絲貼上報紙增加牆壁的厚度來保暖，仔細看牆上的報紙，還能找到華茲華斯發表的Lyrical Ballads！

鴿屋旁的華滋華斯博物館，收藏超過五萬件，包括詩人的手稿，以及過從甚密的好友文

學家柯立芝(Samuel Taylor Coleridge)和德昆西(Thomas De Quincey)的作品，走一趟博物館，對詩人可有一番全面的了解。

蘇格蘭

北海
North Sea

斯開島
Isle of Skye

尼斯湖
Loch Ness

威廉堡
Fort William

蘇格蘭
SCOTLAND

大西洋
Atlantic Ocean

羅曼湖
Loch Lomond

史特林Stirling

愛丁堡
Edinburgh

格拉斯哥
Glasgow

N

蘇格蘭

蘇格蘭

Scotland

文●墨刻編輯部　攝影●墨刻攝影組

P.267　愛丁堡Edinburgh
P.289　格拉斯哥Glasgow
P.296　史特林Stiling
P.302　高地High Land

依著地形與民族分佈，蘇格蘭被分成北部的高地和中南部的低地兩區。中南部自古即為人口密集發展區域，蘇格蘭與英格蘭之間的恩怨情仇在每個聳立岩石上的城堡留下歷史印記。走過連年征戰，走過以皇室為中心的歲月，現在，愛丁堡更以每年一次的盛夏藝術慶典，樂樂鬧鬧迎接來自全球各地的旅客。史特林扼守福斯河(Forth River)最狹處，絕佳的戰略位置讓它見證充滿斑斑血淚的歷史與戰事。曾為工業大城的格拉斯哥，在建築大師麥金塔的改造下，柔和流暢的新藝術風格線條，勾勒城市的新生與藝術綻放。形成於冰河時期的高地，一望無際的山巒起伏、連綿不絕的湖水峽谷，描繪出蘇格蘭大地的壯闊，也醞釀出金黃香醇的威士忌。

How to Explore Scotland
如何玩蘇格蘭

史特林Stiling

史特林的市區不大，火車站和大部分景點都集中在附近，因此可以徒步參觀。史特林橋和華萊士紀念塔距離市區較遠，需搭乘巴士前往。

樂索Thurso ● ●威克Wick
烏拉普 Ullapool ●
茵凡尼斯 Inverness ● ●亞伯丁 Aberdeen
瑪雷格Mallaig ●
威廉堡Fort William ●
伯斯 Perth ● ●丹地Dundee
奧班Oban ●
露絲Luss ● 史特林Stirling
巴洛赫小鎮Balloch 愛丁堡Edinburgh
格拉斯哥 Glasgow

高地High Land

高地的範圍廣大，搭乘西高地鐵路順遊或是租車自駕遊是最常見的方式，搭乘巴士則是較為經濟實惠。高地的景點和城鎮都不大，抵達任何一個定點都可以徒步參觀。

愛丁堡Edinburgh

愛丁堡的市區被王子街公園一分為二，北邊是新城區，南邊是舊城區。新城區以王子街和喬治街為中心，商店林立，是逛街購物的好去處。舊城區以皇家哩大道為中心，愛丁堡城堡和荷里路德宮都在這一帶。此外皇家植物園和皇家遊艇離市區較遠，需搭乘巴士前往。

格拉斯哥Glasgow

格拉斯哥的景點集中在格拉斯哥大學和市中心的皇后街火車站兩個區域，兩個區域都可以步行參觀。皇后街一帶除了有許多景點外，還有商業步行街，購物、用餐都很方便。但兩個區域之間有段距離，可以搭乘巴士或地鐵連接。

愛丁堡
Edinburgh

除了名聞遐邇的國際藝術季外，愛丁堡也是進入蘇格蘭的最大門戶，許多人暢遊英格蘭之後，更發現蘇格蘭的千萬風情與獨特民族性，愛丁堡城堡、香醇的威士忌、穿著蘇格蘭呢裙的風笛手，愛丁堡不但是蘇格蘭的首府，也是最佳蘇格蘭風情縮影代表。事實上，名稱聽來浪漫的愛丁堡，不僅要從多樣藝術面品嘗，深入它的歷史淵源，才會有更多深刻體驗。

INFO

基本資訊
人口：約46.5萬
面積：約264平方公里
區域號碼：0131

如何前往
◎飛機
愛丁堡國際機場(Edinburgh International Airport，EDI)位於市區西方12公里處，歐洲和英國許多主要城市都有航班直飛，倫敦希斯洛機場的班次更是頻繁，航程約1小時10分鐘。從台灣飛往愛丁堡可於倫敦、法國巴黎或荷蘭阿姆斯特丹轉機，若安排行程由倫敦飛往愛丁堡又想省荷包的旅客，可以考慮歐洲的廉價航空easyjet，提早訂位有機會拿到不錯的票價。唯因疫情期間，各家航空公司班次和班表變動幅度較大，相關資訊請洽各大航空公司或上網查詢。
🌐www.edinburghairport.com、www.easyjet.com
◎火車
可從倫敦國王十字(Kings Cross)火車站搭高速直達火車前往愛丁堡瓦佛利火車站(Waverley Station, EDB)，車程約4.5小時。

或從倫敦尤斯頓(Euston)火車站搭臥鋪夜車(Caledonian Sleeper)前往，隔日早晨抵達。需特別提醒，夜車偶會停駛或時間變動，建議搭車前上網以指定日期查詢。

或從約克火車站搭火車前往，車程約2.5小時。

或從格拉斯哥皇后街火車站(Queen Street Station)搭火車前往，班次頻繁，車程約50分鐘。

班次、時刻表及票價可上網或至火車站查詢，車票也可上網或至火車站櫃台購買，或先在台灣向飛達旅遊購買英國火車通行證(BritRail Pass)。

飛達旅遊
📞02-8161-3456
🌐www.gobytrain.com.tw
官方LINE客服：搜尋@gobytrain
英國國鐵
🌐www.nationalrail.co.uk
◎巴士
可從倫敦維多利亞(Victoria)火車站後方的維多利亞巴士站(Victoria Coach Station)搭National

Express巴士前往，車程約9~9.5小時。

　或從格拉斯哥布坎南(Buchanan)巴士總站搭巴士前往，班次頻繁，車程約70~80分鐘。

🌐www.nationalexpress.com

機場、火車站和巴士站至市區交通

◎機場

火車

　可從機場搭Airlink 100巴士，進市區後經王子街(Prince Street)抵達火車站，約10分鐘1班，車程約30分鐘。車資單程全票£4.5、優待票£2，來回全票£7.5、優待票£3，可上車購票。

🌐www.lothianbuses.com/our-services/airport-buses

計程車

　從出境大門搭計程車前往，至市區車資約£20~25。

市區交通

◎步行

　愛丁堡市區雖大，但主要景點都集中在舊城區的皇家哩大道(Royal Mile)與新城區的王子街(Princes

Street)之間，大部分景點皆步行可達；唯皇家植物園和皇家遊艇較遠，須搭Lothian巴士前往。

◎公車

　由Lothian經營，以市區為主。

💲Lothian單程全票£1.8、優待票90p，1日票£4.5、優待票£2.2

🌐www.lothianbuses.com/

旅遊諮詢

VisitScotland服務中心VisitScotland Edinburgh iCentre

📍249 High Street, Edinburgh

☎0131-473-3820

🕐週一～週六9:30~17:00、週日10:00~16:00，服務時間會變動，請先上網或去電查詢。

🌐www.visitscotland.com/info/services/edinburgh-icentre-p234441

實用網站資訊

蘇格蘭和愛丁堡旅遊局官方網站：

www.edinburgh.org

愛丁堡藝術節官方網站：

www.edinburghfestivals.co.uk

愛丁堡節慶與大型活動資訊網站：
cultureedinburgh.com/
皇家哩大道資訊：
www.edinburgh-royalmile.com

優惠票卡

◎蘇格蘭歷史探險家通行證 Historic Scotland Explorer Pass

想省荷包的人不妨上網購買一張蘇格蘭歷史探險家通行證(Historic Scotland Explorer Pass)，憑通行證可以免費造訪蘇格蘭地區超過78個景點，其中包括愛丁堡城堡、史特林城堡、格拉斯哥大教堂等著名景點，或參加蘇格蘭文物局組織的活動，憑證參加愛丁堡城堡語音導覽也可享有8折優惠。

🚌7日券全票£35、學生票£28、兒童票£21
🌐www.historic-scotland.gov.uk/explorer

導覽行程

◎New Europe免費導覽行程

愛丁堡大片的綠地與鵝卵石巷弄非常適合步行，參加各種主題的徒步導覽行程，更能深入了解城市的深厚歷史。由New Europe公司舉辦的免費導覽受到旅客歡迎。穿著紅色New Europe T-shirt的導覽人員帶你從愛丁堡城堡開始，走遍舊城區的景點。雖然為免費行程，但建議於行程結束後給導覽員小費，請先上網報名。

📍130 High Street(皇家哩大道路段)
🌐www.neweuropetours.eu

◎愛丁堡的地底世界

除了光鮮亮麗的歷史，愛丁堡還有不為人知的地底世界。17世紀時，愛丁堡的有錢人住在皇家哩大道上，窮人則生活在South Bridge地底。想參觀愛丁堡的地下社會一定要參加導覽，帶領你穿梭不見天日的地下道，探索當時的人如何在惡劣的條件下生存。主要有3家公司提供導覽選擇，行程大約45~70分鐘不等，差別在於參觀的區域與講述的故事不同。可上網購票。

The Real Mary King's Close
📍2 Warriston's Close, High Street, Edinburgh
☎0131-225-0672
🕙10:00~17:00
🚌The Real Mary King's Close Tour全票£19.5、優待票£12.95，購票後若要更改須加付£10
🌐www.realmarykingsclose.com

Mercat Tours
📍28 Blair Street, Edinburgh
☎0131-225-5445
🚌Historic underground Tour全票£21、優待票£16~19
🌐www.mercattours.com

Auld Reekie Tours
📍45 Niddry Street, Edinburgh
☎0131-557-4700
🚌The Greyfriars Graveyard Tour全票£14、The Vaults Tour全票£14、Haunted Vaults Tour全票£14、The Terror Tour全票£18
🌐www.auldreekietours.com

觀光巴士Edinburgh Bus Tours

觀光巴士是由Lothian Buses所經營，根據路線及解說方式不同，有多種行程可供選擇，皆可24小時之內無限次上下車，購票前建議索取路線圖。City Sightseeing Tour提供中文語音導覽。可上網或至遊客服務中心、發車處購票。Majestic Tour則可前往較

遠的皇家遊艇和皇家植物園。所有路線都是在王子街附近的聖安德魯廣場(St Andrew Square)北側發車。

🚇Waverley Bridge, Edinburgh
📞0131-475-0618
💲Edinburgh Tour、City Sightseeing Tour、Majestic Tour均為全票£16、學生票£15
🌐www.edinburghtour.com

城市概略

愛丁堡市中心被原本是人工湖泊的王子街公園(Princes Street Park)一分為二，南邊是舊城區，雄踞死火山岩的愛丁堡城堡與荷里路德宮串連起來的皇家哩大道是主要命脈，愛丁堡的歷史遺跡在此展現無遺，中世紀的古老房舍訴說著蘇格蘭先民在此的奮鬥史，僅存的城堡宮殿也見證了蘇格蘭與英格蘭的血淚衝突。

北邊是始建於18世紀的新城區，保留了許多新古典主義風格的方正建築，與皇家哩大道幾乎平行的兩條商業街橫貫，王子街與喬治街(George Street)上林立的精品名店和穿流不息的旅客，展示著老城現代化的一面。

愛丁堡行程建議

如果你有2天

愛丁堡的主要景點都在皇家哩大道的兩側，雖然丘陵地形的高低起伏，讓步行增加了點難度，但走在17世紀的鵝卵石街道上，才能真正感受古城與皇室息息相關的歷史魅力。建議讀者不要將行程排太滿，悠閒的在街上逛逛，躺在城堡下的草地曬太陽，你也會在不經意中愛上這城市。

第1天便以愛丁堡城堡為旅行起點，它是蘇格蘭的精神堡壘，建議至少安排2.5小時的時間造訪。下午的行程可至蘇格蘭威士忌中心了解和品嘗純正的威士忌。接著順著下坡，入內參觀聖蓋爾教堂，它被認為是蘇格蘭長老教會的母教堂；然後前往蘇格蘭國家博物館，來此了解更多有關蘇格蘭地區的一切。

回到皇家哩大道，這條路的兩側都是蘇格蘭格子呢、喀什米爾及各種紀念品店，皇家哩大道的盡頭是荷里路德宮，歷史上瑪麗皇后曾居於此處，透過中文語音導覽，可以了解這美麗皇后傳奇的一生。

第2天趁著剛吃過早餐有力氣的時候，先爬上卡爾頓丘，居高欣賞愛丁堡風光，接著至國家美術館，參觀精采的大師作品。下午可搭公車參觀皇家遊艇或家植物園，如果還有時間，可再回到王子街逛街、看街頭藝人表演，度過輕鬆的一日。

如果你有3~4天

如果有多點時間，不妨前往格拉斯哥、史特林或參加1~2天的高地行程，感受蘇格蘭更多迷人風情。

愛丁堡散步路線

愛丁堡的皇家哩大道絕對適合做為散步路線，雖然

這條路上以坡路為主，但沿路景點可看性高，一路逛下來也不覺得辛苦。

首先當然從西端曾具重要的戰事防衛功能，也是蘇格蘭的精神堡壘的①**愛丁堡城堡**開始，接下來，只要一路向東，就可以陸續造訪②**蘇格蘭威士忌中心**、③**格子尼編織工廠**、④**格雷史東之屋**、⑤**聖蓋爾教堂**、⑥**兒童博物館**、⑦**人民故事博物館**、⑧**愛丁堡博物館**、⑨**蘇格蘭國會**以及最東邊的皇家居所⑩**荷里路德宮**，接下來繞回皇家哩大道前往⑪**王子街**，這條街上商店聚集，如果走累了，也容易找間餐廳或咖啡館好好休息。

距離：約3公里

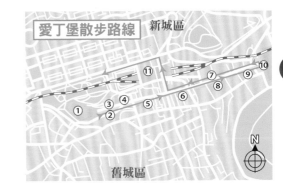

愛丁堡散步路線　新城區

舊城區　N

從蘇格蘭到英格蘭最聰明的交通選擇

想往返倫敦和蘇格蘭之間，最常見的方式就是搭乘火車，而如果你想節省一日的住宿費，那臥鋪夜車無疑是最聰明的選擇。

往返倫敦和蘇格蘭之間的夜車稱為「Caledonian Sleeper」，有固定班行駛於倫敦和蘇格蘭最重要的愛丁堡和格拉斯哥這兩個城市間。

只要事先買好火車票，時間一到抵達月台，就會有親切的站務人員帶你到自己的車廂。車上廂間不大，但什麼都有，上下鋪的設計很像是回到學生宿舍的感覺。放入行李後，牆上還有衣架讓你掛上自己的外衣，靠窗邊的小桌不僅是個桌子，掀起桌板裡面還是個洗手台，所以，雖然洗手間是在外頭，但如果只是想簡單洗手、洗臉，其實待在自己的房間就可以辦到。

床鋪比想像中柔軟、乾淨，即使睡在上鋪，也不太有搖晃的感覺，很容易一夜到天明。車行時如果覺得無聊，可以到Lounge Car點選輕食或喝杯飲料，沙發座位很舒適，車子開始啟動時就吸引很多人聚在這裡聊天、用餐。

頭等艙的乘客可以享受一份簡易早餐，二頭艙的乘客如果事先預訂也同樣可以擁有。

不管是尚未搭車或已經到達目的地，只要持有「Caledonian Sleeper」車票，都可以進入倫敦尤斯頓Virgin貴賓室、格拉斯哥中央Virgin貴賓室、愛丁堡瓦佛利East Coast貴賓室，尤其是倫敦尤斯頓(Euston)火車站的貴賓室，完全比照機場貴賓室的規格，裡頭不但提供舒服的沙發座位讓人休息，數樣餐點、點心、飲料、水果都無限供應(酒精飲料需另外付費)，此外，還有淋浴間，舒服地洗完澡後還能到梳妝區吹頭髮、打扮一番，可說是倫敦所有車站貴賓室中最為高檔的，讓人不管是在搭車前或之後使用，都倍感神清氣爽，覺得又能活力十足地迎接美好的一天。

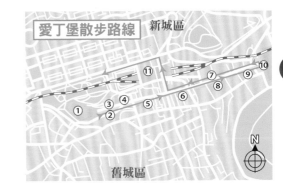

班次、時刻表及票價可上網或至火車站查詢，車票也可上網或火車站櫃台，或直接在台灣向飛達旅遊購買。

飛達旅遊
02-8161-3456　www.gobytrain.com.tw
官方LINE客服：搜尋@gobytrain
英國國鐵　www.nationalrail.co.uk

MAP ▶ P.268A2

愛丁堡城堡
Edinburgh Castle

MOOK Choice

蘇格蘭的精神象徵

掃地圖

◉從瓦佛利火車站步行約15分鐘 ⌂ Castle Hill, Edinburgh ☎0131-225-9846 ◷10~3月9:30~17:00、4~9月9:30~18:00(最後入場時間為關閉前1小時) ⑤全票£18、優待票£11~14.5，5歲以下免費 ◍www.edinburghcastle.scot/ ❶暑假期間參觀人潮多，可先上網購票，節省排隊時間。

聳立在死火山花崗岩頂上的愛丁堡城堡，易守

難攻的地理條件，讓它曾經是絕佳的軍事堡壘，現在每年8月在此舉辦軍樂隊分列式(Military Tattoo)，居高俯視愛丁堡市區，更將城堡莊嚴雄偉的氣氛表露無遺。

沿著皇家哩大道進入愛丁堡城堡，進入正門後可以租借中文語音導覽，自行操作收聽城堡內每一個重點的解說，可讓參觀者深入了解城堡的一切。

愛丁堡城堡沿坡旋繞而上分為Lower Ward、Middle Ward、Upper Ward等區域，共有數十個參觀點，較重要的包括聖瑪格麗特禮拜堂、大廳、皇家宮殿等。

聖瑪格麗特禮拜堂St. Margaret's Chapel

建於12世紀,是愛丁堡現存最古老的建築,屬於半圓拱式的羅馬式建築風格(Romanesque),16世紀曾變成彈藥庫,直到1845年才改回禮拜堂。教堂內有一本11世紀的福音書,彩繪玻璃則於1922年,由蘇格蘭公認20世紀最棒的彩繪玻璃設計師Douglas Strachan所建。

一點鐘大砲One o'clock Gun

過去,在福斯灣(Firth of Forth)航行的船隻需要協助船員在海上對時,於是在1853年,皇家海軍軍官便在尼爾森紀念碑上放置報時球,每天13:00一到,球便掉落,但遇起霧,船隻看不見球;所以1861年,改採以愛丁堡城堡大砲鳴炮報時,砲聲震耳,遠至Leith港口也聽得見。今日,鳴砲已成觀光性質,除每週日外,每天都能觀賞、聆聽到。

軍事監獄Military Prison

城堡內的軍事監獄,曾囚禁拿破崙的軍隊,牆上仍留存著法國軍隊在牆上抓刻的指痕。愛丁堡城堡同時也是蘇格蘭國家戰爭紀念館、蘇格蘭聯合軍隊博物館的所在地。

蒙斯梅斯大砲Mons Meg

蒙斯梅斯大砲於1449年時在比利時建造,重約6噸,口徑51公分,是世界上口徑最大的火砲之一,所發射的砲彈約150公斤重,1680年發生了桶爆意外,後來雖於1829年修復,但它僅作為展示,只在愛丁堡除夕時,做為煙火慶祝活動的鳴砲之用,而且未真正發射砲彈,僅具形式上的意義。

大廳Great Hall

建於1511年的大廳一直是皇室重要儀式舉行的場所,在維多利亞女皇時期重新裝修過,最醒目的木樑屋頂則是16世紀初遺留下來的瑰寶。每根樑架尾端都有人物或是動物的面具裝飾。

戰俘監獄Prisons of War

以實景、圖片和模型,讓人了解18~19世紀,來自法、美、西、荷、義和愛爾蘭眾多地方的戰俘,在此生活的情景。

皇家宮殿Royal Palace

皇家宮殿包括前皇家寓所，後來成為斯圖爾特君主(Stewart monarchs)的官邸。它始建於15世紀詹姆斯四世統治時期，1617年，因詹姆斯六世(即英格蘭國王詹姆斯一世)的造訪而做過大幅改建。

1樓Laich Hall過去做為國王的接待室和餐廳，旁邊的小房間是當時的蘇格蘭瑪麗皇后的閨房(Queen Mary's Chamber)，1566年，詹姆士六世就是在此出生。

2樓代表蘇格蘭之光(The Honours of Scotland)的皇冠室(Crown Room)收藏了代表蘇格蘭傳統榮耀的皇冠、權杖和寶劍3件御物，這些是國王登基時的寶物。此外，還有具有歷史意義的「命運之石」(The Stone of Destiny)，原來自古，蘇格蘭國王在加冕時，都會坐在「斯昆石」(Stone of Scone)上，但在1296年，英格蘭國王愛德華一世將石頭帶走做為戰利品，直到1996年才還給蘇格蘭，目前同樣安放於皇冠室中。

愛丁堡藝術節

每年8月，愛丁堡就搖身一變，成為上千個藝術節目的表演場地，從藝術殿堂裡知名的樂團、舞團表演，到街頭上隨興演出的自我藝術，再加上古堡中氣勢磅礴的軍樂隊分列式表演，及慵懶的爵士樂表演、實驗味十足的電影展，絕對能讓一波波慕名而來的遊客大開眼，享受一場豐富的藝術饗宴。

愛丁堡藝術節(Edinburgh Festival)起緣於1947年，開始是希望藉由藝術，提振大家在歷經第二次世界大戰後頹靡的心靈；而後規模愈來愈大，現今已和法國亞維農藝術節，同享平起平坐的國際地位。

愛丁堡藝術節固定於每年8月舉行，在為期超過3週的時間裡，整個城市聚集來自世界各地優秀的藝術家們，獻上音樂、舞蹈、戲劇、電影等不同的表演活動，不論是城堡、各大劇場或是街頭，都瀰漫著歡樂、喜悅的氣氛。

而為了滿足年年有增無減的人潮！今日，愛丁堡的藝術活動已經擴大為涵蓋不同主題，由愛丁堡國際藝術節(Edinburgh International Festival)帶頭，另外還有愛丁堡藝穗節(Edinburgh Festival Fringe)、皇家愛丁堡軍樂節(Royal Edinburgh Military Tattoo)、愛丁堡國際書展(Edinburgh International Book Festival)、愛丁堡梅拉嘉年華(Edinburgh Mela)等，參與愛丁堡國際藝術節的表演團體也不斷增多，國際重量級的維也納愛樂、柏林愛樂、華格納合唱團、法、德歌劇，到美、中、日、非洲等地的藝術團體，都曾在活動中展出拿手絕活。

更多資訊可至位於皇家哩大道的「愛丁堡國際藝術節協會總部」(The Hub)了解，亦可上網查詢：www.edinburghfestivals.co.uk

MAP ▶ P.268B2

聖蓋爾教堂
St. Giles' Cathedral

MOOK Choice

與時間長流並存

掃地圖

🚶從愛丁堡城堡步行約6分鐘　🏠High Street, Edinburgh　☎0131-226-0677　🕐週一～週五10:00~18:00、週六9:00~17:00、週日13:00~17:00　💲免費
🌐www.stgilescathedral.org.uk

　聳立在皇家哩大道上，頂著皇冠般尖塔的聖蓋爾大教堂是愛丁堡最高等級教堂，也被認為是蘇格蘭長老教會的母教堂。教區歷史最早可追溯至9世紀的小禮拜堂，1120年擴建後，於1243年被正式指定更名為聖吉爾教堂，但現在看到的建築，都是在1385年大火後重建。

　2022年9月8日伊莉莎白女王辭世，靈柩在荷里路德宮停靈一夜後，隔天移靈至聖蓋爾教堂供民眾瞻仰送別。

編輯筆記 ✏️

呈現中世紀氛圍的新建禮拜堂

　聖蓋爾大教堂最新的建築為20世紀新建的薊花勳章禮拜堂(The Thistle Chapel)，薊花勳章是象徵蘇格蘭地區最高榮譽的騎士勳章，禮拜堂內維持哥德式建築，呈現中世紀氛圍，精緻的木雕裝飾兩側座椅，根據授勳的名目及地位不同，椅子頂端也會有不同的象徵物。

皇家哩大道
Royal Mile

愛丁堡購物大街

掃地圖

 從瓦佛利火車站出口Waverley Bridge往上坡方向走，任何一條路皆可到達，步行約8分鐘。

皇家哩大道是愛丁堡最著名的地區，最主要的觀光景點都在這個由4條街道連接而成的大道上。從西至東分別為Castle Hill、Lawnmarket、High Street和Canongate，兩端分別為愛丁堡城堡和荷里路德宮，使得連接兩地的皇家哩成為中世紀愛丁堡的重要道路，中間還有不少值得探訪的景點、教堂或博物館。

此外，皇家哩大道還是是愛丁堡紀念品大本營，鵝卵石街道兩旁販售各式各樣的格子呢商

品、毛衣、牛油酥餅等，以喀什米爾毛衣來說，價格與品質好壞相差頗大，建議下手前多比較。

蘇格蘭國家博物館
The National Museum of Scotland

蘇格蘭歷史全覽

掃地圖

從愛丁堡城堡步行約8分鐘 ⌂Chambers Street, Edinburgh ☎0131-123-6789 ◷10:00~17:00 ⑤免費，特展視展覽而異 www.nms.ac.uk

想要了解蘇格蘭的歷史演變，來蘇格蘭國家博物館就對了！

博物館收藏史前時代至今蘇格蘭的歷史文物，從三億多年前的動物化石，到千百年來人類在蘇格蘭生活居住的種種遺跡，一直延續至蘇格蘭和英格蘭之間的愛恨情仇，都可以在此找到完整的說明。

MAP ▶ P.268B2

蘇格蘭威士忌中心

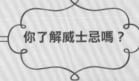

MOOK Choice

Scotch Whisky Experience Edinburgh

體驗蘇格蘭生命之水

掃地圖

🚶 從愛丁堡城堡步行約3分鐘　🏠354 Castlehill, The Royal Mile, Edinburgh　☎ 0131-220-0441　🕐 The Silver Tour 1~3月10:00~17:00、4~8月10:00~18:00、9~12月10:00~17:00　💰全票£19、優待票£7.25~12.5　🌐 www.scotchwhiskyexperience.co.uk

　想要一窺蘇格蘭遠近馳名的威士忌奧妙，一定要到蘇格蘭威士忌中心瞧瞧。蘇格蘭威士忌中心以互動的方式，提供參觀者基本的威士忌知識。

　有多種行程可以選擇，最基本的是The Silver Tour，首先，以實景搭配影片讓旅客就像親身經歷威士忌的蒸餾過程，接著在工作人員生動的解說下，認識威士忌的分類以及不同產區的特色及香氣差異。最後是期待已久的品嘗時間，挑一個喜歡的香味，純正蘇格蘭威士忌的風味就可以交由舌尖來評斷印證了。

　另一個重頭戲是參觀世界最多的威士忌收藏，整個參觀過程大約一小時，提供中文語音導覽，結束後還可以把威士忌酒杯帶回家。

你了解威士忌嗎？

　蘇格蘭擁有清純乾淨的泉水、品質優良的大麥，因此能製造出獨特的蘇格蘭威士忌，贏得老饕的一致讚賞。蘇格蘭威士忌的主要產區有四，分別為Highland、Lowland、Islay和Speyside。使用斯貝河谷(Speyside)水源的威士忌因含果香及泥炭味，被認為是頂級的大麥威士忌。

　一般來說，蘇格蘭威士忌分為三種：大麥威士忌(Malt Whisky)、穀類威士忌(Grain Whisky)與調合威士忌(Blended Whisky)。其中品質最差的是穀類威士忌，所用的原料多為玉米，產量大；其次，調合威士忌的意思為混合了大麥威士忌與穀類威士忌的產品，是最常見的酒種；大麥威士忌是指不混有穀類酒精的威士忌，品質最好。而大麥威士忌依製造方法又有兩種區別：一種是所謂的「單品麥芽威士忌」(Single Malt Whisky)，也就是酒瓶中的酒完全出自同一酒廠之意；而另一種「純麥芽威士忌」(Pure Malt Whisky)則是混合了兩個酒廠以上的原酒而成，品質控管就端賴調合師傅的功力了。

MAP ▶ P.268B2

格子呢編織工廠
Tartan Weaving Mill & Exhibition

蘇格蘭鮮明印象

掃地圖

🚶從愛丁堡城堡步行約3分鐘　🏠555 Castle Hill, Edinburgh　☎0131-608-0312　🕐9:00~18:00　🌐www.thetartanweavingmill.co.uk/

　走在皇家哩大道上，每三五步就會遇上一間賣格子呢服飾的店家，而格子呢編織工廠特別的地方在於結合編織方式的展覽與商品販售。一連串的真人比例模型，告訴你從羊毛變成格子布的過程，也能看到古老手工編織機的操作方式，以及大型機械編織機如何將排得密密麻麻的線捲織成一塊美麗的格子布。蘇格蘭褶裙的布料多為羊毛與麻質，即使在寒冷的高地，也有不錯的保暖效果，只要喜歡都可以帶回家！

風格獨具的蘇格蘭格子裙

　提到蘇格蘭，穿著傳統格子呢裙、吹著高亢風笛的樂隊手可能是大家腦海中浮現的第一印象吧！傳統蘇格蘭男性的正式穿著是別上別針的一片式格子短褶裙，再掛著稱為「史波琅」(Sporran)的獵毛小袋子，腰上紮著黑色寬皮帶，大皮帶釦上刻著傳統圖案，腿上穿厚質感的長筒毛襪，反摺的部分再套上「束帶」並插上小刀，腳穿厚底皮鞋。而裙子上的格子樣式可都是有意義的，從12世紀開始，不同的格子花紋及顏色就代表不同的高地氏族。18世紀詹姆斯黨人叛變失敗後，氏族制與高地文化被打壓百年之久，直到19世紀初期，蘇格蘭人才能再度穿起傳統服飾，許多失傳的氏族格式也在此時重新設計。

MAP ▶ P.268B2

格雷史東之屋
Gladstone's Land

愛丁堡17世紀建築典範

掃地圖

🚶從愛丁堡城堡步行約4分鐘　🏠477B Lawnmarket, Edinburgh　☎0131-226-5856　🕐10:00~15:00　💲成人£7.5、優待票£5~6　🌐www.nts.org.uk/Property/Gladstones-Land

　格雷史東之屋是愛丁堡17世紀傳統建築的最佳典範，也是愛丁堡舊城區的建築物代表。原屋主是富商湯姆斯・格雷史東(Thomas Gledstanes)，1617年買了這幢建於16世紀的房子，當時，屋宅坐落的舊城區土地不平，空間

又擁擠，到了18世紀，有財力的人陸續搬到新城區，之後逐年拆除不少老房舍，格雷史東之屋卻意外地被保留下來，並經過整頓翻修，現今還將屋內的裝飾還原成四百年前的情景供大眾參觀，大廳最早可追溯至1550年，也曾經是商會的官員居住的地方；值得留意的是天花板上壯觀的彩繪圖案，歷史可追溯至1620年。

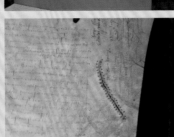

MAP ▶ P.268D2

愛丁堡博物館

MOOK Choice

The Museum of Edinburgh

了解愛丁堡歷史文物好去處

掃地圖

🚶 從愛丁堡城堡步行約15分鐘　🏠 142-146 Canongate, Royal Mile, Edinburgh　📞 0131-529-4143　🕙 10:00~17:00　💲 免費　🌐 www.edinburghmuseums.org.uk

　　原稱做Huntly House博物館的愛丁堡博物館，主要展示從史前時代到現今與愛丁堡有關的史料和文物，如果對愛丁堡甚至整個蘇格蘭的歷史文化有興趣，走一趟可以有不少的收穫。

　　這當中尤其以1638年簽署的「國民聖約」(National Covenant)最為重要；1637年，國王查理一世和Laud大主教試圖改變蘇格蘭和英格蘭兩邊教會的關係，因此採取了一些激進的做法，希望蘇格蘭人能接受英格蘭的教規；然而，這些行動立刻引發了蘇格蘭長老教會的不悅，接著就爆發了一連串抗議活動，在這些壓力之下，隔年，國王不得不簽署這份「國民聖約」，同意不再對當地宗教提出干涉；目前這份公約便館藏於博物館內，是蘇格蘭的歷史上最重要的兩件公約之一。

　　此外，現場還有不少有關銀器、玻璃製品、陶器等文物展示，最有趣的是，還有關於「忠犬巴比」(Greyfriars Bobby)的介紹，小玻璃櫃裡還看得到牠的家庭照片，以及項圈和食物碗。

破例葬入教堂的忠犬

　　人來人往的George IV Bridge街與Candlemaker街口佇立一隻小斯開　犬(Skye Terrier)的銅像，神情憂鬱遙望遠方，似乎正在等待主人歸來。小狗的名字是Bobby，跟隨老牧羊人來到愛丁堡，後來主人因肺炎過世下葬，忠心耿耿的Bobby不願離開主人，不分晴雨夏暑，每天守護在墓旁長達14年。Bobby的故事感動人們，不但為牠建立雕像，並破例將Bobby埋在教堂中。至今每天都有許多遊客前來與Bobby的雕像合影，在墓前獻上鮮花，甚至帶來玩具小狗陪伴Bobby。

MAP ▶ P.268D1

荷里路德宮

MOOK Choice

The Palace of Holyroodhouse

皇室北方住所

掃地圖

🚶 從愛丁堡城堡步行約20~25分鐘 🏛 Palace of Holyroodhouse, Canongate, The Royal Mile, Edinburgh ☎0303-123-7324 🕐11月~3月9:30~16:30、4日~10月9:30~18:00，週二及週三休，遇活動不對外開放，請上網查詢。 💰全票£17.5，7月和8月£18.5、優待票£10~11.5，7月和8月£10.5~12，5歲以下免費；含中文語音導覽。 🌐www.royalcollection.org.uk

與愛丁堡城堡隔著皇家哩大道遙遙相對的，就是荷里路德宮和遼闊的荷里路德公園。從1498年詹姆斯五世建立以來，見證了許多蘇格蘭的歷史事蹟，目前仍是皇家來到蘇格蘭的皇室住所，也常使用於國家慶典或接待來賓。

荷里路德宮的前身是荷里路德修道院(Holy Rood Abbey)，目前仍有部份遺跡在宮殿中，1128年的蘇格蘭國王大衛一世到愛丁堡西南方廣大的森林狩獵，奇蹟似地從一隻狂暴野鹿的攻擊死裡逃生，因此建造了荷里路德修道院來感謝神蹟，之後詹姆斯五世興建宮殿，而現在的荷里路德公園就是當初那片廣大森林的部份。

荷里路德宮歷史上曾發生許多事件，最有名的幾乎都與蘇格蘭瑪麗女王(Queen Mary)有關。瑪麗女王據說是當時最美麗的女人，15歲嫁給法國王室，19歲丈夫去世又回到蘇格蘭，在民眾擁戴中登上王位，卻被控謀殺第二任丈夫；三度結婚後不久，瑪麗女王在叛變中失掉王位並逃往英格蘭，被囚禁19年最後仍因圖謀英格蘭王位而被處死。

最值得參觀的部分是The State Apartments，因為精雕細琢的裝飾天花板及收藏自布魯塞爾的掛毯而聞名；另一個受歡迎的房間是Great Gallery，裡面有Jacob de Wet為歷代蘇格蘭君王繪製的畫像。瑪麗皇后的房間則是具戲劇張力的參觀點，她在這裡目睹了秘書被善妒的丈夫Darnlry王殺害的慘狀。

2022年9月8日伊莉莎白女王辭世，靈柩自巴爾莫勒爾堡（Balmoral Castle）經「皇家哩大道」(Royal Mile)移靈至荷里路德宮的謁見室(此指王室寶座所在的廳堂)停靈一夜。

編輯筆記 ✏

到宮後公園走一走

參觀完荷里路德宮後不妨到荷里路德公園走一走，愛丁堡藝術節有時也在這舉行露天演出，公園後一個狀如獅子的死火山，山頂被稱為亞瑟王寶座(Arthur's Seat)。

女王藝廊
The Queen's Gallery

欣賞皇室珍貴藝術珍藏

掃地圖

🚶 從愛丁堡城堡步行約20~25分鐘 🏠 Palace of Holyroodhouse, Canongate, The Royal Mile, Edinburgh ☎0303-123-7324 🕐11月~3月9:30~16:30、4日~10月9:30~18:00，週二及週三休，遇活動不對外開放，請上網查詢。💲全票£8.5、優待票£4.5~5.5，5歲以下免費 🌐www.royalcollection.org.uk/visit/the-queens-gallery-palace-of-holyroodhouse

女王藝廊原本是一座和荷里路德宮相連一起的維多利亞風格的教堂，後來為了慶祝英國女王伊莉莎白二世登基50週年，便於2002年將此地改成藝廊，且和倫敦女王藝廊一樣，皆將英國皇室大批的美術收藏品公開展示，讓民眾也有機會一睹珍貴的藝術傑作。

史考特紀念碑
Scott Monument

紀念蘇格蘭最有名小說家

掃地圖

🚶 從瓦佛利火車站步行約5分鐘 🏠East Princes Street Gardens, Edinburgh ☎0131-529-4068 🌐www.edinburghmuseums.org.uk/venue/scott-monument ❗因疫情因素，暫時關閉登塔。

瓦爾特·史考特(Walter Scott)是蘇格蘭最有名的小說家，當他於1832年去世後，文藝風興盛的愛丁堡便希望能建立一座紀念碑，緬懷這位才華洋溢的文學家；當時，45歲、自學而成的無名工匠坎普(Kemp)因為擔心聲望不夠，便冒用了中世紀修道院建築家的名字John Morvo參與競

絕美的大理石雕像

紀念碑中以義大利卡拉拉大理石(Cararra)雕塑的巨大的史考特雕像，是由蘇格蘭雕刻家John Steell完成的，史考特手拿著書籍與鵝毛筆安坐於塔的4樓柱子之間，一旁還有他的愛犬相陪，周邊的64座小雕像，則多半來自史考特筆下的小說人物。

賽，沒想到設計圖獲得評審團好評，坎普以傑出的才能脫穎而出，成為史考特紀念碑的設計者。

紀念碑於1840年8月15日史考特生日時奠基，約花了4年完成，可惜，坎普在落成前夕不慎失足落河而死，代表完工的「頂石」(Finial)最後是由坎普兒子安置上去的。

1846年，耗資約16,154英磅的紀念碑，以優美的維多利亞哥德式造型正式揭幕，高61.1公尺的建築本身，也成為全世界最大的文學家紀念碑。

MAP ▶ P.268B2

蘇格蘭國家畫廊
National Gallery of Scotland
豐富藝術館藏

掃地圖

🚃從瓦佛利火車站步行約10分鐘　🏠The Mound, Edinburgh　☎0131-624-6200　🕙10:00~17:00　💲免費，特展視展覽而異　🌐www.nationalgalleries.org

　　蘇格蘭國家畫廊建築群包含緊鄰王子街的蘇格蘭皇家學會(The Royal Scottish Academy Building)、後棟的國家畫廊及地下連接兩棟建築的威斯頓走廊(Weston Link)。

　　國家畫廊為館藏展，展示從文藝復興早期到19世紀末不同畫派的繪畫佳作，從拉斐爾、緹香、林布蘭到印象派的莫內、梵谷、高更的名作都收錄其中，地下室(Lower Level)則以蘇格蘭本土藝術作品為主。

別忘了到蘇格蘭皇家學會逛逛

　　蘇格蘭皇家學會一向作為特展使用，若是走累了，威斯頓走廊有商店、餐飲及咖啡，很適合歇歇腳。

MAP ▶ P.268C1

卡爾頓丘
Calton Hill

登高眺望新舊街區

掃地圖

🚶 從瓦佛利火車站步行約15分鐘

位在王子街東邊丘陵的卡爾頓丘是欣賞愛丁堡市區最佳地點。順著步道拾級而上，頂端有許多紀念碑、紀念塔，最有名的是建於1822年的國家紀念碑(National Momument)。這座仿希臘巴特農神殿的建築，是為了紀念當初奮勇抵擋拿破崙軍隊而陣亡的蘇格蘭士兵們所建，卻在蓋了12根柱子後，因為經費短缺無法完工，雖然它因此出名，卻被當地人視為愛丁堡之恥。

雖然卡爾頓丘高度僅110公尺，卻有360度的遼闊視野，東北方可遠眺佛斯海灣，東邊是易守難攻的城堡，王子街在前方延展，畫分新舊城區景觀，南邊則是另一座被暱稱為亞瑟王寶座(Arthur's Seat)的死火山及山腳下造型奇特的動態地球館(Our Dynamic Earth)。

順遊尼爾森紀念碑

建於卡爾頓丘171公尺處的尼爾森紀念碑也同樣馳名，其高32公尺，建於1807年至1815年間，當時是為了紀念在1805年特拉法加戰役中(The Battle of Trafalgar)犧牲的海軍上將尼爾森(Nelson)而建，在這場戰爭中，他成功擊敗法國和西班牙艦隊，雖然最後仍不幸捐軀，但此役制止了法國的入侵，讓英國海上霸權的地位更加穩固；而此戰役開始時，尼爾森透過其旗艦勝利號戰艦發出的訊息：「英格蘭期盼人人都能恪守其責(England expects that every man will do his duty)」，也成了英國歷史上最著名的海軍訊號；此訊息現在仍在每年的特拉法加紀念日(10月21日)於勝利號戰艦上揚起。1853年，紀念碑的塔頂放置了一個報時球，紀念碑本身目前則被列為A類保護建築。

MAP ▶ P.268B1

愛丁堡皇家植物園
Royal Botanic Garden Edinburgh

北國繁花盛開處

掃地圖

🚌 搭Lothian巴士 8、23、27號於Inverleith Row 街上的East Gate站下 🏠 Inverleith Row, Arboretum Place, Edinburgh ☎ 0131-248-2909 ⏰ 3~9月10:00~18:00、10月及2月10:00~17:00、11~1月10:00~16:00 💲 免費 🌐 www.rbge.org.uk

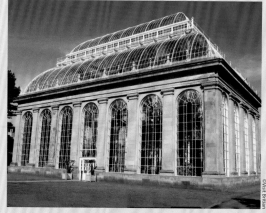

©Visit Britain

建於1670年的愛丁堡植物園，是世界上最古老的植物園之一，原本只是荷里路德宮附近的藥用植物園，1820年才搬遷至現在位址。

78英畝的遼闊範圍收集來自世界各地的植物，並依植物生長區域分為不同主題區，每種植物都有標示牌，說明名稱、原產地、特性及用途。

其中杜鵑園收集了400多種杜鵑花，春夏季盛開時一片粉紅鮮麗，是最好的參觀時間；岩石園(Rock Garden)廣泛收集各地的高山和岩石植物；中國園(Chinese Hillside)以小橋流水為造景，最受當地人歡迎。

MAP ▶ P.268C1

皇家遊艇
The Royal Yacht Britannia

皇室御用海上璇宮

掃地圖

🚌 從火車站前王子街搭Lothian巴士11、34、35於Ocean Terminal站下 🏠 Ocean Drive, Leith, Edinburgh ☎ 0131-555-5566 ⏰ 1~3月和11~12月10:00~15:00，4~8月9:30~16:00，9月10:00~16:00，10月10:00~15:30 💲 全票£18、優待票£9~16，5歲以下免費 🌐 www.royalyachtbritannia.co.uk

©Visit Britain

停泊在愛丁堡東北方Ocean Terminal旁的不列顛尼亞號(Britannia)，是英國皇室的專用遊輪，在服役的44年中作為女皇及皇室成員的海上宮殿，經過968次航行，曾停留過135個國家，不但是皇室榮耀的象徵，也是浪漫的代表，包括昔日的查爾斯王子與黛安娜王妃共有4對皇家成員以不列顛尼亞號作為蜜月旅行。

不列顛尼亞號於蘇格蘭建造，伊莉沙白女王於1953年主持下水禮，1954年1月11日首航。1997年由南方的普茲茅斯(Portsmouth)港口出發，航向她的最後一次旅程，至香港接送當時的查爾斯王子及最後一任港督彭定康離開後，正式於同年12月11日退役，如今被安排停泊在愛丁堡並開放公眾參觀。

內部的陳設刻意保留著它退役前的狀況，從遊輪內部的家具到細部使用的餐具，不難想像曾經於海上航行的光榮歲月。

編輯筆記 ✎

為什麼船上的所有時鐘都停在下午3:01？

　　在退役儀式期間，伊莉莎白二世女王告別這艘為皇室和國家服務四十多年的不列顛尼亞號，女王最後一次上岸的時間是在下午3:01，自此，船上的所有時鐘都定格在這歷史的一刻。

Where to Eat in Edinburgh
吃在愛丁堡

The Witchery
MAP ▶ P.268B2

🚶 從瓦佛利火車站步行約15分鐘
Castlehill, The Royal Mile, Edinburgh
🕐 12:00~23:30 💲主餐£27.95起、午
餐套餐(2道菜)£27.95、下午茶£37.5
🌐 www.thewitchery.com

The Witchery在愛丁堡的名氣幾乎要與城堡畫上等號
了。The Witchery以氣氛和美味取勝,從1樓窄門通過一
段小小的走道,再轉向地下室,迎面就是那空靈神祕的
氣氛,昏暗的室內光線與半挑高的天井搭配出詭異的組
合,輕聲細語的顧客和專業不多話的侍者,更讓餐廳內
充滿奇妙的空氣。白天透過
落地窗灑進來的陽光顯得室
內更加昏暗,彷如隱身在光
線後的神祕怪客;晚上燭光
搖曳,令人難辨夢境與現
實。

Deacon Brodie's Tavern
MAP ▶ P.268B2

🚶 從愛丁堡城堡步行約5分鐘
435 Lawnmarket, Edinburgh
☎ 0131-225-6531 🕐 週日~週四
12:00~24:00,週五和週六12:00~凌
晨1:00 💲羊雜碎£10.5、炸魚薯條
£14.75起 🌐 www.nicholsonspubs.co.uk/deaconbrodi
estavernroyalmileedinburgh

1樓是傳統的蘇格蘭小酒館,2樓則是供應蘇格蘭傳統
料理的餐廳。他們的羊雜碎(Haggis)分量十足,不會太
鹹且沒有腥味,很適合平常不吃內臟又想嘗試一下這道
蘇格蘭家常料理的遊客,若是覺得吃太多有點乾澀,也
可請服務人員推薦搭配;此外,最多人熟悉的英式食物
炸魚薯條(Fish and Chips),在這裡可是深受歡迎的招牌
美食。

酒館的名字來自於18世紀當地一位有多重身分的議
員,白天是優秀的木匠與鎖匠,晚上卻是沉迷於賭博的
竊賊,後來終於被捕,並吊死在親手設計的絞刑台上。
這樣的故事也讓這家小酒館多了觀光賣點。

The Kenilworth
MAP ▶ P.268A2

🚶 從瓦佛利火車站步行約10分鐘 🏠 152-
154 Rose Street, Edinburgh ☎ 0131-
226-1773 🕐 12:00~22:00 💲主菜£10.5
起 🌐 www.nicholsonspubs.co.uk/theke
nilworthrosestreetedinburgh

The Kenilworth特別之處在於它的百年歷史及華麗的
氣氛,建築物本身可追溯至1789年,從1904年開始變成酒
吧。中島型的木雕吧台區,在挑高的天花板與吊燈下成了
視覺中心,後方小房間則是主要用餐區,以蘇格蘭傳統料
理為主。Arbroath Smokie是蘇格蘭傳統以硬木煙燻鱈魚
的方法,The Kenilworth將煙燻過的魚與乾酪剁碎,用馬
鈴薯泥包裹後大火油炸,外層酥脆、內層綿密,搭配新鮮
生菜與當地麥芽啤酒,不管視覺或味覺都被滿足了!

Tipu's Indian lounge
MAP ▶ P.268A1

🚶 從瓦佛利火車站步行約10分鐘 🏠
129A Rose Street, Edinburgh
☎ 0131-226-2682 🕐 週日~週四
14:00~23:15、週五和週六13:00~23:15
💲Kebab£3.95起、主餐8.75起 🌐
www.indianloungeedinburgh.co.uk

印度人是英國外來移民的大宗,所以不管到哪個城
市,都有美味的印度餐廳。

Tipu's Indian lounge是愛丁堡早期的印度餐廳之一,
從老闆、廚師到服務生都是印度人。使用來自印度的
辛香料,供應的餐點也是道地印度風味,層次豐富的
Massalum、略為辛辣又帶點奶香的Nepal都是下飯的好
選擇。對印度人而言幾乎等同主食的印度烤餅(Nan),略
為焦脆卻又鬆軟,也是必點的食物。

MAP ▶ P.268A2 王子街Princes Street

🚇 從瓦佛利火車站從王子街側的出口即達

王子街是愛丁堡最繁忙的商業大道和交通動線,也是從火車站抵達愛丁堡的旅客首先到達的地方,提供多種服務的遊客服務中心就在王子街上。從遊客中心旁的王子購物中心(Princes Mall)開始,整條街上都是購物商店、百貨公司和書店,如Marks & Spencer、H & M、Gap、Clarks、Body Shop、Primark、Dr. Martens等上百種品牌應有盡有,有些甚至營業到晚上十點,讓晚上也有逛街好去處。

MAP ▶ P.268D2 **Ye Olde Christmas Shoppe**

🚶 從愛丁堡城堡步行約12~15分鐘　📍145 Canongate, The Royal Mile, Edinburgh　📞0131-557-9220　🕐10:00~17:30　www.scottishchristmas.com

對這家店的員工而言,365天都是耶誕節。耶誕節商品專賣店在歐洲可能沒什麼稀奇,穿著蘇格蘭呢的聖誕老公公就真的很少見了!已經營業二十多年的Ye Olde Christmas Shoppe除了常見的聖誕老公公造型,還有各種特殊主題的耶誕樹吊飾,包含皇室徽章、維多利亞女王、蓋爾特十字架、倫敦的黑氈帽衛兵、吹蘇格蘭風笛的聖誕老公公、甚至莎士比亞劇中的人物、愛麗絲夢遊仙境都能找到。每一種類都買一點,就可以裝飾一棵英國風耶誕樹了!

蓋爾特手工藝品專賣店
Celtic Craft Centre

MAP ▶ P.268C2

🚶 從愛丁堡城堡步行約10分鐘　🏠Paisley Close 101 High Street, Edinburgh　📞0131-556-3228　🕐10:00~17:00

皇家哩大道旁的小巷弄，若不是一塊蘇格蘭呢有點突兀地展開在牆上，誰也不會多看一眼，發現裡面藏著一間蓋爾特手工藝品專賣店，而店中手藝精湛的老師傅能為你量身訂作專屬的蘇格蘭呢裙。如果你走遍皇家哩大道還是找不到那件命中注定的裙子，也許可以來這裡訂製，只不過要先有心理準備，優良的品質通常也會反映在價格上。除了蘇格蘭裙，小店內還有許多蓋爾特珠寶、音樂以及搭配傳統服飾的配件。

Romanes & Paterson

MAP ▶ P.268B1

🚶 從瓦佛利火車站步行約3分鐘　🏠62 Princes Street, Edinburgh　📞0131-225-4966　🕐約9:00~21:00

　　兩層樓高的Romanes & Paterson是整個蘇格蘭地區最齊全的高地商品百貨公司，全套正式的蘇格蘭傳統服裝、總是在打折的毛衣、最多種類的牛油酥餅、各式各樣的蘇格蘭紀念小物、從知名品牌到高地特有酒廠的純麥威士忌(當然有免費試喝服務)，應有盡有讓每個進來的旅客不會空手而回。不妨在樓上的Sir Walter Scott茶室一邊欣賞城堡的雄偉、一邊享用傳統蘇格蘭下午茶及點心。

MAP ▶ P.268C2

蘇格蘭人飯店
The Scotsman Hotel

🚶 從瓦佛利火車站步行約5分鐘 🚪 20 North Bridge, Edinburgh 📞0131-556-5565 🌐scotsmanhotel.co.uk/

掃地圖

在愛丁堡的飯店何其多，蘇格蘭人飯店(The Scotsman Hotel)卻絕對會令所有住過的人念念不忘。

這個前身為《蘇格蘭人報紙》的辦公大樓經過重新打造後，搖身一變成為愛丁堡的五星級飯店，但許多經典雋永的部分仍被悉心地保留下來，像是擁有近百年歷史的建築本身，仍以優美典雅的外觀展現眾人眼前，內部的格局大致一如往昔，走在充滿懷舊氣息的大理石樓梯之間，時間的腳步似乎緩慢了下來，也讓人從忙碌的途旅中，得到了息喘舒緩的機會。

為維持原有大樓的設計布局，這裡的客房和套房皆不相同，飯店邀請優質的設計團隊，以完美的巧思，精心打造每一間住房，寬敞的空間早已不在話下，連基本經典房都在10坪以上，而28吋電視、DVD、免費網路、咖啡機、大理石衛浴設備和頂級備品更是基本配備，有些房間甚至擁有大富翁遊戲桌和印表機等設備，完全以家的規格打造住宿環境，讓人根本捨不得走出房門。

如果入住的是閣樓套房(Penthouse Suite)，還能擁有私人用餐區、圖書館、客廳和書房，從螺旋樓梯上到2樓，頂級的浴室更是擄獲人心，連衛浴備品都依男女提供不同產品；而更讓人不敢置信的是，房內還提供私人桑拿室，在愛丁堡，實在很難找到比這裡更舒適的飯店了。此外，住客可免費使用游泳池和健身房。

蘇格蘭人飯店的地理環境也超乎想像的理想，從飯店北面就可以眺望新城區和卡爾頓丘(Calton Hill)風光，皇家哩大道、愛丁堡城堡、王子街、Waverley火車站也近在咫尺，可說是一走出門就置身在熱鬧的觀光商圈。

格拉斯哥

格拉斯哥

Glasgow

臨著Clyde河的格拉斯哥從漁村而成商港，發展到17世紀是它的黃金時期，維多利亞時期從新大陸進口的糖、棉、麻、菸草帶來了大筆財富，留下豐富而精緻的豪宅大廈，到了工業革命一躍而為鋼鐵重鎮與造船中心，Clyde-made就是優良品質的代名詞。

19世紀末的維多利亞時代，據說當時全世界的船隻和火車大多是在格拉斯哥建造，也因此有了「大英帝國第二城」的美譽。受到世界大戰及經濟大蕭條的影響，格拉斯哥的經濟開始下坡，走入黑暗時期。儘管風華不再，輝煌時期遺留的豐富建築等收藏變化了格拉斯哥的氣質，博物館之多令人咋舌，而且個個有看頭，難怪被選為1990年的歐洲文化之都。1999年更因土生土長的建築大師麥肯塔(Charles Rennie Mackintosh)而被列為「歐洲聯盟建築與設計之城」。

INFO

基本資訊

人口：約59.66萬　**面積**：約175.5平方公里

區域號碼：0141

如何前往

◎飛機

格拉斯哥有兩個國際機場，格拉斯哥國際機場(Glasgow International Airport, GLA)是蘇格蘭最大的國際機場，歐洲、美國和英國境內各主要城市都有航班直飛，倫敦希斯洛機場的班次更是頻繁。唯因疫情期間，各家航空公司班次和班表變動幅度較大，相關資訊請洽各大航空公司或上網查詢。

🔗www.glasgowairport.com

另一個貝勒斯威克機場(Glasgow Prestwick Airport, PIK)則是廉價航空Ryanair的主要機場，進入市區可搭機場旁的火車。

🔗www.glasgowprestwick.com/

◎火車

格拉斯哥有兩個火車站，中央車站(Central Station)是英國西海岸鐵路主幹線的終點，從倫敦或英格蘭各主要城市的火車站出發班次都停靠於此。

可從倫敦尤斯頓(Euston)或國王十字(Kings Cross)火車站搭火車前往，前者須於Carlisle轉車，後者於愛丁堡轉車，車程約5.5~6小時；亦可以選擇搭臥鋪夜車(Caledonian Sleeper)前往，直達車從倫敦尤斯頓火車站出發，隔日早晨抵達。需特別提醒，夜車偶會停駛或時間變動，建議搭車前上網以指定日期查詢。

從愛丁堡或其他蘇格蘭地區發車則停靠皇后街火車站(Queen Street Station)，從愛丁堡瓦佛利火車站(Waverley Station, EDB)搭火車前往，班次頻繁，車程約50分鐘。

班次、時刻表及票價可上網或至火車站查詢，車票也可上網或至火車站櫃台購買，或先在台灣向飛達旅遊購買英國火車通行證(BritRail Pass)。

飛達旅遊

📞02-8161-3456　🔗www.gobytrain.com.tw

官方LINE客服：搜尋@gobytrain

英國國鐵

🔗www.nationalrail.co.uk

◎巴士

可從倫敦維多利亞(Victoria)火車站後方的維多利亞巴士站(Victoria Coach Station)搭National Express巴士前往，車程約8小時15分鐘~10.5小時。

或從愛丁堡巴士總站搭Megabus巴士前往布坎南巴士總站(Buchanan Bus Station)，車程約1.5小時。

🔗www.nationalexpress.com、www.megabus.com

機場、火車站和巴士站至市區交通

◎機場

巴士

從格拉斯哥國際機場可搭Glasgow Airport Express service 500　前往市區，於1號站牌出發，終點站為布坎南巴士總站。

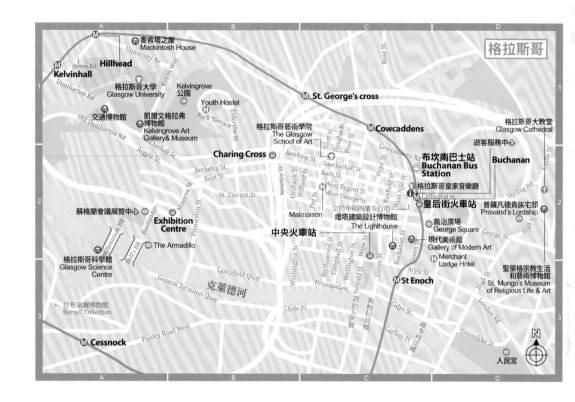

麥肯塔之屋
Mackintosh House

Byres Rd **Hillhead**
Kelvinhall
University Av

格拉斯哥大學 Kelvingrove
Glasgow University 公園

St. George's cross

Dumbarton Rd

交通博物館 凱爾文格弗
博物館
Kelvingrove Art
Gallery& Museum

Youth Hostel

Park Terrace

Cowcaddens

Old Dumbarton Rd

格拉斯哥大教堂
Glasgow Cathedral

遊客服務中心

格拉斯哥藝術學院
The Glasgow
School of Art

Charing Cross

Buchanan

Argyle St.

Berkeley St.

Kent St.

布坎南巴士站
Buchanan Bus
Station

Stirling Rd.

Kelvin Way

Eldersie St.

Renfrew St.

Sauchiehall St.

Bath St.

West Regent St.

West George St.

格拉斯哥皇家音樂廳

皇后街火車站

普羅凡德貴族宅邸
Provand's Lordship

蘇格蘭會議展覽中心

**Exhibition
Centre**

Minerva St.

St. Vincent St.

Newton St.

Elmbank St.

Holland St.

Pitt St.

Hope St.

Renfield St.

West Nile St.

Cathedral St.

Malmaison

皇后市站商業步行街
燈塔建築設計博物館
The Lighthouse

喬治廣場
George Square

現代美術館
Gallery of Modern Art

Merchant
Lodge Hotel

聖蒙哥宗教生活
和藝術博物館
St. Mungo's Museum
of Religious Life & Art

格拉斯哥科學館
Glasgow Science
Centre

The Armadillo

中央火車站

Lancefield Quay

General Terminus Quay

克萊德河

Blythswood St.

Campbell St.

Wellington St.

Oswald St.

Union St.

Buchanan St.

Aryle St.

St Enoch

High St.

往布萊爾博物館
Burrell Collection

Washington St.

Broomielaw

Clyde Pl

Cldye St.

Carlton Pl

喬治五世橋

斯格拉哥橋

維多利亞橋

London Rd.

Greendyke St.

Cessnock

Paisley Road West

人民宮

N

---

www.glasgowairport.com/to-and-from/bus/

火車

離格拉斯哥國際機場最近的火車站是Paisley Gilmour Street，須搭乘計程車或McGill's 757巴士前往。

計程車

從機場航廈前計程車招呼站搭計程車前往，前往市區約£50~60。

www.glasgowairport.com/to-and-from/taxi/

◎火車站

位於市區，從中央火車站步行至旅遊服務中心約8分鐘、從皇后街火車站步行至遊客服務中心約4分鐘、步行至地鐵Buchanan站約1分鐘。

◎巴士站

布坎南巴士站（Buchanan Bus Station）距離皇后街火車站不遠，有MegaBus、National Express和Scottish Citylink等公司的長途巴士可選擇，步行至地鐵Buchanan站約6分鐘。

市區交通
◎步行

部分景點步行可達

◎巴士和地鐵

格拉斯哥市區範圍廣大，有些景點較為分散，必須依賴大眾交通工具前往。目前格拉斯哥市區交通網路由Strathclyde Passenger Transport(SPT)整合，包含地鐵、巴士。旅客最常使用市區巴士及地鐵，再搭配步行到各景點。

地鐵分Smartcard和紙票，前者較划算，全票£1.55、優待票£0.8，1日券全票£3、優待票£1.5；紙票全票£1.75、優待票£0.8，1日券全票£4.2、優待票£2.1。 www.spt.co.uk

◎計程車

Clydebank Taxis Ltd 0141-941-1101
City Cars 0141-959-1212

旅遊諮詢
格拉斯哥旅遊服務中心Glasgow iCentre

156a/158 Buchanan Street, Glasgow
0141-566-4083 週一～週六9:00~17:00、週日10:00~16:00 www.visitscotland.com/info/services/glasgow-icentre-p332751

Where to Explore in Glasgow
賞遊格拉斯哥

MAP ▶ P.290A1

MOOK Choice

凱爾文格拉弗博物館
Kelvingrove Art Gallery& Museum
多元主題豐富館藏

掃地圖

🚇 從地鐵Kelvinhall站步行約9分鐘,或從中央火車站搭巴士9、16、23、62號於博物館門口下。 🏠 Argyle Street, Glasgow ☎0141-276-9599 🕐週一〜週四和週六10:00~17:00、週五和週日11:00~17:00 💲免費,特展視展覽而異 🌐www.glasgowlife.org.uk/museums/venues/kelvingrove-art-gallery-and-museum

　凱爾文格拉弗博物館稱頭的外觀是全格拉斯哥最上相的,常出現在明信片上。人們常搞不清它的正面和背面,因為背面比較有看頭。博物館分為東、西兩側,東翼的主題為「表達(Expression)」,展示從格拉斯哥、蘇格蘭到歐洲的各種表達情感的藝術創作;西翼的主題為「生命(Life)」,展出從動物到人類的死亡、生存、生活的軌跡。

　2樓收藏有17世紀荷蘭畫作和法國巴比容畫派(Barbizon School)、印象派的作品,十分可觀,別錯過林布蘭「The Man in Armor」!1樓最東翼有名為格拉斯哥風格(Glasgow Style)的展廳,走進一看就會恍然大悟,所謂的格拉斯哥風格其實等同於麥肯塔風格。

　斜對門的是交通博物館(Museum of Transport),原尺寸的展覽品中最棒的是Clyde-built的輪船模型和五〇年代美國市街的原樣重現,為工業的格拉斯哥做最佳註腳。

抬頭瞧瞧空中的人頭!

東翼入口引人注目的是由Sophie Cave所設計,名為「Head」的藝術品,懸掛在空中的無數人頭呈現人類喜怒哀樂的表情。

MAP ▶ P.290A3

布萊爾博物館
Burrell Collection
開啟格拉斯哥新紀元

掃地圖

🚌 搭34、3、57巴士可達 🏠 Pollok Country Park, 2060 Pollokshaws Road, Glasgow ☎0141-287-2550 🕐週一〜週四和週六10:00~17:00、週五和週日11:00~17:00 💲免費 🌐burrellcollection.com/

　1944年船業鉅子William Burrell將其私人收藏捐給市政府,為鋼鐵味濃的格拉斯哥注入典雅的藝術氣質,也開啟了格拉斯哥的新紀元。建築本身即是得獎作品,玻璃圍繞的展覽品在陽光、白雲和藍天下炫動,自然與藝術完美地融合,八千

多件豐富而多樣的收藏值得細看。

　古文明、東方藝術、中世紀彩繪玻璃、織錦、繪畫,甚至當代藝術無所不包。林布蘭的自畫像(1632年)、14世紀約克郡的Hornby Portal、16世紀Hutton Castle的起居室,還有來自中國明朝1484年的羅漢坐像,而為數眾多的彩繪玻璃更是技巧且有趣地呈現中世紀僧侶生活的樣貌。就連地下室的餐廳和咖啡室也裝飾著彩繪玻璃。

麥肯塔之屋和格拉斯哥大學

MOOK Choice

Mackintosh House & Glasgow University

拜訪大師住所

掃地圖

🚇從地鐵Hillhead站步行約6分鐘，或搭巴士44、44A號於University Avenue站下。
🏠University of Glasgow, Gilbert Scott Building, University Avenue, Glasgow
☎0141-330-4221 🕐週二～週日10:00~17:00，週一休。每月開放時間偶有變動，請上網查詢。💲Hunterian Art Gallery免費，特展視展覽而異；麥肯塔之屋£8 🌐www.hunterian.gla.ac.uk

1451年建在小丘上的格拉斯哥大學歷史悠久，是蘇格蘭第三古老的大學，僅次於聖安德魯和亞伯丁，比愛丁堡大學早了約130年之久。出了許多名人如Adam Smith、James Watt、William Hunter和1988年諾貝爾醫藥獎得主James Black。麥肯塔之屋與Hunterian Art Gallery就建在校園中，屬於大學的一部分。

麥肯塔之屋是根據他與夫人Margaret在1906年~1914年的居住地原樣重建，室內的家具皆出自大師設計，新藝術風格的桌、椅、床、牆呈現藝術生活化，可以一次看到許多大師的作品。旁邊的Hunterian Art Gallery是校友William Hunter博士捐贈的私人收藏，其中以美國畫家James McNeill Whistler的作品最負盛名，也可見到林布蘭、羅丹等歐洲名家之作，展覽內容常不定期更換。

麥肯塔建築之旅 Mackintosh Buildings

麥肯塔是格拉斯哥的瑰寶，不僅是「新藝術風格」(Art Nouveau)先驅，也對日後維也納分離派產生重大的影響。

1868年6月7日，大師生於格拉斯哥大教堂附近的High Street。1889年起在Glasgow Partice Honeyman and Keppie建築公司擔任助手，晚上在格拉斯哥藝術學院就讀。在校其間與Herbert MacNair、Margaret Macdonald和Frances Macdonald合稱「四人幫」(The Four)，開啟了日後的「格拉斯哥風」(Glasgow Style)。

他認為無論從事建築或室內設計，都需將之視為藝術來呈現，作品講究色彩運用和空間的設置，靈感來自蘇格蘭傳統，他將之融合創新發展而成為「新藝術風格」，作品從公共建築、私人房舍、室內設計乃至於織品設計與水彩繪畫都有，尤其是他所設計的家具已成Icon，無人出其右，特重線條的流暢性，許多細部設計如鑰匙孔、門把、燈具等都有如藝術品般。重要作品有凱爾文格拉弗博物館、格拉斯哥藝術學院、麥肯塔之屋、楊柳茶室、燈塔建築設計博物館、The Hill House等。想深入麥肯塔的建築世界，可向CRM Society索取簡冊按圖索驥或是購買Mackintosh Trail Ticket。

The Charles Rennie Mackintosh Society(CRM Society)

🏠Mackintosh Queen's Cross, 870 Garscube Road, Glasgow ☎0141-946-6600 🌐www.crmsociety.com

Mackintosh Trail Ticket

一日之內無限暢遊CRM Society所管理的麥肯塔建築作品，並可免費搭乘地鐵及公車，票價£16，可於格拉斯哥市內所有麥肯塔景點或CRM Society網站購買。

🌐peoplemakeglasgow.com/inspire-me/charles-rennie-mackintosh

MAP ▶ P.290C2

皇后車站商業步行街
Glasgow Queen Street

最熱鬧的逛街好去處

 掃地圖　🚇地鐵Buchanan站出站即達

　　熙來攘往的皇后火車站周邊，其實就是一個相當忙碌的逛街好去處，從火車站西側出來就會遇到的布坎南街(Buchanan St.)開始，北至Sauchiehall St.南到Argyle St.這一段約莫800公尺的街道，早已闢為行人步道區，兩側皆是商店、超市和餐廳，像是Topshop、Topman、Lush、Jo Malone、Urban Outfitter等，走到北端更有一家4層樓的Buchanan Galleries百貨，完全可以滿足購物慾；到了假日，還會有不少街頭藝人或表演團體來到這裡，更加炒熱這裡的氣氛。

　　如果還嫌不過癮，走到Sauchiehall St.往左轉，同樣有一段車子禁行的商業街，英國平價品牌Primark、M&S、Tesco超市等都在此迎接你的荷包。

MAP ▶ P.290C2

喬治廣場
George Square

維多利亞建築與雕塑

掃地圖　🚶從皇后街火車站步行約1分鐘

　　由喬治三世命名的喬治廣場建於1781年，它可算是個露天的雕塑博物館鎮，維多利亞女王、詩人Robert Burns、發明蒸氣引擎的James Watt、蘇格蘭本土作家Sir Walter Scott和喬治三世都在此等你認識他們。

　　廣場四周滿是維多利亞時期留下的精緻建築，其中最具代表的是東側一棟赭紅與乳白色相間的建築「格拉斯哥市政廳」(City Chambers)，即今日市議會總部的所在地，壯觀的義大利文藝復興建築出自於William Yong的設計，1888年於維多利亞女王時期啟用，注意看大廳天花板上的拱頂、大理石和純白雪花石做的階梯，難怪格拉斯哥曾自稱是「最偉大的維多利亞城」。

MAP ▶ P.290D2

聖蒙格宗教生活和藝術博物館

St. Mungo's Museum of Religious Life & Art

介紹世界各種宗教

掃地圖

🚶 從皇后街火車站步行約15分鐘 🏠 2 Castle Street, Glasgow ☎0141-276-1625 🕐週一～週四和週六10:00~17:00、週五和週日11:00~17:00 💰免費 🌐www.glasgowlife.org.uk/museums/venues/st-mungo-museum-of-religious-life-and-art

教堂左前方有座以格拉斯哥守護神「聖蒙格」命名的聖蒙格宗教生活和藝術博物館，開幕於1993年，博物館本身為一中世紀建築，與對面的全市最老房舍「普羅凡德貴族宅邸」風格一致；博物館內部陳列著關於宗教的生活與藝術的收藏，但原本的鎮館之寶達利的名畫《Christ of St. John of the Cross》，已於2006年移至凱爾文格拉弗博物館(Kelvingrove Art Gallery & Museum)。

編輯筆記 ✒

沒看錯，這裡真有日式禪園！

別以為館內只有天主教的東西，這裡的藏品跨越時空限制，基督教、印度教、伊斯蘭教、猶太教和錫蘭教、佛教等在這兒都占有一席之地，戶外還有一座典雅的日式禪園！

💡

雕像的頭上戴的不是帽子，是路障！

在入口處，遊客就可看見英姿勃勃的騎士雕像頭上，竟套了一個鮮橘色路障，實在不知道惡搞與藝術的界線，山牆上的浮雕也被鏡子與彩色玻璃拼貼的圖案取代。

MAP ▶ P.290C2

現代美術館

Gallery of Modern Art

風格前衛藝廊

掃地圖

🚶 從皇后街火車站步行約3分鐘 🏠 Royal Exchange Square, Glasgow ☎0141-287-3050 🕐週一～週四和週六10:00~17:00、週五和週日11:00~17:00 💰免費 🌐www.glasgowlife.org.uk/museums/venues/gallery-of-modern-art-goma

1996年新成立的現代美術館，是19世紀由David Hamilton所設計的新古典主義建築，參觀者卻能從第一眼就感覺到美術館強調的「現代」主題。

內部展示品除了蘇格蘭本土的藝術創作外，也有來自巴布亞新幾內亞、衣索匹亞、墨西哥等地的作品，十分多元與另類。地下室有圖書館結合咖啡吧，是歇腳的好地方。

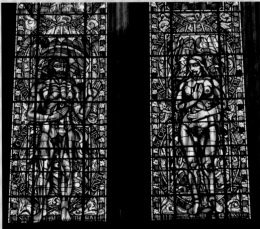

MAP ▶ P.290D2

格拉斯哥大教堂

MOOK Choice

Glasgow Cathedral

紀念格拉斯哥之父

掃地圖

從皇后街火車站步行約15分鐘 Glasgow Cathedral, Castle Street, Glasgow 0141-552-6891 4~9月週一～週六10:00~17:00、週日13:00~17:00，10~3月週一～週六10:00~16:00、週日13:00~17:00 免費 www.glasgowcathedral.org.uk

　　格拉斯哥大教堂是1136年，由當時的國王大衛一世(King David)為了奉獻給於603年去世的格拉斯哥守護神聖蒙格(St. Mungo)而建，

6世紀時，聖蒙戈就是在這兒建立了格拉斯哥(Glasgow)並為之命名。

　　教堂歷經三百年完工，其間躲過了宗教革命的摧殘而保存至今；教堂分成為五部分，包括正殿(The Nave)、唱詩班排座(The Quire)、高低禮拜堂(The Upper and Lower Chapter Houses)、低教堂(The Lower Church)和走廊(The Blacader Aisle)，精美的現代彩繪玻璃裝置於1947年後，St. Mungo的墓穴(crypt)就在低教堂地底。

　　走到戶外，東側是欣賞教堂最佳的角度，13世紀的尖頂塔，是蘇格蘭地區唯一保存至今依舊完好的位於中世紀教堂上的中央塔。

史特林
Stirling

扼守福斯河(Forth River)最狹處的史特林，控制著蘇格蘭高地與低地的通行口。地處交通咽喉，史特林的歷史充滿斑斑血淚與戰事，最著名的兩次戰役發生在13與14世紀，分別是1297年由威廉‧華萊士(William Wallace)領導的史特林橋(Stirling Bridge)之役；與羅勃特一世(Robert The Bruce)領導的Bannockburn之役，因此，在史特林到處可見這兩位英雄的雕像及紀念品。

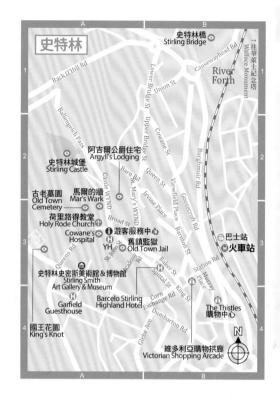

INFO

基本資訊
人口：約3.61萬　　**區域號碼**：01786

如何前往
◎火車
可從倫敦國王十字(Kings Cross)火車站搭火車前往，須於愛丁堡轉車，車程約5.5小時。

或從愛丁堡瓦佛利(Waverly)火車站前往，車程約50分鐘。

或從格拉斯哥皇后街(Queen street)火車站前往，班次頻繁，車程約25~40分鐘。

班次、時刻表及票價可上網或至火車站查詢，車票也可上網或至火車站櫃台購買，或先在台灣向飛達旅遊購買英國火車通行證(BritRail Pass)。

飛達旅遊
📞02-8161-3456　🌐www.gobytrain.com.tw
官方LINE客服：搜尋@gobytrain
英國國鐵
🌐www.nationalrail.co.uk
◎巴士

從愛丁堡或格拉斯哥搭Scottish Citylink前往，前者車程約1小時10分鐘，後者車程約40~45分鐘。
📞0871-266-3333　🌐www.citylink.co.uk/

火車站、巴士站至市區交通
◎火車站
位於市區右方，步行至遊客服務中心約20分鐘。
◎巴士站
位於火車站旁，步行至遊客服務中心約20分鐘。

市區交通
大部分景點步行可達，較偏遠的景點如華萊士紀念塔或史特林橋，可從火車站前巴士站搭開頂觀光巴士City Sightseeing或公車前往。

旅遊諮詢
史特林遊客服務中心Stirling iCentre
🚶從火車站步行約15~20分鐘　🏠Old Town Jail, St John Street, Stirling　📞01786-475-019　⏰週一~週六9:30~17:00、週日10:00~16:00　🌐guide.visitscotland.com

MAP ▶ P.296A2

史特林城堡

MOOK Choice

Stirling Castle

高高在上巍峨石城

🚶 從火車站步行約25分鐘 🏠Castle Wynd, Stirling ☎01786-450-000 🕐4~9月 9:30~18:00、10~3月9:30~17:00 💲全 票£18、優特票£11~14.5，5歲以下免費 🌐www.stirlingcastle.scot/

　　史特林城堡看起來並不很古老，內部的裝潢也不會讓遊客感受如英格蘭城堡般炫麗豪華的皇居，但堅強的防禦工事及精緻的石造屋宇，能令人感覺那份尊貴顯赫，再加上地勢落差，更讓人得不時仰著頭讚美那些石匠的巧手。

　　史特林城堡內的參觀重點為詹姆斯五世(James V)為了其第二任法國老婆瑪麗・德・吉斯(Mary de Guise)所建造的新皇宮，據推測這是他參觀了法國岳父的家後，請來一些法國石匠所建造的，而1999年重新整修恢復原樣的大廳，保留17世紀面貌的皇家禮拜堂，以及大廚房裡生動的蠟像系列等，都可列為到訪的第2站。

舊王宮The King's Old Building

　　為1496年時詹姆斯四世的皇宮，位於城堡的最高處。據推測，一開始時這棟房子就只有一個房間，後來才慢慢把它隔成數層樓和房間。1881年，這裡開始收藏阿蓋爾和薩瑟蘭高地(Argyll and Sutherland Highlanders)軍團的軍事用品，像是畫作、徽章、銀牌、制服和文件，直到1988年才開始公開展示，成為軍服博物館(The Regimental Museum of The Argyll and Sutherland Highlanders)。

皇宮The Palace

　　詹姆斯五世為了讓自己和法國皇后有個棲身之處而建的皇宮，約建於1545年，是城堡內最為傑出的建築佳作，也是目前英國保存最好的文藝復興風格建築之一。細緻猙獰的人物或怪獸排水口叫人歎為觀止；詹姆斯五世、聖馬克、惡魔等立在窗子和窗子中間石拱中的雕像更是生動逼真；為了達到炫富的目的，當時皇宮內的6個房間更是布置得富麗堂皇。

　　今日，依著參觀路線的指標，遊客可以很輕鬆地逛完城堡中的大部份房間，包括國王的臥室，在過去，這裡只有最重要的訪客或至親才能被邀請進來，至今，壁爐上仍能看到精緻的獨角獸瓷畫，這是皇室權力與榮耀的象徵。

　　接下來可看到皇后的房間，天花板上3隻鳥被一箭穿心的圖案，則是瑪麗皇后的家族家徽，皇宮內最著名的就是屋頂上發現的一些橡木雕刻的人頭或神仙頭裝飾，被稱為「史特林頭像」(Stirling Heads)，目前都集中展示於Stirling Heads Gallery供民眾欣賞。

大廳The Great Hall

　　塗上白灰泥的大廳看起來頗新，但其實所有1964年以後的工程，都是為了要讓此廳恢復其在1500年時的樣子。可別小看這個裡面幾乎空無一物的建築，它可是類似的蘇格蘭城堡大廳中，最大的一座。

　　為了解決地勢不平的問題，大廳下面特地用了一個地窖使其1樓地面與內廣場平行。大廳兩旁的窗戶多半高懸在3樓的位置，唯有近北面高台處有兩扇特大窗戶以凸顯其莊嚴。屋頂上的木樑是1997年重建上去的，四壁也在1999年時重新粉刷。

皇家禮拜堂 The Chapel Royal

據說原先舊的禮拜堂位在大廳入口的正前方，1543年，9個月大的蘇格蘭瑪麗女王便是這裡加冕的。到了1560年，蘇格蘭成為新教國家，這座則是第一個為長老教會新建的教堂。1594年詹姆斯六世要求將舊禮拜堂拆除改遷至現址，詹姆斯六世的大兒子後來就在此受洗。

禮拜堂內部最值得欣賞的就是牆上細膩的壁畫橫飾，在西面牆上有一個畫出來的假窗戶，窗戶上則繪有一頂蘇格蘭王冠。學者認為此間禮拜堂的裝潢受到義大利文藝復興的影響至為深厚，幸運的是，為了迎接查爾斯一世(Charles I)1633年的到訪，城堡特地重新裝潢過一次，所以至今壁畫仍清晰可見。

大廚房 The Great Kitchens

千萬別錯過這個重現城堡16世紀食客眾多時的大廚房。栩栩如生的蠟像顯示了當時廚房內可能的混亂情形，以及可能食用的肉類與蔬菜。內部昏暗，請小心步伐。

掛毯展覽室 Tapestry Exhibition

昔日的女王內廳現在則做為掛毯展覽室。裡頭展示的物品從材料到成品皆有，並以圖文展示製作過程。

這些編織物皆以手工製成，技術可追溯到15世紀，它們不僅是藝術品，人們也可以從作品描繪的景致，了解蘇格蘭的文化、政治和人文風情。2015年開始有「獨角獸編織展」，可見到做工精緻的獨角獸掛毯。

MAP ▶ P.296A3

史特林史密斯美術館 &博物館
Stirling Smith Art Gallery & Museum

來看全球最早出現的足球

掃地圖

🚶 從火車站步行約20~25分鐘 🏠 Dumbarton Road, Stirling ☎ 01786-471-917 🕐 週三～週日10:00~17:00，週一及週二休 💲 免費 🌐 www.smithartgalleryandmuseum.co.uk

創立於1874年的史特林史密斯美術館＆博物館，是當地畫家兼收藏家Thomas Stuart Smith，將他多年的作品和收藏品公開展示的地方，其中最精采的部分是以「斯特林的故事」(The Stirling Story)為主題的永久展廳，詳盡的圖片文物，讓人走一趟便可對史特林的歷史有初步的認識，像是全球最早發明的足球便是出現在1540年的史特林城堡中，當時的人拿著以皮革和豬膀胱充氣後做成的足球，就在皇后房間外的草坪玩了起來。

這裡曾有館貓！

史特林史密斯美術館＆博物館有一個獨特的焦點，就是館貓Oswald，牠總是自在地穿梭在博物館內的咖啡廳、展場，不但不怕生，還喜歡撒嬌，讓牠擁有不少粉絲。雖然牠已於2021年11月底去世了，但牠的形象已然活在人們的心中。

MAP ▶ P.296A3

馬爾的牆
Mar's Wark

16世紀華麗石牆

掃地圖

🚶 從火車站步行約20~25分鐘 🏠 史特林城堡下，Broad街盡頭。

馬爾的牆往往讓前往城堡的遊客眼睛一亮，兩個半圓塔伴著一面有著超大窗戶的牆壁，牆上均是由石材雕刻的怪獸狀篦嘴、窗櫺與裝飾，據說大部份的石頭是取自一棟已荒廢的修道院。這項偉大的建築計畫是在1569年時，由頗有權力的馬爾公爵策畫，他是被指派的世襲史特林城堡看守人，也因此這棟建築非常靠近城堡。

雖然在全盛時期，房子裡已住有90位僕人，不過，這棟雄偉的「皇宮」最後並沒有完成，而且歷經詹姆斯黨的運動失敗，被加農砲摧毀，如今只有這一面令人歎為觀止的牆面殘留，包括在塔樓北門還依稀看得到漂亮的紋飾和雕刻。

找找看這些雕飾藏在哪處

一只小件的女性雕刻，當地人稱之「黑暗貞妮」(Jeannie Dark)，指的可能就是法國的聖女貞德；門上的大寫「A」字母是用來紀念公爵妻子Annabella Murray，面對街上的1樓在過去應該是做為商店之用。

MAP ▶ P.296B1

華萊士紀念塔
The Wallace Monument

緬懷蘇格蘭英雄

🚌 從巴士站搭巴士62A和63A號於紀念塔外下，約20分鐘一班；或搭巴士63或54號於Causewayhead站下，步行約15分鐘(巴士網址www.firstgroup.com)。 ⌂Abbey Craig, Hillfoots Road, Causewayhead, Stirling ☎01786-472-140 🕐1~2月和11~12月10:00~16:00、3月10:00~17:00、4~6月和9~10月9:30~17:00、7~8月9:30~18:00(最後入場時間為關閉前45分鐘) 💲全票£10.75、優待票£6.75~ 8.75。 ⏱www.nationalwallacemonument.com

　　位於史特林鎮以北2公里處的華萊士紀念塔，高高聳立在懸崖邊，據說就是當年史特林橋戰爭時，威廉‧華萊士觀察敵情，吹號角以通知夥伴行動時所站之處。

　　華萊士憑著對自由、家鄉的熱愛以及智慧，僅十幾歲便逐漸在戰爭頻仍的蘇格蘭得到鄉民的愛戴，並推翻各地作威作福的地主。不過，華萊士最後敵不過嫉妒心重的羅伯特一世(Robert the Bruce)與英王愛德華一世(Edward I)而被殺害，死時才不過是四十多歲的壯年。

　　華萊士紀念塔以粗麻繩的紋路為裝飾主軸，貫穿兩塔。塔內共有3層展覽室，由一陡峭的246階盤旋樓梯連接。第1層名為蘇格蘭的守護者(Guardian of Scotland)，介紹華萊士的身世與歷史。大廳裡還有保存了七百年的華萊士寶劍、蘇格蘭軍人的武士裝等展示。

　　第2層則是英雄殿(Hall of Heros)，內有16尊蘇格蘭最出名的人。第3層則是環境解說室。有著如王冠般樑柱的塔頂似乎暗喻著蘇格蘭人默默地為這位「自由的擁護者」加冕。

MAP ▶ P.296B1

史特林橋
Stirling Bridge

獨立保衛戰重要關卡

🚶 從火車站沿Groosecroft路往北走經Cowane街，於Lower Bridge街右轉，往東北方的步道步行約15~20分鐘。

　　史特林橋無疑是華萊士成功的第一站，也是蘇格蘭獨立史至今最好的見證。

　　在史特林橋戰役之前，華萊士的軍隊只有鄉土草民，所有擁有重兵的蘇格蘭貴族都不願與其合作。戰役之前，華萊士看準英軍準備利用狹窄的史特林橋進攻，於是讓自願打仗的村民埋伏在橋邊。當半數的英軍人馬以兩排並列緩慢通過史特林橋、並且在滿是泥濘的岸邊排不成列時，華萊

士的號角便響起進攻。慌亂的英軍被逼入河中，潰不成軍，未過河的另一半英軍則只能眼巴巴望著窄橋和被殺的同伴，束手無策。短短1小時不到，蘇格蘭便贏得了第一次的獨立，不過，也讓華萊士成為英格蘭的頭號通緝犯。

高地
High Land

依著地形與民族分布，蘇格蘭自古便被分成北部的高地和中南部的低地兩區，其中高地的山水、放牧牛羊維生的蓋爾族人，更是形塑蘇格蘭精神的發源地。

蘇格蘭高地形成於冰河時期，境內山勢崎嶇、湖泊深邃、峽灣處處，最著名的遊覽中心便是傳說有著水怪出沒的尼斯湖(Loch Ness)、最大的淡水湖泊羅曼湖(Loch Lomond)，以及總在雲霧之中的尼維斯峰(Ben Nevis)。

本島之外，五百座散布於北海與大西洋之間的赫布里茲群島(Herbrides)更以其地廣人稀、氣候變化多端、保留豐富的蓋爾特民族文化而著名，最大的斯開島也以優美的庫林山脈(Cuillins)吸引無數遊客。

到了此地，一望無際的山巒起伏、連綿不絕的湖水峽谷，是到訪者最難忘懷的景致，而最美的風景都需靠腳步行才能獲取，每年夏季，從羅曼湖到尼維斯峰之間的西高地之路(West Highland Way)總是吸引許多健行愛好者。

拜訪高地最佳時間是5~10月，冬季冰雪覆蓋，一片銀白景色也令人嚮往，但許多遊客中心或住宿地點會關閉，建議出發前先確認。

INFO

基本資訊
人口：約23.2萬　**面積**：約30,659平方公里

如何前往

◎火車
西高地鐵路(West Highland Railway)是通往高地西半部的唯一鐵道，由ScotRail和Caledonian Sleeper營運，從格拉斯哥皇后街火車站出發，經過羅曼湖西畔、威廉堡(Fort William)抵達終點站瑪雷格(Mallaig)，沿途穿越湖泊、高山，可欣賞公路見不到的壯麗風景，途中經過的石拱橋，因為是哈利波特拍攝場景而聞名。威廉堡至瑪雷格區段，夏季每天都會有一班次的蒸汽火車，相當受歡迎。

從格拉斯哥到威廉堡路段，車頭、車尾會在到達Crianlarich時分開，一頭往威廉堡、瑪雷格，一頭往奧班(Oban)，上車前需小心確認乘坐車廂。

前往巴洛赫(Balloch)可搭乘從格拉斯哥皇后街(Queen Street)火車站出發的直達車。

若是從愛丁堡出發，都會先在格拉斯哥轉車。各點間所需交通時間如下：

格拉斯哥(Glasgow)──巴洛赫(Balloch)：50分鐘
格拉斯哥(Glasgow)──奧班(Oban)：3小時20分
格拉斯哥(Glasgow)──威廉堡(Fort William)：3小時50分鐘
威廉堡(Fort William)──瑪雷格(Mallaig)：1.5小時
倫敦(London)──威廉堡(Fort William)：12小時40分鐘(從尤斯頓Euston火車站出發的夜車，於隔日早上到達，臥鋪座位有限，建議事先預訂)

班次、時刻表及票價可上網或至火車站查詢，車票也可上網或至火車站櫃台購買，或先在台灣向飛達旅遊購買英國火車通行證(BritRail Pass)。

飛達旅遊
📞02-8161-3456　ⓦwww.gobytrain.com.tw
官方LINE客服：搜尋@gobytrain
英國國鐵
ⓦwww.nationalrail.co.uk
◎巴士
蘇格蘭各城市間的巴士運輸主要為Citylink。鐵路不多的西高地，短程距離搭乘巴士不但能省很多錢，還可省下等待轉車的時間。例如來往威廉堡及奧班，只需1小時40分，火車卻要約4小時；從巴洛赫到奧

班只需要2小時。

☎0871-266-3333 ⓦwww.citylink.co.uk/

◎高地旅行團

　　對於時間不多又怕麻煩的旅客，參加由愛丁堡出發的高地旅行團是不錯的選擇。依照遊玩深入的程度，通常可分為1~4日，由專業司機兼導遊帶領，大部分為15人座的小巴士，每日皆有行程出發。行程選擇多樣化，可以一天內走遍高地，也可以選擇主題行程，如威士忌體驗、西高地城堡等。2天以上的行程會開始安排步行路線，通常要參加3天以上行程才會拉車到斯開島(Isle of Skye)。可在愛丁堡及倫敦的遊客服務中心購買行程或於網站上訂購。

Timberbush Tours

🔂555 Castlehill, The Royal Mile, Edinburgh 🔂
0131-226-6066 ⓦwww.timberbushtours.com
🔂也提供格拉斯哥出發的行程

Heart of Scotland Tours

☎0131-228-2888
ⓦwww.heartofscotlandtours.co.uk

Highland Experience Tour

🔂1 Parliament Square, High Street, Edinburgh 🔂
0131-226-1414 ⓦwww.highlandexperience.
com 🔂也可由格拉斯哥出發，提供最多1日遊行程

市區交通

　　高地的小鎮都不大，熱鬧的區域往往也只有1~2條街，大部分景點步行可達。

區域交通

◎租車

　　高地區域各小鎮間的交通除了上述的西高地鐵路及Citylink以外，開車是最自主性最高的方式。時間有彈性，看到美景又可以找地方停下來拍照。惟需注意英國為右駕，需要一些時間適應。想要開車遊高地的旅客可以於愛丁堡、格拉斯哥或伊凡尼斯租車前往。以下為大型連鎖租車公司，於愛丁堡、格拉斯哥、伊凡尼斯都有租車點。

Arnold Clark Car & Van Rental

ⓦwww.arnoldclarkrental.com

AVIS ⓦwww.avis.com

Enterprise Rent-A-Car ⓦwww.enterprise.com

Budget ⓦwww.budget.co.uk

◎渡輪

　　瑪雷格到斯開島阿瑪戴爾(Armadale)的渡輪由Caledonian MacBrayne ferries經營。

ⓦwww.calmac.co.uk

◎斯開島(Isle of Skye)島上交通

　　大眾運輸系統只有巴士，主要以Citylink、斯開島當地營運的巴士Stagecoach為主。巴士的班次不多，想利用的旅客先向遊客服務中心或住宿的旅館拿班次表，也可於網站上下載，若是只能依賴大眾運輸工具，在斯開島上不是很方便，建議租車或是參加當地許多私人辦的小巴旅遊，一路上還能聽到島上的傳奇故事及精靈傳說。

ⓦwww.stagecoachbus.com

旅遊諮詢

羅曼湖與托撒契國家公園遊客服務中心Loch Lomond & The Trossachs National Park

🔂Loch Lomond & The Trossachs National Park Authority, Carrochan, Carrochan Road, Balloch 🔂
01389-722-600 ⓦwww.lochlomond-trossachs.org

巴洛赫遊客服務中心Balloch iCentre

🔂The Old Station Building, Balloch
☎01389-753-533 ⓦguide.visitscotland.com

奧班遊客服務中心Oban Tourist Information Centre

ⓦwww.oban.org.uk

威廉堡遊客服務中心Fort William iCentre

🔂29-31 High Street, Fort William
☎01397-701-801 ⓦwww.visitscotland.com

波翠遊客服務中心Portree iCentre

🔂Bayfield House, Bayfield Road, Portree, Isle of Skye ☎01478-612-992 ⓦwww.visitscotland.com

實用網站資訊

蘇格蘭旅遊局官方網站：ⓦwww.visitscotland.com
蘇格蘭交通資訊網站：ⓦwww.travelinescotland.com
高地健行各種路線：ⓦwww.walkhighlands.co.uk

MAP ▶ P.303A2

巴洛赫

MOOK Choice

Balloch

進入羅曼湖的第一站

掃地圖

🚄 從格拉斯哥皇后街(Queen Street)火車站搭火車前往，班次頻繁，車程約50分鐘；或從格拉斯哥中央車站的Hope Union Argyle St.巴士站搭長途巴士前往，車程約1小時40分鐘；或從格拉斯哥布坎南(Buchanan)巴士總站搭Citylink，車程約45分鐘。

巴洛赫是羅曼湖邊少數幾個有火車停靠的城鎮，也因此常常成為遊客進入羅曼湖的第一站，

多了幾間B&B的巴洛赫，依然不改其寧靜悠閒，就連遊客也感受到這種氣氛，不覺輕聲慢步起來。

沿著羅曼湖岸，是巴洛赫接待遊客的地方，湖上遊船、岸邊瞭望台、新穎的購物中心、體貼的遊客服務處，彷彿都為了這座湖而存在，和悠然的巴洛赫總有著幾許的對比。出了湖區，鎮上一派閒雲野鶴狀，就連應該是最繁忙的火車站，也吸引不了乘客停留，火車一到站，不消數分鐘遊人便四散無蹤，各自尋找美麗的山水，悟道去了！

羅曼湖Loch Lomond

🚶 從巴洛赫遊客服務中心步行約1分鐘

羅曼湖遊船

🏠Balloch, Dunbartonshire 📞01389-752-376 ⏰4月~9月10:15、11:30、13:00、14:15、15:30、16:45，10月~3月11:30、13:30，船程約1小時 💲含導覽全票£14.5、優惠票£9~12.5，5歲以下免費。🌐www.sweeneyscruises.com

羅曼湖大概是蘇格蘭所有湖中第二有名的，僅次於尼斯湖，不過論起面積，它卻是英國境內最大的湖泊，共有7,123公頃。

羅曼湖吸引歐洲遊客的地方在於西岸的健行路線，一邊是山、一邊是水，再加上羅曼湖有部份位於托撒契國家公園(Trossachs National Park)內，不論風景、生態都首屈一指。南方的巴洛赫是本區的交通中心，露絲小鎮則是最聞名的人文景觀。

羅曼湖上有38個小島，但均為私人島，蘇格蘭的高地與低地就以此間的3個島為界。環湖周圍有一間Cameron House Hotel，是許多巨星都住過的超五星級飯店，如阿諾·史瓦辛格、麥可·傑克森、雪兒、史恩康納來等，可謂金光閃閃。夏季時，羅曼湖上最熱門的觀光活動就是搭羅曼湖遊船(Cruise Loch Lomond)遊湖一周，而最大的碼頭就在巴洛赫。由Sweeney's所經營的雙層客船稱不上豪華，不過舒適的沙發、隨時供應的飲料，頗適合全家共遊。船一出港，湖光山色盡收眼底，船家不時會廣播，講解所見景色的名稱與有趣的歷史背景。

巴洛赫城堡郊野公園
Balloch Castle Country Park

🚶 從巴洛赫遊客服務中心步行約20分鐘 🏠Countryside Ranger Service, Balloch Country Park, Drymen Road, Balloch, West Dunbartonshire 📞01389-752-977 💲免費

巴洛赫城堡郊野公園位於羅曼湖南岸，占地廣達200英畝，園內幽林夾道、綠草如茵、繁花盛開，景致相當優美，是英國目前250座專門提供居民休閒、賞景的郊野公園(Country Park)中其中的一座。

早在13世紀時，Lennox公爵家族在巴洛赫活動活躍，1238年，他們在此建立了城堡(即今日看到的老城堡Old Castle)，直到1390年家族搬到羅曼湖中的Inchmurrin島後，才離開這個重要據點；到了19世紀，住在格拉斯哥的John Buchanan以雄厚的財力買下了這裡，將這裡闢為私人莊園，並於1808年建立了哥德式風格的新城堡(即今日看到的巴洛赫城堡Balloch Castle)。

之後幾經轉手，現今這裡歸格拉斯哥市議會所有，政府在原有的布局下再重新整頓規畫，成為一個擁有花園、池塘、小徑和遊樂場的美麗公園，是民眾散步、遛狗、休閒、騎車或野餐的好去處，1990年間，公園還舉辦不少過音樂會，像是綠洲、R.E.M樂團，都曾在此表演過。

園內目前有幾處拜訪焦點，如上述的巴洛赫城堡雖然目前已荒廢，但仍是不少人的拍照重點；中國花園(The Chinese Garden)望文生義種植了不少中國品種的植物，像園林灌木、楓樹，一到秋日，這裡的景致特別詩意；牆園(The Walled Garden)在昔日是做菜園之用，刻意高築的牆面則是用來防風，好保護種植在此的水果、蔬菜和盆栽等，今日遊客可以自由進來坐在長凳上休息、賞景，享受一個愜意的美好時光。

MAP ▶ P.303A1

威廉堡
Fort William
高地人氣小鎮

掃地圖

🏠 從格拉斯哥皇后街(Queen Street)火車站搭火車前往，車程約3小時50分鐘。 🚇 visit-fortwilliam.co.uk

不論是要走「西高地路線」(West Highland Road，又名「大峽谷路線」(The Great Glen)、「列嶼之路」(The Road to Isles)，或是參加英國第一高峰尼維斯峰(Ben Nevis)的馬拉松比賽，威廉堡都是健行、運動好手必經的村鎮，也是愛好自然風光的觀光客雲集之處。

替威廉堡的名氣錦上添花的是許多部膾炙人口的電影，諸如梅爾吉伯遜(Mel Gibson)主演的《英雄本色》(Braveheart)、連恩尼森(Liam Neeson)主演的《赤膽豪情》(Rob Roy)等，都在威廉堡附近的尼維斯峽谷(Glen Nevis)拍攝，在在證明此地的風景為蘇格蘭高地之最，因此鎮上人潮熙來攘往，讓只有一條主街的威廉堡好不熱鬧。

西高地博物館The West Highland Museum

📍 位於High St.人行徒步區的中間廣場，遊客服務中心的斜角，從威廉堡火車站步行約6分鐘。 🏠West Highland Museum, Cameron Square, Fort William, Scotland ☎01397-702-169 ⏰8月~9月週一~週五10:00~16:30、週六10:30~16:30；10月~3月週一~週五10:00~16:00、週六10:30~13:30；開放月份及每日開放時間會變更，請電洽最新訊息 💲免費 🌐www.westhighlandmuseum.org.uk

西高地博物館以收藏眾多詹姆斯黨人的相關物品聞名，尤其是一幅畫在木頭雕刻上、需要過特製鏡子才能看到的俊美王子查理畫像，更是眾人爭賭的收藏。查理王子及其擁護者的衣物、配劍都在2樓，收藏之豐富可謂全國之冠。2樓的另外兩間展覽室則展示當時人的穿著、家庭用品等。1樓則有4間陳列室，也以當時詹姆斯黨人如何進行秘密活動的收藏有關。

海神閘門Neptune's Stair Case

🎵 從威廉堡開車走A830道路往瑪格雷方向，於Caledonian Canal右轉；或於威廉堡搭計程車前往，車程約10分鐘。 🏠 Caledonian Canal, Banavie, Highlands and Islands

　　景致秀麗的海神閘門由蘇格蘭著名的工程師泰爾福特所設計，共有8道閘門，是卡勒多尼亞運河(Caledonian Canal)高低落差最大的一段，1822年啟用，不過上勒多尼亞運河開鑿於1803年，連接尼斯湖(Loch Ness)、林利湖(Loch Linnhe)等，可一直通到亞特蘭海(Atlantic Ocean)，用了44年才築成。想欣賞壯觀的景色可從較低處上望多道閘門，或是晚上打燈時來，也可租輛腳踏車沿運河一側的單車道做一天旅遊，好好享受變化多端的景色。

尼維斯峽谷與矮瀑布
Glen Nevis & Lower Falls

🎵 從威廉堡沿峽谷步行，或搭纜車直達山頂。 ⓤ visit-fortwilliam.co.uk

　　既然名為尼維斯峽谷，就表示其依傍著英國第一高峰尼維斯峰(Ben Nevis)。不過尼維斯峰在其他國家人的眼中其實不算高，只有1,343公尺。

　　沿著峽谷路線走是一條健行路線，途中會經過著名的矮瀑布(Lower Falls)，數個低矮的瀑布在穿過公路及橋的下方，改變一般人欣賞瀑布的角度，也驚嘆河川的切割力。進入峽谷區之後，最吸引健行者的目標便是由高處墜落的史蒂爾瀑布(Steall Falls)，及其前方驚心動魄的繩索橋，有膽的人不妨挑戰一下。

編輯筆記 ✎

掀起妳的蓋頭來

　　在威廉堡處處可以見到長毛的高地牛(Highland Cattle)，看起來有點像西藏的犛牛，但臉蛋兒更短、更憨了些。在尼維斯峰酒廠(Ben Nevis Distillery)外面飼養了數隻高地牛供遊客拍照，別無其他用途。

MAP ▶ P.303A1

瑪雷格

Mallaig

前進斯開島的高地小漁村

掃地圖

🎵 從格拉斯哥皇后街(Queen Street)火車站搭火車前往，車程約需5小時20分鐘；從威廉堡火車站搭火車前往，車程約1.5小時。

　　瑪雷格是一座小得不能再小的村落，由村頭到村尾大概只需10分鐘便可以走完，全村人口不超過一千人。漁業為村中最主要的經濟來源，觀光客來到瑪雷格是因為它是「島嶼之路」(The Road to The Isles)的最後一站，為斯開島和英國本島的跳板之一。在此坐渡輪只需約40分鐘即可抵達彼岸，村中到處可見海鮮

瑪雷格史蹟中心Mallaig Heritage Center

🎵 位於瑪雷格火車站旁，步行約1分鐘。 🏠 Mallaig Heritage Centre, Station Road, Mallaig ☎ 01687-462-085 🕐 約11:00~17:00，每月開放時間經常變動(尤其在淡季時)，請上網查詢。 💲 全票£2.5、優待票£2 ⓤ www.mallaigheritage.org.uk

　　瑪雷格史蹟中心是一處小巧可愛的博物館，利用實物、蠟像及解說板記錄瑪雷格的歷史。自從1901年鐵路開通後，瑪雷格才漸漸和外界有了接觸，人口慢慢增加，不過，以漁立村的景色仍然未變，因此，展品也大多和漁業有關，例如：古早人用來做為重量單位的玻璃球、航海儀等等，就連蠟像也穿上用黑色垃圾袋做成的圍裙，模做當時婦女挑牡蠣、處理漁貨的情形，煞是可愛。此外，裡間展館陳列了兩張雕工精細的塞爾特椅，用以紀念五千名辛苦的築鐵路工人。

MAP ▶ P.303A1

斯開島
Isle of Skye
北國小島海闊天空

掃地圖

📍從瑪雷格搭渡輪前往，或選擇東北部鐵路線，從茵凡尼斯(Inverness)火車站搭往Kyle of Lochalsh方向火車，車程約2.5小時，再從Kyle of Lochlash轉搭巴士Citylink或Stagecoach或渡輪前往。

　　斯開島上小得不能再小的村落、莊園，不僅鎮容有所不同，並給人天寬地大、處處均可為家的感覺。生長在這優美自然的環境裡，島民酷愛藝術，不論是鑄銀、水彩、羊毛、陶器、木頭設計，總有獨特的美感。無論是繁複的曲線，或是簡單的線條，都令人愛不釋手。從南到北，斯開島的美景一氣呵成，沿途偶爾出現的村落、工藝品店等，倒像是山水間的逗點，適時更換遊客的視野。

波翠Portree

📍從Kyle of Lochalsh搭巴士Citylink或Stagecoach前往，車程約1小時13分；或搭斯開島當地營運的巴士、郵差巴士，都會行經波翠。

　　身為斯開島首府，波翠以其美麗的海灣和整潔的街道讓旅客耳目一新，尤其是位於海灣邊上外牆塗著鮮艷油漆的旅館，讓小鎮的氛圍頓時活潑起來，也因此成為波翠最經典的「招牌」。事實上，波翠港水深但碇泊處淺，又可防止強風侵襲，因此，一直以來被視為重要的軍港、郵港與貨港。1540年，蘇格蘭王詹姆斯五世(James V)來訪，才將此地改名為波翠。

阿瑪黛爾城堡Armadale Castle

🚌 從瑪雷格搭渡輪前往；或從布萊福德(Broadford)搭Stagecoach抵達港口，阿瑪黛爾城堡不在港口邊，需往北走1.6公里或搭計程車 🏠 Armadale, Sleat, Isle of Skye, Scotland 📞01471-844-305 🕐 3月~10月9:30~17:00；每年開放時間略有變動，請上網查詢。 💲全票£12、優待票7~9。 🌐 www.armadalecastle.com/

　　阿瑪黛爾因為曾是麥當勞(Macdonald)家族的領地而聞名，鎮上也以麥當勞家族住過的「城堡」(Armadale Castle)為最著名的旅遊點。城堡外圍繞著美麗的公園，除了各種新奇的花卉外，還保育著稀有的紅鹿和其他許多高地的動物。斯開島博物館(Museum of The Isles)也在城堡遊樂區內，以大幅的看板和文物解說麥當勞家族及此島的人文、自然歷史。區內還附有幾間自炊的住宿小木屋，可供遊客選擇。

艾爾戈Eglol

🚌 從布萊福德(Broadford)搭巴士前往，車程約35分鐘。

　　據說這個小漁村是俊美王子查理當年從本島逃到蘇格蘭本島的地方。此外，就在庫林山旁的艾爾戈出產非常好的大理石，連羅馬皇宮裡也有部份的建材取自此處。

　　從這裡可以拍幾張庫林山的美景，當地的導遊看起來較黑的丘陵(Black Cuillin)代表的是較年輕的火山，而紅庫林(Red Cuillin)則較古老。

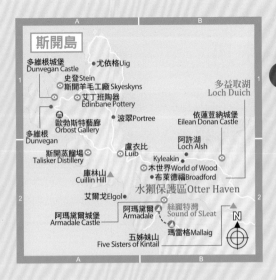

多維根城堡Dunvegan Castle

🚌 從波翠搭巴士56號，車程約40分鐘。 🏠 Dunvegan House, Dunvegan, Isle of Skye 📞01470-521-206 🕐 4~10月中旬10:00~17:30，開放時間會變更，請上網查詢。 💲城堡與花園全票£14、優待票£9~11，花園全票£12、優待票£7~9 🌐 www.dunvegancastle.com

　　從13世紀開始，此堡是麥李奧(MacLeod)家族的住地，到現在為止，已居住了29代，是英國城堡中被人居住最久的城堡。因為這裡仍是麥李奧傳人的家，所以城堡內部除了傳統的木製家具之外，也有一些廳堂設計得非常現代化。城堡中最有趣的兩個景點，是神仙旗子(Fairy Flag)和地窖(Dungeon)。

　　神仙旗子掛在2樓的一面牆上，由玻璃框框起來。據說是某位麥李奧的主人曾在森林中遇到美麗的仙女並苦苦追求，仙女答應麥李奧同住20年，當仙女離去時，麥李奧緊抓著仙女的披肩，最後仙女還是跑了，而披肩就成了今天這張旗子，據說還具有種種魔力。城堡內的地窖從前是個關犯人的地方，現今還放著假人，播著犯人呻吟的聲音，頗令人害怕，不過，這個地窖可是個中古世紀遺留下的古蹟。

奧班
Oban

美麗的海港城鎮

掃地圖

🚩從格拉斯哥皇后街(Queen Street)火車站搭火車前往，車程約3小時。

　　奧班是座美麗的海港城鎮，光是在港口曬太陽、看海鷗及過往船隻就可以晃個大半天。由於從此搭船通往西、南邊諸島如莫爾(Mull)、Tiree、Colonsay、Barra等也很方便，也成了許多觀光客的必訪之地。

　　奧班有兩個碼頭，南邊的碼頭緊臨火車站、巴士站，往來船隻與繁忙的街頭恰與相隔8分鐘路程卻如同退休的北邊碼頭呈反比。連接兩個碼頭的喬治街(George St.)即為奧班的主要街道，商店林立，為市鎮中心。

　　奧班不大，徒步可走完，可眺望港灣的麥克依格塔(McCaig's Tower)和奧班威士忌酒廠(Oban Distillery)是兩大參觀重點。

麥克依格塔McCaig's Tower

🚩在奧班酒廠後方的巷中有一處約100級的階梯可到半山腰，之後再沿指標走即可；若不喜爬樓梯，可取道Craigard路走斜坡上山，由市中心上山爬約10~20分鐘。

　　巍立在奧班山丘上的麥克依格塔是座類似古羅馬圓型體育場的建築，建於本世紀初期，由一位名叫John Stuart McCaig的當地商人所籌建。

　　此計畫是為了讓他所雇用的石匠在淡季時有事可做，同時還可替其家族留下輝煌的紀念物。但是在他死後工程便停止，只完成了雄偉的外牆。如今牆內成為一座花園，靠海的一面在牆外有一處眺望台，可由此盡覽奧班的港口與市鎮風情。

唐諾利城堡遺址
Dunollie Castle

🚩從火車站沿海邊公路往北走，步行約30分鐘。由於其在山丘上，丘下的入口僅是一道小鐵閘，之後要爬一段陡陡的林間小路。可從南邊碼頭搭計程車，約定半小時後來載。

　　從12世紀起建的唐諾利城堡如今已荒廢，留下幾段圍牆及一座4層樓塔建物。樓塔已傾圮，只剩1、2樓之間的隔層，最多只能爬到2樓。幽暗的空間很難想像當時雕工精美的城堡是什麼樣子，不過抬頭仰望聳立的塔樓，仍能感受到那股震撼力。

　　唐諾利城堡由曾經擁有1/3蘇格蘭土地的MacDougal家族持有，現在仍然屬於私有財產，而且MacDougal先生就住在附近。此座城堡並沒有正式開放給大眾參觀，建議不要逗留太久，以免被掉落的磚石打到。

奧班威士忌酒廠
Oban Distillery

🚩從火車站出來沿喬治街往北岸走，在右手邊巷子裡，步行約5分鐘。🏠Oban Distillery, Oban, Argyll 🕿01631-572-004 ◷10:15~17:00，酒廠之旅全程約1 小時，須事先預約。 ⓦwww.malts.com/en-row/distilleries/oban

　　奧班威士忌酒廠自1794年開始營業，隨著單一酒廠純麥芽(Single Malt)威士忌在市場上逐漸獲得青睞，奧班威士忌酒廠也愈來愈成為嗜好杯中物的觀光客必造訪之地。所謂的單一酒廠純麥芽威士忌就是用同一家釀酒廠所製的純大麥威士忌基酒所製成，不同於一般混合型(Blended)威士忌混合了麥芽及穀類威士忌，所以品質一定，不會因為調酒師混合不同廠牌的原酒而使酒的品質降低，但是口感較為強烈，酒勁雄厚。奧班出產的威士忌都擁有14年酒齡，因此香醇濃郁，絕對是送禮的首選。

北威爾斯

北威爾斯

North Wales

文●墨刻編輯部　攝影●墨刻攝影組

P.312　北威爾斯 North Wales

威爾斯自1284年正式被併入英格蘭，屬於聯合王國的一分子，1301年愛德華一世封自己的兒子為威爾斯親王後，將皇儲封為威爾斯親王成為皇室繼承法統之一。雖然地理位置緊鄰英格蘭，但威爾斯的自然景觀、語言文化、風土民情卻自成一格。威爾斯保留了蓋爾特人(Celtic)的文化傳統，豐富的民族音樂及詩歌，用象徵性圖騰表現情感、信仰的手工藝術創作，都是威爾斯的珍貴資產。在語言上，它是世界上僅存大範圍使用蓋爾特語言的地區，政府將威爾斯語列入官方語言，且成為基本教育的一環，從街上路標、廣播、到各區域的旅遊簡介都是雙語標示。

北威爾斯
North Wales

相對於英國人有點距離感的禮貌，威爾斯人顯得親切熱情，且以自身的文化、語言自豪，在當地隨處都可見到威爾斯國旗和威武的紅色威爾斯龍。

離開南部首府卡地夫等幾個現代化大城市後，文化差異的感受，在北威爾斯特別明顯。北威爾斯的雪墩國家公園有威爾斯第一高峰，清淨蔚藍的天空，連綿壯麗的山峰，如藍寶閃耀的湖泊和金黃色的沙灘，甚至時晴時雨、變化莫測的天氣，都是用光影在這片土地上彩繪風景；純樸的小鎮，充滿威爾斯語的街道，讓你忘了自己還在英國；而那些以自中古世紀就靜靜佇立的雄偉城堡，走過沉重的戰爭歷史後，現在以天然景致為舞台，更吸引無數的遊客前來瞻仰。

INFO

基本資訊
人口：約310萬
面積：約 6,172平方公里

如何前往
◎火車
從英格蘭搭火車進入北威爾斯有兩種方式，一從Shrewsbury進入威爾斯中部，沿西海岸的Cambrian Coastal Line北上，另一是從徹斯特(Chester)轉車，直接進入威爾斯北部。若行程主要遊覽北方4個著名城堡及雪墩國家公園(Snowdonia)，建議由徹斯特進入較節省時間。

徹斯特位於英格蘭與北威爾斯的交界處，英格蘭西部高速鐵路與北威爾斯濱海鐵路在此交會，Arriva Trans的火車沿威爾斯北部海岸線行駛，向西經過康威(Conwy)、班哥(Bangor)，最遠抵達霍利島(Holy Island)上的Holyhead；火車離開徹斯特後，寬闊平靜的海面在眼前展開，鐵軌緊鄰海岸，看向窗外就像行駛在海上。

從徹斯特搭火車前往Holyhead，車程約1.5~2小時。康威與班哥之間，直達車只需20分鐘，但康威只是個無售票口的小月台，想要下車需事先向車掌提出需求，等車時盡量站在明顯的位置招手，讓司機看見，否則列車可能過站不停。

從倫敦尤斯頓(Euston)火車站搭火車前往班哥，有些班次則須於徹斯特轉車，車程約3~3.5小時。

或從利物浦搭通聯火車Merseyrail於徹斯特轉車，車程約2~2.5小時。

班次、時刻表及票價可上網或至火車站查詢，車票也可上網或至火車站櫃台購買，或先在台灣向飛達旅遊購買英國火車通行證(BritRail Pass)。

飛達旅遊

☎02-8161-3456

🌐www.gobytrain.com.tw

官方LINE客服：搜尋@gobytrain

英國國鐵

🌐www.nationalrail.co.uk

◎巴士

可從倫敦維多利亞(Victoria)火車站後方的維多利亞巴士站(Victoria Coach Station)搭National Express巴士前往班哥，車程約9小時20分鐘。

或從徹斯特前往，車程約1~2.5小時。

或從利物浦前往，車程約2~3小時。

🌐www.nationalexpress.com

◎開車

北威爾斯兩條主要交通要道分別是濱海快速道路A55和穿越雪墩國家公園北端的A5。

從英格蘭西北部前往北威爾斯，可從高速公路M56接A55；從英格蘭中部或南部前往，可從高速公路M54、M5接A5。

區域交通

◎公車

北威爾斯的小鎮都不大，適合步行遊覽，小鎮之間的交通可搭當地營運的公車。北威爾斯的公車路線被畫分成7塊區域，本書介紹的景點集中在Gwynedd、Aglesey、康威(Conwy)3區，常用路線為BWS Gwynedd營運的公車，以及行駛於雪墩國家公園山區間的Snowdon Sherpa公車。公車路線及時刻表可於遊客服務中心或火車站索取或上網查詢。

🌐www.gwynedd.gov.uk

◎租車

北威爾斯的租車公司較少，大部分集中在科那芬，或可選擇在英格蘭鄰近城市如徹斯特或利物浦，再租車前往。

Europcar (徹斯特) 🌐www.europcar.co.uk

National (利物浦) 🌐www.nationalcar.co.uk

AVIS 🌐www.avis.co.uk

Hertz 🌐www.hertz.co.uk

◎計程車

在北威爾斯很難當街攔到計程車，招呼站也很少，以下為常用的叫車

Robs Taxis (Caernarfon) ☎01286-882-111

Ace & Gwynns Taxis(Bangor) ☎01248-355-355

Johns Cabs(Bangor) ☎01248-351-505

Castle Cabs(Conwy) ☎01492-593-398

旅遊諮詢

康威遊客服務中心Conwy Tourist Information Centre

📍Muriau Buildings, Rose Hill Street, Conwy, Wales

☎01492-577-566

🌐www.visitsnowdonia.info

蘭都納遊客服務中心Llandudno Tourist Information Centre

📍Unit 26 Victoria Centre, Mostyn Street, Llandudno, Gwynedd, Wales

☎01492-577-577

雪墩國家公園遊客服務中心Snowdonia National Park Tourist Information Centres

📍Royal Oak Stables, Betws Y Coed, Conwy, Wales

☎01690-710-426

雪墩國家公園遊客服務中心Snowdonia National Park Tourist Information Centres

📍Royal Oak Stables, Betws Y Coed, Gwynedd

☎01690-710-426

📍Canolfan Hebog, Beddgelert, Caernarfon, Gwynedd, Wales

☎01766-890-615

🌐snowdonia.gov.wales/visit/plan-your-visit/information-centres/

◎實用網站資訊

威爾斯官方旅遊網站 🌐www.visitwales.co.uk

雪墩國家公園官方旅遊網站 🌐www.visitsnowdonia.info

威爾斯交通資訊查詢網站 🌐www.traveline-cymru.info

班哥Bangor

MAP ▶ P.313A1

班哥
Bangor

MOOK
Choice

北威爾斯重要門戶

掃
地圖

🚆 從倫敦尤斯頓(Euston)火車站搭火車前往,有些班次須於徹斯特轉車,車程約3~3.5小時;或從利物浦搭火車於徹斯特轉車前往,車程約2~2.5小時;或從倫敦維多利亞巴士站(Victoria Coach Station)搭巴士前往,車程約9小時20分鐘;或從徹斯特或利物浦搭巴士前往,車程約1~3小時。🌐 www.bangormaine.gov

　　班哥的地理位置讓它成為許多旅客在北威爾斯旅遊的第一站,英國國鐵及長途巴士都在此停靠,往東45分鐘車程可前往康威,往西半小時車程到達科那芬,A5公路連接雪墩國家公園,搭公車跨越Menai大橋就能遊覽Anglesey島上的Beaumaris城堡。

　　班哥在北威爾斯算是稍有規模的城鎮,不但有大學、大教堂,還有北威爾斯最長的商店街。車站東邊的高街(High Street)是鎮上最熱鬧的區域,沿途聚集商店、餐廳及購物中心,由於非觀光導向,少了滿街的紀念品店,倒是更貼近英國人的日常生活。出火車站後向左步行約5分鐘,有大型連鎖超市Morrison,適合準備前往山區健行的旅客補充食糧。

　　來到鎮上,不妨到班哥大教堂和海邊的碼頭(Bangor Pier)走走。大教堂的歷史可回溯至546年,是英國最古老的教堂之一,雖然有主教等級(Cathedral),和英格蘭的教堂相比樸實無華許多,有讓人感到謙卑的寧靜氣氛。

　　班哥碼頭延伸至Afon Menai海峽中央,對面的Anglesey島似乎觸手可及,平靜無波的內灣在陽光下反射藍寶石般的色澤,夏天的木棧道上,常坐滿曬太陽的遊客,眺望遠方連綿山脈和海上點點船帆,緩慢地品嘗空氣中的恬淡悠閒。

💡 **愛德華與列入世界遺產的城堡!**

　　北威爾斯的歷史就像一部戰爭史,而征服威爾斯而聞名的「長角」愛德華一世(Edward I),絕對能在這部歷史中扮演重要的角色。

　　愛德華一世在1283年的與威爾斯的戰役中獲勝後,為了鞏固政權,防止威爾斯人可能的叛亂,選擇在有重要戰略位置的康威(Conwy)、科那芬(Caernarfon)、波納里斯(Beaumaris)、哈勒克(Harlech)修築軍事防禦城堡。這些至今保存良好的堅固堡壘,都是中古歐洲軍事建築的典範,由當時最優秀的軍事建築師James of St George所設計。1986年正式被聯合國教科文組織列入世界文化遺產。

康威Conwy

MAP ▶ P.313B1

英國最小的房子
The Smallest House in Britain
16世紀迷你住屋

 掃地圖

🚶 從康威火車站出口沿北方河邊的城牆步行約10分鐘 🏠c/o 11 Lower Gate Street, Conwy ☎01492-573-965 🕙10:00~16:00 💲全票£1.5、優待票£1 🌐thesmallesthouseingreatbritain.co.uk

第一眼看到康威港邊紅色小屋，都會因為超

級迷你的尺寸驚呼連連。小屋建於16世紀，1900年後就無人居住，最後一位住戶是漁夫。

寬1.8公尺，高3公尺，分為上下兩層樓，入內得小心，一不留神就會撞個滿頭包。由於實在太小了，進去不到3分鐘就參觀完了，若不是好奇心旺盛，還是在門口拍照留念就好！

康威Conwy

MAP ▶ P.313A1

康威城堡

MOOK Choice

Conwy Castle
全景視野軍事堡壘

 掃地圖

🚶 從康威火車站出口經遊客服務中心，沿著城牆方向即可看見，步行約5~10分鐘。 🏠5 Rose Hill Street, Conwy ☎01443-336-000 🕙11~2月10:00~16:00，3~6月和9~10月10:00~17:00，7~8月10:00~18:00，每年開放時間會變動，請上網查詢。 💲全票£11.7、優待票£7.8~10.6，5歲以下免費。 🌐www.visitconwy.org.uk/things-to-do/conwy-castle-p277411

康威城堡建於1283年~1287年間，是英格蘭國王愛德華一世(Edward I)征服威爾斯後所建的象徵性堡壘，也是目前歐洲保存最好的中古世紀軍事城堡之一。

與其他3座同時期的城堡相同，都是出自James of St. Goerge的設計，建築於康威河邊狹長型的岩石高地上，從地理位置的選擇到整體的設計都能看出城堡優異的防衛功能。

8座圓形高塔與厚實的石頭城牆像是從堅固的岩石中拔地升起，構成長型的堡壘，東西各一個外城門，用來阻擋敵人及過濾進入城堡的人。內部又分為內外兩個區域，外區(Outer Ward)有大廳(Great Hall)、廚房、馬廄、及監獄塔(Prison

Tower)，監獄塔地下層是以前的黑牢；內區(Inner Ward)則是皇室成員生活起居的地方，包含國王、皇后寢室及小禮拜堂；兩個區域間有城牆阻隔，只留小門通道，且所有房間彼此互不相通，即是考慮到就算部分區域被敵軍攻破，其他房間還是可以獨立抵擋，並阻礙敵軍進攻的速度。

循著高塔中陡峭狹窄的迴旋梯拾級而上，登上最高的禮拜堂塔(Chapel Tower)，古代屬於君王的全景視野正等待著你！曾經國王們站在這兒，在戰火煙硝中奮勇捍衛領土，現在的康威小鎮也早已不需城牆的保護，跨越康威河的3座橋，將來自各地的旅人用不同的交通方式帶入愛德華一世的時空。

編輯筆記

建造神速超乎想像！

令人驚訝的是，在那個沒有起重機的年代，康威城堡這座固若金湯的石頭堡壘和1.2公里長、9尺高、有21個防衛塔的康威城牆，不到5年就完工了！

科那芬Caernarfon

MAP ▶ P.313A1

科那芬城堡

MOOK Choice

Caernarfon Castle

威爾斯親王受封城堡

 掃地圖

📍搭公車X5、5C號於科那芬下，步行至Bridge Street再向南方步行約3分鐘至廣場，即可看到城堡。 🏠Castle Ditch, Caernafon, Gwynedd ☎01286-677-617 ⏰11~2月週一～週六10:00~16:00、週日11:00~16:00，3~6月和9~10月9:30~17:00，7~8月9:30~18:00(售票至關閉前30分鐘)。 💰全票£11.7、優待票£7.8~10.6，5歲以下免費。 ⊕www.cadwmembership.service.gov.wales/events/

科那芬的重要戰略地位始於羅馬時代，11世紀諾曼人進入北威爾斯並開始修築堡壘，13世紀愛德華一世征服威爾斯後，也選擇這個控制Seiont河進入Menai海峽的咽喉作為城堡基地。

英國王儲在此受封為威爾斯親王(Prince of Wales)的傳統，更奠定城堡的重要地位，而科那芬城堡成為北威爾斯最有名的城堡，則是因為查爾斯三世國王當年還是王儲身份時，於1969年在此受封為威爾斯親王，並透過媒體於世界各地強力播放。

不同於其他北威爾斯的城堡，愛德華一世(Edward I)建造科那芬城堡不只賦予軍事用途，也作為政府及皇室宮殿所在。城堡的規模、多角型高塔、高聳的石砌城牆，都承載著讓威爾斯人民望而生畏的鎮儡人心的功用。

科納芬城堡的城牆同時也作為連接各塔的走廊，穿梭其中，走過隱藏在轉角後的小房間，如幽暗的迷宮很容易迷失，卻是帶點刺激的中世紀體驗。

蘭貝里斯Llanberis

MAP ▶ P.313A1

雪墩國家公園

Snowdonia National Park

火山冰河造就天然美景

 掃地圖

☎01766-770-274 ⊕www.eryri-npa.gov.uk/home

雪墩國家公園(Snowdonia)的威爾斯原文是「Eryri」，意思是「鷹之嶺地」(Land of Eagles)，四千五百萬年前由火山噴發而成，後來受到冰河磨蝕，形成目前的地貌，是威爾斯境內最大、全英國第二大的國家公園，幾乎涵蓋Gwynedd郡的所有範圍。

境內最有名的是雪墩山(Mountain Snowdon)，標高1,085公尺的雪墩山是威爾斯及英格蘭地區的第一高峰。連綿不絕的山峰、湖泊、溪流和西部一望無際的金色海岸線，每年都吸引無數喜愛登山健行或休閒漫步的遊客前來享受自然的美景。

正因為範圍遼闊，進入國家公園有多種方式，1日遊的旅客適合以交通方便的蘭貝里斯作為出發點，健行的旅客可從康威搭乘往南方的火車路線Conwy Valley Railway直接進入國家公園中部的Betws-y-Coed，選一條有興趣的路線再往山區出發。

蘭貝里斯Llanberis

MAP ▶ P.313A1

雪墩登山火車
Snowdon Mountain Railway
不畏陡峭蒸汽火車

掃地圖

🚌從科那芬、班哥搭巴士前往 🏠Llanberis, Gwynedd ☎01286-870-223 ⏰4~10月9:00~17:00，每30分鐘1班，營運時間和最後班次經常受天氣影響而改變，建議出發前一天先以電話詢問。8:30售票口開始營業，7~8月間遊客多，建議前一天訂票或提早前往排隊。 💰傳統蒸汽火車Clogwyn來回全票£45、優待票£35；Hafod Eryri來回票及早鳥票請上網查詢最新資訊。 🌐www.snowdonrailway.co.uk

由於連接班哥、科那芬等小鎮的大眾運輸工具方便，正好位於雪墩山腳下，又有登山小火車的輔助，讓蘭貝里斯成為前往雪墩山最熱門的路線。

為了克服陡峭的坡度，高山火車使用雙齒輪防止下滑，吐著白煙的蒸汽火車頭，一次只能推動一節車廂，速度不快，正好讓遊客好好欣賞沿途變換的景觀。從火車站出發後，沿途經過瀑布、豢養羊群的田野，到達標高500公尺的中站(Halfway)，火車在此暫停，與對面來車交錯會車。接著經過布滿巨大岩石的Rocky Valley(5/8路程)，向上攀爬至3/4路程的Clogwyn，若高山風勢太大或早春時節逢冰雪未融，則改行駛至此在此可俯瞰Llanberis Pass和Clogwyn Du'r Arddu懸崖。

天候許可，則可到達山頂標高1,085公尺的遊客服務中心Hafod Eryri，遊客中心群山環繞視野極佳，空氣乾燥的晴天，甚至可以看到愛爾蘭島上的山峰。

不趕時間的旅客建議購買單程車票，循著規畫完整的健行步道走路下山，清新的空氣和三三兩兩在山坡閒晃的羊群是旅途上最佳伴侶。

喜歡健行的旅客，不妨沿著火車站旁的Llanberis Path步行上山，10英里的步道幾乎與火車鐵軌平行，這也是登上雪墩山頂路途最遠、但走起來最輕鬆的步道。

你搭過威爾斯窄軌小火車嗎？

威爾斯境內的窄軌小火車(The Great Little Trains of Wales)共有12條路線，其中有數條在北威爾斯，除了前往雪墩山的登山火車外，有機會也可嘗試其他路線的窄軌蒸汽小火車，深入山林體驗原始風味。以下為北威爾斯小火車路線及簡介：

名稱	起訖站	特色
Llanberis Lake Railway	Llanberis/ Pwnllyn	沿著雪墩山腳下的Llyn Padarn湖行駛，途中可欣賞13世紀的Dolbadarn城堡和雪墩山景
Welsh Highland Railway	Carenarfon/ Pont Croesor	經過Glaslyn河向下切蝕雪墩山的險峻狹谷路段Aberglaslyn Pass。可中途於Rhyd Ddu下車開始雪墩山健行，並搭乘末班車返回
Welsh Highland Heritage Railway	Porthmadog/ Pen-y-mount	非常短的火車旅程，回程時參觀停放小火車的車站，並解說蒸氣火車之歷史
Bala Lake Railway	Llanuwchllyn/ Bala	環繞巴拉湖而行，沿途可欣賞雪墩國家公園內的原野景致和巴拉湖上炫麗奪目的各色風帆。

🌐www.greatlittletrainsofwales.co.uk ⚠小火車不屬於英國國鐵，無法使用英國火車通行證(BritRail Pass)。 ⚠小火車不屬於英國國鐵，無法使用英國火車通行證(BritRail Pass)。

The Savvy Traveler
聰明旅行家

簽證辦理

從2009年3月3日起,台灣護照持有人,於護照有效期間可以旅遊、探親、學生或商務訪客的身份免簽證入境英國,於12個月內停留不超過6個月。但需注意這項規定僅適用於在台灣設有戶籍的台灣護照持有人,倘若是無戶籍國民,或護照上無身分證字號者,出發前必需先申請簽證。

儘管台灣護照持有人不需簽證,在入境英國海關時,仍必須要符合英國移民署的行政要求。不管你是否持有簽證都不能保證能入境英國,決定權是在於英國移民署的入境官員。為了保險起見,建議還是要隨身攜帶證明文件,並放置於隨身行李中,這些文件包括來回機票、財力證明、由拜訪企業或邀請單位提供的信函、學校信函以及住宿證明等等。

飛航資訊

台灣飛往英國的航班都是透過倫敦希斯洛國際機場(LHR)進出,希斯洛機場位於倫敦西郊25公里,為最主要、最繁忙的國際機場。目前台灣飛航倫敦的航空公司有中華航空和長榮航空,長榮航空會在曼谷暫時停留但不須換機,飛航時間約15小時。中華航空則有直飛倫敦的航班,飛航時間約14小時。其他航空公司皆須於亞洲或歐洲轉機,飛航時間較長,詳情可洽航空公司或各大旅行社。唯因疫情期間,各家航空公司班次和班表變動幅度較大,相關資訊請洽各大航空公司或上網查詢。

◎台灣飛航英國主要航空公司

長榮航空https://www.evaair.com/zh-tw/index.html
中華航空www.china-airlines.com
國泰航空www.cathaypacific.com/cx/zh_TW.html
大韓航空www.koreanair.com
阿聯酋航空www.emirates.com
泰國航空www.thaiairways.com.tw
新加坡航空www.singaporeair.com.tw
荷蘭航空www.klm.com/home/tw/tw
德國漢莎航空www.lufthansa.com
土耳其航空www.turkishairlines.com/zh-tw/

旅遊資訊
◎時差

屬於格林威治時間,台灣時間減8小時為當地時間,夏令時間(3月最後一個週日至10月最後一個週日)實行日光節約,台灣時間減7小時即為當地時間。

◎貨幣

英國的貨幣單位是英鎊(Pound),以符號「£」代表,一英鎊等於100便士(Pence),便士簡寫為P。鈔票的面額有£5、£10、£20及£50,每種面額的鈔票大小、顏色都不同,一般來說,£5、£10的小額紙鈔最實用,有些小店家或攤販不接受£50紙鈔。

◎匯兌及匯率

英國的各大銀行、飯店、郵局、觀光區域或大型遊客服務中心都有匯兌處,手續費及匯率各不相同,但都不接受台幣。規模較大的Mark& Spencer超市也可兌換外幣,匯率公道又不收手續費。若是攜帶旅行支票,須先兌換成現金才能使用,兌換時須出示護照,並於櫃台當場簽名,每家銀行酌收的手續費不同,建議也可於郵局兌換,不需收手續費。英鎊對台幣的匯率約1:32.5(匯率時有變動,僅供參考)。

◎電壓

240伏特(台灣為110伏特),使用三腳扁平型插座。

◎商店營業時間

英國的辦公時間通常是09:00~17:00,商店營業時間週一至週六大多為10:00~18:30,週日約11:00~17:00,倫敦市中心的商店平日營業時間大部分至晚上20:00,大型商場及購物中心營業時間更長。

◎國際電話

從台灣打電話到英國:002+44+區域號碼(去0)+電話號碼
從英國打回台灣:00+886+區域號碼(去0)+電話號碼

◎撥打緊急電話

公共電話免投幣即可撥打「999」或「112」接通警察局、救護車或消防車。撥打「08-45-46-47」可接通24小時醫療諮詢(NHS Direct)。若真的有急難(車禍、搶劫、與生命安全相關的危急狀況),需請求

駐英國台北代表處的協助，請撥打(44)7768-938-765。

◎網路

‧免費WiFi

倫敦有許多免費的WiFi網路熱點，英國最大的免費WiFi服務由The Cloud公司提供，許多店家如咖啡廳、餐廳，都透過www.thecloud.net提供免費WiFi上網服務，註冊個人帳號後，即可連線至WiFi熱點。

The Cloud也推出行動裝置的APP軟體，可查詢熱點位置，也能設定自動連線至周遭熱點；另外，標示有「WiFi Here」的電話亭也提供WiFi服務，每次連線後可免費使用30分鐘。

‧手機行動上網預付卡

若上網需求較大，不妨到通訊行買張可上網的手機預付卡，英國主要的電信業者有3、O2、Vodafone、EE、Giffgaff等等，都有推出多款儲值卡，每款預付卡的方案、費率、開通模式都不相同，某時期也可能推出優惠方案，可多比較並依個人需求做選擇。

◎小費

通常在餐廳付帳或搭計程車時都會給10%~15%的小費，有些餐廳是先將服務費(Service Charge)列在帳單上，就不需再額外給了。當然，小費也不是硬性規定非給不可，可視服務品質決定。若在餐廳內用餐，結帳只需要向服務人員索取帳單即可，找回來的零頭可斟酌留在桌上當小費，若是櫃檯直接點餐結帳的純酒吧，則不須給小費。飯店住宿的帳單通常已將服務費包含在內，房間內的床頭小費不一定要提供。

◎購物退稅

英國的貨物加值稅(Value Added Tax)高達20%，且商品價格通常已內含稅，所以若是在店門口或櫥窗貼有標示「Tax Free Shopping」的商店消費，記得可以申請退稅。購物金額須達到最低下限方可退稅，每間商店最低金額不相同，若是百貨公司內消費可跨品牌累計。一般來說，實際拿回的退稅金額約為10%~13%，退款方式可選擇退現金或信用卡帳戶，但需注意若選擇現金退稅，每一筆退稅單都要加收手續費，所以實際上可拿回的退款並沒有那麼多。退稅只適用於非歐盟國家的人，附加條件是購買商品必須在購買日起3個月內攜帶出境。

退稅方式如下：(1)結帳櫃檯看到VAT Refund的標誌，先詢問櫃台多少金額可以退稅，並索取免稅憑證(Tax Free Shopping Voucher)，憑護照及收據至負責退稅的櫃檯填寫表格，店家會幫你填入扣除手續費後的退稅金額。(2)出境時前往HM Customs Desk櫃台，憑退稅表格、收據、護照、購買商品及機票辦理驗證，若不想在退稅後手提商品，最好在託運行李前辦理。(3)表格驗證後，若想要現金退稅，可直接到退稅代辦公司(Cash VAT Refund)當場取款，若選擇信用卡退款，只需將表格交給該公司人員即可。

◎消費新訊

請注意，近年因疫情期間，許多店家為減少直接接觸，只接受刷卡，甚至連付費公廁也只接受刷卡。

◎國定假日

英國12月24~26日聖誕節假期及1月1日新年，幾乎所有的公家機關、銀行、郵局、商店、景點都會休息，甚至大眾交通工具也會暫停營業，或僅有非常少的班次；此外，各地每年也會有日期不定的公眾假期(Bank Holiday)，許多機關和商店也會跟著休息。這點在本書的景點資訊內不再特別提及，如碰到此時前往旅行，請安排行程時格外留意。

英國 Great Britain

MOOK NEW Action no.57

作者 朱月華‧墨刻編輯部

攝影 墨刻編輯部

主編 朱月華

美術設計 羅婕云‧許靜萍

地圖繪製 Nina‧董嘉惠‧墨刻編輯部

出版公司
墨刻出版股份有限公司
地址：台北市104民生東路二段141號9樓
電話：886-2-2500-7008
傳真：886-2-2500-7796
E-mail：mook_service@cph.com.tw
讀者服務：readerservice@cph.com.tw
墨刻官網：www.mook.com.tw

發行公司
英屬蓋曼群島商家庭傳媒股份有限公司城邦分公司
地址：台北市104民生東路二段141號2樓
電話：886-2-2500-7718　886-2-2500-7719
傳真：886-2-2500-1990　886-2-2500-1991
城邦讀書花園：www.cite.com.tw
劃撥：19863813
戶名：書虫股份有限公司

香港發行
城邦(香港)出版集團有限公司
地址：香港灣仔駱克道193號東超商業中心1樓
電話：852-2508-6231
傳真：852-2578-9337

馬新發行所
城邦(馬新)出版集團 Cite (M) Sdn Bhd
地址：41, Jalan Radin Anum, Bandar Baru Sri Petaling,
57000 Kuala Lumpur, Malaysia.
電話：(603)90563833
傳真：(603)90576622
E-mail：services@cite.my

製版‧印刷
凱林彩印股份有限公司

經銷商
聯合發行股份有限公司（電話：886-2-29178022）
誠品股份有限公司
金世盟實業股份有限公司

城邦書號
KV3057

定價
480元

ISBN
978-986-289-789-8‧978-986-289-805-5（EPUB）
2022年11月初版　2024年7月5刷

首席執行長 Chief Executive Officer
何飛鵬 Feipong Ho

生活旅遊事業總經理暨墨刻出版社長　PCH Group President & Mook Managing Director
李淑霞 Kelly Lee

總編輯 Editor in Chief
汪雨菁 Eugenia Uang

資深主編 Senior Managing Editor
呂宛霖 Donna Lu

編輯 Editor
趙思語‧唐德容‧陳楷琪
Yuyu Chew, Tejung Tang, Cathy Chen

資深美術設計主任 Senior Chief Designer
羅婕云 Jie-Yun Luo

資深美術設計 Senior Designer
李英娟 Rebecca Lee

影音企劃執行 Digital Planning Executive
邱茗晨 Mingchen Chiu

業務經理 Advertising Manager
詹顏嘉 Jessie Jan

業務副理 Associate Advertising Manager
劉玫玟 Karen Liu

業務專員 Advertising Specialist
程麒 Teresa Cheng

行銷企畫經理 Marketing Manager
呂妙君 Cloud Lu

行銷企畫專員 Marketing Specialist
許立心 Sandra Hsu

業務行政專員 Marketing & Advertising Specialist
呂瑜珊 Cindy Lu

印務部經理 Printing Dept. Manager
王竟為 Jing Wei Wan

U0020445

國家圖書館出版品預行編目資料

英國/朱月華，墨刻編輯部作. -- 初版. -- 臺北市：墨刻出版股份有
限公司出版：英屬蓋曼群島商家庭傳媒股份有限公司城邦分公司發行，
2022.11
320面 ;16.8×23公分. -- (New action ; 57)
ISBN 978-986-289-789-8(平裝)
1.CST: 旅遊 2.CST: 英國
741.89　　　111017608